野生动物执法手册

张立　编著

中国林业出版社

图书在版编目（CIP）数据

野生动物执法手册 / 张立编著. -- 北京 : 中国林业出版社, 2017.5
ISBN 978-7-5038-9041-3

Ⅰ. ①野… Ⅱ. ①张… Ⅲ. ①野生动物－动物保护－法律－中国－手册 Ⅳ. ①D922.69-62

中国版本图书馆CIP数据核字(2017)第126304号

出　版　中国林业出版社
（100009 北京西城区德内大街刘海胡同 7 号）
网　址　www.lycb.forestry.gov.cn
发　行　中国林业出版社
电　话　(010) 83143615
印　刷　北京卡乐富印刷有限公司
版　次　2017 年 8 月第 1 版
印　次　2017 年 8 月第 1 次
开　本　889mm × 1194mm　1/32
印　张　10.25
彩　插　3.625
字　数　460 千字
定　价　80.00 元

前　言

近年来，随着消费经济的发展，人们对野生动物产品的需求量大幅度增长。消费市场的增长主要包括：利用野生动物作为宠物、入药、食品或装饰品以作为自己身份的象征等等。随着野生动物贸易迅速扩大，非法野生动物交易也随之急剧增加。很多珍稀野生动物（如穿山甲、大象、犀牛等）由于过度捕捉和商业开发利用，都濒临灭绝。据估计，全球野生动物交易每年价值超过 80 亿美元，仅次于毒品交易，其利润率比非法武器交易更具吸引力。此外，政府执行监测野生动物贸易在很多国家明显不足，难以评估对野生动物野外种群的影响，其相关的数据也十分匮乏。同时，合法交易与非法交易并存，使得很多非法野生动物交易难以得到监控，特别是难以从合法的市场中辨别出非法产品。识别销售终端交易的动物物种、估计交易频率、确定受保护物种或稀有物种，以及收集有关非法野生动物贸易路线等数据对执法非常重要，也是一项复杂的任务，需要多部门的协作与支持，也需要跨国界的国际合作。

自 2002 年参与中华人民共和国濒危物种进出口管理办公室与海关总署就履行《濒危野生动植物种国际贸易公约》开展的公约履约执法培训工作以来，北京师范大学濒危动物保护项目团队在国内首次分析了公众对野生动物消费和贸易的态度及保护意识状况，并一直与海关、森林公安、边防、动植物检验检疫、工商等多个政府执法部门以及相关国际组织合作，开展旨在提高执法人员执法能力的野生动物执法培训工作，先后得到国家林业局濒危物种进出口管理中心、关键生态系统合作基金会、英国非法野生动植物贸易应对基金等项目资助。在这些培训过程中发现，工作在基层的执法人员十分需要较为系统的国际、国内野生动物保护的法律法规知识、野生动物执法侦查技术知识和主要贸易物种的物种鉴别知识等相关培训资料，为此编著本书，作为以上工作的补充。

感谢北京师范大学郑光美院士的鼓励和支持，让我能开始着手准备历年零散的野生动物执法培训资料，并把它们整理成册。本手册的出版得到英国环境、食品和农村事务部“非法野生动植物贸易应对基金”（Department for Environment, Food and Rural Affairs -DEFRA, Illegal Wildlife Trade Challenge Fund –IWT）和关键生态系统合作基金会（Critical Ecosystem Service Fund -CEPF）的资助。特别感谢中华人民共和国濒危物种进出口管理办公室孟宪林常务副主任、执法培训处张陕宁、肖红、吴倩、何金星的大力支持和帮助；特别感谢成都办事处龚继恩、李红英，广州办事处严江、翟新翠、张红强、李金鑫，西安办事处贾永毅、朱志文，福州办事处宋师兰、林苗，以及国家林业局驻上海森林资源监督专员办万自明等在本书编撰过程中给予的支持和帮助；感谢上海市野生动植物保护站金惠宇、马波、霍克华提供野生动物典型案例选编；感谢国际野生生物保护学会 (Wildlife Conservation Society，WCS) 李立姝、何琪婧、康蔼黎参会并校对了本书的第二章至第四章的翻译内容；感谢国际爱护动物基金会 (International Fund for Animal Welfare，IFAW) 何勇、马晨玥提供并授权使用《网络濒危野生动物贸易常见物种识别手册》中的常见网上贸易物种的执法识别信息。

感谢北京师范大学濒危物种保护项目团队的杨旋和唐如春参与每一次执法培训具体的协调工作和培训手册书稿的组织准备工作。感谢中国林业出版社的编审严丽老师，在过去的20余年中对我的学习和工作给予了很多支持和鼓励，特别是在本书的编辑过程中，她认真负责的态度尤为令人尊敬。

谨以此书献给所有战斗在第一线的野生动物保护工作者！

张立
2017年6月27日于北京

目 录

第一章 野生动植物执法相关法律法规

第二章　情报导向执法侦查环境犯罪的技术

第三章　野生动植物及其制品非法走私方式

第四章　对野生动植物走私者的讯问

第五章　野生动物案件案例

第六章　野生动物常见贸易物种识别

第一章
野生动植物执法相关法律法规

《濒危野生动植物种国际贸易公约》简介

《濒危野生动植物种国际贸易公约》

（Convention on International Trade in Endangered Species of Wild Fauna and Flora，简称 CITES）是一个在 1963 年时由国际自然与天然资源保育联盟（International Union for Conservation of Nature and Natural Resources，IUCN，已在 1990 年时改名为世界自然保护联盟，World Conservation Union）的各会员国政府所起草签署，并在 1975 年时正式执行的一份国际协约。这份协约的目的主要是通过对野生动植物出口与进口进行限制，确保野生动物与植物的国际交易行为不会危害到物种本身的延续。由于这份公约是在美国的华盛顿市签署的，因此又常被简单称为《华盛顿公约》。

《濒危野生动植物种国际贸易公约》的历史

《濒危野生动植物种国际贸易公约》的出现是源于 1963 年 IUCN 的一次集会，由与会会员国共同决议起草。

1972 年 6 月在瑞典首都斯德哥尔摩召开的联合国人类与环境大会全面讨论了环境问题，特别是濒危野生动植物保护问题，提议由各国签署一项旨在保护濒危野生动植物种的国际贸易公约，这标志着联合国开始全面介入世界环境与发展事务，被誉为世界环境史上的一座里程碑。

1973 年 3 月 3 日，有 21 个国家的全权代表受命在华盛顿签署了《濒危野生动植物种国际贸易公约》（以下简称《公约》）。1975 年 7 月 1 日《公约》正式生效。

《濒危野生动植物种国际贸易公约》是世界上几个缔约单位数最高的公约之一，参与此公约的单位并不强制要求必须是主权国家，取而代之的是以“团体”（Party）作为缔约单位，这些团体之中有些是主权国家，也有一些是区域性的政府组织。目前，缔约团体的数量高达 180 个。

中国于 1980 年 12 月 25 日加入《公约》，1981 年 4 月 8 日在中国正式生效。因此，中国不仅在保护和管理该《公约》附录 I 和附录 II 中所包括的野生动植物种方面负有重要的责任，而且中国《国家重点保护野生动物名录》中所规定保护的野生动物，除了《公约》附录 I、附录 II 中已经列入的以外，其他均隶属于《公约》附录 III。为此中国政府还规定，该《公约》附录 I、附录 II 中所列的原产地在中国的物种，按《国家重点保护野生动物名录》所规定的保护级别执行；非原产于中国的，根据其在附录中隶属的情况，分别按照国家 I 级或 II 级重点保护野生动物进行管理。例如，黑熊在《濒危野生动植物种国际贸易公约》中被列在附录 I 中，但在《国家重点保护野生动物名录》中被列为 II 级重点保护野生动物，所以应按国家 II 级重点保护野生动物进行管理；又如非洲鸵鸟并非原产于中国，但被列入《濒危野生动植物种国际贸易公约》附录 I 中，所以在中国应按国家 I 级重点保护野生动物进行管理。

《濒危野生动植物种国际贸易公约》的保护范围

《濒危野生动植物种国际贸易公约》制定了一个濒危物种名录，通过许可证制度控制这些物种及其产品的国际贸易，由此而使《公约》成为打击非法贸易、限制过度利用的有效手段。被收录在《公约》中的物种包含了大约 5000 种的动物与 30 000 种的植物，并且被分列入 3 个不同的附录：

附录 I（Appendix I）囊括了受到灭绝威胁的物种，这些物种通常是禁止在国际间交易，除非有特别的必要性。

附录 II（Appendix II）囊括了没有立即的灭绝危机，但需要管制交易情况以避免影响到其存续的物种。如果这类物种的族群数量降低到一定程度，则会被改置入附录 I 进行全面的贸易限制保护。

附录 III（Appendix III）包含了所有至少在某个国家或地区被列为保育生物的物种，换言之就是区域性贸易管制的物种。将这些物种列入《公约》中，才能有效要求其他会员团体进行协助管制其贸易。

《濒危野生动植物种国际贸易公约》的执行保障

1.《公约》要求，各国对野生动植物进出口的活动实行许可证 / 允许证明书制度，建立有效的双向控制机制。这种机制使历史文化传统、社会发展水平、政治经济利益不尽相同的国家都能接受并予以积极支持和合作，特别是能使消费国主动协助分布国防止其野生动植物的偷猎或非法贸易活动。

2.《公约》机构还与相关国际组织合作，充分发挥海关和国际刑警组织在野生动植物进出口管理环节上的监管和打击走私犯罪的作用。

世界海关组织成立了《公约》项目工作组，建立了庞大的野生动植物贸易中心数据库，为各国海关加强野生动植物进出口监管提供信息支持。国际刑警组织成立了打击侵害濒危野生动植物犯罪工作组，通过提供全球执法协作，加强对野生动植物走私犯罪分子的打击力度。这 3 个组织已建立了广泛的联系协作机制，每年召开《公约》联席会议，邀请有关国家代表参加。

3.《公约》还运用经济手段促进《公约》的执行，对不遵守《公约》条款或大会决议的国家，采取限定、暂停或号召其他国家终止与其贸易，或由缔约国大会、常委会强制执行的措施。《濒危野生动植物种国际贸易公约》在保护野生动植物资源方面取得的成就及享有的权威和影响举世公认，成为世界上最具影响力、最有成效的环境保护公约之一。

《濒危野生动植物种国际贸易公约》的管理机构

缔约国大会

《公约》的附录物种名录由缔约国大会投票决定，缔约国大会每两年至两年半召开一次。在大会中只有缔约国有权投票，一国一票。

缔约国大会除了修订附录物种外，也讨论各项有关如何强化或推行《公约》的议案，譬如各国配合《公约》的国内法状况，检讨各主要贸易附录物种的贸易与管制状况，对特别物种如老虎、犀牛、大象、鲸鱼等之保育措施进行讨论与协商。其他会议事项包括改选、调整组织与票选下届大会主办国等。

大会的结论为决议案，除补充《公约》的条文外，也是各国遵循的政策指标。

《公约》常委会

是《公约》的重要机构，由亚洲、非洲、欧洲、北美洲、南美洲及加勒比海、大洋洲6个地区的代表组成。每个地区有1～4个国家为地区代表，主要负责《公约》缔约国大会休会期间推动《公约》各项决议和决定的执行，对各地区各缔约国的工作进行指导，同时就违约问题作出处理决定。

专门委员会

共有4个。专门处理《公约》推行的相关事务：动物委员会（专门讨论有相关动物方面的议题）、植物委员会（专门讨论有相关植物方面的议题）、命名委员会（拟订国际统一标准的学名）、图鉴委员会（制作鉴定辨识的图鉴手册）。

秘书处

综理各项行政与技术支持事宜。

依《公约》规定，各国应设有管理机构与科学机构：管理机构负责签发审核《公约》输出/输入许可证及执法等相关事宜；科学机构负责收集物种生态族群与分布等数据，并提供各项技术咨询服务。

濒危野生动植物种国际贸易公约

缔约各国：

认识到，许多美丽的、种类繁多的野生动物和植物是地球自然系统中无可代替的一部分，为了我们这一代和今后世世代代，必须加以保护；认识到，从美学、科学、文化、娱乐和经济观点看，野生动植物的价值都在日益增长；认识到，各国人民和国家是，而且应该是本国野生动植物的最好保护者；

并且认识到，为了保护某些野生动物和植物物种不致由于国际贸易而遭到过度开发利用，进行国际合作是必要的；确信，为此目的迫切需要采取适当措施。同意下列各条款：

第一条　定　义

除非内容另有所指，就本公约而言：

1．“物种”指任何的种、亚种，或其地理上隔离的种群；

2．“标本”指：

(1) 任何活的或死的动物，或植物；

(2) 如系动物，指附录一和附录二所列物种，或其任何可辨认的部分，或其衍生物和附录三所列物种及与附录三所指有关物种的任何可辨认的部分，或其衍生物。

(3) 如系植物，指附录一所列物种，或其任何可辨认的部分，或其衍生物和附录二、附录三所列物种及与附录二、附录三所指有关物种的任何可辨认的部分，或其衍生物。

3．“贸易”指出口、再出口、进口和从海上引进；

4．“再出口”指原先进口的任何标本的出口；

5．“从海上引进”指从不属任何国家管辖的海域中取得的任何物种标本输入某个国家；

6．“科学机构”指依第九条所指定的全国性科学机构；

7．“管理机构”指依第九条所指定的全国性管理机构；

8.“成员国”指本公约对之生效的国家。

第二条 基本原则

（一）附录一应包括所有受到和可能受到贸易的影响而有灭绝危险的物种。这些物种的标本的贸易必须加以特别严格的管理，以防止进一步危害其生存，并且只有在特殊的情况下才能允许进行贸易。

（二）附录二应包括：

1．所有那些目前虽未濒临灭绝，但如对其贸易不严加管理，以防止不利其生存的利用，就可能变成有灭绝危险的物种；

2．为了使本款第1项中指明的某些物种标本的贸易能得到有效的控制，而必须加以管理的其它物种。

（三）附录三应包括任一成员国认为属其管辖范围内，应进行管理以防止或限制开发利用而需要其他成员国合作控制贸易的物种。

（四）除遵守本公约各项规定外，各成员国均不应允许就附录一、附录二、附录三所列物种标本进行贸易。

第三条 附录一所列物种标本的贸易规定

（一）附录一所列物种标本的贸易，均应遵守本条各项规定。

（二）附录一所列物种的任何标本的出口，应事先获得并交验出口许可证。只有符合下列各项条件时，方可发给出口许可证：

1．出口国的科学机构认为，此项出口不致危害该物种的生存；

2．出口国的管理机构确认，该标本的获得并不违反本国有关保护野生动植物的法律；

3．出口国的管理机构确认，任一出口的活标本会得到妥善装运，尽量减少伤亡、损害健康，或少遭虐待；

4．出口国的管理机构确认，该标本的进口许可证已经发给。

（三）附录一所列物种的任何标本的进口，均应事先获得并交验进口许可证和出口许可证，或再出口证明书。只有符合下列各项条件时，方可发给进口许可证：

1．进口国的科学机构认为，此项进口的意图不致危害有关物种的生存；

2. 进口国的科学机构确认，该活标本的接受者在笼舍安置和照管方面是得当的；

3. 进口国的管理机构确认，该标本的进口，不是以商业为根本目的。

（四）附录一所列物种的任何标本的再出口，均应事先获得并交验再出口证明书。只有符合下列各项条件时，方可发给再出口证明书：

1. 再出口国的管理机构确认，该标本系遵照本公约的规定进口到本国的；

2. 再出口国的管理机构确认，该项再出口的活标本会得到妥善装运，尽量减少伤亡、损害健康，或少遭虐待；

3. 再出口国的管理机构确认，任一活标本的进口许可证已经发给。

（五）从海上引进附录一所列物种的任何标本，应事先获得引进国管理机构发给的证明书。只有符合下列各项条件时，方可发给证明书：

1. 引进国的科学机构认为，此项引进不致危害有关物种的生存；

2. 引进国的管理机构确认，该活标本的接受者在笼舍安置和照管方面是得当的；

3. 引进国的管理机构确认，该标本的引进不是以商业为根本目的。

第四条　附录二所列物种标本的贸易规定

（一）附录二所列物种标本的贸易，均应遵守本条各项规定。

（二）附录二所列物种的任何标本的出口，应事先获得并交验出口许可证。只有符合下列各项条件时，方可发给出口许可证：

1. 出口国的科学机构认为，此项出口不致危害该物种的生存；

2. 出口国的管理机构确认，该标本的获得并不违反本国有关保护野生动植物的法律；

3. 出口国的管理机构确认，任一出口的活标本会得到妥善装运，尽量减少伤亡、损害健康，或少遭虐待。

（三）各成员国的科学机构应监督该国所发给的附录二所列物种标本的出口许可证及该物种标本出口的实际情况。当科学机构确定，此类物种标本的出口应受到限制，以便保持该物种在其分布区内的生态系中与它应有作用相一致的地位，或者大大超出该物种够格成为附录一所属范畴的标准时，该科学机构就应建议主管的管理机构采取适当措施，限制发给该物种标本出口许可证。

（四）附录二所列物种的任何标本的进口，应事先交验出口许可证或再出口证明书。

（五）附录二所列物种的任何标本的再出口，应事先获得并交验再出口证明书。只有符合下列各项条件时，方可发给再出口证明书：

1．再出口国的管理机构确认，该标本的进口符合本公约各项规定；

2．再出口国的管理机构确认，任一活标本会得到妥善装运，尽量减少伤亡、损害健康，或少遭虐待。

（六）从海上引进附录二所列物种的任何标本，应事先从引进国的管理机构获得发给的证明书。只有符合下列各项条件时，方可发给证明书：

1．引进国的科学机构认为，此项引进不致危害有关物种的生存；

2．引进国的管理机构确认，任一活标本会得到妥善处置，尽量减少伤亡、损害健康，或少遭虐待。

（七）本条第（六）款所提到的证明书，只有在科学机构与其他国家的科学机构或者必要时与国际科学机构进行磋商后，并在不超过一年的期限内将全部标本如期引进，才能签发。

第五条　附录三所列物种标本的贸易规定

（一）附录三所列物种标本的贸易，均应遵守本条各项规定。

（二）附录三所列物种的任何标本，从将该物种列入附录三的任何国家出口时，应事先获得并交验出口许可证。只有符合下列各项条件时，方可发给出口许可证：

1．出口国的管理机构确认，该标本的获得并不违反该国保护野生动植物的法律；

2．出口国的管理机构确认，任一活标本会得到妥善装运，尽量减少伤亡、损害健康，或少遭虐待。

（三）除本条第（四）款涉及的情况外，附录三所列物种的任何标本的进口，应事先交验原产地证明书。如该出口国已将该物种列入附录三，则应交验该国所发给的出口许可证。

（四）如系再出口，由再出口国的管理机构签发有关该标本曾在该国

加工或正在进行再出口的证明书，以此向进口国证明有关该标本的再出口符合本公约的各项规定。

第六条 许可证和证明书

（一）根据第三条、第四条和第五条的各项规定签发的许可证和证明书必须符合本条各项规定。

（二）出口许可证应包括附录四规定的式样中所列的内容，出口许可证只用于出口，并自签发之日起半年内有效。

（三）每个出口许可证或证明书应载有本公约的名称、签发出口许可证或证明书的管理机构的名称和任何一种证明印鉴，以及管理机构编制的控制号码。

（四）管理机构发给的许可证或证明书的副本应清楚地注明其为副本。除经特许者外，该副本不得代替原本使用。

（五）交付每批标本，均应备有单独的许可证或证明书。

（六）任一标本的进口国管理机构，应注销并保存出口许可证或再出口证明书，以及有关该标本的进口许可证。

（七）在可行的适当地方，管理机构可在标本上盖上标记，以助识别。此类“标记”系指任何难以除去的印记、铅封或识别该标本的其他合适的办法，尽量防止无权发证者进行伪造。

第七条 豁免及与贸易有关的其他专门规定

（一）第三条、第四条和第五条的各项规定不适用于在成员国领土内受海关控制的标本的过境或转运。

（二）出口国或再出口国的管理机构确认，某一标本是在本公约的规定对其生效前获得的，并具有该管理机构为此签发的证明书。则第三条、第四条和第五条的各项规定不适用于该标本。

（三）第三条、第四条和第五条的各项规定不适用于作为个人或家庭财产的标本，但这项豁免不得用于下列情况：

1．附录一所列物种的标本，是物主在其常住国以外获得并正在向常住国进口；

2．附录二所列物种的标本：

(1) 它们是物主在常住国以外的国家从野生状态中获得；

(2) 它们正在向物主常住国进口；

(3) 在野生状态中获得的这些标本出口前，该国应事先获得出口许可证。但管理机构确认，这些物种标本是在本公约的规定对其生效前获得的，则不在此限。

(四) 附录一所列的某一动物物种的标本，系为了商业目的而由人工饲养繁殖的，或附录一所列的某一植物物种的标本，系为了商业目的，而由人工培植的，均应视为附录二内所列的物种标本。

(五) 当出口国管理机构确认，某一动物物种的任一标本是由人工饲养繁殖的，或某一植物物种的标本是由人工培植的，或确认它们是此类动物或植物的一部分，或是它们的衍生物，该管理机构出具的关于上述情况的证明书可以代替按第三条、第四条或第五条的各项规定所要求的许可证或证明书。

(六) 第三条、第四条和第五条的各项规定不适用于在本国管理机构注册的科学家之间或科学机构之间进行非商业性的出借、馈赠或交换的植物标本或其他浸制的、干制的或埋置的博物馆标本，以及活的植物材料，但这些都必须附以管理机构出具的或批准的标签。

(七) 任何国家的管理机构可不按照第三条、第四条和第五条的各项规定，允许用作巡回动物园、马戏团、动物展览、植物展览或其他巡回展览的标本，在没有许可证或证明书的情况下运送，但必须做到以下各点：

1. 出口者或进口者向管理机构登记有关该标本的全部详细情况；

2. 这些标本系属于本条第（二）款或第（五）款所规定的范围；

3. 管理机构已经确认，所有活的标本会得到妥善运输和照管，尽量减少伤亡、损害健康或少遭虐待。

第八条　成员国应采取的措施

(一) 成员国应采取相应措施执行本公约的规定，并禁止违反本公约规定的标本贸易，包括下列各项措施：

1. 处罚对此类标本的贸易，或者没收它们，或两种办法兼用；

2. 规定对此类标本进行没收或退还出口国。

(二) 除本条第（一）款所规定的措施外，违反本公约规定措施的贸

易标本，予以没收所用的费用，如成员国认为必要，可采取任何办法内部补偿。

（三）成员国应尽可能保证物种标本在贸易时尽快地通过一切必要手续。为便利通行，成员国可指定一些进出口岸，以供对物种标本进行检验放行。各成员国还须保证所有活标本，在过境、扣留或装运期间，得到妥善照管，尽量减少伤亡、损害健康，或少遭虐待。

（四）在某一活标本由于本条第（一）款规定而被没收时：

1．该标本应委托给没收国的管理机构代管；

2．该管理机构经与出口国协商后，应将标本退还该出口国，费用由该出口国负担，或将其送往管理机构认为合适并且符合本公约宗旨的拯救中心，或类似地方；

3．管理机构可以征询科学机构的意见，或者，在其认为需要时，与秘书处磋商以加快实现根据本款第 2 项所规定的措施，包括选择拯救中心或其他地方。

（五）本条第（四）款所指的拯救中心，是指由管理机构指定的某一机构，负责照管活标本，特别是没收的标本。

（六）各成员国应保存附录一、附录二、附录三所列物种标本的贸易记录，内容包括：

1．出口者与进口者的姓名、地址；

2．所发许可证或证明书的号码、种类，进行这种贸易的国家，标本的数量、类别，根据附录一、附录二、附录三所列物种的名称，如有要求，在可行的情况下，还包括标本的大小和性别。

（七）各成员国应提出执行本公约情况的定期报告，递交秘书处；

1．包括本条第（六）款第 2 项所要求的情况摘要的年度报告；

2．为执行本公约各项规定而采取的立法、规章和行政措施的双年度报告。

（八）本条第（七）款提到的情况，只要不违反有关成员国的法律，应予公布。

第九条　管理机构和科学机构

（一）各成员国应为本公约指定：

1．有资格代表该成员国发给许可证或证明书的一个或若干个管理机构；

2．一个或若干个科学机构。

（二）一国在将其批准、接受、核准或加入的文书交付保存时，应同时将授权与其他成员国和秘书处联系的管理机构的名称、地址通知保存国政府。

（三）根据本条规定所指派的单位名称，或授予的权限，如有任何改动，应由该成员国通知秘书处，以便转告其他成员国。

（四）本条第（二）款提及的任何管理机构，在秘书处或其他成员国的管理机构请求时，应将其图章、印记及其他用以核实许可证或证明书的标志的底样寄给对方。

第十条　与非公约成员国贸易

向一个非公约成员国出口或再出口，或从该国进口时，该国的权力机构所签发的类似文件，在实质上符合本公约对许可证和证明书的要求，就可代替任一成员国出具的文件而予接受。

第十一条　成员国大会

（一）在本公约生效两年后，秘书处应召集一次成员国大会。

（二）此后，秘书处至少每隔两年召集一次例会，除非全会另有决定，如有 1/3 以上的成员国提出书面请求时，秘书处应随时召开特别会议。

（三）各成员国在例会或特别会议上，应检查本公约执行情况，并可：

1．作出必要的规定，使秘书处能履行其职责；

2．根据第十五条，考虑并通过附录一和附录二的修正案；

3．检查附录一、附录二、附录三所列物种的恢复和保护情况的进展；

4．接受并考虑秘书处，或任何成员国提出的任何报告；

5．在适当的情况下，提出提高公约效力的建议。

（四）在每次例会上，各成员国可根据本条第（二）款的规定，确定下次例会召开的时间和地点。

（五）各成员国在任何一次会议上，均可确定和通过本次会议议事

规则。

（六）联合国及其专门机构和国际原子能总署以及非公约成员国，可以观察员的身份参加大会的会议，但无表决权。

（七）凡属于如下各类在技术上有能力保护、保持或管理野生动植物的机构或组织，经通知秘书处愿以观察员身份参加大会者，应接受其参加会议，但有 1/3 或以上成员国反对者例外：

1．政府或非政府间的国际性机构或组织、国家政府机构和组织；

2．为此目的所在国批准而设立的全国性非政府机构或组织。经过同意后，观察员有权参加会议，但无表决权。

第十二条　秘书处

（一）在本公约生效后，由联合国环境规划署执行主任筹组秘书处。在合适的方式和范围内，可取得在技术上有能力保护、保持和管理野生动植物方面的政府间的或非政府的，国际或国家的适当机构和组织的协助。

（二）秘书处的职责为：

1．为成员国的会议作出安排并提供服务；

2．履行根据本公约第十五条和第十六条的规定委托给秘书处的职责；

3．根据成员国大会批准的计划，进行科学和技术研究，从而为执行本公约作出贡献，包括对活标本的妥善处置和装运的标准以及识别有关标本的方法；

4．对于成员国提出的报告，如认为必要，则要求他们提供进一步的情况介绍，以保证本公约的执行；

5．提请成员国注意与本公约宗旨有关的任何事项；

6．定期出版并向成员国分发附录一、附录二、附录三的最新版本，以及有助于识别这些附录中所列物种标本的任何情报；

7．向成员国会议提出有关工作报告和执行本公约情况的年度报告，以及会议上可能要求提供的其他报告；

8．为执行本公约的宗旨和规定而提出建议，包括科学或技术性质情报的交流；

9．执行成员国委托秘书处的其他职责。

第十三条　国际措施

（一）秘书处根据其所获得的情报，认为附录一、附录二所列任一物种，由于该物种标本的贸易而正受到不利的影响，或本公约的规定没有被有效地执行时，秘书处应将这种情况通知有关的成员国，或有关的成员国所授权的管理机构。

（二）成员国在接到本条第（一）款所指的通知后，应在其法律允许范围内，尽快将有关事实通知秘书处，并提出适当补救措施。成员国认为需要调查时，可特别授权一人或若干人进行调查。

（三）成员国提供的情况，或根据本条第（二）款规定进行调查所得到的情况，将由下届成员国大会进行审议，大会可提出它认为合适的任何建议。

第十四条　对国内立法及各种国际公约的效力

（一）本公约的规定将不影响成员国有权采取以下措施：

1. 附录一、附录二、附录三所列物种标本的贸易、取得、占有和转运，在国内采取更加严格的措施或完全予以禁止；

2. 对附录一、附录二、附录三未列入的物种标本的贸易、取得、占有和转运，在国内采取限制或禁止的措施。

（二）本公约的规定，将不影响成员国在国内采取任何措施的规定，也不影响成员国由于签署了已生效或即将生效的涉及贸易、取得、占有或转运各物种标本其他方面的条约、公约或国际协议而承担的义务，包括有关海关、公共卫生、兽医或动植物检疫等方面的任何措施。

（三）本公约的规定不影响各国间已缔结或可能缔结的建立同盟或区域贸易协议的条约、公约或国际协定中所作的规定或承担的义务，上述同盟或区域贸易协议是用来建立或维持该同盟各成员国之间的共同对外关税管制或免除关税管制。

（四）本公约的缔约国，如果也是本公约生效时其他有效的条约、公约或国际协定的成员国，而且根据这些条约、公约和协定的规定，对附录二所列举的各种海洋物种应予保护，则应免除该国根据本公约的规定，对附录二所列举的，由在该国注册的船只捕获的、并符合上述其他条约、公约或国际协定的规定而进行捕获的各种物种标本进行贸易所承担的义务。

（五）尽管有第三条、第四条和第五条的规定，凡出口依本条第（四）款捕获的标本，只需要引进国的管理机构出具证明书，说明该标本是依照其他条约、公约或国际协定规定取得的。

（六）本公约不应妨碍根据联合国大会 2750C 字（XXV）号决议而召开的联合国海洋法会议从事编纂和发展海洋法，也不应妨碍任何国家在目前或将来就海洋法以及就沿岸国和船旗国的管辖权的性质和范围提出的主张和法律观点。

第十五条　附录一和附录二的修改

（一）下列规定适用于在成员国大会的会议上对附录一和附录二修改事宜：

1．任何成员国可就附录一或附录二的修改提出建议，供下次会议审议。所提修正案的文本至少应在会前 150 天通知秘书处。秘书处应依据本条第（二）款第 2 项和第 3 项之规定，就修正案同其他成员国和有关机构进行磋商，并不迟于会前 30 天向各成员国发出通知；

2．修正案应经到会并参加投票的成员国 2/3 多数通过。此处所谓“到会并参加投票的成员国”系指出席会议，并投了赞成票或反对票的成员国。弃权的成员国将不计入为通过修正案所需 2/3 的总数内；

3．在一次会议上通过的修正案，应在该次会议 90 天后对所有成员国开始生效，但依据本条第（三）款提出保留的成员国除外。

（二）下列规定将适用于在成员国大会闭会期间，对附录一和附录二的修改事宜：

1．任何成员国可在大会闭会期间按本款的规定，以邮政程序就附录一和附录二提出修改建议，要求审议；

2．对各种海洋物种，秘书处在收到建议修正案文本后，应立即将修正案文本通知成员国。秘书处还应与业务上和该物种有关的政府间机构进行磋商，以便取得这些机构有可能提供的科学资料，并使与这些机构实施的保护措施协调一致。秘书处应尽快将此类机构所表示的观点和提供的资料，以及秘书处的调查结果和建议，通知成员国；

3．对海洋物种以外的物种，秘书处应在收到建议的修正案文本后，立即将其通知成员国，并随后尽快将秘书处的建议通知成员国；

4．任何成员国于秘书处根据本款第 2 或第 3 项的规定，将其建议通知成员国后的 60 天内，应将其对所提的修正案的意见，连同有关的科学资料和情报送交秘书处；

5．秘书处应将收到的答复连同它自己的建议，尽快通知成员国；

6．秘书处依据本款第 5 项规定将上述答复和建议通知成员国后 30 天内，如未收到对建议的修正案提出异议，修正案即应在随后 90 天起，对所有成员国开始生效，但依据本条第（三）款提出保留的成员国除外；

7．如秘书处收到任何成员国提出的异议，修正案即按本款第 8、第 9 和第 10 项的规定，以邮政通信方式交付表决；

8．秘书处应将收到异议的通知事先告知成员国；

9．秘书处按本款第 8 项的规定发出通知后 60 天内，从各方收到赞成、反对或弃权票必须占成员国总数一半以上，否则，修正案将提交成员国大会的下一次会议上进行审议；

10．如收到成员国投票数已占一半，则修正案应由投赞成或反对票的成员国的 2/3 多数通过；

11．秘书处将投票结果通知所有成员国；

12．如修正案获得通过，则自秘书处发出修正案被接受的通知之日起后 90 天，对各成员国开始生效。但按本条之第（三）款规定提出保留之成员国除外。

（三）在本条第（一）款第 3 项，或第（二）款第 12 项规定的 90 天期间，任何成员国均可向公约保存国政府以书面通知形式，对修正案通知提出保留。在此保留撤销以前，进行有关该物种的贸易时，即不作为本公约的成员国对待。

第十六条　附录三及其修改

（一）按第二条第（三）款所述，任何成员国可随时向秘书处提出它认为属其管辖范围内，并由其管理的物种的名单。附录三应包括：提出将某些物种包括在内的成员国的名称、提出的物种的学名，以及按第一条第 2 项所述，与该物种相联系的有关动物或植物的任何部分或衍生物。

（二）根据本条第（一）款规定提出的每一份名单，都应由秘书处在收到该名单后尽快通知成员国。该名单作为附录三的一部分，在发出此项通知之日起的 90 天后生效。在该名单发出后，任何成员国均可随时书面通知公约保存国政府，对任何物种，或其任何部分，或其衍生物持保留意见。在撤销此保留以前，进行有关该物种，或其一部分，或其衍生物的贸易时，该国即不作为本公约的成员国对待。

（三）提出应将某一物种列入附录三的成员国，可以随时通知秘书处撤销该物种，秘书处应将此事通知所有成员国，此项撤销应在秘书处发出通知之日起的 30 天后生效。

（四）根据本条第（一）款的规定提出一份名单的任何成员国，应向秘书处提交一份适用于此类物种保护的所有国内法律和规章的抄本，并同时提交成员国对该法律规章的适当解释，或秘书处要求提供的解释。该成员国在上述物种被列入附录三的期间内，应提交对上述法律和规章的任何修改或任何新的解释。

第十七条　公约之修改

（一）秘书处依至少 1/3 成员国提出的书面要求，可召开成员国大会特别会议，审议和通过本公约的修正案。此项修正案应经到会并参加投票的成员国 2/3 多数通过。此处所谓“到会并参加投票的成员国”系指出席会议并投了赞成票，或反对票的成员国。弃权的成员国将不计入为通过修正案所需 2/3 的总数内。

（二）秘书处至少应在会前 90 天将建议的修正案的案文通知所有成员国。

（三）自 2/3 的成员国向公约保存国政府递交接受该项修正案之日起的 60 天后，该项修正案即对接受的成员国开始生效。此后，在任何其他成员国递交接受该项修正案之日起的 60 天后，该项修正案对该成员国开始生效。

第十八条　争议之解决

（一）如两个或两个以上成员国之间就本公约各项规定的解释或适用发生争议，则涉及争议的成员国应进行磋商。

（二）如果争议不能依本条第（一）款获得解决，经成员国相互同意，可将争议提交仲裁，特别是提交设在海牙的常设仲裁法院进行仲裁，提出争议的成员国应受仲裁决定之约束。

第十九条　签署

本公约于一九七三年四月三十日以前在华盛顿开放签署，在此以后，则于一九七四年十二月三十一日以前在伯尔尼开放签署。

第二十条　批准、接受、核准

本公约需经批准、接受或核准，批准、接受或核准本公约的文书应交存公约保存国瑞士联邦政府。

第二十一条　加入

本公约将无限期地开放加入，加入书应交公约保存国保存。

第二十二条　生效

（一）本公约自第十份批准、接受、核准或加入本公约的文书交存公约保存国政府90天后开始生效。

（二）在第十份批准、接受、核准或加入本公约的文书交存以后，批准、接受、核准或加入本公约的国家，自向公约保存国政府交存批准、接受、核准或加入的文书之日起90天后对该国生效。

第二十三条　保留

（一）对本公约的各项规定不得提出一般保留。但根据本条或第十五条和第十六条的规定，可提出特殊保留。

（二）任何一国在将其批准、接受、核准或加入本公约的文书交托保存的同时，可就下述具体事项提出保留：

1. 附录一、附录二或附录三中所列举的任何物种；

2. 附录三中所指的各物种的任何部分或其衍生物。

（三）成员国在未撤销其根据本条规定提出的保留前，在对该保留物种，或其一部分，或其衍生物进行贸易时，该国即不作为本公约的成员国对待。

第二十四条　废约

任何成员国均可随时以书面形式通知公约保存国政府废止本公约。废约自公约保存国政府收到书面通知之日起 12 个月后生效。

第二十五条　保存国

（一）本公约正本以中、英、法、俄和西班牙文写成，各种文本都具有同等效力。正本应交存公约保存国政府，该政府应将核证无误的副本送致本公约的签字国，或加入本公约的国家。

（二）公约保存国政府应将批准、接受、核准或加入、本公约的生效和修改、表示保留和撤销保留以及废止的文书签署交存情况通知本公约所有签字国、加入国和秘书处。

（三）本公约生效后，公约保存国政府应立即将核证无误的文本根据联合国宪章第一百零二条，转送联合国秘书处登记和公布。

各全权代表受命在本公约上签字，以资证明。

中华人民共和国行政许可法

2003年8月27日第十届全国人民代表大会常务委员会第四次会议通过，自2004年7月1日起施行

第一章　总则

第一条　为了规范行政许可的设定和实施，保护公民、法人和其他组织的合法权益，维护公共利益和社会秩序，保障和监督行政机关有效实施行政管理，根据宪法，制定本法。

第二条　本法所称行政许可，是指行政机关根据公民、法人或者其他组织的申请，经依法审查，准予其从事特定活动的行为。

第三条　行政许可的设定和实施，适用本法。

有关行政机关对其他机关或者对其直接管理的事业单位的人事、财务、外事等事项的审批，不适用本法。

第四条　设定和实施行政许可，应当依照法定的权限、范围、条件和程序。

第五条　设定和实施行政许可，应当遵循公开、公平、公正的原则。

有关行政许可的规定应当公布；未经公布的，不得作为实施行政许可的依据。行政许可的实施和结果，除涉及国家秘密、商业秘密或者个人隐私的外，应当公开。

符合法定条件、标准的，申请人有依法取得行政许可的平等权利，行政机关不得歧视。

第六条　实施行政许可，应当遵循便民的原则，提高办事效率，提供优质服务。

第七条　公民、法人或者其他组织对行政机关实施行政许可，享有陈述权、申辩权；有权依法申请行政复议或者提起行政诉讼；其合法权益因行政机关违法实施行政许可受到损害的，有权依法要求赔偿。

第八条　公民、法人或者其他组织依法取得的行政许可受法律保护，行政机关不得擅自改变已经生效的行政许可。

行政许可所依据的法律、法规、规章修改或者废止，或者准予行政许可所依据的客观情况发生重大变化的，为了公共利益的需要，行政机关可以依法变更或者撤回已经生效的行政许可。由此给公民、法人或者其他组织造成财产损失的，行政机关应当依法给予补偿。

第九条　依法取得的行政许可，除法律、法规规定依照法定条件和程序可以转让的外，不得转让。

第十条　县级以上人民政府应当建立健全对行政机关实施行政许可的监督制度，加强对行政机关实施行政许可的监督检查。

行政机关应当对公民、法人或者其他组织从事行政许可事项的活动实施有效监督。

第二章　行政许可的设定

第十一条　设定行政许可，应当遵循经济和社会发展规律，有利于发挥公民、法人或者其他组织的积极性、主动性，维护公共利益和社会秩序，促进经济、社会和生态环境协调发展。

第十二条　下列事项可以设定行政许可：

（一）直接涉及国家安全、公共安全、经济宏观调控、生态环境保护以及直接关系人身健康、生命财产安全等特定活动，需要按照法定条件予以批准的事项；

（二）有限自然资源开发利用、公共资源配置以及直接关系公共利益的特定行业的市场准入等，需要赋予特定权利的事项；

（三）提供公众服务并且直接关系公共利益的职业、行业，需要确定具备特殊信誉、特殊条件或者特殊技能等资格、资质的事项；

（四）直接关系公共安全、人身健康、生命财产安全的重要设备、设施、产品、物品，需要按照技术标准、技术规范，通过检验、检测、检疫等方式进行审定的事项；

（五）企业或者其他组织的设立等，需要确定主体资格的事项；

（六）法律、行政法规规定可以设定行政许可的其他事项。

第十三条　本法第十二条所列事项，通过下列方式能够予以规范的，可以不设行政许可：

（一）公民、法人或者其他组织能够自主决定的；

（二）市场竞争机制能够有效调节的；

（三）行业组织或者中介机构能够自律管理的；

（四）行政机关采用事后监督等其他行政管理方式能够解决的。

第十四条 本法第十二条所列事项，法律可以设定行政许可。尚未制定法律的，行政法规可以设定行政许可。

必要时，国务院可以采用发布决定的方式设定行政许可。实施后，除临时性行政许可事项外，国务院应当及时提请全国人民代表大会及其常务委员会制定法律，或者自行制定行政法规。

第十五条 本法第十二条所列事项，尚未制定法律、行政法规的，地方性法规可以设定行政许可；尚未制定法律、行政法规和地方性法规的，因行政管理的需要，确需立即实施行政许可的，省、自治区、直辖市人民政府规章可以设定临时性的行政许可。临时性的行政许可实施满一年需要继续实施的，应当提请本级人民代表大会及其常务委员会制定地方性法规。

地方性法规和省、自治区、直辖市人民政府规章，不得设定应当由国家统一确定的公民、法人或者其他组织的资格、资质的行政许可；不得设定企业或者其他组织的设立登记及其前置性行政许可。其设定的行政许可，不得限制其他地区的个人或者企业到本地区从事生产经营和提供服务，不得限制其他地区的商品进入本地区市场。

第十六条 行政法规可以在法律设定的行政许可事项范围内，对实施该行政许可作出具体规定。

地方性法规可以在法律、行政法规设定的行政许可事项范围内，对实施该行政许可作出具体规定。

规章可以在上位法设定的行政许可事项范围内，对实施该行政许可作出具体规定。

法规、规章对实施上位法设定的行政许可作出的具体规定，不得增设行政许可；对行政许可条件作出的具体规定，不得增设违反上位法的其他条件。

第十七条 除本法第十四条、第十五条规定的外，其他规范性文件一律不得设定行政许可。

第十八条 设定行政许可，应当规定行政许可的实施机关、条件、程序、期限。

第十九条　起草法律草案、法规草案和省、自治区、直辖市人民政府规章草案，拟设定行政许可的，起草单位应当采取听证会、论证会等形式听取意见，并向制定机关说明设定该行政许可的必要性、对经济和社会可能产生的影响以及听取和采纳意见的情况。

第二十条　行政许可的设定机关应当定期对其设定的行政许可进行评价；对已设定的行政许可，认为通过本法第十三条所列方式能够解决的，应当对设定该行政许可的规定及时予以修改或者废止。

行政许可的实施机关可以对已设定的行政许可的实施情况及存在的必要性适时进行评价，并将意见报告该行政许可的设定机关。

公民、法人或者其他组织可以向行政许可的设定机关和实施机关就行政许可的设定和实施提出意见和建议。

第二十一条　省、自治区、直辖市人民政府对行政法规设定的有关经济事务的行政许可，根据本行政区域经济和社会发展情况，认为通过本法第十三条所列方式能够解决的，报国务院批准后，可以在本行政区域内停止实施该行政许可。

第三章　行政许可的实施机关

第二十二条　行政许可由具有行政许可权的行政机关在其法定职权范围内实施。

第二十三条　法律、法规授权的具有管理公共事务职能的组织，在法定授权范围内，以自己的名义实施行政许可。被授权的组织适用本法有关行政机关的规定。

第二十四条　行政机关在其法定职权范围内，依照法律、法规、规章的规定，可以委托其他行政机关实施行政许可。委托机关应当将受委托行政机关和受委托实施行政许可的内容予以公告。

委托行政机关对受委托行政机关实施行政许可的行为应当负责监督，并对该行为的后果承担法律责任。

受委托行政机关在委托范围内，以委托行政机关名义实施行政许可；不得再委托其他组织或者个人实施行政许可。

第二十五条　经国务院批准，省、自治区、直辖市人民政府根据精简、统一、效能的原则，可以决定一个行政机关行使有关行政机关的行政许可权。

第二十六条 行政许可需要行政机关内设的多个机构办理的，该行政机关应当确定一个机构统一受理行政许可申请，统一送达行政许可决定。

行政许可依法由地方人民政府两个以上部门分别实施的，本级人民政府可以确定一个部门受理行政许可申请并转告有关部门分别提出意见后统一办理，或者组织有关部门联合办理、集中办理。

第二十七条 行政机关实施行政许可，不得向申请人提出购买指定商品、接受有偿服务等不正当要求。

行政机关工作人员办理行政许可，不得索取或者收受申请人的财物，不得谋取其他利益。

第二十八条 对直接关系公共安全、人身健康、生命财产安全的设备、设施、产品、物品的检验、检测、检疫，除法律、行政法规规定由行政机关实施的外，应当逐步由符合法定条件的专业技术组织实施。专业技术组织及其有关人员对所实施的检验、检测、检疫结论承担法律责任。

第四章 行政许可的实施程序

第一节 申请与受理

第二十九条 公民、法人或者其他组织从事特定活动，依法需要取得行政许可的，应当向行政机关提出申请。申请书需要采用格式文本的，行政机关应当向申请人提供行政许可申请书格式文本。申请书格式文本中不得包含与申请行政许可事项没有直接关系的内容。

申请人可以委托代理人提出行政许可申请。但是，依法应当由申请人到行政机关办公场所提出行政许可申请的除外。

行政许可申请可以通过信函、电报、电传、传真、电子数据交换和电子邮件等方式提出。

第三十条 行政机关应当将法律、法规、规章规定的有关行政许可的事项、依据、条件、数量、程序、期限以及需要提交的全部材料的目录和申请书示范文本等在办公场所公示。

申请人要求行政机关对公示内容予以说明、解释的，行政机关应当说明、解释，提供准确、可靠的信息。

第三十一条　申请人申请行政许可，应当如实向行政机关提交有关材料和反映真实情况，并对其申请材料实质内容的真实性负责。行政机关不得要求申请人提交与其申请的行政许可事项无关的技术资料和其他材料。

第三十二条　行政机关对申请人提出的行政许可申请，应当根据下列情况分别作出处理：

（一）申请事项依法不需要取得行政许可的，应当即时告知申请人不受理；

（二）申请事项依法不属于本行政机关职权范围的，应当即时作出不予受理的决定，并告知申请人向有关行政机关申请；

（三）申请材料存在可以当场更正的错误的，应当允许申请人当场更正；

（四）申请材料不齐全或者不符合法定形式的，应当当场或者在五日内一次告知申请人需要补正的全部内容，逾期不告知的，自收到申请材料之日起即为受理；

（五）申请事项属于本行政机关职权范围，申请材料齐全、符合法定形式，或者申请人按照本行政机关的要求提交全部补正申请材料的，应当受理行政许可申请。

行政机关受理或者不予受理行政许可申请，应当出具加盖本行政机关专用印章和注明日期的书面凭证。

第三十三条　行政机关应当建立和完善有关制度，推行电子政务，在行政机关的网站上公布行政许可事项，方便申请人采取数据电文等方式提出行政许可申请；应当与其他行政机关共享有关行政许可信息，提高办事效率。

第二节　审查与决定

第三十四条　行政机关应当对申请人提交的申请材料进行审查。

申请人提交的申请材料齐全、符合法定形式，行政机关能够当场作出决定的，应当当场作出书面的行政许可决定。

根据法定条件和程序，需要对申请材料的实质内容进行核实的，行政机关应当指派两名以上工作人员进行核查。

第三十五条　依法应当先经下级行政机关审查后报上级行政机关决

定的行政许可，下级行政机关应当在法定期限内将初步审查意见和全部申请材料直接报送上级行政机关。上级行政机关不得要求申请人重复提供申请材料。

第三十六条 行政机关对行政许可申请进行审查时，发现行政许可事项直接关系他人重大利益的，应当告知该利害关系人。申请人、利害关系人有权进行陈述和申辩。行政机关应当听取申请人、利害关系人的意见。

第三十七条 行政机关对行政许可申请进行审查后，除当场作出行政许可决定的外，应当在法定期限内按照规定程序作出行政许可决定。

第三十八条 申请人的申请符合法定条件、标准的，行政机关应当依法作出准予行政许可的书面决定。

行政机关依法作出不予行政许可的书面决定的，应当说明理由，并告知申请人享有依法申请行政复议或者提起行政诉讼的权利。

第三十九条 行政机关作出准予行政许可的决定，需要颁发行政许可证件的，应当向申请人颁发加盖本行政机关印章的下列行政许可证件：

（一）许可证、执照或者其他许可证书；

（二）资格证、资质证或者其他合格证书；

（三）行政机关的批准文件或者证明文件；

（四）法律、法规规定的其他行政许可证件。

行政机关实施检验、检测、检疫的，可以在检验、检测、检疫合格的设备、设施、产品、物品上加贴标签或者加盖检验、检测、检疫印章。

第四十条 行政机关作出的准予行政许可决定，应当予以公开，公众有权查阅。

第四十一条 法律、行政法规设定的行政许可，其适用范围没有地域限制的，申请人取得的行政许可在全国范围内有效。

第三节 期 限

第四十二条 除可以当场作出行政许可决定的外，行政机关应当自受理行政许可申请之日起二十日内作出行政许可决定。二十日内不能作出决定的，经本行政机关负责人批准，可以延长十日，并应当将延长期限的理由告知申请人。但是，法律、法规另有规定的，依照其规定。

依照本法第二十六条的规定，行政许可采取统一办理或者联合办理、集中办理的，办理的时间不得超过四十五日；四十五日内不能办结的，经本级人民政府负责人批准，可以延长十五日，并应当将延长期限的理由告知申请人。

第四十三条　依法应当先经下级行政机关审查后报上级行政机关决定的行政许可，下级行政机关应当自其受理行政许可申请之日起二十日内审查完毕。但是，法律、法规另有规定的，依照其规定。

第四十四条　行政机关作出准予行政许可的决定，应当自作出决定之日起十日内向申请人颁发、送达行政许可证件，或者加贴标签、加盖检验、检测、检疫印章。

第四十五条　行政机关作出行政许可决定，依法需要听证、招标、拍卖、检验、检测、检疫、鉴定和专家评审的，所需时间不计算在本节规定的期限内。行政机关应当将所需时间书面告知申请人。

第四节　听　证

第四十六条　法律、法规、规章规定实施行政许可应当听证的事项，或者行政机关认为需要听证的其他涉及公共利益的重大行政许可事项，行政机关应当向社会公告，并举行听证。

第四十七条　行政许可直接涉及申请人与他人之间重大利益关系的，行政机关在作出行政许可决定前，应当告知申请人、利害关系人享有要求听证的权利；申请人、利害关系人在被告知听证权利之日起五日内提出听证申请的，行政机关应当在二十日内组织听证。

申请人、利害关系人不承担行政机关组织听证的费用。

第四十八条　听证按照下列程序进行：

（一）行政机关应当于举行听证的七日前将举行听证的时间、地点通知申请人、利害关系人，必要时予以公告；

（二）听证应当公开举行；

（三）行政机关应当指定审查该行政许可申请的工作人员以外的人员为听证主持人，申请人、利害关系人认为主持人与该行政许可事项有直接利害关系的，有权申请回避；

（四）举行听证时，审查该行政许可申请的工作人员应当提供审查意见的证据、理由，申请人、利害关系人可以提出证据，并进行申辩和质证；

（五）听证应当制作笔录，听证笔录应当交听证参加人确认无误后签字或者盖章。

行政机关应当根据听证笔录，作出行政许可决定。

第五节　变更与延续

第四十九条　被许可人要求变更行政许可事项的，应当向作出行政许可决定的行政机关提出申请；符合法定条件、标准的，行政机关应当依法办理变更手续。

第五十条　被许可人需要延续依法取得的行政许可的有效期的，应当在该行政许可有效期届满三十日前向作出行政许可决定的行政机关提出申请。但是，法律、法规、规章另有规定的，依照其规定。

行政机关应当根据被许可人的申请，在该行政许可有效期届满前作出是否准予延续的决定；逾期未作决定的，视为准予延续。

第六节　特别规定

第五十一条　实施行政许可的程序，本节有规定的，适用本节规定；本节没有规定的，适用本章其他有关规定。

第五十二条　国务院实施行政许可的程序，适用有关法律、行政法规的规定。

第五十三条　实施本法第十二条第二项所列事项的行政许可的，行政机关应当通过招标、拍卖等公平竞争的方式作出决定。但是，法律、行政法规另有规定的，依照其规定。

行政机关通过招标、拍卖等方式作出行政许可决定的具体程序，依照有关法律、行政法规的规定。

行政机关按照招标、拍卖程序确定中标人、买受人后，应当作出准予行政许可的决定，并依法向中标人、买受人颁发行政许可证件。

行政机关违反本条规定，不采用招标、拍卖方式，或者违反招标、拍卖程序，损害申请人合法权益的，申请人可以依法申请行政复议或者提起行政诉讼。

第五十四条　实施本法第十二条第三项所列事项的行政许可，赋予

公民特定资格，依法应当举行国家考试的，行政机关根据考试成绩和其他法定条件作出行政许可决定；赋予法人或者其他组织特定的资格、资质的，行政机关根据申请人的专业人员构成、技术条件、经营业绩和管理水平等的考核结果作出行政许可决定。但是，法律、行政法规另有规定的，依照其规定。

公民特定资格的考试依法由行政机关或者行业组织实施，公开举行。行政机关或者行业组织应当事先公布资格考试的报名条件、报考办法、考试科目以及考试大纲。但是，不得组织强制性的资格考试的考前培训，不得指定教材或者其他助考材料。

第五十五条　实施本法第十二条第四项所列事项的行政许可的，应当按照技术标准、技术规范依法进行检验、检测、检疫，行政机关根据检验、检测、检疫的结果作出行政许可决定。

行政机关实施检验、检测、检疫，应当自受理申请之日起五日内指派两名以上工作人员按照技术标准、技术规范进行检验、检测、检疫。不需要对检验、检测、检疫结果作进一步技术分析即可认定设备、设施、产品、物品是否符合技术标准、技术规范的，行政机关应当当场作出行政许可决定。

行政机关根据检验、检测、检疫结果，作出不予行政许可决定的，应当书面说明不予行政许可所依据的技术标准、技术规范。

第五十六条　实施本法第十二条第五项所列事项的行政许可，申请人提交的申请材料齐全、符合法定形式的，行政机关应当当场予以登记。需要对申请材料的实质内容进行核实的，行政机关依照本法第三十四条第三款的规定办理。

第五十七条　有数量限制的行政许可，两个或者两个以上申请人的申请均符合法定条件、标准的，行政机关应当根据受理行政许可申请的先后顺序作出准予行政许可的决定。但是，法律、行政法规另有规定的，依照其规定。

第五章　行政许可的费用

第五十八条　行政机关实施行政许可和对行政许可事项进行监督检查，不得收取任何费用。但是，法律、行政法规另有规定的，依照其规定。

行政机关提供行政许可申请书格式文本，不得收费。

行政机关实施行政许可所需经费应当列入本行政机关的预算，由本级财政予以保障，按照批准的预算予以核拨。

第五十九条 行政机关实施行政许可，依照法律、行政法规收取费用的，应当按照公布的法定项目和标准收费；所收取的费用必须全部上缴国库，任何机关或者个人不得以任何形式截留、挪用、私分或者变相私分。财政部门不得以任何形式向行政机关返还或者变相返还实施行政许可所收取的费用。

第六章 监督检查

第六十条 上级行政机关应当加强对下级行政机关实施行政许可的监督检查，及时纠正行政许可实施中的违法行为。

第六十一条 行政机关应当建立健全监督制度，通过核查反映被许可人从事行政许可事项活动情况的有关材料，履行监督责任。

行政机关依法对被许可人从事行政许可事项的活动进行监督检查时，应当将监督检查的情况和处理结果予以记录，由监督检查人员签字后归档。公众有权查阅行政机关监督检查记录。

行政机关应当创造条件，实现与被许可人、其他有关行政机关的计算机档案系统互联，核查被许可人从事行政许可事项活动情况。

第六十二条 行政机关可以对被许可人生产经营的产品依法进行抽样检查、检验、检测，对其生产经营场所依法进行实地检查。检查时，行政机关可以依法查阅或者要求被许可人报送有关材料；被许可人应当如实提供有关情况和材料。

行政机关根据法律、行政法规的规定，对直接关系公共安全、人身健康、生命财产安全的重要设备、设施进行定期检验。对检验合格的，行政机关应当发给相应的证明文件。

第六十三条 行政机关实施监督检查，不得妨碍被许可人正常的生产经营活动，不得索取或者收受被许可人的财物，不得谋取其他利益。

第六十四条 被许可人在作出行政许可决定的行政机关管辖区域外违法从事行政许可事项活动的，违法行为发生地的行政机关应当依法将被许可人的违法事实、处理结果抄告作出行政许可决定的行政机关。

第六十五条　个人和组织发现违法从事行政许可事项的活动，有权向行政机关举报，行政机关应当及时核实、处理。

第六十六条　被许可人未依法履行开发利用自然资源义务或者未依法履行利用公共资源义务的，行政机关应当责令限期改正；被许可人在规定期限内不改正的，行政机关应当依照有关法律、行政法规的规定予以处理。

第六十七条　取得直接关系公共利益的特定行业的市场准入行政许可的被许可人，应当按照国家规定的服务标准、资费标准和行政机关依法规定的条件，向用户提供安全、方便、稳定和价格合理的服务，并履行普遍服务的义务；未经作出行政许可决定的行政机关批准，不得擅自停业、歇业。

被许可人不履行前款规定的义务的，行政机关应当责令限期改正，或者依法采取有效措施督促其履行义务。

第六十八条　对直接关系公共安全、人身健康、生命财产安全的重要设备、设施，行政机关应当督促设计、建造、安装和使用单位建立相应的自检制度。

行政机关在监督检查时，发现直接关系公共安全、人身健康、生命财产安全的重要设备、设施存在安全隐患的，应当责令停止建造、安装和使用，并责令设计、建造、安装和使用单位立即改正。

第六十九条　有下列情形之一的，作出行政许可决定的行政机关或者其上级行政机关，根据利害关系人的请求或者依据职权，可以撤销行政许可：

（一）行政机关工作人员滥用职权、玩忽职守作出准予行政许可决定的；

（二）超越法定职权作出准予行政许可决定的；

（三）违反法定程序作出准予行政许可决定的；

（四）对不具备申请资格或者不符合法定条件的申请人准予行政许可的；

（五）依法可以撤销行政许可的其他情形。

被许可人以欺骗、贿赂等不正当手段取得行政许可的，应当予以撤销。

依照前两款的规定撤销行政许可，可能对公共利益造成重大损害的，不予撤销。

依照本条第一款的规定撤销行政许可，被许可人的合法权益受到损害的，行政机关应当依法给予赔偿。依照本条第二款的规定撤销行政许可的，被许可人基于行政许可取得的利益不受保护。

第七十条 有下列情形之一的，行政机关应当依法办理有关行政许可的注销手续：

（一）行政许可有效期届满未延续的；

（二）赋予公民特定资格的行政许可，该公民死亡或者丧失行为能力的；

（三）法人或者其他组织依法终止的；

（四）行政许可依法被撤销、撤回，或者行政许可证件依法被吊销的；

（五）因不可抗力导致行政许可事项无法实施的；

（六）法律、法规规定的应当注销行政许可的其他情形。

第七章 法律责任

第七十一条 违反本法第十七条规定设定的行政许可，有关机关应当责令设定该行政许可的机关改正，或者依法予以撤销。

第七十二条 行政机关及其工作人员违反本法的规定，有下列情形之一的，由其上级行政机关或者监察机关责令改正；情节严重的，对直接负责的主管人员和其他直接责任人员依法给予行政处分：

（一）对符合法定条件的行政许可申请不予受理的；

（二）不在办公场所公示依法应当公示的材料的；

（三）在受理、审查、决定行政许可过程中，未向申请人、利害关系人履行法定告知义务的；

（四）申请人提交的申请材料不齐全、不符合法定形式，不一次告知申请人必须补正的全部内容的；

（五）未依法说明不受理行政许可申请或者不予行政许可的理由的；

（六）依法应当举行听证而不举行听证的。

第七十三条 行政机关工作人员办理行政许可、实施监督检查，索取或者收受他人财物或者谋取其他利益，构成犯罪的，依法追究刑事责任；尚不构成犯罪的，依法给予行政处分。

第七十四条 行政机关实施行政许可，有下列情形之一的，由其上级行政机关或者监察机关责令改正，对直接负责的主管人员和其他直接责任人员依法给予行政处分；构成犯罪的，依法追究刑事责任：

（一）对不符合法定条件的申请人准予行政许可或者超越法定职权作

出准予行政许可决定的；

（二）对符合法定条件的申请人不予行政许可或者不在法定期限内作出准予行政许可决定的；

（三）依法应当根据招标、拍卖结果或者考试成绩择优作出准予行政许可决定，未经招标、拍卖或者考试，或者不根据招标、拍卖结果或者考试成绩择优作出准予行政许可决定的。

第七十五条 行政机关实施行政许可，擅自收费或者不按照法定项目和标准收费的，由其上级行政机关或者监察机关责令退还非法收取的费用；对直接负责的主管人员和其他直接责任人员依法给予行政处分。

截留、挪用、私分或者变相私分实施行政许可依法收取的费用的，予以追缴；对直接负责的主管人员和其他直接责任人员依法给予行政处分；构成犯罪的，依法追究刑事责任。

第七十六条 行政机关违法实施行政许可，给当事人的合法权益造成损害的，应当依照国家赔偿法的规定给予赔偿。

第七十七条 行政机关不依法履行监督职责或者监督不力，造成严重后果的，由其上级行政机关或者监察机关责令改正，对直接负责的主管人员和其他直接责任人员依法给予行政处分；构成犯罪的，依法追究刑事责任。

第七十八条 行政许可申请人隐瞒有关情况或者提供虚假材料申请行政许可的，行政机关不予受理或者不予行政许可，并给予警告；行政许可申请属于直接关系公共安全、人身健康、生命财产安全事项的，申请人在一年内不得再次申请该行政许可。

第七十九条 被许可人以欺骗、贿赂等不正当手段取得行政许可的，行政机关应当依法给予行政处罚；取得的行政许可属于直接关系公共安全、人身健康、生命财产安全事项的，申请人在三年内不得再次申请该行政许可；构成犯罪的，依法追究刑事责任。

第八十条 被许可人有下列行为之一的，行政机关应当依法给予行政处罚；构成犯罪的，依法追究刑事责任：

（一）涂改、倒卖、出租、出借行政许可证件，或者以其他形式非法转让行政许可的；

（二）超越行政许可范围进行活动的；

（三）向负责监督检查的行政机关隐瞒有关情况、提供虚假材料或者拒绝提供反映其活动情况的真实材料的；

（四）法律、法规、规章规定的其他违法行为。

第八十一条 公民、法人或者其他组织未经行政许可，擅自从事依法应当取得行政许可的活动的，行政机关应当依法采取措施予以制止，并依法给予行政处罚；构成犯罪的，依法追究刑事责任。

第八章 附则

第八十二条 本法规定的行政机关实施行政许可的期限以工作日计算，不含法定节假日。

第八十三条 本法自二〇〇四年七月一日起施行。

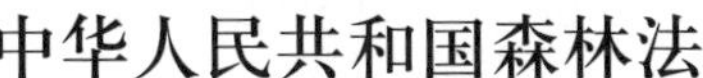

中华人民共和国森林法

1984 年 9 月 20 日第六届全国人民代表大会常务委员会第七次会议通过，1984 年 9 月 20 日中华人民共和国主席令第十七号颁布。1998 年 4 月 29 日根据《全国人民代表大会常务委员会关于修改中华人民共和国森林法的决定》修订。2009 年 08 月 27 日根据《全国人民代表大会常务委员会关于修改部分法律的决定》修订，自 2009 年 08 月 27 日起施行

第一章　总　则

第一条　为了保护、培育和合理利用森林资源，加快国土绿化，发挥森林蓄水保土、调节气候、改善环境和提供林产品的作用，适应社会主义建设和人民生活的需要，特制定本法。

第二条　在中华人民共和国领域内从事森林、林木的培育种植、采伐利用和森林、林木、林地的经营管理活动，都必须遵守本法。

第三条　森林资源属于国家所有、由法律规定属于集体所有的除外。

国家所有的和集体所有的森林、林木和林地，个人所有的林木和使用的林地，由县级以上地方人民政府登记造册，发放证书，确认所有权或者使用权。国务院可以授权国务院林业主管部门，对国务院确定的国家所有的重点林区的森林、林木和林地登记造册，发放证书，并通知有关地方人民政府。

森林、林木、林地的所有者和使用者的合法权益，受法律保护，任何单位和个人不得侵犯。

第四条　森林分为以下五类：

（一）防护林：以防护为主要目的的森林、林木和灌木丛。包括水源涵养林，水土保持林，防风固沙林，农田、牧场防护林，护岸林，护路林。

（二）用材林：以生产木材为主要目的的森林和林木，包括以生产竹材为主要目的的竹林。

（三）经济林：以生产果品，食用油料、饮料、调料，工业原料和药材等为主要目的的林木。

（四）薪炭林：以生产燃料为主要目的的林木。

（五）特种用途林：以国防、环境保护、科学实验等为主要目的的森林和林木。包括国防林、实验林、母树林、环境保护林、风景林，名胜古迹和革命纪念地的林木，自然保护区的森林。

第五条 林业建设实行以营林为基础，普遍护林，大力造林，采育结合，永续利用的方针。

第六条 国家鼓励林业科学研究，推广林业先进技术，提高林业科学技术水平。

第七条 国家保护林农的合法权益，依法减轻林农的负担，禁止向林农违法收费、罚款，禁止向林农进行摊派和强制集资。

国家保护承包造林的集体和个人的合法权益，任何单位和个人不得侵犯承包造林的集体和个人依法享有的林木所有权和其他合法权益。

第八条 国家对森林资源实行以下保护性措施：

（一）对森林实行限额采伐，鼓励植树造林、封山育林，扩大森林覆盖面积。

（二）根据国家和地方人民政府有关规定，对集体和个人造林、育林给予经济扶持或者长期贷款。

（三）提倡木材综合利用和节约使用木材，鼓励开发、利用木材代用品。

（四）征收育林费，专门用于造林育林。

（五）煤炭、造纸等部门，按照煤炭和木浆纸张等产品的产量提取一定数额的资金，专门用于营造坑木、造纸等用材林。

（六）建立林业基金制度。

国家设立森林生态效益补偿基金，用于提供生态效益的防护林和特种用途林的森林资源、林木的营造、抚育、保护和管理。森林生态效益补偿基金必须专款专用，不得挪作他用。具体办法由国务院规定。

第九条 国家和省、自治区人民政府，对民族自治地方的林业生产建设，依照国家对民族自治地方自治权的规定，在森林开发、木材分配和林业基金使用方面，给予比一般地区更多的自主权和经济利益。

第十条 国务院林业主管部门主管全国林业工作。县级以上地方人民政府林业主管部门，主管本地区的林业工作。乡级人民政府设专职或者兼职人员负责林业工作。

第十一条　植树造林、保护森林，是公民应尽的义务。各级人民政府应当组织全民义务植树，开展植树造林活动。

第十二条　在植树造林、保护森林、森林管理以及林业科学研究等方面成绩显著的单位或者个人，由各级人民政府给予奖励。

第二章　森林经营管理

第十三条　各级林业主管部门依照本法规定，对森林资源的保护、利用、更新，实行管理和监督。

第十四条　各级林业主管部门负责组织森林资源清查，建立资源档案制度，掌握资源变化情况。

第十五条　下列森林、林木、林地使用权可以依法转让，也可以依法作价入股或者作为合资、合作造林、经营林木的出资、合作条件，但不得将林地改为非林地：

（一）用材林、经济林、薪炭林；

（二）用材林、经济林、薪炭林的林地使用权；

（三）用材林、经济林、薪炭林的采伐迹地、火烧迹地的林地使用权；

（四）国务院规定的其他森林、林木和其他林地使用权。

依照前款规定转让、作价入股或者作为合资、合作造林、经营林木的出资、合作条件的，已经取得的林木采伐许可证可以同时转让，同时转让双方都必须遵守本法关于森林、林木采伐和更新造林的规定。除本条第一款规定的情形外，其他森林、林木和其他林地使用权不得转让。

具体办法由国务院规定。

第十六条　各级人民政府应当制定林业长远规划 。国有林业企业事业单位和自然保护区，应当根据林业长远规划，编制森林经营方案，报上级主管部门批准后实行。

林业主管部门应当指导农村集体经济组织和国营的农场、牧场、工矿企业等单位编制森林经营方案。

第十七条　单位之间发生的林木、林地所有权和使用权争议，由县级以上人民政府依法处理。

个人之间、个人与单位之间发生的林木所有权和林地使用权争议，由当地县级或者乡级人民政府依法处理。

当事人对人民政府的处理决定不服的，可以在接到通知之日起一个月内，向人民法院起诉。

在林木、林地权属争议解决以前，任何一方不得砍伐有争议的林木。

第十八条 进行勘查、开采矿藏和各项建设工程，应当不占或者少占林地；必须占用或者征收、征用林地的，经县级以上人民政府林业主管部门审核同意后，依照有关土地管理的法律、行政法规办理建设用地审批手续，并由用地单位依照国务院有关规定缴纳森林植被恢复费。森林植被恢复费专款专用，由林业主管部门依照有关规定统一安排植树造林，恢复森林植被，植树造林面积不得少于因占用、征收、征用林地而减少的森林植被面积。上级林业主管部门应当定期督促、检查下级林业主管部门组织植树造林、恢复森林植被的情况。

任何单位和个人不得挪用森林植被恢复费。县级以上人民政府审计机关应当加强对森林植被恢复费使用情况的监督。

第三章　森林保护

第十九条 地方各级人民政府应当组织有关部门建立护林组织、负责护林工作；根据实际需要在大面积林区增加护林设施，加强森林保护；督促有林的和林区的基层单位，订立护林公约，组织群众护林，划定护林责任区，配备专职或者兼职护林员。

护林员可以由县级或者乡级人民政府委任。护林员的主要职责是：巡护森林，制止破坏森林资源的行为。对造成森林资源破坏的，护林员有权要求当地有关部门处理。

第二十条 依照国家有关规定在林区设立的森林公安机关，负责维护辖区社会治安秩序，保护辖区内的森林资源，并可以依照本法规定，在国务院林业主管部门授权的范围内，代行本法第三十九条、第四十二条、第四十三条、第四十四条规定的行政处罚权。

武装森林警察部队执行国家赋予的预防和扑救森林火灾的任务。

第二十一条 地方各级人民政府应当切实做好森林火灾的预防和扑救工作：

（一）规定森林防火期。在森林防火期内，禁止在林区野外用火；因特殊情况需要用火的，必须经过县级人民政府或者县级人民政府授权的机

关批准。

（二）在林区设置防火设施。

（三）发生森林火灾，必须立即组织当地军民和有关部门扑救。

（四）因扑救森林火灾负伤、致残、牺牲的，国家职工由所在单位给予医疗、抚恤；非国家职工由起火单位按照国务院有关主管部门的规定给予医疗、抚恤，起火单位对起火没有责任或者确实无力负担的，由当地人民政府给予医疗、抚恤。

第二十二条　各级林业主管部门负责组织森林病虫害防治工作。

林业主管部门负责规定林木种苗的检疫对象，划定疫区和保护区，对林木种苗进行检疫。

第二十三条　禁止毁林开垦和毁林采石、采砂、采土以及其他毁林行为。

禁止在幼林地和特种用途林内砍柴、放牧。

进入森林和森林边缘地区的人员，不得擅自移动或者损坏为林业服务的标志。

第二十四条　国务院林业主管部门和省、自治区、直辖市人民政府，应当在不同自然地带的典型森林生态地区、珍贵动物和植物生长繁殖的林区、天然热带雨林区和具有特殊保护价值的其他天然林区，划定自然保护区，加强保护管理。

自然保护区的管理办法，由国务院林业主管部门制定，报国务院批准施行。

对自然保护区以外的珍贵树木和林区内具有特殊价值的植物资源，应当认真保护；未经省、自治区、直辖市林业主管部门批准，不得采伐和采集。

第二十五条　林区内列为国家保护的野生动物，禁止猎捕；因特殊需要猎捕的，按照国家有关法规办理。

第四章　植树造林

第二十六条　各级人民政府应当制定植树造林规划，因地制宜地确定本地区提高森林覆盖率的奋斗目标。

各级人民政府应当组织各行各业和城乡居民完成植树造林规划确定

的任务。

宜林荒山荒地，属于国家所有的，由林业主管部门和其他主管部门组织造林；属于集体所有的，由集体经济组织组织造林。

铁路公路两旁、江河两侧、湖泊水库周围，由各有关主管单位因地制宜地组织造林；工矿区，机关、学校用地，部队营区以及农场、牧场、渔场经营地区，由各该单位负责造林。

国家所有和集体所有的宜林荒山荒地可以由集体或者个人承包造林。

第二十七条 国有企业事业单位、机关、团体、部队营造的林木，由营造单位经营并按照国家规定支配林木收益。

集体所有制单位营造的林木，归该单位所有。

农村居民在房前屋后、自留地、自留山种植的林木，归个人所有。城镇居民和职工在自有房屋的庭院内种植的林木，归个人所有。

集体或者个人承包全民所有和集体所有的宜林荒山荒地造林的，承包后种植的林木归承包的集体或者个人所有；承包合同另有规定的，按照承包合同的规定执行。

第二十八条 新造幼林地和其他必须封山育林的地方，由当地人民政府组织封山育林。

第五章 森林采伐

第二十九条 国家根据用材林的消耗量低于生长量的原则，严格控制森林年采伐量。国家所有的森林和林木以国有林业企业事业单位、农场、厂矿为单位，集体所有的森林和林木、个人所有的林木以县为单位，制定年采伐限额，由省、自治区、直辖市林业主管部门汇总，经同级人民政府审核后，报国务院批准。

第三十条 国家制定统一的年度木材生产计划。年度木材生产计划不得超过批准的年采伐限额。计划管理的范围由国务院规定。

第三十一条 采伐森林和林木必须遵守下列规定：

（一）成熟的用材林应当根据不同情况，分别采取择伐、皆伐和渐伐方式。皆伐应当严格控制，并在采伐的当年或者次年内完成更新造林。

（二）防护林和特种用途林中的国防林、母树林、环境保护林、风景林，只准进行抚育和更新性质的采伐。

（三）特种用途林中的名胜古迹和革命纪念地的林木、自然保护区的森林，严禁采伐。

第三十二条　采伐林木必须申请采伐许可证，按许可证的规定进行采伐；农村居民采伐自留地和房前屋后个人所有的零星林木除外。

国有林业企业事业单位、机关、团体、部队、学校和其他国有企业事业单位采伐林木，由所在地县级以上林业主管部门依照有关规定审核发放采伐许可证。

铁路、公路的护路林和城镇林木的更新采伐，由有关主管部门依照有关规定审核发放采伐许可证。

农村集体经济组织采伐林木，由县级林业主管部门依照有关规定审核发放采伐许可证。

农村居民采伐自留山和个人承包集体的林木，由县级林业主管部门或者其委托的乡、镇人民政府依照有关规定审核发放采伐许可证。

采伐以生产竹材为主要目的的竹林，适用以上各款规定。

第三十三条　审核发放采伐许可证的部门，不得超过批准的年采伐限额发放采伐许可证。

第三十四条　国有林业企业事业单位申请采伐许可证时，必须提出伐区调查设计文件。其他单位申请采伐许可证时，必须提出有关采伐的目的、地点、林种、林况、面积、蓄积、方式和更新措施等内容的文件。

对伐区作业不符合规定的单位，发放采伐许可证的部门有权收缴采伐许可证，中止其采伐，直到纠正为止。

第三十五条　采伐林木的单位或者个人，必须按照采伐许可证规定的面积、株数、树种、期限完成更新造林任务，更新造林的面积和株数不得少于采伐的面积和株数。

第三十六条　林区木材的经营和监督管理办法，由国务院另行规定。

第三十七条　从林区运出木材，必须持有林业主管部门发给的运输证件，国家统一调拨的木材除外。

依法取得采伐许可证后，按照许可证的规定采伐的木材，从林区运出时，林业主管部门应当发给运输证件。

经省、自治区、直辖市人民政府批准，可以在林区设立木材检查站，负责检查木材运输。对未取得运输证件或者物资主管部门发给的调拨通知书运输木材的，木材检查站有权制止。

第三十八条 国家禁止、限制出口珍贵树木及其制品、衍生物。禁止、限制出口的珍贵树木及其制品、衍生物的名录和年度限制出口总量，由国务院林业主管部门会同国务院有关部门制定，报国务院批准。

出口前款规定限制出口的珍贵树木或者其制品、衍生物的，必须经出口人所在地省、自治区、直辖市人民政府林业主管部门审核，报国务院林业主管部门批准，海关凭国务院林业主管部门的批准文件放行。进出口的树木或者其制品、衍生物属于中国参加的国际公约限制进出口的濒危物种的，并必须向国家濒危物种进出口管理机构申请办理允许进出口证明书，海关并凭允许进出口证明书放行。

第六章　法律责任

第三十九条 盗伐森林或者其他林木的，依法赔偿损失；由林业主管部门责令补种盗伐株数十倍的树木，没收盗伐的林木或者变卖所得，并处盗伐林木价值三倍以上十倍以下的罚款。

滥伐森林或者其他林木，由林业主管部门责令补种滥伐株数五倍的树木，并处滥伐林木价值二倍以上五倍以下的罚款。

拒不补种树木或者补种不符合国家有关规定的，由林业主管部门代为补种，所需费用由违法者支付。

盗伐、滥伐森林或者其他林木，构成犯罪的，依法追究刑事责任。

第四十条 违反本法规定，非法采伐、毁坏珍贵树木的，依法追究刑事责任。

第四十一条 违反本法规定，超过批准的年采伐限额发放林木采伐许可证或者超越职权发放林木采伐许可证、木材运输证件、批准出口文件、允许进出口证明书的，由上一级人民政府林业主管部门责令纠正，对直接负责的主管人员和其他直接责任人员依法给予行政处分；有关人民政府林业主管部门未予纠正的，国务院林业主管部门可以直接处理；构成犯罪的，依法追究刑事责任。

第四十二条 违反本法规定，买卖林木采伐许可证、木材运输证件、批准出口文件、允许进出口证明书的，由林业主管部门没收违法买卖的证件、文件和违法所得，并处违法买卖证件、文件的价款一倍以上三倍以下

的罚款；构成犯罪的，依法追究刑事责任。

伪造林木采伐许可证、木材运输证件、批准出口文件、允许进出口证明书的，依法追究刑事责任。

第四十三条　在林区非法收购明知是盗伐、滥伐的林木的，由林业主管部门责令停止违法行为，没收违法收购的盗伐、滥伐的林木或者变卖所得，可以并处违法收购林木的价款一倍以上三倍以下的罚款；构成犯罪的，依法追究刑事责任。

第四十四条　违反本法规定，进行开垦、采石、采砂、采土、采种、采脂和其他活动，致使森林、林木受到毁坏的，依法赔偿损失；由林业主管部门责令停止违法行为，补种毁坏株数一倍以上三倍以下的树木，可以处毁坏林木价值一倍以上五倍以下的罚款。

违反本法规定，在幼林地和特种用途林内砍柴、放牧致使森林、林木受到毁坏的，依法赔偿损失；由林业主管部门责令停止违法行为，补种毁坏株数一倍以上三倍以下的树木。

拒不补种树木或者补种不符合国家有关规定的，由林业主管部门代为补种，所需费用由违法者支付。

第四十五条　采伐林木的单位或者个人没有按照规定完成更新造林任务的，发放采伐许可证的部门有权不再发给采伐许可证，直到完成更新造林任务为止；情节严重的，可以由林业主管部门处以罚款，对直接责任人员由所在单位或者上级主管机关给予行政处分。

第四十六条　从事森林资源保护、林业监督管理工作的林业主管部门的工作人员和其他国家机关的有关工作人员滥用职权、玩忽职守、徇私舞弊，构成犯罪的，依法追究刑事责任；尚不构成犯罪的，依法给予行政处分。

第七章　附　则

第四十七条　国务院林业主管部门根据本法制定实施办法，报国务院批准施行。

第四十八条　民族自治地方不能全部适用本法规定的，自治机关可以根据本法的原则，结合民族自治地方的特点，制定变通或者补充规定，依照法定程序报省、自治区或者全国人民代表大会常务委员会批准施行。

第四十九条　本法自一九八五年一月一日起施行。

中华人民共和国野生动物保护法

1988 年 11 月 8 日第七届全国人民代表大会常务委员会第四次会议通过。根据 2004 年 8 月 28 日第十届全国人民代表大会常务委员会第十一次会议《关于修改〈中华人民共和国野生动物保护法〉的决定》第一次修正。根据 2009 年 8 月 27 日第十一届全国人民代表大会常务委员会第十次会议《关于修改部分法律的决定》第二次修正。2016 年 7 月 2 日第十二届全国人民代表大会常务委员会第二十一次会议修订

第一章　总　则

第一条　为了保护野生动物，拯救珍贵、濒危野生动物，维护生物多样性和生态平衡，推进生态文明建设，制定本法。

第二条　在中华人民共和国领域及管辖的其他海域，从事野生动物保护及相关活动，适用本法。

本法规定保护的野生动物，是指珍贵、濒危的陆生、水生野生动物和有重要生态、科学、社会价值的陆生野生动物。

本法规定的野生动物及其制品，是指野生动物的整体（含卵、蛋）、部分及其衍生物。

珍贵、濒危的水生野生动物以外的其他水生野生动物的保护，适用《中华人民共和国渔业法》等有关法律的规定。

第三条　野生动物资源属于国家所有。

国家保障依法从事野生动物科学研究、人工繁育等保护及相关活动的组织和个人的合法权益。

第四条　国家对野生动物实行保护优先、规范利用、严格监管的原则，鼓励开展野生动物科学研究，培育公民保护野生动物的意识，促进人与自然和谐发展。

第五条　国家保护野生动物及其栖息地。县级以上人民政府应当制定野生动物及其栖息地相关保护规划和措施，并将野生动物保护经费纳入预算。

国家鼓励公民、法人和其他组织依法通过捐赠、资助、志愿服务等方式参与野生动物保护活动，支持野生动物保护公益事业。

本法规定的野生动物栖息地，是指野生动物野外种群生息繁衍的重要区域。

第六条　任何组织和个人都有保护野生动物及其栖息地的义务。禁止违法猎捕野生动物、破坏野生动物栖息地。

任何组织和个人都有权向有关部门和机关举报或者控告违反本法的行为。野生动物保护主管部门和其他有关部门、机关对举报或者控告，应当及时依法处理。

第七条　国务院林业、渔业主管部门分别主管全国陆生、水生野生动物保护工作。

县级以上地方人民政府林业、渔业主管部门分别主管本行政区域内陆生、水生野生动物保护工作。

第八条　各级人民政府应当加强野生动物保护的宣传教育和科学知识普及工作，鼓励和支持基层群众性自治组织、社会组织、企业事业单位、志愿者开展野生动物保护法律法规和保护知识的宣传活动。

教育行政部门、学校应当对学生进行野生动物保护知识教育。

新闻媒体应当开展野生动物保护法律法规和保护知识的宣传，对违法行为进行舆论监督。

第九条　在野生动物保护和科学研究方面成绩显著的组织和个人，由县级以上人民政府给予奖励。

第二章　野生动物及其栖息地保护

第十条　国家对野生动物实行分类分级保护。

国家对珍贵、濒危的野生动物实行重点保护。国家重点保护的野生动物分为一级保护野生动物和二级保护野生动物。国家重点保护野生动物名录，由国务院野生动物保护主管部门组织科学评估后制定，并每五年根据评估情况确定对名录进行调整。国家重点保护野生动物名录报国务院批准公布。

地方重点保护野生动物，是指国家重点保护野生动物以外，由省、自治区、直辖市重点保护的野生动物。地方重点保护野生动物名录，由省、自治区、直辖市人民政府组织科学评估后制定、调整并公布。

有重要生态、科学、社会价值的陆生野生动物名录，由国务院野生动物保护主管部门组织科学评估后制定、调整并公布。

第十一条 县级以上人民政府野生动物保护主管部门，应当定期组织或者委托有关科学研究机构对野生动物及其栖息地状况进行调查、监测和评估，建立健全野生动物及其栖息地档案。

对野生动物及其栖息地状况的调查、监测和评估应当包括下列内容：

（一）野生动物野外分布区域、种群数量及结构；

（二）野生动物栖息地的面积、生态状况；

（三）野生动物及其栖息地的主要威胁因素；

（四）野生动物人工繁育情况等其他需要调查、监测和评估的内容。

第十二条 国务院野生动物保护主管部门应当会同国务院有关部门，根据野生动物及其栖息地状况的调查、监测和评估结果，确定并发布野生动物重要栖息地名录。

省级以上人民政府依法划定相关自然保护区域，保护野生动物及其重要栖息地，保护、恢复和改善野生动物生存环境。对不具备划定相关自然保护区域条件的，县级以上人民政府可以采取划定禁猎（渔）区、规定禁猎（渔）期等其他形式予以保护。

禁止或者限制在相关自然保护区域内引入外来物种、营造单一纯林、过量施洒农药等人为干扰、威胁野生动物生息繁衍的行为。

相关自然保护区域，依照有关法律法规的规定划定和管理。

第十三条 县级以上人民政府及其有关部门在编制有关开发利用规划时，应当充分考虑野生动物及其栖息地保护的需要，分析、预测和评估规划实施可能对野生动物及其栖息地保护产生的整体影响，避免或者减少规划实施可能造成的不利后果。

禁止在相关自然保护区域建设法律法规规定不得建设的项目。机场、铁路、公路、水利水电、围堰、围填海等建设项目的选址选线，应当避让相关自然保护区域、野生动物迁徙洄游通道；无法避让的，应当采取修建野生动物通道、过鱼设施等措施，消除或者减少对野生动物的不利影响。

建设项目可能对相关自然保护区域、野生动物迁徙洄游通道产生影响的，环境影响评价文件的审批部门在审批环境影响评价文件时，涉及国家重点保护野生动物的，应当征求国务院野生动物保护主管部门意见；涉及地方重点保护野生动物的，应当征求省、自治区、直辖市人民政府野生动物保护主管部门意见。

第十四条　各级野生动物保护主管部门应当监视、监测环境对野生动物的影响。由于环境影响对野生动物造成危害时，野生动物保护主管部门应当会同有关部门进行调查处理。

第十五条　国家或者地方重点保护野生动物受到自然灾害、重大环境污染事故等突发事件威胁时，当地人民政府应当及时采取应急救助措施。

县级以上人民政府野生动物保护主管部门应当按照国家有关规定组织开展野生动物收容救护工作。

禁止以野生动物收容救护为名买卖野生动物及其制品。

第十六条　县级以上人民政府野生动物保护主管部门、兽医主管部门，应当按照职责分工对野生动物疫源疫病进行监测，组织开展预测、预报等工作，并按照规定制定野生动物疫情应急预案，报同级人民政府批准或者备案。

县级以上人民政府野生动物保护主管部门、兽医主管部门、卫生主管部门，应当按照职责分工负责与人畜共患传染病有关的动物传染病的防治管理工作。

第十七条　国家加强对野生动物遗传资源的保护，对濒危野生动物实施抢救性保护。

国务院野生动物保护主管部门应当会同国务院有关部门制定有关野生动物遗传资源保护和利用规划，建立国家野生动物遗传资源基因库，对原产我国的珍贵、濒危野生动物遗传资源实行重点保护。

第十八条　有关地方人民政府应当采取措施，预防、控制野生动物可能造成的危害，保障人畜安全和农业、林业生产。

第十九条　因保护本法规定保护的野生动物，造成人员伤亡、农作物或者其他财产损失的，由当地人民政府给予补偿。具体办法由省、自治区、直辖市人民政府制定。有关地方人民政府可以推动保险机构开展野生动物致害赔偿保险业务。

有关地方人民政府采取预防、控制国家重点保护野生动物造成危害

的措施以及实行补偿所需经费，由中央财政按照国家有关规定予以补助。

第三章　野生动物管理

第二十条　在相关自然保护区域和禁猎（渔）区、禁猎（渔）期内，禁止猎捕以及其他妨碍野生动物生息繁衍的活动，但法律法规另有规定的除外。

野生动物迁徙洄游期间，在前款规定区域外的迁徙洄游通道内，禁止猎捕并严格限制其他妨碍野生动物生息繁衍的活动。迁徙洄游通道的范围以及妨碍野生动物生息繁衍活动的内容，由县级以上人民政府或者其野生动物保护主管部门规定并公布。

第二十一条　禁止猎捕、杀害国家重点保护野生动物。

因科学研究、种群调控、疫源疫病监测或者其他特殊情况，需要猎捕国家一级保护野生动物的，应当向国务院野生动物保护主管部门申请特许猎捕证；需要猎捕国家二级保护野生动物的，应当向省、自治区、直辖市人民政府野生动物保护主管部门申请特许猎捕证。

第二十二条　猎捕非国家重点保护野生动物的，应当依法取得县级以上地方人民政府野生动物保护主管部门核发的狩猎证，并且服从猎捕量限额管理。

第二十三条　猎捕者应当按照特许猎捕证、狩猎证规定的种类、数量、地点、工具、方法和期限进行猎捕。

持枪猎捕的，应当依法取得公安机关核发的持枪证。

第二十四条　禁止使用毒药、爆炸物、电击或者电子诱捕装置以及猎套、猎夹、地枪、排铳等工具进行猎捕，禁止使用夜间照明行猎、歼灭性围猎、捣毁巢穴、火攻、烟熏、网捕等方法进行猎捕，但因科学研究确需网捕、电子诱捕的除外。

前款规定以外的禁止使用的猎捕工具和方法，由县级以上地方人民政府规定并公布。

第二十五条　国家支持有关科学研究机构因物种保护目的人工繁育国家重点保护野生动物。

前款规定以外的人工繁育国家重点保护野生动物实行许可制度。人工繁育国家重点保护野生动物的，应当经省、自治区、直辖市人民政府野

生动物保护主管部门批准，取得人工繁育许可证，但国务院对批准机关另有规定的除外。

人工繁育国家重点保护野生动物应当使用人工繁育子代种源，建立物种系谱、繁育档案和个体数据。因物种保护目的确需采用野外种源的，适用本法第二十一条和第二十三条的规定。

本法所称人工繁育子代，是指人工控制条件下繁殖出生的子代个体且其亲本也在人工控制条件下出生。

第二十六条 人工繁育国家重点保护野生动物应当有利于物种保护及其科学研究，不得破坏野外种群资源，并根据野生动物习性确保其具有必要的活动空间和生息繁衍、卫生健康条件，具备与其繁育目的、种类、发展规模相适应的场所、设施、技术，符合有关技术标准和防疫要求，不得虐待野生动物。

省级以上人民政府野生动物保护主管部门可以根据保护国家重点保护野生动物的需要，组织开展国家重点保护野生动物放归野外环境工作。

第二十七条 禁止出售、购买、利用国家重点保护野生动物及其制品。

因科学研究、人工繁育、公众展示展演、文物保护或者其他特殊情况，需要出售、购买、利用国家重点保护野生动物及其制品的，应当经省、自治区、直辖市人民政府野生动物保护主管部门批准，并按照规定取得和使用专用标识，保证可追溯，但国务院对批准机关另有规定的除外。

实行国家重点保护野生动物及其制品专用标识的范围和管理办法，由国务院野生动物保护主管部门规定。

出售、利用非国家重点保护野生动物的，应当提供狩猎、进出口等合法来源证明。

出售本条第二款、第四款规定的野生动物的，还应当依法附有检疫证明。

第二十八条 对人工繁育技术成熟稳定的国家重点保护野生动物，经科学论证，纳入国务院野生动物保护主管部门制定的人工繁育国家重点保护野生动物名录。对列入名录的野生动物及其制品，可以凭人工繁育许可证，按照省、自治区、直辖市人民政府野生动物保护主管部门核验的年度生产数量直接取得专用标识，凭专用标识出售和利用，保证可追溯。

对本法第十条规定的国家重点保护野生动物名录进行调整时，根据有关野外种群保护情况，可以对前款规定的有关人工繁育技术成熟稳定野生动物的人工种群，不再列入国家重点保护野生动物名录，实行与野外种群不同的管理措施，但应当依照本法第二十五条第二款和本条第一款的规定取得人工繁育许可证和专用标识。

第二十九条 利用野生动物及其制品的，应当以人工繁育种群为主，有利于野外种群养护，符合生态文明建设的要求，尊重社会公德，遵守法律法规和国家有关规定。

野生动物及其制品作为药品经营和利用的，还应当遵守有关药品管理的法律法规。

第三十条 禁止生产、经营使用国家重点保护野生动物及其制品制作的食品，或者使用没有合法来源证明的非国家重点保护野生动物及其制品制作的食品。

禁止为食用非法购买国家重点保护的野生动物及其制品。

第三十一条 禁止为出售、购买、利用野生动物或者禁止使用的猎捕工具发布广告。禁止为违法出售、购买、利用野生动物制品发布广告。

第三十二条 禁止网络交易平台、商品交易市场等交易场所，为违法出售、购买、利用野生动物及其制品或者禁止使用的猎捕工具提供交易服务。

第三十三条 运输、携带、寄递国家重点保护野生动物及其制品、本法第二十八条第二款规定的野生动物及其制品出县境的，应当持有或者附有本法第二十一条、第二十五条、第二十七条或者第二十八条规定的许可证、批准文件的副本或者专用标识，以及检疫证明。

运输非国家重点保护野生动物出县境的，应当持有狩猎、进出口等合法来源证明，以及检疫证明。

第三十四条 县级以上人民政府野生动物保护主管部门应当对科学研究、人工繁育、公众展示展演等利用野生动物及其制品的活动进行监督管理。

县级以上人民政府其他有关部门，应当按照职责分工对野生动物及其制品出售、购买、利用、运输、寄递等活动进行监督检查。

第三十五条 中华人民共和国缔结或者参加的国际公约禁止或者限

制贸易的野生动物或者其制品名录，由国家濒危物种进出口管理机构制定、调整并公布。

进出口列入前款名录的野生动物或者其制品的，出口国家重点保护野生动物或者其制品的，应当经国务院野生动物保护主管部门或者国务院批准，并取得国家濒危物种进出口管理机构核发的允许进出口证明书。依法实施进出境检疫。海关凭允许进出口证明书、检疫证明按照规定办理通关手续。

涉及科学技术保密的野生动物物种的出口，按照国务院有关规定办理。

列入本条第一款名录的野生动物，经国务院野生动物保护主管部门核准，在本法适用范围内可以按照国家重点保护的野生动物管理。

第三十六条　国家组织开展野生动物保护及相关执法活动的国际合作与交流；建立防范、打击野生动物及其制品的走私和非法贸易的部门协调机制，开展防范、打击走私和非法贸易行动。

第三十七条　从境外引进野生动物物种的，应当经国务院野生动物保护主管部门批准。从境外引进列入本法第三十五条第一款名录的野生动物，还应当依法取得允许进出口证明书。依法实施进境检疫。海关凭进口批准文件或者允许进出口证明书以及检疫证明按照规定办理通关手续。

从境外引进野生动物物种的，应当采取安全可靠的防范措施，防止其进入野外环境，避免对生态系统造成危害。确需将其放归野外的，按照国家有关规定执行。

第三十八条　任何组织和个人将野生动物放生至野外环境，应当选择适合放生地野外生存的当地物种，不得干扰当地居民的正常生活、生产，避免对生态系统造成危害。随意放生野生动物，造成他人人身、财产损害或者危害生态系统的，依法承担法律责任。

第三十九条　禁止伪造、变造、买卖、转让、租借特许猎捕证、狩猎证、人工繁育许可证及专用标识，出售、购买、利用国家重点保护野生动物及其制品的批准文件，或者允许进出口证明书、进出口等批准文件。

前款规定的有关许可证书、专用标识、批准文件的发放情况，应当依法公开。

第四十条　外国人在我国对国家重点保护野生动物进行野外考察或

者在野外拍摄电影、录像，应当经省、自治区、直辖市人民政府野生动物保护主管部门或者其授权的单位批准，并遵守有关法律法规规定。

第四十一条 地方重点保护野生动物和其他非国家重点保护野生动物的管理办法，由省、自治区、直辖市人民代表大会或者其常务委员会制定。

第四章 法律责任

第四十二条 野生动物保护主管部门或者其他有关部门、机关不依法作出行政许可决定，发现违法行为或者接到对违法行为的举报不予查处或者不依法查处，或者有滥用职权等其他不依法履行职责的行为的，由本级人民政府或者上级人民政府有关部门、机关责令改正，对负有责任的主管人员和其他直接责任人员依法给予记过、记大过或者降级处分；造成严重后果的，给予撤职或者开除处分，其主要负责人应当引咎辞职；构成犯罪的，依法追究刑事责任。

第四十三条 违反本法第十二条第三款、第十三条第二款规定的，依照有关法律法规的规定处罚。

第四十四条 违反本法第十五条第三款规定，以收容救护为名买卖野生动物及其制品的，由县级以上人民政府野生动物保护主管部门没收野生动物及其制品、违法所得，并处野生动物及其制品价值二倍以上十倍以下的罚款，将有关违法信息记入社会诚信档案，向社会公布；构成犯罪的，依法追究刑事责任。

第四十五条 违反本法第二十条、第二十一条、第二十三条第一款、第二十四条第一款规定，在相关自然保护区域、禁猎（渔）区、禁猎（渔）期猎捕国家重点保护野生动物，未取得特许猎捕证、未按照特许猎捕证规定猎捕、杀害国家重点保护野生动物，或者使用禁用的工具、方法猎捕国家重点保护野生动物的，由县级以上人民政府野生动物保护主管部门、海洋执法部门或者有关保护区域管理机构按照职责分工没收猎获物、猎捕工具和违法所得，吊销特许猎捕证，并处猎获物价值二倍以上十倍以下的罚款；没有猎获物的，并处一万元以上五万元以下的罚款；构成犯罪的，依法追究刑事责任。

第四十六条　违反本法第二十条、第二十二条、第二十三条第一款、第二十四条第一款规定，在相关自然保护区域、禁猎（渔）区、禁猎（渔）期猎捕非国家重点保护野生动物，未取得狩猎证、未按照狩猎证规定猎捕非国家重点保护野生动物，或者使用禁用的工具、方法猎捕非国家重点保护野生动物的，由县级以上地方人民政府野生动物保护主管部门或者有关保护区域管理机构按照职责分工没收猎获物、猎捕工具和违法所得，吊销狩猎证，并处猎获物价值一倍以上五倍以下的罚款；没有猎获物的，并处二千元以上一万元以下的罚款；构成犯罪的，依法追究刑事责任。

违反本法第二十三条第二款规定，未取得持枪证持枪猎捕野生动物，构成违反治安管理行为的，由公安机关依法给予治安管理处罚；构成犯罪的，依法追究刑事责任。

第四十七条　违反本法第二十五条第二款规定，未取得人工繁育许可证繁育国家重点保护野生动物或者本法第二十八条第二款规定的野生动物的，由县级以上人民政府野生动物保护主管部门没收野生动物及其制品，并处野生动物及其制品价值一倍以上五倍以下的罚款。

第四十八条　违反本法第二十七条第一款和第二款、第二十八条第一款、第三十三条第一款规定，未经批准、未取得或者未按照规定使用专用标识，或者未持有、未附有人工繁育许可证、批准文件的副本或者专用标识出售、购买、利用、运输、携带、寄递国家重点保护野生动物及其制品或者本法第二十八条第二款规定的野生动物及其制品的，由县级以上人民政府野生动物保护主管部门或者工商行政管理部门按照职责分工没收野生动物及其制品和违法所得，并处野生动物及其制品价值二倍以上十倍以下的罚款；情节严重的，吊销人工繁育许可证、撤销批准文件、收回专用标识；构成犯罪的，依法追究刑事责任。

违反本法第二十七条第四款、第三十三条第二款规定，未持有合法来源证明出售、利用、运输非国家重点保护野生动物的，由县级以上地方人民政府野生动物保护主管部门或者工商行政管理部门按照职责分工没收野生动物，并处野生动物价值一倍以上五倍以下的罚款。

违反本法第二十七条第五款、第三十三条规定，出售、运输、携带、寄递有关野生动物及其制品未持有或者未附有检疫证明的，依照《中华人民共和国动物防疫法》的规定处罚。

第四十九条 违反本法第三十条规定，生产、经营使用国家重点保护野生动物及其制品或者没有合法来源证明的非国家重点保护野生动物及其制品制作食品，或者为食用非法购买国家重点保护的野生动物及其制品的，由县级以上人民政府野生动物保护主管部门或者工商行政管理部门按照职责分工责令停止违法行为，没收野生动物及其制品和违法所得，并处野生动物及其制品价值二倍以上十倍以下的罚款；构成犯罪的，依法追究刑事责任。

第五十条 违反本法第三十一条规定，为出售、购买、利用野生动物及其制品或者禁止使用的猎捕工具发布广告的，依照《中华人民共和国广告法》的规定处罚。

第五十一条 违反本法第三十二条规定，为违法出售、购买、利用野生动物及其制品或者禁止使用的猎捕工具提供交易服务的，由县级以上人民政府工商行政管理部门责令停止违法行为，限期改正，没收违法所得，并处违法所得二倍以上五倍以下的罚款；没有违法所得的，处一万元以上五万元以下的罚款；构成犯罪的，依法追究刑事责任。

第五十二条 违反本法第三十五条规定，进出口野生动物或者其制品的，由海关、检验检疫、公安机关、海洋执法部门依照法律、行政法规和国家有关规定处罚；构成犯罪的，依法追究刑事责任。

第五十三条 违反本法第三十七条第一款规定，从境外引进野生动物物种的，由县级以上人民政府野生动物保护主管部门没收所引进的野生动物，并处五万元以上二十五万元以下的罚款；未依法实施进境检疫的，依照《中华人民共和国进出境动植物检疫法》的规定处罚；构成犯罪的，依法追究刑事责任。

第五十四条 违反本法第三十七条第二款规定，将从境外引进的野生动物放归野外环境的，由县级以上人民政府野生动物保护主管部门责令限期捕回，处一万元以上五万元以下的罚款；逾期不捕回的，由有关野生动物保护主管部门代为捕回或者采取降低影响的措施，所需费用由被责令限期捕回者承担。

第五十五条 违反本法第三十九条第一款规定，伪造、变造、买卖、转让、租借有关证件、专用标识或者有关批准文件的，由县级以上人民政府野生动物保护主管部门没收违法证件、专用标识、有关批准文件和

违法所得，并处五万元以上二十五万元以下的罚款；构成违反治安管理行为的，由公安机关依法给予治安管理处罚；构成犯罪的，依法追究刑事责任。

第五十六条　依照本法规定没收的实物，由县级以上人民政府野生动物保护主管部门或者其授权的单位按照规定处理。

第五十七条　本法规定的猎获物价值、野生动物及其制品价值的评估标准和方法，由国务院野生动物保护主管部门制定。

第五章　附则

第五十八条　本法自 2017 年 1 月 1 日起施行。

陆生野生动物保护实施条例

1992年2月12日国务院批准，1992年3月1日林业部发布

第一章　总则

第一条　根据《中华人民共和国野生动物保护法》（以下简称《野生动物保护法》）的规定，制定本条例。

第二条　本条例所称陆生野生动物，是指依法受保护的珍贵、濒危、有益的和有重要经济、科学研究价值的陆生野生动物（以下简称野生动物）；所称野生动物产品，是指陆生野生动物的任何部分及其衍生物。

第三条　国务院林业行政主管部门主管全国陆生野生动物管理工作。

省、自治区、直辖市人民政府林业行政主管部门主管本行政区域内陆生野生动物管理工作。自治州、县和市人民政府陆生野生动物管理工作的行政主管部门，由省、自治区、直辖市人民政府确定。

第四条　县级以上各级人民政府有关主管部门应当鼓励、支持有关科研、教学单位开展野生动物科学研究工作。

第五条　野生动物行政主管部门有权对《野生动物保护法》和本条例的实施情况进行监督检查，被检查的单位和个人应当给予配合。

第二章　野生动物保护

第六条　县级以上地方各级人民政府应当开展保护野生动物的宣传教育，可以确定适当时间为保护野生动物宣传月、爱鸟周等，提高公民保护野生动物的意识。

第七条　国务院林业行政主管部门和省、自治区、直辖市人民政府林业行政主管部门，应当定期组织野生动物资源调查，建立资源档案，为制定野生动物资源保护发展方案、制定和调整国家和地方重点保护野生动物名录提供依据。

野生动物资源普查每十年进行一次，普查方案由国务院林业行政主管部门或者省、自治区、直辖市人民政府林业行政主管部门批准。

第八条　县级以上各级人民政府野生动物行政主管部门，应当组织社会各方面力量，采取生物技术措施和工程技术措施，维护和改善野生动物生存环境．保护和发展野生动物资源。

禁止任何单位和个人破坏国家和地方重点保护野生动物的生息繁衍场所和生存条件。

第九条　任何单位和个人发现受伤、病弱、饥饿、受困、迷途的国家和地方重点保护野生动物时，应当及时报告当地野生动物行政主管部门，由其采取救护措施；也可以就近送具备救护条件的单位救护。救护单位应当立即报告野生动物行政主管部门，并按照国务院林业行政主管部门的规定办理。

第十条　有关单位和个人对国家和地方重点保护野生动物可能造成的危害，应当采取防范措施。因保护国家和地方重点保护野生动物受到损失的，可以向当地人民政府野生动物行政主管部门提出补偿要求。经调查属实并确实需要补偿的，由当地人民政府按照省、自治区、直辖市人民政府的有关规定给予补偿。

第三章　野生动物猎捕管理

第十一条　禁止猎捕、杀害国家重点保护野生动物。

有下列情形之一，需要猎捕国家重点保护野生动物的，必须申请特许猎捕证：

（一）为进行野生动物科学考察、资源调查，必须猎捕的；

（二）为驯养繁殖国家重点保护野生动物，必须从野外获取种源的；

（三）为承担省级以上科学研究项目或者国家医药生产任务，必须从野外获取国家重点保护野生动物的；

（四）为宣传、普及野生动物知识或者教学、展览的需要，必须从野外获取国家重点保护野生动物的；

（五）因国事活动的需要，必须从野外获取国家重点保护野生动物的；

（六）为调控国家重点保护野生动物种群数量和结构，经科学论证必须猎捕的；

（七）因其他特殊情况，必须捕捉、猎捕国家重点保护野生动物的。

第十二条　申请特许猎捕证的程序如下：

（一）需要捕捉国家一级保护野生动物的，必须附具申请人所在地和捕捉地的省、自治区、直辖市人民政府林业行政主管部门签署的意见，向国务院林业行政主管部门申请特许猎捕证；

（二）需要在本省、自治区、直辖市猎捕国家二级保护野生动物的，必须附具申请人所在地的县级人民政府野生动物行政主管部门签署的意见，向省、自治区、直辖市人民政府林业行政主管部门申请特许猎捕证；

（三）需要跨省、自治区、直辖市猎捕国家二级保护野生动物的，必须附具申请人所在地的省、自治区、直辖市人民政府林业行政主管部门签署的意见，向猎捕地的省、自治区、直辖市人民政府林业行政主管部门申请特许猎捕证。

动物园需要申请捕捉国家一级保护野生动物的，在向国务院林业行政主管部门申请特许猎捕证前，须经国务院建设行政主管部门审核同意；需要申请捕捉国家二级保护野生动物的，在向申请人所在地的省、自治区、直辖市人民政府林业行政主管部门申请特许猎捕证前，须经同级政府建设行政主管部门审核同意。

负责核发特许猎捕证的部门接到申请后，应当在三个月内作出批准或者不批准的决定。

第十三条 有下列情形之一的，不予发放特许猎捕证：

（一）申请猎捕者有条件以合法的非猎捕方式获得国家重点保护野生动物的种源、产品或者达到所需目的的；

（二）猎捕申请不符合国家有关规定或者申请使用的猎捕工具、方法以及猎捕时间、地点不当的；

（三）根据野生动物资源现状不宜捕捉、猎捕的。

第十四条 取得特许猎捕证的单位和个人，必须按照特许猎捕证规定的种类、数量、地点、期限、工具和方法进行猎捕，防止误伤野生动物或者破坏其生存环境。猎捕作业完成后，应当在十日内向猎捕地的县级人民政府野生动物行政主管部门申请查验。

县级人民政府野生动物行政主管部门对在本行政区域内猎捕国家重点保护野生动物的活动，应当进行监督检查，并及时向批准猎捕的机关报告监督检查结果。

第十五条 猎捕非国家重点保护野生动物的，必须持有狩猎证，并按照狩猎证规定的种类、数量、地点、期限、工具和方法进行猎捕。

狩猎证由省、自治区、直辖市人民政府林业行政主管部门按照国务院林业行政主管部门的规定印制，县级以上地方人民政府野生动物行政主管部门或者其授权的单位核发。

狩猎证每年验证一次。

第十六条　省、自治区、直辖市人民政府林业行政主管部门，应当根据本行政区域内非国家重点保护野生动物的资源现状，确定狩猎动物种类，并实行年度猎捕量限额管理。狩猎动物种类和年度猎捕量限额，由县级人民政府野生动物行政主管部门按照保护资源、永续利用的原则提出，经省、自治区、直辖市人民政府林业行政主管部门批准，报国务院林业行政主管部门备案。

第十七条　县级以上地方各级人民政府野生动物行政主管部门应当组织狩猎者有计划地开展狩猎活动。

在适合狩猎的区域建立固定狩猎场所的，必须经省、自治区、直辖市人民政府林业行政主管部门批准。

第十八条　禁止使用军用武器、气枪、毒药、炸药、地枪、排铳、非人为直接操作并危害人畜安全的狩猎装置、夜间照明行猎、歼灭性围猎、火攻、烟熏以及县级以上各级人民政府或者其野生动物行政主管部门规定禁止使用的其他狩猎工具和方法狩猎。

第十九条　科研、教学单位对国家重点保护野生动物进行野外考察、科学研究，涉及国家一级保护野生动物的，由国务院林业行政主管部门统一安排；涉及国家二级保护野生动物的，由省、自治区、直辖市人民政府林业行政主管部门统一安排。当地野生动物行政主管部门应当给予支持。

第二十条　外国人在中国境内对国家重点保护野生动物进行野外考察、标本采集或者在野外拍摄电影、录像的，必须向国家重点保护野生动物所在地的省、自治区、直辖市人民政府林业行政主管部门提出申请，经其审核后，报国务院林业行政主管部门或者其授权的单位批准。

第二十一条　外国人在中国境内狩猎，必须在国务院林业行政主管部门批准的对外国人开放的狩猎场所内进行，并遵守中国有关法律、法规。

第四章　野生动物驯养繁殖管理

第二十二条　驯养繁殖国家重点保护野生动物的，应当持有驯养繁殖许可证。以生产经营为主要目的驯养繁殖国家重点保护野生动物的，必须凭驯养繁殖许可证向工商行政管理部门申请登记注册。

国务院林业行政主管部门和省、自治区、直辖市人民政府林业行政主管部门可以根据实际情况和工作需要，委托同级有关部门审批或者核发国家重点保护野生动物驯养繁殖许可证。动物园驯养繁殖国家重点保护野生动物的，林业行政主管部门可以委托同级建设行政主管部门核发驯养繁殖许可证。

驯养繁殖许可证由国务院林业行政主管部门印制。

第二十三条　从国外或者外省、自治区、直辖市引进野生动物进行驯养繁殖的，应当采取适当措施，防止其逃至野外；需要将其放生于野外的，放生单位应当向所在省、自治区、直辖市人民政府林业行政主管部门提出申请，经省级以上人民政府林业行政主管部门指定的科研机构进行科学论证后，报国务院林业行政主管部门或者其授权的单位批准。

擅自将引进的野生动物放生于野外或者因管理不当使其逃至野外的，由野生动物行政主管部门责令限期捕回或者采取其他补救措施。

第二十四条　从国外引进的珍贵、濒危野生动物，经国务院林业行政主管部门核准，可以视为国家重点保护野生动物；从国外引进的其他野生动物，经省、自治区、直辖市人民政府林业行政主管部门核准，可以视为地方重点保护野生动物。

第五章　野生动物经营利用管理

第二十五条　收购驯养繁殖的国家重点保护野生动物或者其产品的单位，由省、自治区、直辖市人民政府林业行政主管部门商有关部门提出，经同级人民政府或者其授权的单位批准，凭批准文件向工商行政管理部门申请登记注册。

依照前款规定经核准登记的单位，不得收购未经批准出售的国家重点保护野生动物或者其产品。

第二十六条　经营利用非国家重点保护野生动物或者其产品的，应

当向工商行政管理部门申请登记注册。

经核准登记经营利用非国家重点保护野生动物或者其产品的单位和个人，必须在省、自治区、直辖市人民政府林业行政主管部门或者其授权单位核定的年度经营利用限额指标内，从事经营利用活动。

第二十七条　禁止在集贸市场出售、收购国家重点保护野生动物或者其产品。

持有狩猎证的单位和个人需要出售依法获得的非国家重点保护野生动物或者其产品的，应当按照狩猎证规定的种类、数量向经核准登记的单位出售，或者在当地人民政府有关部门指定的集贸市场出售。

第二十八条　县级以上各级人民政府野生动物行政主管部门和工商行政管理部门，应当对野生动物或者其产品的经营利用建立监督检查制度，加强对经营利用野生动物或者其产品的监督管理。

对进入集贸市场的野生动物或者其产品，由工商行政管理部门进行监督管理；在集贸市场以外经营野生动物或者其产品，由野生动物行政主管部门、工商行政管理部门或者其授权的单位进行监督管理。

第二十九条　运输、携带国家重点保护野生动物或者其产品出县境的，应当凭特许猎捕证、驯养繁殖许可证，向县级人民政府野生动物行政主管部门提出申请，报省、自治区、直辖市人民政府林业行政主管部门或者其授权的单位批准。动物园之间因繁殖动物，需要运输国家重点保护野生动物的，可以由省、自治区、直辖市人民政府林业行政主管部门授权同级建设行政主管部门审批。

第三十条　出口国家重点保护野生动物或者其产品的，以及进出口中国参加的国际公约所限制进出口的野生动物或者其产品的，必须经进出口单位或者个人所在地的省、自治区、直辖市人民政府林业行政主管部门审核，报国务院林业行政主管部门或者国务院批准；属于贸易性进出口活动的，必须由具有有关商品进出口权的单位承担。

动物园因交换动物需要进出口前款所称野生动物的，国务院林业行政主管部门批准前或者国务院林业行政主管部门报请国务院批准前，应当经国务院建设行政主管部门审核同意。

第三十一条　利用野生动物或者其产品举办出国展览等活动的经济收益，主要用于野生动物保护事业。

第六章　奖励和惩罚

第三十二条　有下列事迹之一的单位和个人，由县级以上人民政府或者其野生动物行政主管部门给予奖励：

（一）在野生动物资源调查、保护管理、宣传教育、开发利用方面有突出贡献的；

（二）严格执行野生动物保护法规，成绩显著的；

（三）拯救、保护和驯养繁殖珍贵、濒危野生动物取得显著成效的；

（四）发现违反野生动物保护法规行为，及时制止或者检举有功的；

（五）在查处破坏野生动物资源案件中有重要贡献的；

（六）在野生动物科学研究中取得重大成果或者在应用推广科研成果中取得显著效益的；

（七）在基层从事野生动物保护管理工作五年以上并取得显著成绩的；

（八）在野生动物保护管理工作中有其他特殊贡献的。

第三十三条　非法捕杀国家重点保护野生动物的，依照全国人民代表大会常务委员会关于惩治捕杀国家重点保护的珍贵、濒危野生动物犯罪的补充规定追究刑事责任；情节轻微危害不大的，或者犯罪情节轻微不需要判处刑罚的，由野生动物行政主管部门没收猎获物、猎捕工具和违法所得，吊销特许猎捕证，并处以相当于猎获物价值十倍以下的罚款，没有猎获物的处一万元以下罚款。

第三十四条　违反野生动物保护法规，在禁猎区、禁猎期或者使用禁用的工具、方法猎捕非国家重点保护野生动物，依照《野生动物保护法》第三十二条的规定处以罚款的，按照下列规定执行：

（一）有猎获物的，处以相当于猎获物价值八倍以下的罚款；

（二）没有猎获物的，处二千元以下罚款。

第三十五条　违反野生动物保护法规，未取得狩猎证或者未按照狩猎证规定猎捕非国家重点保护野生动物，依照《野生动物保护法》第三十三条的规定处以罚款的，按照下列规定执行：

（一）有猎获物的，处以相当于猎获物价值五倍以下的罚款；

（二）没有猎获物的，处一千元以下罚款。

第三十六条　违反野生动物保护法规，在自然保护区、禁猎区破坏

国家或者地方重点保护野生动物主要生息繁衍场所，依照《野生动物保护法》第三十四条的规定处以罚款的，按照相当于恢复原状所需费用三倍以下的标准执行。

在自然保护区、禁猎区破坏非国家或者地方重点保护野生动物主要生息繁衍场所的，由野生动物行政主管部门责令停止破坏行为，限期恢复原状，并处以恢复原状所需费用二倍以下的罚款。

第三十七条　违反野生动物保护法规，出售、收购、运输、携带国家或者地方重点保护野生动物或者其产品的，由工商行政管理部门或者其授权的野生动物行政主管部门没收实物和违法所得，可以并处相当于实物价值十倍以下的罚款。

第三十八条　伪造、倒卖、转让狩猎证或者驯养繁殖许可证，依照《野生动物保护法》第三十七条的规定处以罚款的，按照五千元以下的标准执行。伪造、倒卖、转让特许猎捕证或者允许进出口证明书，依照《野生动物保护法》第三十七条的规定处以罚款的，按照五万元以下的标准执行。

第三十九条　违反野生动物保护法规，未取得驯养繁殖许可证或者超越驯养繁殖许可证规定范围驯养繁殖国家重点保护野生动物的，由野生动物行政主管部门没收违法所得，处三千元以下罚款，可以并处没收野生动物、吊销驯养繁殖许可证。

第四十条　外国人未经批准在中国境内对国家重点保护野生动物进行野外考察、标本采集或者在野外拍摄电影、录像的，由野生动物行政主管部门没收考察、拍摄的资料以及所获标本，可以共处五万元以下罚款。

第四十一条　有下列行为之一，尚不构成犯罪的，由公安机关依照《中华人民共和国治安管理处罚条例》的规定处罚：

（一）拒绝、阻碍野生动物行政管理人员依法执行职务的；

（二）偷窃、哄抢或者故意损坏野生动物保护仪器设备或者设施的；

（三）偷窃、哄抢、抢夺非国家重点保护野生动物或者其产品的；

（四）未经批准猎捕少量非国家重点保护野生动物的。

第四十二条　违反野生动物保护法规，被责令限期捕回而不捕的，被责令限期恢复原状而不恢复的，野生动物行政主管部门或者其授权的单位可以代为捕回或者恢复原状，由被责令限期捕回者或者被责令限期恢复原状者承担全部捕回或者恢复原状所需的费用。

第四十三条 违反野生动物保护法规，构成犯罪的，依法追究刑事责任。

第四十四条 依照野生动物保护法规没收的实物，按照国务院林业行政主管部门的规定处理。

第七章 附则

第四十五条 本条例由国务院林业行政主管部门负责解释。

第四十六条 本条例自发布之日起施行。

中华人民共和国水生野生动物保护实施条例

1993 年 9 月 17 日国务院批准，1993 年 10 月 5 日农业部令第 1 号发布。根据 2011 年 1 月 8 日《国务院关于废止和修改部分行政法规的决定》第一次修订。根据 2013 年 12 月 7 日《国务院关于修改部分行政法规的决定》第二次修订

第一章　总　则

第一条　根据《中华人民共和国野生动物保护法》（以下简称《野生动物保护法》）的规定，制定本条例。

第二条　本条例所称水生野生动物，是指珍贵、濒危的水生野生动物；所称水生野生动物产品，是指珍贵、濒危的水生野生动物的任何部分及其衍生物。

第三条　国务院渔业行政主管部门主管全国水生野生动物管理工作。

县级以上地方人民政府渔业行政主管部门主管本行政区域内水生野生动物管理工作。

《野生动物保护法》和本条例规定的渔业行政主管部门的行政处罚权，可以由其所属的渔政监督管理机构行使。

第四条　县级以上各级人民政府及其有关主管部门应当鼓励、支持有关科研单位、教学单位开展水生野生动物科学研究工作。

第五条　渔业行政主管部门及其所属的渔政监督管理机构，有权对《野生动物保护法》和本条例的实施情况进行监督检查，被检查的单位和个人应当给予配合。

第二章　水生野生动物保护

第六条　国务院渔业行政主管部门和省、自治区、直辖市人民政府渔业行政主管部门，应当定期组织水生野生动物资源调查，建立资源档案，为制定水生野生动物资源保护发展规划、制定和调整国家和地方重点保护水生野生动物名录提供依据。

第七条 渔业行政主管部门应当组织社会各方面力量，采取有效措施，维护和改善水生野生动物的生存环境，保护和增殖水生野生动物资源。

禁止任何单位和个人破坏国家重点保护的和地方重点保护的水生野生动物生息繁衍的水域、场所和生存条件。

第八条 任何单位和个人对侵占或者破坏水生野生动物资源的行为，有权向当地渔业行政主管部门或者其所属的渔政监督管理机构检举和控告。

第九条 任何单位和个人发现受伤、搁浅和因误入港湾、河汊而被困的水生野生动物时，应当及时报告当地渔业行政主管部门或者其所属的渔政监督管理机构，由其采取紧急救护措施；也可以要求附近具备救护条件的单位采取紧急救护措施，并报告渔业行政主管部门。已经死亡的水生野生动物，由渔业行政主管部门妥善处理。

捕捞作业时误捕水生野生动物的，应当立即无条件放生。

第十条 因保护国家重点保护的和地方重点保护的水生野生动物受到损失的，可以向当地人民政府渔业行政主管部门提出补偿要求。经调查属实并确实需要补偿的，由当地人民政府按照省、自治区、直辖市人民政府有关规定给予补偿。

第十一条 国务院渔业行政主管部门和省、自治区、直辖市人民政府，应当在国家重点保护的和地方重点保护的水生野生动物的主要生息繁衍的地区和水域，划定水生野生动物自然保护区，加强对国家和地方重点保护水生野生动物及其生存环境的保护管理，具体办法由国务院另行规定。

第三章 水生野生动物管理

第十二条 禁止捕捉、杀害国家重点保护的水生野生动物。

有下列情形之一，确需捕捉国家重点保护的水生野生动物的，必须申请特许捕捉证：

为进行水生野生动物科学考察、资源调查，必须捕捉的；

为驯养繁殖国家重点保护的水生野生动物，必须从自然水域或者场所获取种源的；

为承担省级以上科学研究项目或者国家医药生产任务，必须从自然水域或者场所获取国家重点保护的水生野生动物的；

为宣传、普及水生野生动物知识或者教学、展览的需要，必须从自

然水域或者场所获取国家重点保护的水生野生动物的；

因其他特殊情况，必须捕捉的。

第十三条　申请特许捕捉证的程序：

需要捕捉国家一级保护水生野生动物的，必须附具申请人所在地和捕捉地的省、自治区、直辖市人民政府渔业行政主管部门签署的意见，向国务院渔业行政主管部门申请特许捕捉证；

需要在本省、自治区、直辖市捕捉国家二级保护水生野生动物的，必须附具申请人所在地的县级人民政府渔业行政主管部门签署的意见，向省、自治区、直辖市人民政府渔业行政主管部门申请特许捕捉证；

需要跨省、自治区、直辖市捕捉国家二级保护水生野生动物的，必须附具申请人所在地的省、自治区、直辖市人民政府渔业行政主管部门签署的意见，向捕捉地的省、自治区、直辖市人民政府渔业行政主管部门申请特许捕捉证。

动物园申请捕捉国家一级保护水生野生动物的，在向国务院渔业行政主管部门申请特许捕捉证前，须经国务院建设行政主管部门审核同意；申请捕捉国家二级保护水生野生动物的，在向申请人所在地的省、自治区、直辖市人民政府渔业行政主管部门申请特许捕捉证前，须经同级人民政府建设行政主管部门审核同意。

负责核发特许捕捉证的部门接到申请后，应当自接到申请之日起3个月内作出批准或者不批准的决定。

第十四条　有下列情形之一的，不予发放特许捕捉证：

申请人有条件以合法的非捕捉方式获得国家重点保护的水生野生动物的种源、产品或者达到其目的的；

捕捉申请不符合国家有关规定，或者申请使用的捕捉工具、方法以及捕捉时间、地点不当的；

根据水生野生动物资源现状不宜捕捉的。

第十五条　取得特许捕捉证的单位和个人，必须按照特许捕捉证规定的种类、数量、地点、期限、工具和方法进行捕捉，防止误伤水生野生动物或者破坏其生存环境。捕捉作业完成后，应当及时向捕捉地的县级人民政府渔业行政主管部门或者其所属的渔政监督管理机构申请查验。

县级人民政府渔业行政主管部门或者其所属的渔政监督管理机构对

在本行政区域内捕捉国家重点保护的水生野生动物的活动，应当进行监督检查，并及时向批准捕捉的部门报告监督检查结果。

第十六条 外国人在中国境内进行有关水生野生动物科学考察、标本采集、拍摄电影、录像等活动的，必须经国家重点保护的水生野生动物所在地的省、自治区、直辖市人民政府渔业行政主管部门批准。

第十七条 驯养繁殖国家一级保护水生野生动物的，应当持有国务院渔业行政主管部门核发的驯养繁殖许可证；驯养繁殖国家二级保护水生野生动物的，应当持有省、自治区、直辖市人民政府渔业行政主管部门核发的驯养繁殖许可证。

动物园驯养繁殖国家重点保护的水生野生动物的，渔业行政主管部门可以委托同级建设行政主管部门核发驯养繁殖许可证。

第十八条 禁止出售、收购国家重点保护的水生野生动物或者其产品。因科学研究、驯养繁殖、展览等特殊情况，需要出售、收购、利用国家一级保护水生野生动物或者其产品的，必须向省、自治区、直辖市人民政府渔业行政主管部门提出申请，经其签署意见后，报国务院渔业行政主管部门批准；需要出售、收购、利用国家二级保护水生野生动物或者其产品的，必须向省、自治区、直辖市人民政府渔业行政主管部门提出申请，并经其批准。

第十九条 县级以上各级人民政府渔业行政主管部门和工商行政管理部门，应当对水生野生动物或者其产品的经营利用建立监督检查制度，加强对经营利用水生野生动物或者其产品的监督管理。

对进入集贸市场的水生野生动物或者其产品，由工商行政管理部门进行监督管理，渔业行政主管部门给予协助；在集贸市场以外经营水生野生动物或者其产品，由渔业行政主管部门、工商行政管理部门或者其授权的单位进行监督管理。

第二十条 运输、携带国家重点保护的水生野生动物或者其产品出县境的，应当凭特许捕捉证或者驯养繁殖许可证，向县级人民政府渔业行政主管部门提出申请，报省、自治区、直辖市人民政府渔业行政主管部门或者其授权的单位批准。动物园之间因繁殖动物，需要运输国家重点保护的水生野生动物的，可以由省、自治区、直辖市人民政府渔业行政主管部门授权同级建设行政主管部门审批。

第二十一条 交通、铁路、民航和邮政企业对没有合法运输证明的水生野生动物或者其产品，应当及时通知有关主管部门处理，不得承运、收寄。

第二十二条　从国外引进水生野生动物的，应当向省、自治区、直辖市人民政府渔业行政主管部门提出申请，经省级以上人民政府渔业行政主管部门指定的科研机构进行科学论证后，报国务院渔业行政主管部门批准。

第二十三条　出口国家重点保护的水生野生动物或者其产品的，进出口中国参加的国际公约所限制进出口的水生野生动物或者其产品的，必须经进出口单位或者个人所在地的省、自治区、直辖市人民政府渔业行政主管部门审核，报国务院渔业行政主管部门批准；属于贸易性进出口活动的，必须由具有有关商品进出口权的单位承担。

动物园因交换动物需要进出口前款所称水生野生动物的，在国务院渔业行政主管部门批准前，应当经国务院建设行政主管部门审核同意。

第二十四条　利用水生野生动物或者其产品举办展览等活动的经济收益，主要用于水生野生动物保护事业。

第四章　奖励和惩罚

第二十五条　有下列事迹之一的单位和个人，由县级以上人民政府或者其渔业行政主管部门给予奖励：

在水生野生动物资源调查、保护管理、宣传教育、开发利用方面有突出贡献的；

严格执行野生动物保护法规，成绩显著的；

拯救、保护和驯养繁殖水生野生动物取得显著成效的；

发现违反水生野生动物保护法律、法规的行为，及时制止或者检举有功的；

在查处破坏水生野生动物资源案件中作出重要贡献的；

在水生野生动物科学研究中取得重大成果或者在应用推广有关的科研成果中取得显著效益的；

在基层从事水生野生动物保护管理工作 5 年以上并取得显著成绩的；

在水生野生动物保护管理工作中有其他特殊贡献的。

第二十六条　非法捕杀国家重点保护的水生野生动物的，依照刑法有关规定追究刑事责任；情节显著轻微危害不大的，或者犯罪情节轻微不需要判处刑罚的，由渔业行政主管部门没收捕获物、捕捉工具和违法所得，吊销特许捕捉证，并处以相当于捕获物价值10倍以下的罚款，没有捕获物的处以1万元以下的罚款。

第二十七条 违反野生动物保护法律、法规，在水生野生动物自然保护区破坏国家重点保护的或者地方重点保护的水生野生动物主要生息繁衍场所，依照《野生动物保护法》第三十四条的规定处以罚款的，罚款幅度为恢复原状所需费用的3倍以下。

第二十八条 违反野生动物保护法律、法规，出售、收购、运输、携带国家重点保护的或者地方重点保护的水生野生动物或者其产品的，由工商行政管理部门或者其授权的渔业行政主管部门没收实物和违法所得，可以并处相当于实物价值10倍以下的罚款。

第二十九条 伪造、倒卖、转让驯养繁殖许可证，依照《野生动物保护法》第三十七条的规定处以罚款的，罚款幅度为5000元以下。伪造、倒卖、转让特许捕捉证或者允许进出口证明书，依照《野生动物保护法》第三十七条的规定处以罚款的，罚款幅度为5万元以下。

第三十条 违反野生动物保护法规，未取得驯养繁殖许可证或者超越驯养繁殖许可证规定范围，驯养繁殖国家重点保护的水生野生动物的，由渔业行政主管部门没收违法所得，处3000元以下的罚款，可以并处没收水生野生动物、吊销驯养繁殖许可证。

第三十一条 外国人未经批准在中国境内对国家重点保护的水生野生动物进行科学考察、标本采集、拍摄电影、录像的，由渔业行政主管部门没收考察、拍摄的资料以及所获标本，可以并处5万元以下的罚款。

第三十二条 有下列行为之一，尚不构成犯罪，应当给予治安管理处罚的，由公安机关依照《中华人民共和国治安管理处罚法》的规定予以处罚：

拒绝、阻碍渔政检查人员依法执行职务的；

偷窃、哄抢或者故意损坏野生动物保护仪器设备或者设施的。

第三十三条 依照野生动物保护法规的规定没收的实物，按照国务院渔业行政主管部门的有关规定处理。

第五章　附　则

第三十四条 本条例由国务院渔业行政主管部门负责解释。

第三十五条 本条例自发布之日起施行。

中华人民共和国野生植物保护条例

1996年9月30日中华人民共和国国务院第204号令发布

第一章　总则

第一条　为了保护、发展和合理利用野生植物资源，保护生物多样性，维护生态平衡，制定本条例。

第二条　在中华人民共和国境内从事野生植物的保护、发展和利用活动，必须遵守本条例。

本条例所保护的野生植物，是指原生地天然生长的珍贵植物和原生地天然生长并具有重要经济、科学研究、文化价值的濒危、稀有植物。

药用野生植物和城市园林、自然保护区、风景名胜区内的野生植物的保护，同时适用有关法律、行政法规。

第三条　国家对野生植物资源实行加强保护、积极发展、合理利用的方针。

第四条　国家保护依法开发利用和经营管理野生植物资源的单位和个人的合法权益。

第五条　国家鼓励和支持野生植物科学研究、野生植物的就地保护和迁地保护。

在野生植物资源保护、科学研究、培育利用和宣传教育方面成绩显著的单位和个人，由人民政府给予奖励。

第六条　县级以上各级人民政府有关主管部门应当开展保护野生植物的宣传教育，普及野生植物知识，提高公民保护野生植物的意识。

第七条　任何单位和个人都有保护野生植物资源的义务，对侵占或者破坏野生植物及其生长环境的行为有权检举和控告。

第八条　国务院林业行政主管部门主管全国林区内野生植物和林区外珍贵野生树木的监督管理工作。国务院农业行政主管部门主管全国其他野生植物的监督管理工作。

国务院建设行政部门负责城市园林、风景名胜区内野生植物的监督管

理工作。国务院环境保护部门负责对全国野生植物环境保护工作的协调和监督。国务院其他有关部门依照职责分工负责有关的野生植物保护工作。

县级以上地方人民政府负责野生植物管理工作的部门及其职责，由省、自治区、直辖市人民政府根据当地具体情况规定。

第二章　野生植物保护

第九条　国家保护野生植物及其生长环境。禁止任何单位和个人非法采集野生植物或者破坏其生长环境。

第十条　野生植物分为国家重点保护野生植物和地方重点保护野生植物。

国家重点保护野生植物分为国家一级保护野生植物和国家二级保护野生植物。国家重点保护野生植物名录，由国务院林业行政主管部门、农业行政主管部门（以下简称国务院野生植物行政主管部门）商国务院环境保护、建设等有关部门制定，报国务院批准公布。

地方重点保护野生植物，是指国家重点保护野生植物以外，由省、自治区、直辖市保护的野生植物。地方重点保护野生植物名录，由省、自治区、直辖市人民政府制定并公布，报国务院备案。

第十一条　在国家重点保护野生植物物种和地方重点保护野生植物物种的天然集中分布区域，应当依照有关法律、行政法规的规定，建立自然保护区；在其他区域，县级以上地方人民政府野生植物行政主管部门和其他有关部门可以根据实际情况建立国家重点保护野生植物和地方重点保护野生植物的保护点或者设立保护标志。

禁止破坏国家重点保护野生植物和地方重点保护野生植物的保护点的保护设施和保护标志。

第十二条　野生植物行政主管部门及其他有关部门应当监视、监测环境对国家重点保护野生植物生长和地方重点保护野生植物生长的影响，并采取措施，维护和改善国家重点保护野生植物和地方重点保护野生植物的生长条件。由于环境影响对国家重点保护野生植物和地方重点保护野生植物的生长造成危害时，野生植物行政主管部门应当会同其他有关部门调查并依法处理。

第十三条　建设项目对国家重点保护野生植物和地方重点保护野生

植物的生长环境产生不利影响的，建设单位提交的环境影响报告书中必须对此作出评价；环境保护部门在审批环境影响报告书时，应当征求野生植物行政主管部门的意见。

第十四条　野生植物行政主管部门和有关单位对生长受到威胁的国家重点保护野生植物和地方重点保护野生植物应当采取拯救措施，保护或者恢复其生长环境，必要时应当建立繁育基地、种质资源库或者采取迁地保护措施。

第三章　野生植物管理

第十五条　野生植物行政主管部门应当定期组织国家重点保护野生植物和地方重点保护野生植物资源调查，建立资源档案。

第十六条　禁止采集国家一级保护野生植物。因科学研究、工人培育、文化交流等特殊需要，采集国家一级保护野生植物的，必须经采集地的省、自治区、直辖市人民政府野生植物行政主管部门签署意见后，向国务院野生植物行政主管部门或者其授权的机构申请采集证。

采集国家二级保护野生植物的，必须经采集地的县级人民政府野生植物行政主管部门签署意见后，向省、自治区、直辖市人民政府野生植物行政主管部门或者其授权的机构申请采集证。

采集城市园林或者风景名胜区内的国家一级或者二级保护野生植物的，须先征得城市园林或者风景名胜区管理机构同意，分别依照前两款的规定申请采集证。

采集珍贵野生树木或者林区内、草原上的野生植物的，依照森林法、草原法的规定办理。

野生植物行政主管部门发放采集证后，应当抄送环境保护部门备案。

采集证的格式由国务院野生植物行政主管部门制定。

第十七条　采集国家重点保护野生植物的单位和个人，必须按照采集证规定的种类、数量、地点、期限和方法进行采集。

县级人民政府野生植物行政主管部门对在本行政区域内采集国家重点保护野生植物的活动，应当进行监督检查，并及时报告批准采集的野生植物行政主管部门或者其授权的机构。

第十八条　禁止出售、收购国家一级保护野生植物。

出售、收购国家二级保护野生植物的，必须经省、自治区、直辖市人民政府野生植物行政主管部门或者其授权的机构批准。

第十九条 野生植物行政主管部门应当对经营利用国家二级保护野生植物的活动进行监督检查。

第二十条 出口国家重点保护野生植物或者进出口中国参加的国际公约所限制进出口的野生植物的，必须经进出口者所在地的省、自治区、直辖市人民政府野生植物行政主管部门审核，报国务院野生植物行政主管部门批准，并取得国家濒危物种进出口管理机构核发的允许进出口证明书或者标签。海关凭允许进出口证明书或者标签查验放行。国务院野生植物行政主管部门应当将有关野生植物进出口的资料抄送国务院环境保护部门。禁止出口未定名的或者新发现并有重要价值的野生植物。

第二十一条 外国人不得在中国境内采集或者收购国家重点保护野生植物。外国人在中国境内对国家重点保护野生植物进行野外考察的，必须向国家重点保护野生植物所在地的省、自治区、直辖市人民政府野生植物行政主管部门提出申请，经其审核后，报国务院野生植物行政主管部门或者其授权的机构批准；直接向国务院野生植物行政主管部门提出申请的，国务院野生植物行政主管部门在批准前，应当征求有关省、自治区、直辖市人民政野生植物行政主管部门的意见。

第二十二条 地方重点保护野生植物的管理办法，由省、自治区、直辖市人民政府制定。

第四章 法律责任

第二十三条 未取得采集证或者未按照采集证的规定采集国家重点保护野生植物的，由野生植物行政主管部门没收所采集的野生植物和违法所得，可以并处违法所得 10 倍以下的罚款；有采集证的，并可以吊销采集证。

第二十四条 违反本条例规定，出售、收购国家重点保护野生植物的，由工商行政管理部门或者野生植物行政主管部门按照职责分工没收野生植物和违法所得，可以并处违法所得 10 倍以下的罚款。

第二十五条 非法进出口野生植物的，由海关依照海关法的规定处罚。

第二十六条 伪造、倒卖、转让采集证、允许进出口证明书或者有关批准文件、标签的，由野生植物行政主管部门或者工商行政管理部门按照职责分工收缴，没收违法所得，可以并处5万元以下的罚款。

第二十七条　外国人在中国境内采集、收购国家重点保护野生植物，或者未经批准对国家重点保护野生植物进行野外考察的，由野生植物行政主管部门没收所采集、收购的野生植物和考察资料，可以并处5万元以下的罚款。

第二十八条　违反本条例规定，构成犯罪的，依法追究刑事责任。

第二十九条　野生植物行政主管部门的工作人员滥用职权、玩忽职守、徇私舞弊，构成犯罪的，依法追究刑事责任；尚不构成犯罪的，依法给予行政处分。

第三十条　依照本条例规定没收的实物，由作出没收决定的机关按照国家有关规定处理。

第五章　附 则

第三十一条　中华人民共和国缔结或者参加的与保护野生植物有关的国际条约与本条例有不同规定的，适用国际条约的规定；但是，中华人民共和国声明保留的条款除外。

第三十二条　本条例自1997年1月1日起施行。

中华人民共和国濒危野生动植物进出口管理条例

2006年4月12日国务院第131次常务会议通过，2006年4月29日国务院令第465号公布，自2006年9月1日起施行

第一条 为了加强对濒危野生动植物及其产品的进出口管理，保护和合理利用野生动植物资源，履行《濒危野生动植物种国际贸易公约》(以下简称公约)，制定本条例。

第二条 进口或者出口公约限制进出口的濒危野生动植物及其产品，应当遵守本条例。

出口国家重点保护的野生动植物及其产品，依照本条例有关出口濒危野生动植物及其产品的规定办理。

第三条 国务院林业、农业（渔业）主管部门（以下称国务院野生动植物主管部门)，按照职责分工主管全国濒危野生动植物及其产品的进出口管理工作，并做好与履行公约有关的工作。

国务院其他有关部门依照有关法律、行政法规的规定，在各自的职责范围内负责做好相关工作。

第四条 国家濒危物种进出口管理机构代表中国政府履行公约，依照本条例的规定对经国务院野生动植物主管部门批准出口的国家重点保护的野生动植物及其产品、批准进口或者出口的公约限制进出口的濒危野生动植物及其产品，核发允许进出口证明书。

第五条 国家濒危物种进出口科学机构依照本条例，组织陆生野生动物、水生野生动物和野生植物等方面的专家，从事有关濒危野生动植物及其产品进出口的科学咨询工作。

第六条 禁止进口或者出口公约禁止以商业贸易为目的进出口的濒危野生动植物及其产品，因科学研究、驯养繁殖、人工培育、文化交流等特殊情况，需要进口或者出口的，应当经国务院野生动植物主管部门批准；按照有关规定由国务院批准的，应当报经国务院批准。

禁止出口未定名的或者新发现并有重要价值的野生动植物及其产品

以及国务院或者国务院野生动植物主管部门禁止出口的濒危野生动植物及其产品。

第七条　进口或者出口公约限制进出口的濒危野生动植物及其产品，出口国务院或者国务院野生动植物主管部门限制出口的野生动植物及其产品，应当经国务院野生动植物主管部门批准。

第八条　进口濒危野生动植物及其产品的，必须具备下列条件：

（一）对濒危野生动植物及其产品的使用符合国家有关规定；

（二）具有有效控制措施并符合生态安全要求；

（三）申请人提供的材料真实有效；

（四）国务院野生动植物主管部门公示的其他条件。

第九条　出口濒危野生动植物及其产品的，必须具备下列条件：

（一）符合生态安全要求和公共利益；

（二）来源合法；

（三）申请人提供的材料真实有效；

（四）不属于国务院或者国务院野生动植物主管部门禁止出口的；

（五）国务院野生动植物主管部门公示的其他条件。

第十条　进口或者出口濒危野生动植物及其产品的，申请人应当向其所在地的省、自治区、直辖市人民政府野生动植物主管部门提出申请，并提交下列材料：

（一）进口或者出口合同；

（二）濒危野生动植物及其产品的名称、种类、数量和用途；

（三）活体濒危野生动物装运设施的说明资料；

（四）国务院野生动植物主管部门公示的其他应当提交的材料。

省、自治区、直辖市人民政府野生动植物主管部门应当自收到申请之日起 10 个工作日内签署意见，并将全部申请材料转报国务院野生动植物主管部门。

第十一条　国务院野生动植物主管部门应当自收到申请之日起 20 个工作日内，作出批准或者不予批准的决定，并书面通知申请人。在 20 个工作日内不能作出决定的，经本行政机关负责人批准，可以延长 10 个工作日，延长的期限和理由应当通知申请人。

第十二条　申请人取得国务院野生动植物主管部门的进出口批准文

件后，应当在批准文件规定的有效期内，向国家濒危物种进出口管理机构申请核发允许进出口证明书。

申请核发允许进出口证明书时应当提交下列材料：

（一）允许进出口证明书申请表；

（二）进出口批准文件；

（三）进口或者出口合同。

进口公约限制进出口的濒危野生动植物及其产品的，申请人还应当提交出口国（地区）濒危物种进出口管理机构核发的允许出口证明材料；出口公约禁止以商业贸易为目的进出口的濒危野生动植物及其产品的，申请人还应当提交进口国（地区）濒危物种进出口管理机构核发的允许进口证明材料；进口的濒危野生动植物及其产品再出口时，申请人还应当提交海关进口货物报关单和海关签注的允许进口证明书。

第十三条 国家濒危物种进出口管理机构应当自收到申请之日起 20 个工作日内，作出审核决定。对申请材料齐全、符合本条例规定和公约要求的，应当核发允许进出口证明书；对不予核发允许进出口证明书的，应当书面通知申请人和国务院野生动植物主管部门并说明理由。在 20 个工作日内不能作出决定的，经本机构负责人批准，可以延长 10 个工作日，延长的期限和理由应当通知申请人。

国家濒危物种进出口管理机构在审核时，对申请材料不符合要求的，应当在 5 个工作日内一次性通知申请人需要补正的全部内容。

第十四条 国家濒危物种进出口管理机构在核发允许进出口证明书时，需要咨询国家濒危物种进出口科学机构的意见，或者需要向境外相关机构核实允许进出口证明材料等有关内容的，应当自收到申请之日起 5 个工作日内，将有关材料送国家濒危物种进出口科学机构咨询意见或者向境外相关机构核实有关内容。咨询意见、核实内容所需时间不计入核发允许进出口证明书工作日之内。

第十五条 国务院野生动植物主管部门和省、自治区、直辖市人民政府野生动植物主管部门以及国家濒危物种进出口管理机构，在审批濒危野生动植物及其产品进出口时，除收取国家规定的费用外，不得收取其他费用。

第十六条 因进口或者出口濒危野生动植物及其产品对野生动植物

资源、生态安全造成或者可能造成严重危害和影响的，由国务院野生动植物主管部门提出临时禁止或者限制濒危野生动植物及其产品进出口的措施，报国务院批准后执行。

第十七条　从不属于任何国家管辖的海域获得的濒危野生动植物及其产品，进入中国领域的，参照本条例有关进口的规定管理。

第十八条　进口濒危野生动植物及其产品涉及外来物种管理的，出口濒危野生动植物及其产品涉及种质资源管理的，应当遵守国家有关规定。

第十九条　进口或者出口濒危野生动植物及其产品的，应当在国务院野生动植物主管部门会同海关总署、国家质量监督检验检疫总局指定并经国务院批准的口岸进行。

第二十条　进口或者出口濒危野生动植物及其产品的，应当按照允许进出口证明书规定的种类、数量、口岸、期限完成进出口活动。

第二十一条　进口或者出口濒危野生动植物及其产品的，应当向海关提交允许进出口证明书，接受海关监管，并自海关放行之日起30日内，将海关验讫的允许进出口证明书副本交国家濒危物种进出口管理机构备案。

过境、转运和通运的濒危野生动植物及其产品，自入境起至出境前由海关监管。

进出保税区、出口加工区等海关特定监管区域和保税场所的濒危野生动植物及其产品，应当接受海关监管，并按照海关总署和国家濒危物种进出口管理机构的规定办理进出口手续。

进口或者出口濒危野生动植物及其产品的，应当凭允许进出口证明书向出入境检验检疫机构报检，并接受检验检疫。

第二十二条　国家濒危物种进出口管理机构应当将核发允许进出口证明书的有关资料和濒危野生动植物及其产品年度进出口情况，及时抄送国务院野生动植物主管部门及其他有关主管部门。

第二十三条　进出口批准文件由国务院野生动植物主管部门组织统一印制；允许进出口证明书及申请表由国家濒危物种进出口管理机构组织统一印制。

第二十四条　野生动植物主管部门、国家濒危物种进出口管理机构的工作人员，利用职务上的便利收取他人财物或者谋取其他利益，不依照本条例的规定批准进出口、核发允许进出口证明书，情节严重，构成犯罪的，依法追究刑事责任；尚不构成犯罪的，依法给予处分。

第二十五条 国家濒危物种进出口科学机构的工作人员，利用职务上的便利收取他人财物或者谋取其他利益，出具虚假意见，情节严重，构成犯罪的，依法追究刑事责任；尚不构成犯罪的，依法给予处分。

第二十六条 非法进口、出口或者以其他方式走私濒危野生动植物及其产品的，由海关依照海关法的有关规定予以处罚；情节严重，构成犯罪的，依法追究刑事责任。

罚没的实物移交野生动植物主管部门依法处理；罚没的实物依法需要实施检疫的，经检疫合格后，予以处理。罚没的实物需要返还原出口国（地区）的，应当由野生动植物主管部门移交国家濒危物种进出口管理机构依照公约规定处理。

第二十七条 伪造、倒卖或者转让进出口批准文件或者允许进出口证明书的，由野生动植物主管部门或者工商行政管理部门按照职责分工依法予以处罚；情节严重，构成犯罪的，依法追究刑事责任。

第二十八条 本条例自二〇〇六年九月一日起施行。

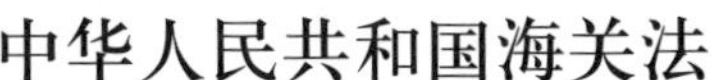

中华人民共和国海关法

1987 年 1 月 22 日第六届全国人民代表大会常务委员会第十九次会议通过。根据 2000 年 7 月 8 日第九届全国人民代表大会常务委员会第十六次会议《关于修改〈中华人民共和国海关法〉的决定》第一次修正。2013 年 6 月 29 日第十二届全国人民代表大会常务委员会第三次会议通过对《中华人民共和国海关法》作出修改

第一章　总　则

第一条　为了维护国家的主权和利益，加强海关监督管理，促进对外经济贸易和科技文化交往，保障社会主义现代化建设，特制定本法。

第二条　中华人民共和国海关是国家的进出关境（以下简称进出境）监督管理机关。海关依照本法和其他有关法律、行政法规，监管进出境的运输工具、货物、行李物品、邮递物品和其他物品（以下简称进出境运输工具、货物、物品），征收关税和其他税、费，查缉走私，并编制海关统计和办理其他海关业务。

第三条　国务院设立海关总署，统一管理全国海关。

国家在对外开放的口岸和海关监管业务集中的地点设立海关。海关的隶属关系，不受行政区划的限制。

海关依法独立行使职权，向海关总署负责。

第四条　国家在海关总署设立专门侦查走私犯罪的公安机构，配备专职缉私警察，负责对其管辖的走私犯罪案件的侦查、拘留、执行逮捕、预审。

海关侦查走私犯罪公安机构履行侦查、拘留、执行逮捕、预审职责，应当按照《中华人民共和国刑事诉讼法》的规定办理。

海关侦查走私犯罪公安机构根据国家有关规定，可以设立分支机构。各分支机构办理其管辖的走私犯罪案件，应当依法向有管辖权的人民检察院移送起诉。

地方各级公安机关应当配合海关侦查走私犯罪公安机构依法履行职责。

第五条 国家实行联合缉私、统一处理、综合治理的缉私体制。海关负责组织、协调、管理查缉走私工作。有关规定由国务院另行制定。

各有关行政执法部门查获的走私案件，应当给予行政处罚的，移送海关依法处理；涉嫌犯罪的，应当移送海关侦查走私犯罪公安机构、地方公安机关依据案件管辖分工和法定程序办理。

第六条 海关可以行使下列权力：

（一）检查进出境运输工具，查验进出境货物、物品；对违反本法或者其他有关法律、行政法规的，可以扣留。

（二）查阅进出境人员的证件；查问违反本法或者其他有关法律、行政法规的嫌疑人，调查其违法行为。

（三）查阅、复制与进出境运输工具、货物、物品有关的合同、发票、帐册、单据、记录、文件、业务函电、录音录像制品和其他资料；对其中与违反本法或者其他有关法律、行政法规的进出境运输工具、货物、物品有牵连的，可以扣留。

（四）在海关监管区和海关附近沿海沿边规定地区，检查有走私嫌疑的运输工具和有藏匿走私货物、物品嫌疑的场所，检查走私嫌疑人的身体；对有走私嫌疑的运输工具、货物、物品和走私犯罪嫌疑人，经直属海关关长或者其授权的隶属海关关长批准，可以扣留；对走私犯罪嫌疑人，扣留时间不超过二十四小时，在特殊情况下可以延长至四十八小时。

在海关监管区和海关附近沿海沿边规定地区以外，海关在调查走私案件时，对有走私嫌疑的运输工具和除公民住处以外的有藏匿走私货物、物品嫌疑的场所，经直属海关关长或者其授权的隶属海关关长批准，可以进行检查，有关当事人应当到场；当事人未到场的，在有见证人在场的情况下，可以径行检查；对其中有证据证明有走私嫌疑的运输工具、货物、物品，可以扣留。

海关附近沿海沿边规定地区的范围，由海关总署和国务院公安部门会同有关省级人民政府确定。

（五）在调查走私案件时，经直属海关关长或者其授权的隶属海关关长批准，可以查询案件涉嫌单位和涉嫌人员在金融机构、邮政企业的存款、汇款。

（六）进出境运输工具或者个人违抗海关监管逃逸的，海关可以连续追至海关监管区和海关附近沿海沿边规定地区以外，将其带回处理。

（七）海关为履行职责，可以配备武器。海关工作人员佩带和使用武器的规则，由海关总署会同国务院公安部门制定，报国务院批准。

（八）法律、行政法规规定由海关行使的其他权力。

第七条　各地方、各部门应当支持海关依法行使职权，不得非法干预海关的执法活动。

第八条　进出境运输工具、货物、物品，必须通过设立海关的地点进境或者出境。在特殊情况下，需要经过未设立海关的地点临时进境或者出境的，必须经国务院或者国务院授权的机关批准，并依照本法规定办理海关手续。

第九条　进出口货物，除另有规定的外，可以由进出口货物收发货人自行办理报关纳税手续，也可以由进出口货物收发货人委托海关准予注册登记的报关企业办理报关纳税手续。

进出境物品的所有人可以自行办理报关纳税手续，也可以委托他人办理报关纳税手续。

第十条　报关企业接受进出口货物收发货人的委托，以委托人的名义办理报关手续的，应当向海关提交由委托人签署的授权委托书，遵守本法对委托人的各项规定。

报关企业接受进出口货物收发货人的委托，以自己的名义办理报关手续的，应当承担与收发货人相同的法律责任。

委托人委托报关企业办理报关手续的，应当向报关企业提供所委托报关事项的真实情况；报关企业接受委托人的委托办理报关手续的，应当对委托人所提供情况的真实性进行合理审查。

第十一条　进出口货物收发货人、报关企业办理报关手续，必须依法经海关注册登记。未依法经海关注册登记，不得从事报关业务 。

报关企业和报关人员不得非法代理他人报关，或者超出其业务范围进行报关活动。

第十二条　海关依法执行职务，有关单位和个人应当如实回答询问，并予以配合，任何单位和个人不得阻挠。

海关执行职务受到暴力抗拒时，执行有关任务的公安机关和人民武装警察部队应当予以协助。

第十三条 海关建立对违反本法规定逃避海关监管行为的举报制度。

任何单位和个人均有权对违反本法规定逃避海关监管的行为进行举报。

海关对举报或者协助查获违反本法案件的有功单位和个人，应当给予精神的或者物质的奖励。

海关应当为举报人保密。

第二章 进出境运输工具

第十四条 进出境运输工具到达或者驶离设立海关的地点时，运输工具负责人应当向海关如实申报，交验单证，并接受海关监管和检查。

停留在设立海关的地点的进出境运输工具，未经海关同意，不得擅自驶离。

进出境运输工具从一个设立海关的地点驶往另一个设立海关的地点的，应当符合海关监管要求，办理海关手续，未办结海关手续的，不得改驶境外。

第十五条 进境运输工具在进境以后向海关申报以前，出境运输工具在办结海关手续以后出境以前，应当按照交通主管机关规定的路线行进；交通主管机关没有规定的，由海关指定。

第十六条 进出境船舶、火车、航空器到达和驶离时间、停留地点、停留期间更换地点以及装卸货物、物品时间，运输工具负责人或者有关交通运输部门应当事先通知海关。

第十七条 运输工具装卸进出境货物、物品或者上下进出境旅客，应当接受海关监管。

货物、物品装卸完毕，运输工具负责人应当向海关递交反映实际装卸情况的交接单据和记录。

上下进出境运输工具的人员携带物品的，应当向海关如实申报，并接受海关检查。

第十八条 海关检查进出境运输工具时，运输工具负责人应当到场，并根据海关的要求开启舱室、房间、车门；有走私嫌疑的，并应当开拆可能藏匿走私货物、物品的部位，搬移货物、物料。

海关根据工作需要，可以派员随运输工具执行职务，运输工具负责人应当提供方便。

第十九条　进境的境外运输工具和出境的境内运输工具，未向海关办理手续并缴纳关税，不得转让或者移作他用。

第二十条　进出境船舶和航空器兼营境内客、货运输，应当符合海关监管要求。

进出境运输工具改营境内运输，需向海关办理手续。

第二十一条　沿海运输船舶、渔船和从事海上作业的特种船舶，未经海关同意，不得载运或者换取、买卖、转让进出境货物、物品。

第二十二条　进出境船舶和航空器，由于不可抗力的原因，被迫在未设立海关的地点停泊、降落或者抛掷、起卸货物、物品，运输工具负责人应当立即报告附近海关。

第三章　进出境货物

第二十三条　进口货物自进境起到办结海关手续止，出口货物自向海关申报起到出境止，过境、转运和通运货物自进境起到出境止，应当接受海关监管。

第二十四条　进口货物的收货人、出口货物的发货人应当向海关如实申报，交验进出口许可证件和有关单证。国家限制进出口的货物，没有进出口许可证件的，不予放行，具体处理办法由国务院规定。

进口货物的收货人应当自运输工具申报进境之日起十四日内，出口货物的发货人除海关特准的外应当在货物运抵海关监管区后、装货的二十四小时以前，向海关申报。

进口货物的收货人超过前款规定期限向海关申报的，由海关征收滞报金。

第二十五条　办理进出口货物的海关申报手续，应当采用纸质报关单和电子数据报关单的形式。

第二十六条　海关接受申报后，报关单证及其内容不得修改或者撤销，但符合海关规定情形的除外 。

第二十七条　进口货物的收货人经海关同意，可以在申报前查看货物或者提取货样。需要依法检疫的货物，应当在检疫合格后提取货样。

第二十八条 进出口货物应当接受海关查验。海关查验货物时，进口货物的收货人、出口货物的发货人应当到场，并负责搬移货物，开拆和重封货物的包装。海关认为必要时，可以径行开验、复验或者提取货样。

海关在特殊情况下对进出口货物予以免验，具体办法由海关总署制定。

第二十九条 除海关特准的外，进出口货物在收发货人缴清税款或者提供担保后，由海关签印放行。

第三十条 进口货物的收货人自运输工具申报进境之日起超过三个月未向海关申报的，其进口货物由海关提取依法变卖处理，所得价款在扣除运输、装卸、储存等费用和税款后，尚有余款的，自货物依法变卖之日起一年内，经收货人申请，予以发还；其中属于国家对进口有限制性规定，应当提交许可证件而不能提供的，不予发还。逾期无人申请或者不予发还的，上缴国库。

确属误卸或者溢卸的进境货物，经海关审定，由原运输工具负责人或者货物的收发货人自该运输工具卸货之日起三个月内，办理退运或者进口手续；必要时，经海关批准，可以延期三个月。逾期未办手续的，由海关按前款规定处理。

前两款所列货物不宜长期保存的，海关可以根据实际情况提前处理。

收货人或者货物所有人声明放弃的进口货物，由海关提取依法变卖处理；所得价款在扣除运输、装卸、储存等费用后，上缴国库。

第三十一条 经海关批准暂时进口或者暂时出口的货物，应当在六个月内复运出境或者复运进境；在特殊情况下，经海关同意，可以延期。

第三十二条 经营保税货物的储存、加工、装配、展示、运输、寄售业务和经营免税商店，应当符合海关监管要求，经海关批准，并办理注册手续。

保税货物的转让、转移以及进出保税场所，应当向海关办理有关手续，接受海关监管和查验。

第三十三条 企业从事加工贸易，应当持有关批准文件和加工贸易合同向海关备案，加工贸易制成品单位耗料量由海关按照有关规定核定。

加工贸易制成品应当在规定的期限内复出口。其中使用的进口料件，属于国家规定准予保税的，应当向海关办理核销手续；属于先征收税款的，依法向海关办理退税手续。

加工贸易保税进口料件或者制成品因故转为内销的，海关凭准予内销的批准文件，对保税的进口料件依法征税；属于国家对进口有限制性规定的，还应当向海关提交进口许可证件。

第三十四条　经国务院批准在中华人民共和国境内设立的保税区等海关特殊监管区域，由海关按照国家有关规定实施监管。

第三十五条　进口货物应当由收货人在货物的进境地海关办理海关手续，出口货物应当由发货人在货物的出境地海关办理海关手续。

经收发货人申请，海关同意，进口货物的收货人可以在设有海关的指运地、出口货物的发货人可以在设有海关的启运地办理海关手续。上述货物的转关运输，应当符合海关监管要求；必要时，海关可以派员押运。

经电缆、管道或者其他特殊方式输送进出境的货物，经营单位应当定期向指定的海关申报和办理海关手续。

第三十六条　过境、转运和通运货物，运输工具负责人应当向进境地海关如实申报，并应当在规定期限内运输出境。

海关认为必要时，可以查验过境、转运和通运货物。

第三十七条　海关监管货物，未经海关许可，不得开拆、提取、交付、发运、调换、改装、抵押、质押、留置、转让、更换标记、移作他用或者进行其他处置。

海关加施的封志，任何人不得擅自开启或者损毁。

人民法院判决、裁定或者有关行政执法部门决定处理海关监管货物的，应当责令当事人办结海关手续。

第三十八条　经营海关监管货物仓储业务的企业，应当经海关注册，并按照海关规定，办理收存、交付手续。

在海关监管区外存放海关监管货物，应当经海关同意，并接受海关监管。

违反前两款规定或者在保管海关监管货物期间造成海关监管货物损毁或者灭失的，除不可抗力外，对海关监管货物负有保管义务的人应当承担相应的纳税义务和法律责任。

第三十九条　进出境集装箱的监管办法、打捞进出境货物和沉船的监管办法、边境小额贸易进出口货物的监管办法，以及本法未具体列明的其他进出境货物的监管办法，由海关总署或者由海关总署会同国务院有关

部门另行制定。

第四十条 国家对进出境货物、物品有禁止性或者限制性规定的，海关依据法律、行政法规、国务院的规定或者国务院有关部门依据法律、行政法规的授权作出的规定实施监管。具体监管办法由海关总署制定。

第四十一条 进出口货物的原产地按照国家有关原产地规则的规定确定。

第四十二条 进出口货物的商品归类按照国家有关商品归类的规定确定。

海关可以要求进出口货物的收发货人提供确定商品归类所需的有关资料；必要时，海关可以组织化验、检验，并将海关认定的化验、检验结果作为商品归类的依据。

第四十三条 海关可以根据对外贸易经营者提出的书面申请，对拟作进口或者出口的货物预先作出商品归类等行政裁定。

进口或者出口相同货物，应当适用相同的商品归类行政裁定。

海关对所作出的商品归类等行政裁定，应当予以公布。

第四十四条 海关依照法律、行政法规的规定，对与进出境货物有关的知识产权实施保护。

需要向海关申报知识产权状况的，进出口货物收发货人及其代理人应当按照国家规定向海关如实申报有关知识产权状况，并提交合法使用有关知识产权的证明文件。

第四十五条 自进出口货物放行之日起三年内或者在保税货物、减免税进口货物的海关监管期限内及其后的三年内，海关可以对与进出口货物直接有关的企业、单位的会计账簿、会计凭证、报关单证以及其他有关资料和有关进出口货物实施稽查。具体办法由国务院规定。

第四章　进出境物品

第四十六条 个人携带进出境的行李物品、邮寄进出境的物品，应当以自用、合理数量为限，并接受海关监管。

第四十七条 进出境物品的所有人应当向海关如实申报，并接受海关查验。

海关加施的封志，任何人不得擅自开启或者损毁。

第四十八条　进出境邮袋的装卸、转运和过境，应当接受海关监管。邮政企业应当向海关递交邮件路单。

邮政企业应当将开拆及封发国际邮袋的时间事先通知海关，海关应当按时派员到场监管查验。

第四十九条　邮运进出境的物品，经海关查验放行后，有关经营单位方可投递或者交付。

第五十条　经海关登记准予暂时免税进境或者暂时免税出境的物品，应当由本人复带出境或者复带进境。

过境人员未经海关批准，不得将其所带物品留在境内。

第五十一条　进出境物品所有人声明放弃的物品、在海关规定期限内未办理海关手续或者无人认领的物品，以及无法投递又无法退回的进境邮递物品，由海关依照本法第三十条的规定处理。

第五十二条　享有外交特权和豁免的外国机构或者人员的公务用品或者自用物品进出境，依照有关法律、行政法规的规定办理。

第五章　关　税

第五十三条　准许进出口的货物、进出境物品，由海关依法征收关税。

第五十四条　进口货物的收货人、出口货物的发货人、进出境物品的所有人，是关税的纳税义务人。

第五十五条　进出口货物的完税价格，由海关以该货物的成交价格为基础审查确定。成交价格不能确定时，完税价格由海关依法估定。

进口货物的完税价格包括货物的货价、货物运抵中华人民共和国境内输入地点起卸前的运输及其相关费用、保险费；出口货物的完税价格包括货物的货价、货物运至中华人民共和国境内输出地点装载前的运输及其相关费用、保险费，但是其中包含的出口关税税额，应当予以扣除。

进出境物品的完税价格，由海关依法确定。

第五十六条　下列进出口货物、进出境物品，减征或者免征关税：

（一）无商业价值的广告品和货样；

（二）外国政府、国际组织无偿赠送的物资；

（三）在海关放行前遭受损坏或者损失的货物；

（四）规定数额以内的物品；

（五）法律规定减征、免征关税的其他货物、物品；

（六）中华人民共和国缔结或者参加的国际条约规定减征、免征关税的货物、物品。

第五十七条 特定地区、特定企业或者有特定用途的进出口货物，可以减征或者免征关税。特定减税或者免税的范围和办法由国务院规定。

依照前款规定减征或者免征关税进口的货物，只能用于特定地区、特定企业或者特定用途，未经海关核准并补缴关税，不得移作他用。

第五十八条 本法第五十六条、第五十七条第一款规定范围以外的临时减征或者免征关税，由国务院决定。

第五十九条 经海关批准暂时进口或者暂时出口的货物，以及特准进口的保税货物，在货物收发货人向海关缴纳相当于税款的保证金或者提供担保后，准予暂时免纳关税。

第六十条 进出口货物的纳税义务人，应当自海关填发税款缴款书之日起十五日内缴纳税款；逾期缴纳的，由海关征收滞纳金。纳税义务人、担保人超过三个月仍未缴纳的，经直属海关关长或者其授权的隶属海关关长批准，海关可以采取下列强制措施：

（一）书面通知其开户银行或者其他金融机构从其存款中扣缴税款；

（二）将应税货物依法变卖，以变卖所得抵缴税款；

（三）扣留并依法变卖其价值相当于应纳税款的货物或者其他财产，以变卖所得抵缴税款。

海关采取强制措施时，对前款所列纳税义务人、担保人未缴纳的滞纳金同时强制执行。

进出境物品的纳税义务人，应当在物品放行前缴纳税款。

第六十一条 进出口货物的纳税义务人在规定的纳税期限内有明显的转移、藏匿其应税货物以及其他财产迹象的，海关可以责令纳税义务人提供担保；纳税义务人不能提供纳税担保的，经直属海关关长或者其授权的隶属海关关长批准，海关可以采取下列税收保全措施：

（一）书面通知纳税义务人开户银行或者其他金融机构暂停支付纳税义务人相当于应纳税款的存款；

（二）扣留纳税义务人价值相当于应纳税款的货物或者其他财产。

纳税义务人在规定的纳税期限内缴纳税款的，海关必须立即解除税收保全措施；期限届满仍未缴纳税款的，经直属海关关长或者其授权的隶属海关关长批准，海关可以书面通知纳税义务人开户银行或者其他金融机构从其暂停支付的存款中扣缴税款，或者依法变卖所扣留的货物或者其他财产，以变卖所得抵缴税款。

采取税收保全措施不当，或者纳税义务人在规定期限内已缴纳税款，海关未立即解除税收保全措施，致使纳税义务人的合法权益受到损失的，海关应当依法承担赔偿责任。

第六十二条　进出口货物、进出境物品放行后，海关发现少征或者漏征税款，应当自缴纳税款或者货物、物品放行之日起一年内，向纳税义务人补征。因纳税义务人违反规定而造成的少征或者漏征，海关在三年以内可以追征。

第六十三条　海关多征的税款，海关发现后应当立即退还；纳税义务人自缴纳税款之日起一年内，可以要求海关退还。

第六十四条　纳税义务人同海关发生纳税争议时，应当缴纳税款，并可以依法申请行政复议；对复议决定仍不服的，可以依法向人民法院提起诉讼。

第六十五条　进口环节海关代征税的征收管理，适用关税征收管理的规定。

第六章　海关事务担保

第六十六条　在确定货物的商品归类、估价和提供有效报关单证或者办结其他海关手续前，收发货人要求放行货物的，海关应当在其提供与其依法应当履行的法律义务相适应的担保后放行。法律、行政法规规定可以免除担保的除外。

法律、行政法规对履行海关义务的担保另有规定的，从其规定。

国家对进出境货物、物品有限制性规定，应当提供许可证件而不能提供的，以及法律、行政法规规定不得担保的其他情形，海关不得办理担保放行。

第六十七条　具有履行海关事务担保能力的法人、其他组织或者公民，可以成为担保人。法律规定不得为担保人的除外。

第六十八条　担保人可以以下列财产、权利提供担保：

（一）人民币、可自由兑换货币；

（二）汇票、本票、支票、债券、存单；

（三）银行或者非银行金融机构的保函；

（四）海关依法认可的其他财产、权利。

第六十九条 担保人应当在担保期限内承担担保责任。担保人履行担保责任的，不免除被担保人应当办理有关海关手续的义务。

第七十条 海关事务担保管理办法，由国务院规定。

第七章 执法监督

第七十一条 海关履行职责，必须遵守法律，维护国家利益，依照法定职权和法定程序严格执法，接受监督。

第七十二条 海关工作人员必须秉公执法，廉洁自律，忠于职守，文明服务，不得有下列行为：

（一）包庇、纵容走私或者与他人串通进行走私；

（二）非法限制他人人身自由，非法检查他人身体、住所或者场所，非法检查、扣留进出境运输工具、货物、物品；

（三）利用职权为自己或者他人谋取私利；

（四）索取、收受贿赂；

（五）泄露国家秘密、商业秘密和海关工作秘密；

（六）滥用职权，故意刁难，拖延监管、查验；

（七）购买、私分、占用没收的走私货物、物品；

（八）参与或者变相参与营利性经营活动；

（九）违反法定程序或者超越权限执行职务；

（十）其他违法行为。

第七十三条 海关应当根据依法履行职责的需要，加强队伍建设，使海关工作人员具有良好的政治、业务素质。

海关专业人员应当具有法律和相关专业知识，符合海关规定的专业岗位任职要求。

海关招收工作人员应当按照国家规定，公开考试，严格考核，择优录用。

海关应当有计划地对其工作人员进行政治思想、法制、海关业务培

训和考核。海关工作人员必须定期接受培训和考核，经考核不合格的，不得继续上岗执行职务。

第七十四条　海关总署应当实行海关关长定期交流制度。

海关关长定期向上一级海关述职，如实陈述其执行职务情况。海关总署应当定期对直属海关关长进行考核，直属海关应当定期对隶属海关关长进行考核。

第七十五条　海关及其工作人员的行政执法活动，依法接受监察机关的监督；缉私警察进行侦查活动，依法接受人民检察院的监督。

第七十六条　审计机关依法对海关的财政收支进行审计监督，对海关办理的与国家财政收支有关的事项，有权进行专项审计调查。

第七十七条　上级海关应当对下级海关的执法活动依法进行监督。上级海关认为下级海关作出的处理或者决定不适当的，可以依法予以变更或者撤销。

第七十八条　海关应当依照本法和其他有关法律、行政法规的规定，建立健全内部监督制度，对其工作人员执行法律、行政法规和遵守纪律的情况，进行监督检查。

第七十九条　海关内部负责审单、查验、放行、稽查和调查等主要岗位的职责权限应当明确，并相互分离、相互制约。

第八十条　任何单位和个人均有权对海关及其工作人员的违法、违纪行为进行控告、检举。收到控告、检举的机关有权处理的，应当依法按照职责分工及时查处。收到控告、检举的机关和负责查处的机关应当为控告人、检举人保密。

第八十一条　海关工作人员在调查处理违法案件时，遇有下列情形之一的，应当回避：

（一）是本案的当事人或者是当事人的近亲属；

（二）本人或者其近亲属与本案有利害关系；

（三）与本案当事人有其他关系，可能影响案件公正处理的。

第八章　法律责任

第八十二条　违反本法及有关法律、行政法规，逃避海关监管，偷逃应纳税款、逃避国家有关进出境的禁止性或者限制性管理，有下列情形

之一的，是走私行为：

（一）运输、携带、邮寄国家禁止或者限制进出境货物、物品或者依法应当缴纳税款的货物、物品进出境的；

（二）未经海关许可并且未缴纳应纳税款、交验有关许可证件，擅自将保税货物、特定减免税货物以及其他海关监管货物、物品、进境的境外运输工具，在境内销售的；

（三）有逃避海关监管，构成走私的其他行为的。

有前款所列行为之一，尚不构成犯罪的，由海关没收走私货物、物品及违法所得，可以并处罚款；专门或者多次用于掩护走私的货物、物品，专门或者多次用于走私的运输工具，予以没收，藏匿走私货物、物品的特制设备，责令拆毁或者没收。

有第一款所列行为之一，构成犯罪的，依法追究刑事责任。

第八十三条 有下列行为之一的，按走私行为论处，依照本法第八十二条的规定处罚：

（一）直接向走私人非法收购走私进口的货物、物品的；

（二）在内海、领海、界河、界湖，船舶及所载人员运输、收购、贩卖国家禁止或者限制进出境的货物、物品，或者运输、收购、贩卖依法应当缴纳税款的货物，没有合法证明的。

第八十四条 伪造、变造、买卖海关单证，与走私人通谋为走私人提供贷款、资金、账号、发票、证明、海关单证，与走私人通谋为走私人提供运输、保管、邮寄或者其他方便，构成犯罪的，依法追究刑事责任；尚不构成犯罪的，由海关没收违法所得，并处罚款。

第八十五条 个人携带、邮寄超过合理数量的自用物品进出境，未依法向海关申报的，责令补缴关税，可以处以罚款。

第八十六条 违反本法规定有下列行为之一的，可以处以罚款，有违法所得的，没收违法所得：

（一）运输工具不经设立海关的地点进出境的；

（二）不将进出境运输工具到达的时间、停留的地点或者更换的地点通知海关的；

（三）进出口货物、物品或者过境、转运、通运货物向海关申报不实的；

（四）不按照规定接受海关对进出境运输工具、货物、物品进行检查、

查验的；

（五）进出境运输工具未经海关同意，擅自装卸进出境货物、物品或者上下进出境旅客的；

（六）在设立海关的地点停留的进出境运输工具未经海关同意，擅自驶离的；

（七）进出境运输工具从一个设立海关的地点驶往另一个设立海关的地点，尚未办结海关手续又未经海关批准，中途擅自改驶境外或者境内未设立海关的地点的；

（八）进出境运输工具，不符合海关监管要求或者未向海关办理手续，擅自兼营或者改营境内运输的；

（九）由于不可抗力的原因，进出境船舶和航空器被迫在未设立海关的地点停泊、降落或者在境内抛掷、起卸货物、物品，无正当理由，不向附近海关报告的；

（十）未经海关许可，擅自将海关监管货物开拆、提取、交付、发运、调换、改装、抵押、质押、留置、转让、更换标记、移作他用或者进行其他处置的；

（十一）擅自开启或者损毁海关封志的；

（十二）经营海关监管货物的运输、储存、加工等业务，有关货物灭失或者有关记录不真实，不能提供正当理由的；

（十三）有违反海关监管规定的其他行为的。

第八十七条　海关准予从事有关业务的企业，违反本法有关规定的，由海关责令改正，可以给予警告，暂停其从事有关业务，直至撤销注册。

第八十八条　未经海关注册登记从事报关业务的，由海关予以取缔，没收违法所得，可以并处罚款。

第八十九条　报关企业非法代理他人报关或者超出其业务范围进行报关活动的，由海关责令改正，处以罚款；情节严重的，撤销其报关注册登记。

报关人员非法代理他人报关或者超出其业务范围进行报关活动的，由海关责令改正，处以罚款。

第九十条　进出口货物收发货人、报关企业向海关工作人员行贿的，由海关撤销其报关注册登记，并处以罚款；构成犯罪的，依法追究刑事责任，并不得重新注册登记为报关企业。

报关人员向海关工作人员行贿的，处以罚款；构成犯罪的，依法追究刑事责任。

第九十一条 违反本法规定进出口侵犯中华人民共和国法律、行政法规保护的知识产权的货物的，由海关依法没收侵权货物，并处以罚款；构成犯罪的，依法追究刑事责任。

第九十二条 海关依法扣留的货物、物品、运输工具，在人民法院判决或者海关处罚决定做出之前，不得处理。但是，危险品或者鲜活、易腐、易失效等不宜长期保存的货物、物品以及所有人申请先行变卖的货物、物品、运输工具，经直属海关关长或者其授权的隶属海关关长批准，可以先行依法变卖，变卖所得价款由海关保存，并通知其所有人。

人民法院判决没收或者海关决定没收的走私货物、物品、违法所得、走私运输工具、特制设备，由海关依法统一处理，所得价款和海关决定处以的罚款，全部上缴中央国库。

第九十三条 当事人逾期不履行海关的处罚决定又不申请复议或者向人民法院提起诉讼的，作出处罚决定的海关可以将其保证金抵缴或者将其被扣留的货物、物品、运输工具依法变价抵缴，也可以申请人民法院强制执行。

第九十四条 海关在查验进出境货物、物品时，损坏被查验的货物、物品的，应当赔偿实际损失。

第九十五条 海关违法扣留货物、物品、运输工具，致使当事人的合法权益受到损失的，应当依法承担赔偿责任。

第九十六条 海关工作人员有本法第七十二条所列行为之一的，依法给予行政处分；有违法所得的，依法没收违法所得；构成犯罪的，依法追究刑事责任。

第九十七条 海关的财政收支违反法律、行政法规规定的，由审计机关以及有关部门依照法律、行政法规的规定作出处理；对直接负责的主管人员和其他直接责任人员，依法给予行政处分；构成犯罪的，依法追究刑事责任。

第九十八条 未按照本法规定为控告人、检举人、举报人保密的，对直接负责的主管人员和其他直接责任人员，由所在单位或者有关单位依

法给予行政处分。

第九十九条　海关工作人员在调查处理违法案件时，未按照本法规定进行回避的，对直接负责的主管人员和其他直接责任人员，依法给予行政处分。

第九章　附　则

第一百条　本法下列用语的含义：

直属海关，是指直接由海关总署领导，负责管理一定区域范围内的海关业务的海关；隶属海关，是指由直属海关领导，负责办理具体海关业务的海关。

进出境运输工具，是指用以载运人员、货物、物品进出境的各种船舶、车辆、航空器和驮畜。

过境、转运和通运货物，是指由境外启运、通过中国境内继续运往境外的货物。其中，通过境内陆路运输的，称过境货物；在境内设立海关的地点换装运输工具，而不通过境内陆路运输的，称转运货物；由船舶、航空器载运进境并由原装运输工具载运出境的，称通运货物。

海关监管货物，是指本法第二十三条所列的进出口货物，过境、转运、通运货物，特定减免税货物，以及暂时进出口货物、保税货物和其他尚未办结海关手续的进出境货物。

保税货物，是指经海关批准未办理纳税手续进境，在境内储存、加工、装配后复运出境的货物。

海关监管区，是指设立海关的港口、车站、机场、国界孔道、国际邮件互换局（交换站）和其他有海关监管业务的场所，以及虽未设立海关，但是经国务院批准的进出境地点。

第一百零一条　经济特区等特定地区同境内其他地区之间往来的运输工具、货物、物品的监管办法，由国务院另行规定。

第一百零二条　本法自一九八七年七月一日起施行。一九五一年四月十八日中央人民政府公布的《中华人民共和国暂行海关法》同时废止。

中华人民共和国刑法（节录）

1979 年 7 月 1 日第五届全国人民代表大会第二次会议通过。1997 年 3 月 14 日第八届全国人民代表大会第五次会议修订 已先后被《中华人民共和国刑法修正案》(发布日期:1999 年 12 月 25 日 实施日期:1999 年 12 月 25 日)、《中华人民共和国刑法修正案 (二)》(发布日期:2001 年 8 月 31 日 实施日期: 2001 年 8 月 31 日)、《中华人民共和国刑法修正案 (三)》(发布日期 : 2001 年 12 月 29 日 实施日期 : 2001 年 12 月 29 日)、《中华人民共和国刑法修正案 (四)》(发布日期 : 2002 年 12 月 28 日 实施日期 : 2002 年 12 月 28 日)、《中华人民共和国刑法修正案 (五)》(发布日期:2005 年 2 月 28 日 实施日期: 2005 年 2 月 28 日)、《中华人民共和国刑法修正案 (六)》(发布日期 : 2006 年 6 月 29 日 实施日期 : 2006 年 6 月 29 日)、《中华人民共和国刑法修正案 (七)》(发布日期 : 2009 年 2 月 28 日 实施日期 : 2009 年 2 月 28 日)、《全国人民代表大会常务委员会关于修改部分法律的决定》(发布日期 : 2009 年 8 月 27 日 实施日期:2009 年 8 月 27 日)、《中华人民共和国刑法修正案 (八)》(发布日期 : 2011 年 2 月 25 日 实施日期 : 2011 年 5 月 1 日) 修正或修改

第一百五十一条 【走私武器、弹药罪、走私核材料罪、走私假币罪；走私文物罪、走私贵重金属罪、走私珍贵动物罪、走私珍贵动物制品罪；走私国家禁 止进出口的货物、物品罪】走私武器、弹药、核材料或者伪造的货币的，处七年以上有期徒刑，并处罚金或者没收财产；情节特别严重的，处无期徒刑或者死刑，并 处没收财产；情节较轻的，处三年以上七年以下有期徒刑，并处罚金。

走私国家禁止出口的文物、黄金、白银和其他贵重金属或者国家禁止进出口的珍贵动物及其制品的，处五年以上十年以下有期徒刑，并处罚金；情节特别严重的，处十年以上有期徒刑或者无期徒刑，并处没收财产；情节较轻的，处五年以下有期徒刑，并处罚金。

走私珍稀植物及其制品等国家禁止进出口的其他货物、物品的，处五年以下有期徒刑或者拘役，并处或者单处罚金；情节严重的，处五年以

上有期徒刑，并处罚金。

单位犯本条规定之罪的，对单位判处罚金，并对其直接负责的主管人员和其他直接责任人员，依照本条各款的规定处罚。

第一百五十五条 【间接走私行为以相应走私犯罪论处的规定】下列行为，以走私罪论处，依照本节的有关规定处罚：

（一）直接向走私人非法收购国家禁止进口物品的，或者直接向走私人非法收购走私进口的其他货物、物品，数额较大的；

（二）在内海、领海、界河、界湖运输、收购、贩卖国家禁止进出口物品的，或者运输、收购、贩卖国家限制进出口货物、物品，数额较大，没有合法证明的。

第二百二十五条 【非法经营罪】违反国家规定，有下列非法经营行为之一，扰乱市场秩序，情节严重的，处五年以下有期徒刑或者拘役，并处或者单处违法所得一倍以上五倍以下罚金；情节特别严重的，处五年以上有期徒刑，并处违法所得一倍以上五倍以下罚金或者没收财产：

（一）未经许可经营法律、行政法规规定的专营、专卖物品或者其他限制买卖的物品的；

（二）买卖进出口许可证、进出口原产地证明以及其他法律、行政法规规定的经营许可证或者批准文件的；

（三）未经国家有关主管部门批准非法经营证券、期货、保险业务的，或者非法从事资金支付结算业务的；

（四）其他严重扰乱市场秩序的非法经营行为。

第二百八十条 【伪造、变造、买卖国家机关公文、证件、印章罪；盗窃、抢夺、毁灭国家机关公文、证件、印章罪；伪造公司、企业、事业单位、人民团 体印章罪；伪造、变造居民身份证罪】伪造、变造、买卖或者盗窃、抢夺、毁灭国家机关的公文、证件、印章的，处三年以下有期徒刑、拘役、管制或者剥夺政治权 利；情节严重的，处三年以上十年以下有期徒刑。

伪造公司、企业、事业单位、人民团体的印章的，处三年以下有期徒刑、拘役、管制或者剥夺政治权利。

伪造、变造居民身份证的，处三年以下有期徒刑、拘役、管制或者剥夺政治权利；情节严重的，处三年以上七年以下有期徒刑。

第三百四十一条 【非法猎捕、杀害珍贵、濒危野生动物罪；非法收购、运输、出售珍贵濒危野生动物、珍贵、濒危野生动物制品罪】非法猎捕、杀害国家重点保护的珍贵、濒危野生动物的，或者非法收购、运输、出售国家重点保护的珍贵、濒危野生动物及其制品的，处五年以下有期徒刑或者拘役，并处罚金；情节严重的，处五年以上十年以下有期徒刑，并处罚金；情节特别严重的，处十年以上有期徒刑，并处罚金或者没收财产。

违反狩猎法规，在禁猎区、禁猎期或者使用禁用的工具、方法进行狩猎，破坏野生动物资源，情节严重的，处三年以下有期徒刑、拘役、管制或者罚金。

第三百四十四条 【非法采伐、毁坏国家重点保护植物罪；非法收购、运输、加工、出售国家重点保护植物、国家重点保护植物制品罪】违反国家规定，非法采伐、毁坏珍贵树木或者国家重点保护的其他植物的，或者非法收购、运输、加工、出售珍贵树木或者国家重点保护的其他植物及其制品的，处三年以下有期徒刑、拘役或者管制，并处罚金；情节严重的，处三年以上七年以下有期徒刑，并处罚金。

中华人民共和国最高人民法院公告

《最高人民法院关于审理走私刑事案件具体应用法律若干问题的解释》已于2000年9月20日由最高人民法院审判委员会第1131次会议通过。现予公布，自2000年10月8日起施行。

二〇〇年九月二十六日

最高人民法院关于审理走私刑事案件具体应用法律若干问题的解释（节录）

法释〔2000〕30号

为严惩走私犯罪活动，根据刑法分则第三章第二节的规定，现就审理走私刑事案件具体应用法律的若干问题解释如下：

第四条　刑法第一百五十一条第二款规定的“珍贵动物”，是指列入《国家重点保护野生动物名录》中的国家一、二级保护野生动物和列入《濒危野生动植物种国际贸易公约》附录一、附录二中的野生动物以及驯养繁殖的上述物种。

走私国家二级保护动物未达到本解释附表中（一）规定的数量标准或者走私珍贵动物制品价值十万元以下的，属于走私珍贵动物、珍贵动物制品罪“情节较轻”，处五年以下有期徒刑，并处罚金。

走私珍贵动物及其制品，具有下列情节之一的，处五年以上有期徒刑，并处罚金：

（一）走私国家一、二级保护动物达到本解释附表中（一）规定的数量标准的；

（二）走私珍贵动物制品价值十万元以上不满二十万元的；

（三）走私国家一、二级保护动物虽未达到本款规定的数量标准，但具有造成该珍贵动物死亡或者无法追回等恶劣情节的。

具有下列情形之一的，属于走私珍贵动物、珍贵动物制品罪“情节特别严重”，处无期徒刑或者死刑，并处没收财产：

（一）走私国家一、二级保护动物达到本解释附表中（二）规定的数量标准的；

（二）走私珍贵动物制品价值二十万元以上的；

（三）走私国家一、二级保护动物达到本解释附表中（一）规定的数量标准，并造成该珍贵动物死亡或者无法追回的；

（四）走私国家一、二级保护动物达到本解释附表中（一）规定的数量标准，并具有是犯罪集团的首要分子或者使用特种车进行走私等严重情节的。

走私《濒危野生动植物种国际贸易公约》附录一、附录二中的动物及其制品的，参照本解释附表中规定的同属或者同科动物的定罪量刑标准执行。

第八条　刑法第一百五十五条规定的“直接向走私人非法收购走私进口的其他货物、物品，数额较大的”，是指明知是走私行为人而向其非法收购走私进口的其他货物、物品，应缴税额为五万元以上的。

直接向走私人非法收购国家禁止进口物品的，或者在内海、领海运输、收购、贩卖国家禁止进出口物品的，应当按照走私物品的种类，分别适用刑法第一百五十一条、第一百五十二条、第三百四十七条的规定定罪处罚。

直接向走私人非法收购走私进口的国家非禁止进口货物、物品，数额较大的，或者在内海、领海运输、收购、贩卖国家限制进出口货物、物品，数额较大，没有合法证明的，应当适用刑法第一百五十三条的规定定罪处罚。

刑法第一百五十五条第二项规定的“内海”，包括内河的入海口水域。

附:《关于审理走私刑事案件具体应用法律若干问题的解释》表（略）。

中华人民共和国最高人民法院公告

《最高人民法院关于审理破坏野生动物资源刑事案件具体应用法律若干问题的解释》已于2000年11月17日由最高人民法院审判委员会第1141次会议通过，现予公布，自2000年12月11日起施行。

二〇〇年十一月二十七日

最高人民法院关于审理破坏野生动物资源刑事案件具体应用法律若干问题的解释

法释〔2000〕37号

为依法惩处破坏野生动物资源的犯罪活动，根据刑法的有关规定，现就审理这类案件具体应用法律的若干问题解释如下：

第一条　刑法第三百四十一条第一款规定的“珍贵、濒危野生动物”，包括列入国家重点保护野生动物名录的国家一、二级保护野生动物、列入《濒危野生动植物种国际贸易公约》附录一、附录二的野生动物以及驯养繁殖的上述物种。

第二条　刑法第三百四十一条第一款规定的“收购”，包括以营利、自用等为目的的购买行为；“运输”，包括采用携带、邮寄、利用他人、使用交通工具等方法进行运送的行为；“出售”，包括出卖和以营利为目的的加工利用行为。

第三条　非法猎捕、杀害、收购、运输、出售珍贵、濒危野生动物具有下列情形之一的，属于“情节严重”：

（一）达到本解释附表所列相应数量标准的；

（二）非法猎捕、杀害、收购、运输、出售不同种类的珍贵、濒危野生动物，其中两种以上分别达到附表所列“情节严重”数量标准一半以上的。

非法猎捕、杀害、收购、运输、出售珍贵、濒危野生动物具有下列情形之一的，属于“情节特别严重”：

（一）达到本解释附表所列相应数量标准的；

（二）非法猎捕、杀害、收购、运输、出售不同种类的珍贵、濒危野生动物，其中两种以上分别达到附表所列“情节特别严重”数量标准一半以上的。

第四条 非法猎捕、杀害、收购、运输、出售珍贵、濒危野生动物构成犯罪，具有下列情形之一的，可以认定为“情节严重”；非法猎捕、杀害、收购、运输、出售珍贵、濒危野 生动物符合本解释第三条第一款的规定，并具有下列情形之一的，可以认定为“情节特别严 重”：

（一）犯罪集团的首要分子；

（二）严重影响对野生动物的科研、养殖等工作顺利进行的；

（三）以武装掩护方法实施犯罪的；

（四）使用特种车、军用车等交通工具实施犯罪的；

（五）造成其他重大损失的。

第五条 非法收购、运输、出售珍贵、濒危野生动物制品具有下列情形之一的，属于“情节严重”：

（一）价值在十万元以上的；

（二）非法获利五万元以上的；

（三）具有其他严重情节的。

非法收购、运输、出售珍贵、濒危野生动物制品具有下列情形之一的，属于“情节特别严重”：

（一）价值在二十万元以上的；

（二）非法获利十万元以上的；

（三）具有其他特别严重情节的。

第六条 违反狩猎法规，在禁猎区、禁猎期或者使用禁用的工具、方法狩猎，具有下列情形之一的，属于非法狩猎“情节严重”：

（一）非法狩猎野生动物二十只以上的；

（二）违反狩猎法规，在禁猎区或者禁猎期使用禁用的工具、方法狩猎的；

（三）具有其他严重情节的。

第七条　使用爆炸、投毒、设置电网等危险方法破坏野生动物资源，构成非法猎捕、杀害珍贵、濒危野生动物罪或者非法狩猎罪，同时构成刑法第一百一十四条或者第一百一十五条规定之罪的，依照处罚较重的规定定罪处罚。

第八条　实施刑法第三百四十一条规定的犯罪，又以暴力、威胁方法抗拒查处，构成其他犯罪的，依照数罪并罚的规定处罚。

第九条　伪造、变造、买卖国家机关颁发的野生动物允许进出口证明书、特许猎捕证、狩猎证、驯养繁殖许可证等公文、证件构成犯罪的，依照刑法第二百八十条第一款的规定以伪造、变造、买卖国家机关公文、证件罪定罪处罚。

实施上述行为构成犯罪，同时构成刑法第二百二十五条第二项规定的非法经营罪的，依照处罚较重的规定定罪处罚。

第十条　非法猎捕、杀害、收购、运输、出售《濒危野生动植物种国际贸易公约》附录一、附录二所列的非原产于我国的野生动物"情节严重"、"情节特别严重"的认定标准，参照本解释第三条、第四条以及附表所列与其同属的国家一、二级保护野生动物的认定标准执行；没有与其同属的国家一、二级保护野生动物的，参照与其同科的国家一、二级保护野生动物的认定标准执行。

第十一条　珍贵、濒危野生动物制品的价值，依照国家野生动物保护主管部门的规定核定；核定价值低于实际交易价格的，以实际交易价格认定。

第十二条　单位犯刑法第三百四十一条规定之罪，定罪量刑标准依照本解释的有关规定执行。

附：非法猎捕、杀害、收购、运输、出售珍贵、濒危野生动物刑事案件"情节严重"、"情节特别严重"数量认定标准。（表略）。

林业部关于在野生动物案件中如何确定国家重点保护野生动物及其产品价值标准的通知

林策通字〔1996〕8号

各省、自治区、直辖市林业（农林）厅（局），黑龙江省森工总局，大兴安岭林业公司：

根据经国务院批准由林业部、财政部、国家物价局《关于发布<陆生野生动物资源保护管理费收费办法>的通知》（林护字［1992］72号）和林业部、公安部《关于陆生野生动物刑事案件的管辖及其立案标准的规定》（林安字［1994］44号）的有关规定，现将野生动物案件中确定国家重点保护陆生野生动物或者其产品的价值标准规定如下：

一、国家一级保护陆生野生动物的价值标准，按照该种动物资源保护管理费的12.5倍执行；国家二级保护陆生野生动物的价值标准，按照该种动物资源保护管理费的16.7倍执行。

二、国家重点保护陆生野生动物具有特殊利用价值或者导致野生动物死亡的主要部分，其价值标准按照该种动物价值标准的80%予以折算；其它部分，其价值标准按照该种动物价值标准的20%予以折算。

前款所称具有特殊利用价值或者导致野生动物死亡的主要部分，由省、自治区、直辖市陆生野生动物行政主管部门根据实际情况予以确定。

三、国家重点保护陆生野生动物产品（不包括标本）的价值标准，有国家定价的按国家定价执行；无国家定价的按市场价格执行，国家定价低于实际销售价的按实际销售价格执行；既无国家定价又无市场价格的，由案件发生地的省、自治区、直辖市陆生野生动物行政主管部门根据实际情况，参照本通知第一条规定的价值标准予以确定，并报林业部备案。

四、国家重点保护陆生野生动物标本的价值标准，按照本通知第一

条规定的价值标准适当予以增减，但最大增减幅度不应超过50%。具体标准由省、自治区、直辖市陆生野生动物行政主管部门或者授权的单位根据实际情况予以确定。

五、凡过去的有关规定与本通知不一致的，按本通知执行。

林业部

一九九六年一月十五日

国务院关于禁止犀牛角和虎骨贸易的通知

国发[1993]39号

各省、自治区、直辖市人民政府，国务院各部委、各直属机构：

犀牛和虎是国际上重点保护的濒危野生动物，被列为我国已签署了的《濒危野生动植物种国际贸易公约》附录一物种。为保护世界珍稀物种，根据《中华人民共和国野生动物保护法》、《中华人民共和国陆生野生动物保护实施条例》和《濒危野生动植物种国际贸易公约》的有关规定，重申禁止犀牛角和虎骨的一切贸易活动，特通知如下：

一、严禁进出口犀牛角和虎骨（包括其任何可辨认部分和含其成份的药品、工艺品等，下同）。任何单位和个人不得运输、携带、邮寄犀牛角和虎骨进出国境。凡包装上标有犀牛角和虎骨字样的，均按含有犀牛角和虎骨对待。

二、禁止出售、收购、运输、携带、邮寄犀牛角和虎骨。对库存的犀牛角和虎骨，必须立即进行清理，重新登记、封存，妥善保管，并由其拥有者如实向省级林业行政主管部门或其指定单位申报。省级林业行政主管部门或其指定单位必须将犀牛角和虎骨库存情况编制成册，报国家濒危物种进出口管理办公室备案。

三、取消犀牛角和虎骨药用标准，今后不得再用犀牛角和虎骨制药。对已生产出的含犀牛角和虎骨成份的中药成方制剂，必须自本通知发布之日起半年内查封，禁止出售。

四、国家鼓励犀牛角和虎骨代用品药用的开发研究，积极宣传推广研究成果。因研究犀牛角和虎骨代用品等特殊情况需要使用犀牛角和虎骨的，必须事先经卫生部批准，报林业部备案，并接受当地林业行政主管部门的监督检查。

五、凡违反本通知规定，出售、收购、运输、携带、邮寄犀牛角和虎骨的，由国家工商行政管理机关和中华人民共和国海关依法查处；构成投机倒把罪、走私罪的，由司法机关依法追究其刑事责任。对没收的犀牛角和虎骨，一律交当地县级以上林业行政主管部门按规定处理。

六、本通知自发布之日起施行，凡过去发布的有关规定与本通知不符的，一律以本通知为准。

国务院

一九九三年五月二十九日

国务院办公厅关于有序停止商业性加工销售象牙及制品活动的通知

国办发〔2016〕103号

各省、自治区、直辖市人民政府，国务院各部委、各直属机构：

为加强对象的保护，打击象牙非法贸易，经国务院同意，现就有序停止商业性加工销售象牙及制品活动的有关事项通知如下：

一、分期分批停止商业性加工销售象牙及制品活动。2017年3月31日前先行停止一批象牙定点加工单位和定点销售场所的加工销售象牙及制品活动，2017年12月31日前全面停止。国家林业局要确定具体单位名录并及时发布公告。相关单位应在规定期限内停止加工销售象牙及制品活动，并到工商行政管理部门申请办理变更、注销登记手续。工商行政管理部门不再受理经营范围涉及商业性加工销售象牙及制品的企业设立或变更登记。

二、积极引导象牙雕刻技艺转型。停止商业性加工销售象牙及制品活动后，文化部门要引导象牙雕刻技艺传承人和相关从业者转型。对象牙雕刻国家级、省级非物质文化遗产项目代表性传承人开展抢救性记录，留下其完整的工艺流程和核心技艺等详细资料；对象牙雕刻技艺名师，鼓励其到博物馆等机构从事相关艺术品修复工作；对象牙雕刻技艺传承人，引导其用替代材料发展其他牙雕、骨雕等技艺。非营利性社会文化团体、行业协会可整合现有资源组建象牙雕刻工作室，从事象牙雕刻技艺研究及传承工作，但不得开展相关商业性活动。

三、严格管理合法收藏的象牙及制品。禁止在市场摆卖或通过网络等渠道交易象牙及制品。对来源合法的象牙及制品，可依法加载专用标识后在博物馆、美术馆等非销售性场所开展陈列、展览等活动，也可依法运输、赠与或继承；对来源合法、经专业鉴定机构确认的象牙文物，依法定程序获得行政许可后，可在严格监管下拍卖，发挥其文化价值。

四、加强执法监管和宣传教育。公安、海关、工商、林业等部门要按照职责分工，加强执法监管，继续加大对违法加工销售、运输、走私象牙及制品等行为的打击力度，重点查缉、摧毁非法加工窝点，阻断市场、网络等非法交易渠道。要广泛开展保护宣传和公众教育，大力倡导生态文明理念，引导公众自觉抵制象牙及制品非法交易行为，营造有利于保护象等野生动植物的良好社会环境。

各省、自治区、直辖市人民政府和有关部门要高度重视，加强组织领导，明确责任分工，确保停止商业性加工销售象牙及制品活动顺利进行，并妥善做好相关单位和人员安置、转产转型等工作，切实维护好社会和谐稳定。

国务院办公厅

2016 年 12 月 29 日

林业部关于核准部分濒危野生动物为国家重点保护野生动物的通知

林护通字〔1993〕48号

各省、自治区、直辖市人民政府、国务院有关部门：

我国是《濒危野生动植物种国际贸易公约》(以下简称《公约》)成员国。为加强对濒危野生动植物种的进出口管理，履行相应的国际义务，使国内野生动物的保护管理工作与世界濒危物种保护相衔接，根据《中华人民共和国野生动物保护法》第四十条和《中华人民共和国陆生野生动物保护实施条例》第二十四条的规定，现决定将《公约》附录一和附录二所列非原产我国的所有野生动物(如犀牛、食蟹猴、袋鼠、鸵鸟、非洲象、斑马等)，分别核准为国家一级和国家二级保护野生动物。对这些野生动物及其产品(包括任何可辨认部分或其衍生物)的管理，同原产我国的国家一级和国家二级保护野生动物一样，按照国家现行法律、法规和规章的规定实施管理；对违反有关规定的，同样依法查处。特此通知。

林业部

一九九三年四月十四日

关于禁止在出入境口岸隔离区内商店摆卖珍贵动物和珍稀植物及其制品的通知

濒办字〔2002〕53号

国家濒管办各办事处，广东分署，上海、天津特派办，各直属海关，各省、自治区、直辖市工商局：

根据《濒危野生动植物种国际贸易公约》（下称《公约》）、《野生动物保护法》、《野生植物保护条例》和《最高人民法院关于审理走私刑事案件具体应用法律若干问题的解释》（法释〔2000〕30号）的有关规定，列入《公约》附录一、附录二中的野生动物和列入《国家重点保护野生动物名录》中的国家一级、二级保护野生动物以及驯养繁殖的上述物种属于国家禁止进出口的珍贵动物，列入《公约》附录一、附录二中的野生植物和列入《国家重点保护野生植物名录》中的国家一级、二级保护野生植物以及人工栽培的列入《公约》附录一、附录二中的野生植物属于国家禁止进出口的珍稀植物，未取得国家濒管办或其办事处核发的《允许进出口证明书》，任何单位或个人不得擅自进出口上述野生动植物及其制品。然而，最近一个时期以来，不少出入境口岸隔离区内的商店都在摆卖国家禁止进出口的珍贵动物、珍稀植物及其制品，特别是象牙制品和含熊胆、象皮、豹骨、羚羊角、麝香、甲片或黄草等成份的中成药，许多国家都截获到在我国出入境口岸隔离区内的商店购买并携带出境的珍贵动物、珍稀植物及其制品，以上行为不仅违反了《公约》和我国有关法律法规的规定，也影响了我国的履约形象。为保护我国的野生动植物资源，切实执行《公约》和我国有关法律法规的规定，特重申严禁在出入境口岸隔离区内的商店摆卖国家禁止进出口的珍贵动物、珍稀植物及其制品，并就有关事宜通知如下：

一、严禁在出入境口岸隔离区内的商店摆卖国家禁止进出口的珍贵动物、珍稀植物及其制品。已经上架摆卖的，有关单位应立即从货架上撤出。凡包装或说明书上标有上述野生动植物及其制品字样的，均按含有该种野生动植物及其制品对待。

二、各有关海关、工商行政管理部门应分别加强对出入境口岸隔离区内的口岸免税店和其它商店的监督管理，国家濒管办各办事处应积极配合海关、工商行政管理部门开展上述监督检查工作。对于检查中发现的非法摆卖国家禁止进出口的珍贵动物、珍稀植物及其制品的，应依法查处。

国家濒管办　海关总署　国家工商行政管理总局

二〇〇二年八月十九日

国家林业局关于发布破坏野生动物资源刑事案中涉及走私的象牙及其制品价值标准的通知

林濒发〔2001〕234号

各省、自治区、直辖市林业（农林）厅（局）：

亚洲象是国家一级保护野生动物，非洲象被依法核准为国家一级保护野生动物，国家禁止亚洲象和非洲象象牙及其制品的收购、运输、出售和进出口活动。近几年来，各地、各部门严格按照《濒危野生动植物种国际贸易公约》和我国野生动物保护法规的规定，严厉打击非法收购、运输、出售走私象牙及其制品违法犯罪活动，查获了大量非法收购、运输、出售和走私象牙及其制品案件。为确保各部门依法查处上述刑事案件，依据《林业部、财政部、国家物价局关于发布〈陆生野生动物资源保护管理费收费办法〉的通知》（林护字〔1992〕72号）、《林业部关于在野生动物案件中如何确定国家重点保护野生动物及其产品价值标准的通知》（林策通字〔1996〕8号）、《国家林业局、公安部关于印发森林和陆生野生动物刑事案件管辖及立案标准的通知》（林安发〔2001〕156号）和《最高人民法院关于审理破坏野生动物资源刑事案件具体应用法律若干问题的解释》（法释〔2000〕37号）的有关规定，现将破坏野生动物资源刑事案件中涉及走私的象牙及其制品的价值标准规定如下：

一根未加工象牙的价值为25万元；由整根象牙雕刻而成的一件象牙制品，应视为一根象牙，其价值为25万元；由一根象牙切割成数段象牙块或者雕刻成数件象牙制品的，这些象牙块或者象牙制品总合，也应视为一根象牙，其价值为25万元；对于无法确定是否属一根象牙切割或者雕刻成的象牙块或象牙制品，应根据其重量来核定，单价为41667元/千克。按上述价值标准核定的象牙及其制品价格低于实际销售价的按实际销售价格执行。

凡过去的有关规定与本通知不一致的，按本通知执行。

国家林业局

二〇〇一年六月十三日

国家林业局关于发布破坏野生动物资源刑事案件中涉及犀牛角价值标准的通知

林护发〔2002〕130号

各省、自治区、直辖市林业厅(局):

多年来，各地各部门在严厉打击涉及犀牛角的非法贸易活动中，查获了大量非法出售、收购、运输、走私的犀牛角。为确保各执法部门依法查处上述刑事案件，我局依据《林业部、财政部、国家物价局关于发布〈陆生野生动物资源保护管理费收费办法〉的通知》(林护字〔1992〕72号)、《林业部关于在野生动物案件中如何确定国家重点保护野生动物及其产品价值标准的通知》(林策通字〔1996〕8号)、《国家林业局、公安部关于印发森林和陆生野生动物刑事案件管辖及立案标准的通知》(林安发〔2001〕156号)、《最高人民法院关于审理破坏野生动物资源刑事案件具体应用法律若干问题的解释》(法释〔2000〕37号)的有关规定，将破坏野生动物资源刑事案件中涉及犀牛角的价值标准确定为:每千克犀牛角的价值为25万元，实际交易价高于上述价值的按实际交易价执行。

特此通知。

国家林业局

二〇〇二年五月十八日

关于破坏野生动物资源刑事案件中涉及的CITES附录Ⅰ和附录Ⅱ所列陆生野生动物制品价值核定问题的通知

林濒发〔2012〕239号

各省、自治区、直辖市高级人民法院、人民检察院、林业厅（局）、公安厅（局），解放军军事法院，解放军军事检察院，新疆维吾尔自治区高级人民法院生产建设兵团分院，新疆生产建设兵团人民检察院、林业局、公安局，海关总署广东分署，各直属海关：

我国是《濒危野生动植物种国际贸易公约》（CITES）缔约国，非原产我国的CITES附录Ⅰ和附录Ⅱ所列陆生野生动物已依法被分别核准为国家一级、二级保护野生动物。近年来，各地严格按照CITES和我国野生动物保护法律法规的规定，查获了大量非法收购、运输、出售和走私CITES附录Ⅰ、附录Ⅱ所列陆生野生动物及其制品案件。为确保依法办理上述案件，依据《陆生野生动物保护实施条例》第二十四条、《最高人民法院关于审理走私刑事案件具体应用法律若干问题的解释》（法释〔2000〕30号）第四条，以及《最高人民法院关于审理破坏野生动物资源刑事案件具体应用法律若干问题的解释》（法释〔2000〕37号）第十条和第十一条的有关规定，结合《林业部关于在野生动物案件中如何确定国家重点保护野生动物及其产品价值标准的通知》（林策通字〔1996〕8号），现将破坏野生动物资源案件中涉及的CITES附录Ⅰ和附录Ⅱ所列陆生野生动物制品的价值标准规定如下：

一、CITES附录Ⅰ、附录Ⅱ所列陆生野生动物制品的价值，参照与其同属的国家重点保护陆生野生动物的同类制品价值标准核定；没有与其同属的国家重点保护陆生野生动物的，参照与其同科的国家重点保护陆生野生动物的同类制品价值标准核定；没有与其同科的国家重点保护陆生野生动物的，参照与其同目的国家重点保护陆生野生动物的同类制品价值标准核定；没有与其同目的国家重点保护陆生野生动物的，参照与其同纲或者同门的国家重点保护陆生野生动物的同类制品价值标准核定。

二、同属、同科、同目、同纲或者同门中，如果存在多种不同保护级别的国家重点保护陆生野生动物的，应当参照该分类单元中相同保护级别的国家重点保护野生动物的同类制品价值标准核定；如果存在多种相同保护级别的国家重点保护陆生野生动物的，应当参照该分类单元中价值标准最低的国家重点保护陆生野生动物的同类制品价值标准核定；如果CITES 附录Ⅰ、附录Ⅱ所列陆生野生动物所处分类单元有多种国家级重点保护陆生野生动物，但保护级别不同的，应当参照该分类单元中价值最低的国家重点保护陆生野生动物的同类制品价值标准核定；如果仅有一种国家重点保护陆生野生动物的，应当参照该种重点保护陆生野生动物的同类制品价值标准核定。

三、同一案件中缴获的同一动物个体的不同部分的价值总和，不得超过该种动物个体的价值。

四、核定价值低于非法贸易实际交易价格的，以非法贸易实际交易价格认定。

五、犀牛角、象牙等野生动物制品的价值，继续依照《国家林业局关于发布破坏野生动物资源刑事案件中涉及走私的象牙及其制品价值标准的通知》（林频发〔2001〕234 号），以及《国家林业局关于发布破坏野生动物资源刑事案件中涉及犀牛角价值标准的通知》（林护发〔2002〕130 号）的规定核定。

人民法院、人民检察院、公安、海关等办案单位可以依据上述价值标准，核定破坏野生动物资源刑事案件中涉及的 CITES 附录Ⅰ、附录Ⅱ所列陆生野生动物制品的价值。核定有困难的，县级以上林业主管部门、国家濒危物种进出口管理机构或者其指定的鉴定单位应该协助。

特此通知。

最高人民法院 最高人民检察院　国家林业局　公安部 海关总署

二〇一二年九月十七日

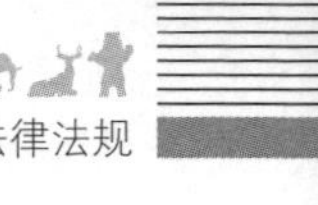

关于发布中央管理的林业系统行政事业性收费项目及标准的通知

价费字 [1992]196 号

林业部：

根据中发 [1990]16 号《中共中央、国务院关于坚决制止乱收费，乱罚款和各种摊派的决定》的精神，对中央管理的林业系统的行政事业性收费进行了重新审定，经全国治理“三乱”领导小组同意，现将有关规定通知如下：

一、野生动植进出口费，按《野生动植物进出口管理收费办法》（附件 1）执行。

二、森林植物检疫费，按《国内森林植物检疫收费办法》（附件 2）执行。

三、绿化费

无故不履行植树义务的十八岁以上适龄公民和没有完成任务的单位应当缴纳绿化费，具体收费标准由省级物价部门会同财政部门制定。绿化费的使用管理办法按财政部、全国绿化委员会、林业部《关于颁发〈全民义务植树和国营企业、事业单位造林绿化资金的使用管理办法〉的通知》（财工字〔1989〕231 号）的规定执行。

四、林地补偿费

占用林地单位应当向森林经营单位补偿实际损失。占用林地时间在一年之内的，可以适当降低补偿标准。具体补偿办法由省、自治区、直辖市人民政府制定。

五、林政管理费由地方林业局向销售木材者（单位或个人）按每立方米 3 元收取，该收费仅限于南方集体林区，其他省区对本省区内集体林农和地方国营林场生产销售的木材可参照执行。但对国有林区森工企业生产的木材，不论在产区或流通到销区市场，各级林业部门一律不得征收。

六、林区管理建设费由林区县、乡政府向销售木材者（单位或个人）按每立方米5至10元收取。但设立乡级财政并从木材经营利润中得到分成的，不应再收取此项费用。该项收入用于有关林业建设事业。收费范围仅限于南方集体林区。

七、证件费

（一）林木采伐许可证1.50元；

（二）木材运输证1.50元；

（三）植物检疫证1元；

（四）允许进出口证明书10元；

（五）种子生产许可证1.50元；

（六）种子经营许可证1.50元。

八、上述各项收费作为预算外资金管理，执行预算外资金管理的有关规定，纳入财政专户储存。收费收入要严格按照财政部门规定的开支范围使用，不得挪作他用。

九、收费单位应按规定到指定的物价部门办理收费许可证，使用财政部门统一制定的收费票据。

十、中央管理的林业系统行政事业性收费项目和标准以本通知为准，过去有关收费项目和标准的规定一律废止。

本通知自一九九二年五月二十日起执行。

附件1：野生动植物进出口管理收费办法

附件2：国内森林植物检疫收费办法（略）

国家物价局 财政部

一九九二年四月三十日

附件1：

野生动植物进出口管理收费办法

一、凡进出口野生动植物或其产品、制成品的单位或个人，必须向濒危物种进出口管理机构申请办理《允许进出口证明书》并按本办法交纳《允许进出口证明书》工本费和进出口管理费。

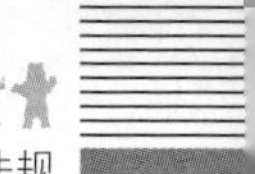

二、每核发一份《允许进出口证明书》，不论是进口、出口或者再出口，一律收取工本费10元。

三、贸易性出口，按每次允许出口的总金额（合同额）计收管理费：《濒危野生动植物种国际贸易公约》或者我国规定的一类濒危野生动植物或其产品、制成品计收7%；二类濒危野生动植物或其产品、制成品计收6%；其他允许贸易出口的野生动植物或其产品、制成品计收5%。其中人工养殖或栽培所获野生动植物或其产品、制成品，按以上收费标准分别递减1%。

四、非贸易性出口，按每次允许出口的只数、株数或件数计收管理费：《公约》或者我国规定的一类濒危野生动植物或其产品、制成品，每只、株或件计收200元；二类濒危野生动植物或其产品、制成品，每只、株或件计收100元；其他允许非贸易出口的野生动植物或其产品、制成品，每只、株或件计收50元。

五、对进口、再出口的野生动植物或其产品、制成品，暂时免收管理费。

六、对无证或不按证书规定进口、出口或再出口野生动植物或其产品、制成品的，按贸易或非贸易出口最高收费标准的2～5倍补收管理费。

关于野生动植物进出口管理费收费标准的通知

计价格[2000]1004号

国家林业局：

根据财政部、国家计委《关于调整野生动植物进出口管理费政策有关问题的通知》(财综字[2000]75号)规定，现将野生动植物进出口管理费收费标准的有关问题通知如下：

一、贸易性进口野生动植物管理费标准。对贸易性进口野生动植物产品按进口合同金额的1.5%收取；对贸易性进口含野生动植物成分的商品按进口合同金额的0.5%收取。

二、降低现行部分贸易性和非贸易性出口野生动植物管理费收费标准。

(一) 贸易性出口，按每次允许出口的总金额（合同额）计收管理费。

1. 出口《濒危野生动植物种国际贸易公约》(以下简称《公约》)附录一和国家一级保护的野生植物及其产品，由7%降为4%；出口《公约》附录二、附录三和国家二级保护的野生植物及其产品，分别由6%、5%降为3%；其它允许贸易出口的野生植物及其产品，由5%降为2%。

2. 出口人工培植《公约》附录一和国家一级保护的野生植物及其产品，由6%降为2%；出口人工培植《公约》附录二、附录三和国家二级保护的野生植物及其产品，分别由5%、2%降为1.5%；其它人工培植的贸易性出口野生植物及其产品，由4%降为1%。

3. 出口人工驯养繁殖《公约》附录一和国家一级保护的野生动物及其产品，由3.5%降为3%；出口人工驯养繁殖《公约》附录二、附录三和国家二级保护的野生动物及其产品，分别由3%、2.5%降为2%；其它人工驯养繁殖的贸易性出口野生动物及其产品，由2.5%降为1.5%。

4. 贸易性出口含野生动植物成分的商品，降为0.5%。

(二)非贸易性出口，按每次允许出口的只数、株数或件数计收管理费。

出口《公约》附录一和国家一级保护的野生植物及其产品，由200元降为30元；《公约》附录二和国家二级保护的野生植物及其产品，由

100 元降为 20 元；其它非贸易性出口的野生植物及其产品，由 50 元降为 10 元。

三、上述规定之外的贸易性和非贸易性进出口野生动植物及其产品的管理费收费标准，仍按原国家物价局、财政部《关于发布中央管理的林业系统行政事业性收费项目及标准的通知》（价费字 [1992] 196 号）的规定执行。

四、执收单位收取上述收费，应按规定到指定的价格主管部门申领收费许可证，并使用财政部统一印制的行政事业性收费票据。

五、执收单位要严格执行规定的收费标准，不得擅自提高，也不得以其他名目收取费用，并自觉接受社会监督。

六、本通知自二〇〇〇年八月一日起执行。

国家发展计划委员会　财政部

二〇〇〇年七月十九日

中华人民共和国濒危物种进出口管理办公室
关于加强野生动植物进出口管理费收费工作的通知

濒办字〔2001〕4号

国家濒管办各办事处：

为认真贯彻执行财政部和国家计委《关于调整野生动植物进出口管理费政策有关问题的通知》(财综字 [2000]75 号) 和《关于野生动植物进出口管理收费标准的通知》(计价格 [2000]1004 号) 文件精神，推动我国履约和野生动植物进出口管理工作的开展，现就有关问题要求如下：

一、进一步提高对野生动植物进出口管理费收费工作重要性的认识。新出台的野生动植物进出口管理费收费政策是我国在当前对各项收费进行清理，推行“费改税”的形势下制定的，在对进一步调节野生动植物资源进出口流向和国内外供求关系，抑制经营者对野生动植物资源的过度利用和非法国际贸易，筹集拯救、恢复、发展资源资金等方面具有重要意义。各办事处要认真贯彻今年“全国野生动植物进出口管理费收费工作会议”精神，切实加强对收费政策的学习，树立正确的收费观念，确保各项收费管理规定的贯彻落实。

二、严格按收费标准执行收费。新收费政策对原收费标准进行了结构性调整，区分了动物和植物之间，野生和人工繁殖、培植之间，动植物活体、产品和含有动植物成分的商品之间不同的收费标准。对此，各办事处工作人员要熟练掌握各项收费标准，严格按规定收取管理费，不得擅自提高或降低收费标准，更不得乱收费或不收费。对在收费过程中遇到不能确定如何掌握收费标准时，要及时向濒管办请示，不得随意自定标准收取管理费。

三、大力加强对收费管理区域内重点企业和大宗贸易物种进出口的收费管理工作。要深入调查研究，了解每个重点企业长期经营的进出口产品、进出口价格等情况，掌握大宗贸易物种的进出口价格。

四、加强对企业进出口申报价格的监督检查工作。为有效遏制虚报进出口价格，逃避进出口管理收费不正当行为的发生，各办事处要在审核、签发允许进出口证明书工作中，开展对进出口价格的跟踪核查管理工作。

五、切实实行先收费后取证制度。各办事处在核发允许进出口证明书时，必须在企业缴纳进出口管理费后才能加盖印章、发放证明书。

六、加强收费登记管理制度。根据财务管理的要求，各办事处要在允许进出口证明书打证的软件操作系统及签发的存根中，还须如实填写每批进出口产品总金额、外币汇率、收费标准、收费金额、管理费单据号，并经由财务人员审核签字，以便于核对和财务检查。从 2001 年 3 月 1 日起执行重新制定的“野生动植物允许进出口证明书存根”，“野生动植物允许进出口证明书存根”由国家濒管办统一印发。

七、严格加强对管理费退费工作的管理。对已取得允许进出口证明书但未实施进出口活动而要求退费的企业要严格加强监督管理，防止个别不法企业及个人利用允许进出口证明书在海关骗关或走私进出口。退费须在允许进出口证明书有效期截止日的 3 日前向办事处或濒管办提出申请。办事处要在 3 日内进行审核并将审核意见上报濒管办，不得延误。

八、加强对违规行为的处理。对虚报进出口价格者，一经查实，立即暂停其允许进出口申办权；对查获的无证、不按证书规定进出口者，要严格按照收费管理的有关规定进行处罚。情节严重构成犯罪的，移交司法机关依法处理，以保证野生动植物进出口活动的有序进行。

中华人民共和国濒危物种进出口管理办公室
二〇〇一年一月十一日

野生动植物进出口管理费收费标准

野生动植物进出口管理费收费项目	计价单位	标准	收费依据	备注
一、贸易性进口				
贸易性进口野生动植物产品	合同额	1.5%	计价格[2000]1004号	2000年7月19日颁布，8月1日执行
贸易性进口含野生动植物成分的商品		0.5%		
二、贸易性出口				
1. 植物部分				
《公约》附录I和国家一级保护的野生植物及其产品	合同额	4.0%	计价格[2000]1004号	
《公约》附录II、附录III和国家二级保护的野生植物及其产品		3.0%		
其它允许贸易出口的野生植物及其产品		2.0%		
出口人工培植《公约》附录I和国家一级保护的野生植物及其产品		2.0%		
出口人工培植《公约》附录II、附录III和国家二级保护的野生植物及其产品		1.5%		
其它人工培植的贸易性出口野生植物及其产品		1.0%		
贸易性出口含野生动植物成分的商品		0.5%		
2. 动物部分				
《公约》附录I和国家一级保护的野生动物及其产品	合同额	7.0%	[1992]价费字196号	1992年4月30日颁布，5月20日执行
《公约》附录II、附录III和国家二级保护的野生动物及其产品		6.0%		

（续）

野生动植物进出口管理费收费项目	计价单位	标准	收费依据	备注
其它允许贸易出口的野生动物及其产品	合同额	5.0%	[1992] 价费字 196 号	
出口人工驯养繁殖《公约》附录I和国家一级保护的野生动物及其产品		3.0%	计价格 [2000] 1004 号	
出口人工驯养繁殖《公约》附录II、附录III和国家二级保护的野生动物及其产品		2.0%		
其它人工驯养繁殖的贸易性出口野生动物及其产品		1.5%		
贸易性出口含野生动植物成分的商品		0.5%		
三、非贸易性出口				
1. 植物部分				
《公约》附录I和国家一级保护的野生植物及其产品	元/只、株、件	30	计价格 [2000] 1004 号	
《公约》附录II和国家二级保护的野生植物及其产品		20		
其它非贸易出口的野生植物及其产品		10		
2. 动物部分				
《公约》附录I和国家一级保护的野生动物及其产品	元/只、株、件	200	[1992] 价费字 196 号	
《公约》附录II和国家二级保护的野生动物及其产品		100		
其它非贸易出口的野生动物及其产品		50		

国家濒管办行政许可事项公示内容

濒管办公告2004年第2号

根据《国务院关于贯彻实施〈中华人民共和国行政许可法〉的通知》(国发[2003]23号)、《国务院办公厅关于贯彻实施行政许可法工作安排的通知》(国办发[2003]99号)和《国务院令第412号》的要求，保留的中华人民共和国濒危物种进出口管理办公室行政许可事项共两项，现将其名称、实施机关、承办机构、依据、条件、数量、程序、期限、收费标准及其依据等内容予以公告。

二〇〇四年十二月二十日

附件：

中华人民共和国濒危物种进出口管理办公室行政许可事项公示内容

第一项　野生动植物允许进出口证明书核发

一、实施机关

中华人民共和国濒危物种进出口管理办公室。

二、承办机构

中华人民共和国濒危物种进出口管理办公室及其办事处。

三、依据

(一)《中华人民共和国野生动物保护法》；

(二)《中华人民共和国森林法》；

(三)《中华人民共和国野生植物保护条例》；

（四）《濒危野生动植物种国际贸易公约》及其有关决议、决定等。

四、条件

（一）申请人资格条件

根据国家有关规定允许从事对外贸易经营活动的公民、法人或者其他组织。

（二）申请人需提交的材料

申请人根据其进出口活动的不同情形，提交以下相关材料：

1、书面申请。

2、野生动植物允许进出口证明书申请表。

3、国务院有关行政主管部门的批准文件。出口国家重点保护野生动植物种标本，以及进出口《濒危野生动植物种国际贸易公约》（以下简称《公约》）附录所列野生动植物种标本的，须提交国务院野生动植物行政主管部门或国务院的批准文件。

4、进出口合同或协议（进出口个人拥有所有权的野生动植物种标本的情况除外）：

（1）对于商业性进出口的，须提交申请人或代理人与外方签订的进出口贸易合同；属于委托代理进出口的，须提交申请人与代理人签订的进出口委托代理合同或协议。

（2）对于非商业性进出口的，须提交申请人与外方签订的协议。

5、物种成分含量表和说明书。出口含野生动植物成分的药品、食品等商品的，须提供所涉商品的成分含量表和外包装说明书。

6、海关证明材料。再出口野生动植物种标本的，须提交经海关签注的原批准进口的野生动植物允许进口证明书和加盖申请人公章（个人拥有所有权的情况除外）的原海关进口货物报关单原件。

7、境外相关证明文件：

（1）进口《公约》规定豁免的《公约》附录Ⅰ所列野生动植物种标本的，须提交出口国或地区、再出口国或地区的《公约》管理机构签发的批准出口或再出口的相关证明文件。

（2）出口《公约》附录Ⅰ所列野生动植物种标本的（豁免情形除外），或再出口《公约》附录Ⅰ所列活体野生动植物种标本的，须提交进口国或地区的《公约》管理机构签发的进口许可证复印件。

(3) 进口《公约》附录 II、附录 III 所列野生动植物标本的，须提交出口国、再出口国或地区的《公约》管理机构签发的出口许可证复印件或再出口证明书复印件、原产地证书复印件、植物检疫证明书复印件。

(4) 涉及与非《公约》缔约国间的《公约》限制进出口的野生动植物种标本的进口、出口或再出口，按《公约》规定提交有关材料。

8、需提交的其他材料。

五、数量

对野生动植物种标本的进出口，实行限额管理等措施，有限制进出口限额的，在限额数量内进行审批；未实行限额管理的，无数量限制。

六、程序

(一) 申请人向国家濒管办或其指定办事处提出申请（注：指定办事处及其许可范围另行公示）；

(二) 国家濒管办可根据需要征求国家濒危物种科学委员会意见，或与《公约》秘书处进行咨询、与进出口国《公约》管理机构对其出具的许可证或证明书进行确认等（该款程序所需时间不包括在实施许可的规定期限内）；

(三) 审查合格的，由国家濒管办或其指定办事处向申请人核发《野生动植物允许进出口证明书》；审查不合格的，由国家濒管办或其指定办事处书面通知申请人并说明理由，告知复议或者诉讼权利。

七、期限

20 个工作日内。经批准可以延长 10 个工作日。

八、收费标准和依据

(一) 标准

详见依据。

(二) 依据

1、《财政部、国家计委关于调整野生动植物进出口管理费政策有关问题的通知》（财综字 [2000]75 号）；

2、《国家计委、财政部关于野生动植物进出口管理收费标准的通知》（计价格 [2000]1004 号）；

3、《国家物价局、财政部关于发布中央管理的林业系统行政事业性收费项目及标准的通知》（[1992] 价费字 196 号）。

第二项　非进出口野生动植物种商品目录物种证明核发

一、实施机关

中华人民共和国濒危物种进出口管理办公室。

二、承办机构

中华人民共和国濒危物种进出口管理办公室及其办事处。

三、依据

（一）《国务院对确需保留的行政审批事项设定行政许可的决定》（国务院令第 412 号）；

（二）国家濒管办、海关总署《关于统一使用非〈进出口野生动植物种商品目录〉物种证明的函》（濒办字 [1999]9 号）；

（三）国家濒管办、海关总署《关于统一使用非〈进出口野生动植物种商品目录〉物种证明的通知》（濒办字 [2001]67 号）。

四、条件

（一）申请人资格条件

根据国家有关规定允许从事对外贸易经营活动的公民、法人或者其他组织。

（二）申请人需提交的材料

1、书面申请。

2、进出口合同或协议（进出口个人拥有所有权的野生动植物种标本的情况除外）。

3、省级野生动植物行政主管部门相关证明：

（1）出口人工培植所获的与《国家重点保护野生植物名录》中同名的植物种标本、“国家保护的有益的或者有重要经济、科学研究价值的陆生野生动物名录”中的野生动物种标本的，须提供省级野生动植物行政主管部门出具的物种标本合法来源证明。

（2）进口非《公约》附录陆生野生动物种标本的，须提供省级野生动物行政主管部门出具的进口目的证明。

4、海关证明文件。再出口与我国《国家重点保护野生植物名录》、《国家重点保护野生动物名录》中同名物种的标本的，需提供加盖申请人公章（个人拥有所有权的情况除外）的原海关进口货物报关单原件。

五、数量

无数量限制。

六、程序

（一）申请人向国家濒管办或其指定办事处提出申请（注：指定办事处实施许可的地理区域范围另行公示）；

（二）审查合格的，由国家濒管办或其指定办事处向申请人核发《非〈进出口野生动植物种商品目录〉物种证明》；审查不合格的，由国家濒管办或其指定办事处书面通知申请人并说明理由，告知复议或者诉讼权利。

七、期限

20个工作日内。经批准可以延长10个工作日。

八、收费标准和依据

不收取费用。

中华人民共和国濒危物种进出口管理办公室公告

2013 年第 1 号

为加强对被许可人实施野生动植物进出口行政许可事项的监督检查，规范监督检查行为，根据《中华人民共和国行政许可法》和《中华人民共和国濒危野生动植物进出口管理条例》的有关规定，我办制定了《国家濒管办允许进出口证明书行政许可被许可人监督检查办法》和《国家濒管办非〈进出口野生动植物种商品目录〉物种证明行政许可被许可人监督检查办法》，自 2013 年 3 月 1 日起施行。

特此公告。

附件 1. 国家濒管办允许进出口证明书行政许可被许可人监督检查办法

附件 2. 国家濒管办非《进出口野生动植物种商品目录》物种证明行政许可被许可人监督检查办法

二〇一三年二月十八日

附件 1

国家濒管办允许进出口证明书行政许可被许可人监督检查办法

第一条　为了加强对被许可人实施允许进出口证明书行政许可事项的监督检查，规范监督检查行为，提高监督检查效率，根据《中华人民共和国行政许可法》和《中华人民共和国濒危野生动植物进出口管理条例》的有关规定，制定本办法。

第二条　中华人民共和国濒危物种进出口管理办公室（以下简称“国家濒管办”）依法对被许可人从事允许进出口证明书所许可的濒危野生动植物及其产品进出口活动开展监督检查，适用本办法。

第三条 本办法所称允许进出口证明书，包括濒危野生动物植物种国际贸易公约允许进出口证明书（以下简称“公约允许进出口证明书”）和中华人民共和国野生动植物允许进出口证明书。

本办法所称被许可人，是指依法取得国家濒管办核发的允许进出口证明书的公民、法人或者其他组织。

第四条 对被许可人实施允许进出口证明书行政许可事项的监督检查，由国家濒管办负责，具体监督检查工作可以由其各办事处承办。

第五条 监督检查的主要内容：

（一）被许可人是否按照允许进出口证明书所规定的进出口者、口岸、物种、货物类型、数量或重量、期限和其他特殊条件从事进出口活动；

（二）来源情况是否与被许可人出口和再出口所申报来源一致；

（三）申报价格与海关报关单价格是否一致；

（四）活体野生动植物运输条件是否符合国际航空运输协会（IATA）《活体动物规则》或《易腐货物规则》的有关规定；

（五）以非商业贸易为目的进口的实际用途是否与申报一致；

（六）以观赏、展演或人工繁育为目的进口的活体濒危野生动植物的生存、死亡、繁育（培育）及调离情况；

（七）以直接经营利用为目的进口的濒危野生动植物及其产品的用途、国内销售、加工利用或再出口情况；

（八）安置进出口活体野生动物设施是否存在缺陷，可能导致对动物的伤害或造成动物的逃逸。

第六条 国家濒管办可以采取书面监督检查和实地监督检查相结合的方式，履行对被许可人实施允许进出口证明书所许可的进出口活动情况的监督责任。

书面监督检查是指采取书面核查的方法对被许可人实施允许进出口证明书所许可的进出口活动情况进行监督检查。国家濒管办可以要求被许可人在规定时间内按监督检查的内容提交实施允许进出口证明书所许可的进出口活动情况的材料和其他有关材料。

实地监督检查是指采取实地查阅材料和现场核查相结合的方法对被许可人实施允许进出口证明书所许可的进出口活动情况进行监督检查。查阅的材料包括海关报关单、海关加工贸易手册、提货单和其他反映被许可

人从事进出口活动情况的有关材料；现场核查可以先获知货物装柜、海关报关、到港提货或离港时间，到被许可人相关货场、个人收藏处、加工场点、销售场所、培植场或养殖场以及海关关区内等现场核查。

第七条　国家濒管办在向被许可人发放允许进出口证明书的同时，除个人以携带方式出口或再出口濒危野生动植物及其产品的情形外，应当书面通知被许可人在实施完成允许进出口证明书所许可的进出口活动后的30日内，将经海关签注的允许进出口证明书返还联、公约允许进口证明书正本返还给国家濒管办，同时提交加盖被许可人单位印章的海关报关单复印件，以及境外公约（再）出口许可证或证明书的正本（如系进口公约附录物种），由国家濒管办进行检查、注销、归档。

国家濒管办应当将海关签注的实际进出口物种标本数量录入到允许进出口证明书计算机管理系统中，并对海关签注内容、海关报关单复印件内容与原申报材料内容进行核对，检查许可内容与实施许可的实际情况的一致性。

对许可内容与实施许可的实际情况不一致的，国家濒管办应当予以记录，由经办人签字、负责人审核后归档，同时将监督检查情况录入数据库。如果实质性的许可内容与实施许可的实际情况不一致的，如物种、数量或重量、价格等，国家濒管办应当进行调查，并依照有关规定予以处理。

第八条　国家濒管办可以采取抽查或者指定许可事项的方式，对被许可人实施允许进出口证明书所许可的进出口活动情况进行实地监督检查。实地监督检查的频度根据实际进出口情况确定。

国家濒管办可以重点对大宗贸易物种和敏感物种的进出口活动以及濒危野生动物活体的进出口活动进行实地监督检查。

第九条　对已确定实施实地监督检查的事项，国家濒管办应当即时以书面形式通知被许可人进行实地监督检查的要求。被许可人应当至少在货物装柜、从关区提货或实施报关前三天通知国家濒管办。

第十条　对出口或再出口濒危野生动植物及其产品的，国家濒管办可以到存放拟出口或再出口濒危野生动植物及其产品的货物装柜或者发货现场进行检查，核实与相应许可内容的一致性。

对检查结果不符合许可内容的，国家濒管办应当即时向出口或再出口口岸所在地海关通报相关情况。

国家濒管办可以采取标记、缩短实地检查和报关的时间差等措施，防止被许可人更换拟出口或再出口的濒危野生动植物及其产品。

第十一条 对进口濒危野生动植物及其产品的，在被许可人履行完成通关手续后，国家濒管办应当及时对进口的濒危野生动植物及其产品进行检查，核实与相应许可内容的一致性。如系野生动物活体，还应当检查安置野生动物的笼舍条件是否与申请材料一致、饲养条件是否能够保证野生动物得到妥善的照管。

对检查结果不符合许可内容的，国家濒管办应当依照有关规定予以处理。

第十二条 国家濒管办应当积极协调当地海关，加强和海关的协作。必要时国家濒管办可以与海关联合对进出口的濒危野生动植物及其产品进行查验，核实与相应许可内容的一致性。

国家濒管办应当协助海关做好进出口濒危野生动植物及其产品的现场查验和鉴定工作。

第十三条 国家濒管办可以对本办法第五条第（五）项、第（六）项和第（七）项所列内容进行不定期的实地监督检查。

第十四条 国家濒管办根据履约工作的需要，可以对被许可人实施允许进出口证明书许可的进出口活动开展专项监督检查。

专项监督检查工作由国家濒管办统一部署安排。

第十五条 实地监督检查过程中，国家濒管办可以进行现场抽样检查反映被许可人实施允许进出口证明书所许可进出口的濒危野生动植物及其产品。必要时国家濒管办可以将样品委托有相关鉴定资质的机构进行检验。抽样检查的情况应当记录在案，并将结果反馈给被许可人。

检查抽取样品的数量不得超过合理的需要，结果确定后，需要退还的样品应当及时退还被许可人。样品需要留存的，应当征得被许可人同意。

第十六条 实地监督检查人员应当及时对监督检查的情况进行记录，签字并由负责人审核后归档；需要由被许可人在记录上签字的，交由被许可人确认后签字。被许可人有权查阅监督检查记录。监督检查记录内容主要包括：

（一）被许可人名称，监督检查地点、时间；

（二）准予许可的国务院野生动植物主管部门的行政许可决定书编号、允许进出口证明书编号和有效期；

（三）准予许可事项的实际实施情况；

（四）活体濒危野生动植物的生存、死亡、繁育（培育）及调离情况；

（五）价格情况；

（六）标记情况；

（七）抽样检查情况；

（八）其他必须记录的内容。

第十七条　国家濒管办进行实地监督检查时，不得少于2名监督检查人员。

第十八条　国家濒管办实施监督检查，不得妨碍被许可人正常的生产经营活动，不得索取或者收受被许可人的财物，不得谋取其他利益。

第十九条　被许可人应当接受并配合国家濒管办对其从事允许进出口证明书所许可的进出口活动情况的监督检查。

第二十条　公民、法人或者其他组织发现违法违规从事允许进出口证明书许可事项活动，有权向国家濒管办举报。国家濒管办可以通过公布举报电话、开设网站等形式开辟举报渠道，方便公民、法人或者其他组织的举报。

对公民、法人或者其他组织的举报，国家濒管办应当及时核实、处理。

第二十一条　被许可人以欺骗、贿赂等不正当手段取得允许进出口证明书的，国家濒管办应当予以撤销。

第二十二条　被许可人将公约禁止以商业贸易为目的进口的濒危野生动植物及其产品用于商业贸易的，国家濒管办应当依照有关规定予以处理。

第二十三条　国家濒管办应当建立对被许可人监督检查实施情况的立卷、归档、公开查阅制度，指定专人管理，并负责被许可人查阅的接待工作。归档主要包括以下材料：

（一）被许可人名称、地址；

（二）准予许可的事项；

（三）被许可人的申请、资质等有关材料；

（四）实施监督检查情况的书面记录；

（五）监督检查结果；

（六）其他相关材料。

第二十四条 国家濒管办及其办事处应当加强对被许可人允许进出口证明书档案管理的指导和培训，并建立被许可人信用评估制度。

第二十五条 本办法自 2013 年 3 月 1 日起施行，有效期至 2016 年 2 月 29 日。

附件 2

国家濒管办非《进出口野生动植物种商品目录》物种证明行政许可被许可人监督检查办法

第一条 为了加强对被许可人实施非《进出口野生动植物种商品目录》物种证明（以下简称物种证明）行政许可事项活动的监督检查，根据《中华人民共和国行政许可法》的有关规定，制定本办法。

第二条 中华人民共和国濒危物种进出口管理办公室（以下简称国家濒管办）依法对被许可人从事物种证明所许可的野生动植物及其产品进出口活动开展监督检查，适用本办法。

第三条 本办法所称被许可人，是指取得国家濒管办及其办事处核发的物种证明的公民、法人或者其他组织。

第四条 对被许可人实施物种证明行政许可事项的监督检查，由国家濒管办负责，具体监督检查工作可以由其各办事处承办。

第五条 监督检查的主要内容：

（一）被许可人是否按照物种证明所规定的进出口者、口岸、物种、货物类型、数量或重量、期限和其他特殊条件从事进出口活动；

（二）申报出口人工培植来源的与国家重点保护野生植物同名的野生植物及其产品的，是否与实际来源一致。

（三）再出口与国家重点保护野生动植物同名的野生动植物及其产品的，来源是否与实际来源一致；

（四）活体野生动物运输条件是否符合国际航空运输协会（IATA）《活

体动物规则》的有关规定；

（五）安置进出口活体野生动物设施是否存在缺陷，可能导致对动物的伤害或造成动物逃逸。

第六条　国家濒管办应当采取实地监督检查的方式，对被许可人实施物种证明所许可的进出口活动情况进行检查。

实地监督检查是指采取实地查阅材料和现场核查相结合的方法对被许可人实施物种证明所许可的进出口活动情况进行监督检查。查阅的材料包括海关报关单、采伐证、运输证和其他有关材料；现场核查可以先获知货物装柜、海关报关、到港提货或离港时间，到被许可人相关货场、加工场点、销售场所、培植场或养殖场以及海关关区内等现场核查。

第七条　国家濒管办各办事处可以采取抽查或者指定许可事项的方式，对被许可人实施物种证明所许可的进出口活动情况进行实地监督检查。实地监督检查的频度根据实际进出口情况确定。

第八条　对已确定实施实地监督检查的事项，国家濒管办应当即时以书面形式通知被许可人进行实地监督检查的要求。被许可人应当至少在货物装柜、从关区提货或实施报关前 3 天通知国家濒管办。

第九条　对出口或再出口野生动植物及其产品的，国家濒管办可以到存放拟出口或再出口野生动植物及其产品的货物装柜或者发货现场进行检查，核实与相应许可内容的一致性。

对检查结果不符合许可内容的，国家濒管办应当即时向出口或再出口口岸所在地海关通报相关情况。

国家濒管办应当采取标记、缩短实地检查和报关的时间差等措施，防止被许可人更换拟出口或再出口的野生动植物及其产品。

第十条　对进口野生动植物及其产品的，在被许可人履行完成通关手续后，国家濒管办应当及时对进口的野生动植物及其产品进行检查，核实与相应许可内容的一致性。如系野生动物活体，还应检查安置野生动物的笼舍条件是否与申请材料一致、饲养条件是否能够保证野生动物能够得到妥善的照管。

如果实施进口的实际情况与许可内容不一致且涉及到允许进出口证明书管辖的野生动植物及其产品的，国家濒管办应当依照有关规定予以处理。

第十一条 国家濒管办应当积极协调当地海关，加强和海关的协作，做好进出口野生动植物种及其产品的海关现场查验、鉴定工作。

第十二条 国家濒管办根据工作需要，可以对被许可人实施物种证明的进出口活动开展专项监督检查。

专项监督检查工作由国家濒管办统一部署安排。

第十三条 实地监督检查过程中，国家濒管办可以进行现场抽样检查反映被许可人实施物种证明所许可进出口的野生动植物及其产品。必要时国家濒管办可以将样品委托有相关鉴定资质的机构进行检验。抽样检查的结果应当记录在案，并将结果反馈给被许可人。

检查抽取样品的数量不得超过合理的需要，结果确定后，需要退还的样品应当及时退还被许可人。样品需要留存的，应当征得被许可人同意。

第十四条 实地监督检查人员应当及时对实地监督检查的情况进行记录，签字并由负责人审核后归档。被许可人有权查阅监督检查记录。监督检查记录内容主要包括：

（一）被许可人名称，监督检查地点、时间；

（二）物种证明编号和有效期；

（三）准予许可事项的实际实施情况；

（四）活体野生动植物的生存、死亡、繁育（培育）及调离情况；

（五）抽样检查情况；

（六）其他必须记录的内容。

第十五条 国家濒管办进行实地监督检查时，不得少于2名监督检查人员。

第十六条 国家濒管办实施监督检查，不得妨碍被许可人正常的生产经营活动，不得索取或者收受被许可人的财物，不得谋取其他利益。

第十七条 被许可人应当接受并配合国家濒管办对其从事物种证明所许可的进出口活动情况的监督检查。

第十八条 公民、法人或者其他组织发现违法违规从事物种证明许可事项活动，有权向国家濒管办举报。国家濒管办可以通过公布举报电话、开设网站等形式开辟举报渠道，方便公民、法人或者其他组织的举报。

对公民、法人或者其他组织的举报，国家濒管办应当及时核实、处理。

第十九条　被许可人以欺骗、贿赂等不正当手段取得物种证明的，国家濒管办应当予以撤销。

第二十条　国家濒管办应当建立对被许可人监督检查实施情况的立卷、归档、公开查阅制度，指定专人管理，并负责被许可人查阅的接待工作。归档主要包括以下材料：

（一）被许可人名称、地址；

（二）准予许可的事项；

（三）被许可人的申请、资质等有关材料；

（四）实施监督检查情况的书面记录；

（五）监督检查结果；

（六）其他相关材料。

第二十一条　国家濒管办及其办事处应当加强被许可人对物种证明档案管理的指导和培训，并建立被许可人信用评估制度。

第二十二条　本办法自二〇一三年三月一日起施行，有效期至二〇一六年二月二十九日

国家濒管办关于野生动植物允许进出口证明书管理有关问题的通知

濒办〔2000〕26号

各省（自治区、直辖市）林业、农业（农林、水产）厅（局）、国家濒管办各办事处：

为认真履行《濒危野生动植物种国际贸易公约》（以下简称《公约》），贯彻执行我国的《野生动物保护法》、《森林法》、《野生植物保护条例》等法律法规，对野生动植物及产品进出口证明书进行规范化、科学化管理，中华人民共和国濒危物种进出口管理办公室（以下简称国家濒管办）就野生动植物允许进出口证明书管理有关问题作以明确，具体通知如下：

一、允许进出口证明书管制的物种范围

（一）进口、出口、再出口或从海上引进《公约》附录所列野生动植物或其产品（以下简称野生动植物）。

（二）进口、出口、再出口或从海上引进国家重点保护野生动植物。

（三）出口野外所获国家重点保护野生植物。

（四）国务院或国家有关主管部门规定，需要办理允许进出口证明书的野生动植物。

具体管制范围见国家濒管办、海关总署制定的《进出口野生动植物种商品目录》。

二、申办允许进出口证明书者应具备的条件

申办允许进出口证明书（以下简称证书）的单位或个人，应具备以下条件：

（一）属商业性进出口的，必须具有进出口权，并在所在地省级野生动植物行政主管部门或其授权的管理机构进行过登记注册，经国家濒管办备案确认。

（二）属非商业进出口的，应具有经有关主管部门确认的从事野生动植物驯养繁殖（培植）、科学研究、文化交流、宣传教育等相应资格，以及具有合法拥有野生动植物的有关证明文件。

三、申办允许进出口证明书应提交的材料

申办证书，应提交以下相关的材料：

（一）允许进出口证明书申请表

凡申办证书的单位或个人，应提交允许进出口证明书申请表（一式两份）。表内有关内容，须逐项如实填写，不得漏项，材料要打印。

申报野生动植物的数量、重量、体积应使用标准计量单位（数量用个、只、株、支、箱、盒、瓶、粒等，重量用千克、克等，体积用 m3、升、毫升等）；对于含野生动植物成份的中成药，应注明所含监管物种的重量。

（二）国家有关主管部门批件

1、进出口《公约》附录 I 所列和国家一级保护陆生野生动物的，必须提交国务院林业行政主管部门的批准文件。

2、进出口涉及国务院农业行政主管部门主管的《公约》附录所列和国家重点保护野生动植物的，必须提交国务院农业行政主管部门的批准文件。

3、进出口其它野生动植物的，必须提交省级相应行政主管部门的批准文件。

4、进出口含有多种《公约》附录物种或国家重点保护野生动植物成份的，按上述第 1、2、3 款明确的隶属关系，分别报有关主管部门审批。

5、按国家有关规定，进出口的野生动植物须经其他部门审核或批准的（如展览、演出、拍片等），须将有关部门的批件一并提交。

（三）进出口合同或协议

1、属于商业性进出口的，必须提交进出口单位与对方签订的进出口合同（一式两份），必要时还须提供银行信用证；属于非商业性进出口的，应提交与对方签订的有关协议或其他相关说明材料。

2、无进出口权的单位及个人委托有进出口权的单位申请代理进出口的，应由有进出口权的单位提出申请，并附具双方签订的代理或委托进出口协议。

（四）来源证明

申请出口野生动植物的，应提交产地省级野生动植物行政主管部门核发的来源证明（人工培植来源野生植物除外）；对于属“《公约》前所获”的，还应注明获得时间；对于经《公约》秘书处注册的（附录Ⅰ）商业性人工繁殖（培植）基地生产的野生动植物，还应注明该基地的注册号以及出口标本的标记号。

按规定属于个人或家庭的财产，应提交有关证明文件，或提交购货发票。

（五）对方相关证明

1、进口《公约》附录Ⅰ所列物种〈不含人工繁殖（培植）所获以及《公约》规定予以豁免的标本〉，必须提交对方《公约》管理机构出具的同意出（再出）口函件，以便与外方核发的出口许可证相符。

2、进口、再出口《公约》附录Ⅱ和附录Ⅲ所列物种、人工繁殖（培植）所获《公约》附录Ⅰ所列物种以及《公约》规定予以豁免的标本，必须提交外方《公约》出口、再出口许可证或其他有关的有效文件。

3、出口《公约》附录Ⅰ所列物种标本〈不含人工繁殖（培植）所获的以及《公约》规定予以豁免的标本〉，必须先行提交对方《公约》管理机构核发的进口许可证。

4、进口非《公约》附录所列野生动物，尤其是国家重点保护野生动物，应按规定提交对方主管部门出具的产地证明书或其它能够表明对方主管部门同意其出（再出）口的证明材料。

（六）中成药成份表和外包装说明材料

申请出口含野生动植物成份的中成药、中药酒或保健品的，应提交省级以上医药主管部门批准的成份表和外包装说明材料。

（七）海关证明材料

属于来料加工性质的进出口，在办理进口或再出口证书前，应提交进口时海关核发的《中华人民共和国海关加工装配和中小型补偿贸易进出口货物登记手册》等有关材料。

四、审批和核发证书时限

（一）国家濒管办自收到申请材料之日起，在三十天内作出批复。

（二）有关授权办事处在接到国家濒管办批文后，在五个工作日内为申请者核发证书。

（三）对于国家濒管办已授权有关办事处直接办证的物种的申请，有关授权办事处在接到申请后，在五个工作日内为申请者核发证书。

五、允许进出口证明书的管理

（一）证书由国家濒管办统一制作，统一管理。

（二）证书有效期根据贸易性质及实际贸易情况确定，有效期原则上最长不超过 180 天，具体按国家濒管办批准文件规定的日期核发。

（三）证书禁止重复使用，禁止超出允许进出口证明书栏目界定的范围进口、出口或再出口野生动植物。

（四）证书一般不予变更。在特殊情况下，证书有效期、进出口口岸允许变更一次，允许将一份证书在规定的种类、数量范围内拆分成多份。上述变更，须在证书有效期内将原证书退回发证的濒管办办事处，由发证的办事处报经国家濒管办同意后，再核发新的证书。所有变更证书应另行编号。其它的变更均应重新申报。

（五）遗失证书的不予补发。损坏证书的，一般不补发；对确需补发的，应退回损坏证书并向发证的办事处提出书面申请，说明有关理由，由发证办事处审核后报国家濒管办批准。补发的证书应另行编号，并在特殊条件一栏内注明原证书证号及补发原因。

（六）经营者在实施进出口后，应在一个月内将经海关签注的副本，返还给发证机关（濒管办或授权办事处）备案，由发证机关存档和复核，并在年度报告中如实反映实际进出口的数量、种类。

未使用的证书（包括过期未用的），必须退回发证办事处。由发证机关注销、存档、签注作废，并在《年度报告》中如实反映有关情况。

（七）有下列情况的，不予核发证书：

1、申报材料不全、不实；

2、非法获得的野生动植物或其产品；

3、进出口的野生动植物种可能对本物种或者相关物种野生种群造成

危害；

4、进出口活体野生动植物的装运条件不符合CITES《活体野生动植物装运准备及运输规则》或IATA《动物运输指南》的有关规定；

5、未返还海关已签注的证书副本；

6、涉嫌非法进出口野生动植物问题正在被查处；

7、申请者已被停止核发证书的。

本通知有关要求自二〇〇一年一月一日起执行。

二〇〇〇年十二月七日

国家濒管办关于规范和简化允许进出口证明书管理有关事项的通知

濒办字 [2014]73 号

国家濒管办各办事处：

近年来，我办进一步深化行政审批制度改革，加大了简政放权的力度，提高了行政许可工作效率。2014 年 2 月 9 日，国家林业局和海关总署联合发布了《野生动植物进出口证书管理办法》（国家林业局、海关总署第 34 号令，以下简称《管理办法》），明确了有关允许进出口证明书的申请、受理、审查、决定等相关程序。为进一步推进《管理办法》的实施，适应新形势新要求，我办对核发允许进出口证明书工作进一步做出规范和简化。现将有关事项通知如下：

一、允许进出口证明书有效期的设定

（一）允许进出口证明书的有效期应不超过自签发之日起 180 日；

（二）允许进口证明书的有效期原则上应不超过其对应的境外国家或地区的出口许可证或再出口证明书的有效期截止日；

（三）货物在境外国家或地区的出口许可证或再出口证明书的有效期内尚未离港，在签发允许进口证明书时境外国家或地区的出口许可证或再出口证明书的有效期已不足 5 日的，其有效期按自签发之日起 5 日计；

（四）货物在境外国家或地区的出口许可证或再出口证明书的有效期内已经离港，提交允许进口证明书的行政许可申请时境外证书已过期的，如经调查核实，省级野生动植物主管部门签署意见之日，申请人所持的境外允许出口证明材料尚为有效，可予以受理，经审核无误后可准予行政许可，核发允许进口证明书的有效期为自核发证书之日起 30 日；如被许可人提出有效期延续申请的，办事处应对申请有效期延续的事由进行严格审查，如未在允许进口证明书的有效期内完成进口的后果确系非因被许可人的过错或过失造成，方可实施延续，延续后的允许进口证明书的有效期为自核发证书之日起30日；

（五）持国务院农业（渔业）主管部门的行政许可文件申请的，允许进出口证明书的有效期应不超过国务院农业（渔业）主管部门的行政许可文件的有效期截止日；

（六）持我办《野生动植物允许进出口证明书核发通知单》（以下简称“通知单”）申请的，允许进出口证明书的有效期应不超过“通知单”所明确的有效期截止日。

二、允许进出口证明书有效期的延续

（一）申请延续允许进出口证明书有效期的，应当在允许进出口证明书有效期届满15日前向原签发允许进出口证明书的办事处提出，由办事处做出相应的行政许可决定；

（二）允许进出口证明书最多可允许延续有效期两次；

（三）延续后的允许进出口证明书的有效期最长不得超过自“通知单”核发之日起18个月；

（四）各办事处应按照本通知第一条、第二条第（一）、（二）、（三）款和第四条的要求实施允许进出口证明书有效期的延续；

（五）对凭“通知单”核发的允许进出口证明书并直接由办事处办理有效期延续的，各办事处应当在允许进出口证明书签发之日起两周内将有效期延续的事实和所依据的境外出口许可证或证明书复印件报我办备案。

三、允许进出口证明书的变更

（一）被许可人需要对允许进出口证明书上记载的内容进行变更的，应当在允许进出口证明书有效期届满前向原签发允许进出口证明书的办事处提出，由办事处做出相应的行政许可决定；

（二）申请变更允许进出口证明书的内容已在国务院林业、农业（渔业）主管部门行政许可决定或境外证书中做出限定的，应当事先经原主管部门或境外管理机构做出变更；

（三）属于由办事处直接受理和核发允许进出口证明书范围的，办事处可直接办理或依据原主管部门变更后的行政许可决定或境外机构变更的证书办理允许进出口证明书变更手续；

（四）对“通知单”限定事项的变更，按以下规定办理：

1、对附录Ⅰ动物物种，除来源代码为“D”的标本外，“通知单”限定的所有事项的变更，均应由办事处向我办提出书面申请，经我办书面同意后，方可实施变更；

2、对本款第1项范围之外的物种，境内口岸、价格、计量单位、不涉及被许可人变化的代理人或委托人的变更，各办事处可按本通知第三条第（二）款的规定直接进行变更，并应在证书签发之日起两周内将变更的事实和依据书面报我办备案；对其它事项的变更，需由办事处向我办提出书面申请，经我办书面同意后，办事处方可实施变更；

（五）对“通知单”未作限定的事项，由办事处直接办理变更手续。

四、有关工作要求

（一）境外国家或地区许可证或证明书的核实确认工作由我办进行。对于应提交境外国家或地区的许可证或证明书申办允许进出口证明书及办理允许进出口证明书有效期延续或变更的，办事处应当对申请所依据的境外证书进行严格审查并进行登记，防止境外证书被不当重复使用；对于存疑的或按照相关规定应当就许可证或证明书的真实性和有效性对外确认的，办事处应当报我办统一对外实施证书确认工作，并按规定向申请人出具相关行政许可受理通知书，告知申请人确认证书所需时间不计算在实施行政许可的时限内。经我办确认无误后，办事处方可核发允许进出口证明书或实施允许进出口证明书有效期的延续、变更；

（二）办理允许进出口证明书有效期的延续或变更的，被许可人应当将原允许进出口证明书原件交回发证办事处。办事处应当在原证书上加盖注销章，在证明书核发系统中将原证书标记作废，对换发后的允许进出口证明书另行编号，并在“特殊条件”一栏内注明原允许进出口证明书编号。

核发允许进出口证明书是履约管理工作的重要内容，各办事处要高度重视。要认真学习《公约》及国家相关法规，熟悉和掌握有关证书核发与管理的各项要求。要规范允许进出口证明书核发程序及内部运行机制，努力做到及时、规范、有序，特别是对核发证明书相关档案材料做好归档和管理。对工作中遇到的新情况、新问题，应结合实际做出应对和处置，并及时反映给我办。

本通知自二〇一四年九月一日起施行。《国家濒管办关于依法规范〈允许进出口证明书〉行政许可工作的通知》（濒办字〔2007〕30号）同日废止。以往规定与本通知内容不一致的，以本通知为准。

二〇一四年八月四日

野生动植物进出口证书管理办法

国家林业局　海关总署令

第一章　总　则

第一条　为了规范野生动植物进出口证书管理，根据《中华人民共和国濒危野生动植物进出口管理条例》、《国务院对确需保留的行政审批项目设定行政许可的决定》及《濒危野生动植物种国际贸易公约》（以下简称公约）等规定，制定本办法。

第二条　通过货运、邮递、快件和旅客携带等方式进出口野生动植物及其产品的，适用本办法的规定。

第三条　依法进出口野生动植物及其产品的，实行野生动植物进出口证书管理。

野生动植物进出口证书包括允许进出口证明书和物种证明。

进出口列入《进出口野生动植物种商品目录》（以下简称商品目录）中公约限制进出口的濒危野生动植物及其产品、出口列入商品目录中国家重点保护的野生动植物及其产品的，实行允许进出口证明书管理。

进出口列入前款商品目录中的其他野生动植物及其产品的，实行物种证明管理。

商品目录由中华人民共和国濒危物种进出口管理办公室（以下简称国家濒管办）和海关总署共同制定、调整并公布。

第四条　允许进出口证明书和物种证明由国家濒管办核发；国家濒管办办事处代表国家濒管办核发允许进出口证明书和物种证明。

国家濒管办办事处核发允许进出口证明书和物种证明的管辖区域由国家濒管办确定并予以公布。

允许进出口证明书和物种证明由国家濒管办组织统一印制。

第五条　国家濒管办及其办事处依法对被许可人使用允许进出口证明书和物种证明进出口野生动植物及其产品的情况进行监督检查。

第六条　禁止进出口列入国家《禁止进出口货物目录》的野生动植

物及其产品。

第二章　允许进出口证明书核发

第一节　申　请

第七条　申请核发允许进出口证明书的，申请人应当根据申请的内容和国家濒管办公布的管辖区域向国家濒管办或者其办事处提出申请。

第八条　申请核发允许进出口证明书的，申请人应当提交下列材料：

（一）允许进出口证明书申请表。申请人为单位的，应当加盖本单位印章；申请人为个人的，应当有本人签字或者印章。

（二）国务院野生动植物主管部门的进出口批准文件。

（三）进出口合同。但是以非商业贸易为目的个人所有的野生动植物及其产品进出口的除外。

（四）身份证明材料。申请人为单位的，应当提交营业执照复印件或者其他身份证明；申请人为个人的，应当提交身份证件复印件。

（五）进出口含野生动植物成份的药品、食品等产品的，应当提交物种成份含量表和产品说明书。

（六）出口野生动植物及其产品的，应当提交证明野外或者人工繁育等来源类型的材料。

（七）国家濒管办公示的其他应当提交的材料。

第九条　申请进出口公约附录所列的野生动植物及其产品的，申请人还应当提交下列材料：

（一）进口公约附录所列野生动植物及其产品的，应当提交境外公约管理机构核发的允许出口证明材料。公约规定由进口国先出具允许进口证明材料的除外。

（二）进出口活体野生动物的，应当提交证明符合公约规定的装运条件的材料。其中，进口公约附录Ⅰ所列活体野生动物的，还应当提交接受者在笼舍安置、照管等方面的文字和图片材料。

（三）出口公约附录Ⅰ所列野生动植物及其产品，或者进口后再出口公约附录Ⅰ所列活体野生动植物的，应当提交境外公约管理机构核发的允许进口证明材料。公约规定由出口国先出具允许出口证明材料的除外。

与非公约缔约国之间进行野生动植物及其产品进出口的，申请人提交的证明材料应当是在公约秘书处注册的机构核发的允许进出口证明材料。

第十条　进口后再出口野生动植物及其产品的，应当提交经海关签注的允许进出口证明书复印件和海关进口货物报关单复印件。进口野生动植物原料加工后再出口的，还应当提交相关生产加工的转换计划及说明；以加工贸易方式进口后再出口野生动植物及其产品的，提交海关核发的加工贸易手册复印件或者电子化手册、电子账册相关内容（表头及相关表体部分）打印件。

以加工贸易方式进口野生动植物及其产品的，应当提交海关核发的加工贸易手册复印件或者电子化手册、电子账册相关内容（表头及相关表体部分）打印件。

第十一条　申请人委托代理人代为申请的，应当提交代理人身份证明和委托代理合同；申请商业性进出口的，还应当提交申请人或者代理人允许从事对外贸易经营活动的资质证明。

第二节　审查与决定

第十二条　国家濒管办及其办事处在收到核发允许进出口证明书的申请后，对申请材料齐全、符合法定形式的，应当出具受理通知书；对申请材料不齐或者不符合法定形式的，应当出具补正材料通知书，并一次性告知申请人需要补正的全部内容。对依法应当不予受理的，应当告知申请人并说明理由，出具不予受理通知书。

第十三条　国家濒管办及其办事处核发允许进出口证明书，需要咨询国家濒危物种进出口科学机构意见的、需要向境外相关机构核实允许进出口证明材料的，或者需要对出口的野生动植物及其产品进行实地核查的，应当在出具受理通知书时，告知申请人。

咨询意见、核实允许进出口证明材料和实地核查所需时间不计入核发允许进出口证明书工作日之内。

第十四条　有下列情形之一的，国家濒管办及其办事处不予核发允许进出口证明书：

（一）申请内容不符合《中华人民共和国濒危野生动植物进出口管理条例》或者公约规定的。

（二）申请内容与国务院野生动植物主管部门的进出口批准文件不符的。

（三）经国家濒危物种进出口科学机构认定可能对本物种或者其他相关物种野外种群的生存造成危害的。

（四）因申请人的原因，致使核发机关无法进行实地核查的。

（五）提供虚假申请材料的。

第十五条 国家濒管办及其办事处自收到申请之日起二十个工作日内，对准予行政许可的，应当核发允许进出口证明书；对不予行政许可的，应当作出不予行政许可的书面决定，并说明理由，同时告知申请人享有的权利。

国家濒管办及其办事处作出的不予行政许可的书面决定应当抄送国务院野生动植物主管部门。

在法定期限内不能作出决定的，经国家濒管办负责人批准，可以延长十个工作日，并将延长期限的理由告知申请人。

第十六条 对准予核发允许进出口证明书的，申请人在领取允许进出口证明书时，应当按照国家规定缴纳野生动植物进出口管理费。

第十七条 允许进出口证明书的有效期不得超过 180 天。

第十八条 被许可人需要对允许进出口证明书上记载的进出口口岸、境外收发货人进行变更的，应当在允许进出口证明书有效期届满前向原发证机关提出书面变更申请。

被许可人需要延续允许进出口证明书有效期的，应当在允许进出口证明书有效期届满十五日前向原发证机关提出书面延期申请。

原发证机关应当根据申请，在允许进出口证明书有效期届满前作出是否准予变更或者延期的决定。

第十九条 允许进出口证明书损坏的，被许可人可以在允许进出口证明书有效期届满前向原发证机关提出补发的书面申请并说明理由，同时将已损坏的允许进出口证明书交回原发证机关。

原发证机关应当根据申请，在允许进出口证明书有效期届满前作出是否准予补发的决定。

第二十条 进出口野生动植物及其产品的，被许可人应当在自海关放行之日起三十日内，将海关验讫的允许进出口证明书副本和海关进出口

货物报关单复印件交回原发证机关。进口野生动植物及其产品的，还应当同时交回境外公约管理机构核发的允许出口证明材料正本。

未实施进出口野生动植物及其产品活动的，被许可人应当在允许进出口证明书有效期届满后三十日内将允许进出口证明书退回原发证机关。

第二十一条　有下列情形之一的，国家濒管办及其办事处应当注销允许进出口证明书：

（一）允许进出口证明书依法被撤回、撤销的。

（二）允许进出口证明书有效期届满未延续的。

（三）被许可人死亡或者依法终止的。

（四）因公约或者法律法规调整致使允许进出口证明书许可事项不能实施的。

（五）因不可抗力致使允许进出口证明书许可事项无法实施的。

第二十二条　允许进出口证明书被注销的，申请人不得继续使用该允许进出口证明书从事进出口活动，并应当及时将允许进出口证明书交回原发证机关。

第三章　物种证明核发

第一节　申　请

第二十三条　申请核发物种证明的，申请人应当根据申请的内容和国家濒管办公布的管辖区域向国家濒管办或者其办事处提出申请。

第二十四条　申请核发物种证明的，申请人应当提交下列材料：

（一）物种证明申请表。申请人为单位的，应当加盖本单位印章；申请人为个人的，应当有本人签字或者加盖印章。

（二）进出口合同。但是以非商业贸易为目的个人所有的野生动植物及其产品进出口的除外。

（三）身份证明材料。申请人为单位的，应当提交营业执照复印件或者其他身份证明；申请人为个人的，应当提交身份证件复印件。

（四）进出口含野生动植物成份的药品、食品等产品的，应当提交物种成份含量表和产品说明书。

（五）出口野生动植物及其产品的，应当提交合法来源证明材料。

（六）进口野生动植物及其产品的，应当提交境外相关机构核发的原产地证明、植物检疫证明或者提货单等能够证明进口野生动植物及其产品真实性的材料。

（七）进口的活体野生动物属于外来陆生野生动物的，应当提交国务院陆生野生动物主管部门同意引进的批准文件。

（八）进口后再出口野生动植物及其产品的，应当提交加盖申请人印章并经海关签注的物种证明复印件或者海关进口货物报关单复印件。

（九）国家濒管办公示的其他应当提交的材料。

第二十五条 申请人委托代理人代为申请的，应当提交代理人身份证明和委托代理合同；申请商业性进出口的，还应当提交申请人或者代理人允许从事对外贸易经营活动的资质证明。

第二节 审查与决定

第二十六条 国家濒管办及其办事处在收到核发物种证明的申请后，对申请材料齐全、符合法定形式的，应当出具受理通知书；对申请材料不齐或者不符合法定形式的，应当出具补正材料通知书，并一次性告知申请人需要补正的全部内容。对依法应当不予受理的，应当告知申请人并说明理由，出具不予受理通知书。

第二十七条 有下列情形之一的，国家濒管办及其办事处不予核发物种证明：

（一）不能证明其来源合法的。

（二）提供虚假申请材料的。

第二十八条 国家濒管办及其办事处自收到申请之日起二十个工作日内，对准予行政许可的，应当核发物种证明；对不予行政许可的，应当作出不予行政许可的书面决定，并说明理由，同时告知申请人享有的权利。

在法定期限内不能作出决定的，经国家濒管办负责人批准，可以延长十个工作日，并将延长期限的理由告知申请人。

第二十九条 物种证明分为一次使用和多次使用两种。

第三十条 对于同一物种、同一货物类型并在同一报关口岸多次进出口野生动植物及其产品的，申请人可以向国家濒管办指定的办事处申请

核发多次使用物种证明；但属于下列情形的，不得申请核发多次使用物种证明：

（一）出口国家保护的有益的或者有重要经济、科学研究价值的陆生野生动物及其产品的。

（二）进口或者进口后再出口与国家保护的有益的或者有重要经济、科学研究价值的陆生野生动物同名的陆生野生动物及其产品的。

（三）出口与国家重点保护野生植物同名的人工培植来源的野生植物及其产品的。

（四）进口或者进口后再出口与国家重点保护野生动植物同名的野生动植物及其产品的。

（五）进口或者进口后再出口非原产我国的活体陆生野生动物的。

（六）国家濒管办公示的其他情形。

第三十一条　一次使用的物种证明有效期不得超过 180 天。多次使用的物种证明有效期不得超过 360 天。

第三十二条　被许可人需要对物种证明上记载的进出口口岸、境外收发货人进行变更的，应当在物种证明有效期届满前向原发证机关提出书面变更申请。

被许可人需要延续物种证明有效期的，应当在物种证明有效期届满十五日前向原发证机关提出书面延期申请。

原发证机关应当根据申请，在物种证明有效期届满前作出是否准予变更或者延期的决定。

第三十三条　物种证明损坏的，被许可人可以在物种证明有效期届满前向原发证机构提出补发的书面申请并说明理由，同时将已损坏的物种证明交回原发证机关。

原发证机关应当根据申请，在物种证明有效期届满前作出是否准予补发的决定。

第四章　进出境监管

第三十四条　进出口商品目录中的野生动植物及其产品的，应当向海关主动申报并同时提交允许进出口证明书或者物种证明，并按照允许进出口证明书或者物种证明规定的种类、数量、口岸、期限完成进出口活动。

第三十五条 进出口商品目录中的野生动植物及其产品的，其申报内容与允许进出口证明书或者物种证明中记载的事项不符的，由海关依法予以处理。但申报进出口的数量未超过允许进出口证明书或者物种证明规定，且其他申报事项一致的除外。

第三十六条 公约附录所列野生动植物及其产品需要过境、转运、通运的，不需申请核发野生动植物进出口证书。

第三十七条 对下列事项有疑义的，货物进、出境所在地直属海关可以征求国家濒管办或者其办事处的意见：

（一）允许进出口证明书或者物种证明的真实性、有效性。

（二）境外公约管理机构核发的允许进出口证明材料的真实性、有效性。

（三）野生动植物物种的种类、数量。

（四）进出境货物或者物品是否为濒危野生动植物及其产品或者是否含有濒危野生动植物种成份。

（五）海关质疑的其他情况。

国家濒管办或者其办事处应当及时回复意见。

第三十八条 海关在允许进出口证明书和物种证明中记载进出口野生动植物及其产品的数量，并在办结海关手续后，将允许进出口证明书副本返还持证者。

第三十九条 在境外与保税区、出口加工区等海关特殊监管区域、保税监管场所之间进出野生动植物及其产品的，申请人应当向海关交验允许进出口证明书或者物种证明。

在境内与保税区、出口加工区等海关特殊监管区域、保税监管场所之间进出野生动植物及其产品的，或者在上述海关特殊监管区域、保税监管场所之间进出野生动植物及其产品的，无须办理允许进出口证明书或者物种证明。

第五章 附 则

第四十条 本办法所称允许进出口证明书包括濒危野生动植物种国际贸易公约允许进出口证明书和中华人民共和国野生动植物允许进出口证

明书。

本办法所称物种证明是指非进出口野生动植物种商品目录物种证明。

第四十一条　从不属于任何国家管辖的海域获得的野生动植物及其产品，进入中国领域的，参照本办法对进口野生动植物及其产品的有关规定管理。

第四十二条　本办法关于期限没有特别规定的，适用行政许可法有关期限的规定。

第四十三条　本办法由国家林业局、海关总署共同解释。

第四十四条　本办法自二〇一四年五月一日起实施。

申办《允许进出口证明书》指南

一、证明书的核发范围：

(一) 出口国务院陆生野生动物行政主管部门公布的允许商业性驯养繁殖技术成熟的陆生野生动物种标本；

(二) 出口业经陆生野生动物行政主管部门标记的陆生野生动物种标本；

(三) 进口、再出口属加工贸易方式的野生动物种标本；

(四) 进出口个人拥有所有权的野生动植物种标本；

(五) 再出口野生动物种标本；

(六) 其它可直接核发的野生动植物种标本。

二、申请办理允许进出口证明书的，须提交以下材料：

(一) 允许进出口证明书申请表。申请人为单位的，应当加盖本单位印章；申请人为个人的，应当有本人签字或者印章。

(二) 国务院野生动植物主管部门的进出口批准文件。

(三) 进出口合同。但是以非商业贸易为目的的个人所有的野生动植物及其产品进出口的除外。

(四) 身份证明材料。申请人为单位的，应当提交营业执照复印件或者其他身份证明；申请人为个人的，应当提交身份证件复印件。申请人委托代理人代为申请的，应当提交代理人身份证明和委托代理合同；申请商业性进出口的，还应当提交申请人或者代理人允许从事对外贸易经营活动的资质证明。

（五）进出口含野生动植物成份的药品、食品等产品的，应当提交物种成份含量表和产品说明书。

（六）出口野生动植物及其产品的，应当提交证明野外或者人工繁育等来源类型的材料。

（七）国家濒管办公示的其他应当提交的材料。

（八）当申请人申请进出口公约附录所列的野生动植物及其产品的，申请人还应当提交下列材料：

1、进口公约附录所列野生动植物及其产品的，应当提交境外公约管理机构核发的允许出口证明材料。公约规定由进口国先出具允许进口证明材料的除外。

2、进出口活体野生动物的，应当提交证明符合公约规定的装运条件的材料。其中，进口公约附录I所列活体野生动物的，还应当提交接受者在笼舍安置、照管等方面的文字和图片材料。

3、出口公约附录I所列野生动植物及其产品，或者进口后再出口公约附录I所列活体野生动植物的，应当提交境外公约管理机构核发的允许进口证明材料。公约规定由出口国先出具允许出口证明材料的除外。

4、与非公约缔约国之间进行野生动植物及其产品进出口的，申请人提交的证明材料应当是在公约秘书处注册的机构核发的允许进出口证明材料。

（九）进口后再出口野生动植物及其产品的，应当提交经海关签注的允许进出口证明书复印件和海关进口货物报关单复印件。进口野生动植物原料加工后再出口的，还应当提交相关生产加工的转换计划及说明；以加工贸易方式进口后再出口野生动植物及其产品的，提交海关核发的加工贸易手册复印件或者电子化手册、电子账册相关内容(表头及相关表体部分)打印件。

（十）以加工贸易方式进口野生动植物及其产品的，应当提交海关核发的加工贸易手册复印件或者电子化手册、电子账册相关内容（表头及相关表体部分）打印件。

三、办理程序：

（一）一般申报程序；

申请人→省级主管部门（林业、农业）→国家级主管部门（林业、农业）→国家濒管办→办事处核发证书

（二）特殊申报程序（简化程序）

申请人→省级主管部门（林业、农业）→国家级主管部门（林业、农业）→办事处核发证书

特殊程序适用于国家濒管办已授权成都办事处直接核发允许证明书的申请范围。

申办非《进出口野生动植物种商品目录》物种证明指南

一、物种证明的适用范围：

进口、出口、再出口或从海上引进不属于《进出口野生动植物种商品目录》所列的野生动植物种标本的，可申请办理《非〈进出口野生动植物种商品目录〉物种证明》（以下简称《物种证明》）。

二、申请办理物种证明书的，须提交以下材料：

（一）物种证明申请表。申请人为单位的，应当加盖本单位印章；申请人为个人的，应当有本人签字或者加盖印章。

（二）进出口合同。但是以非商业贸易为目的个人所有的野生动植物及其产品进出口的除外。

（三）身份证明材料。申请人为单位的，应当提交营业执照复印件或者其他身份证明；申请人为个人的，应当提交身份证件复印件。

（四）进出口含野生动植物成份的药品、食品等产品的，应当提交物种成份含量表和产品说明书。

（五）出口野生动植物及其产品的，应当提交合法来源证明材料。

（六）进口野生动植物及其产品的，应当提交境外相关机构核发的原产地证明、植物检疫证明或者提货单等能够证明进口野生动植物及其产品真实性的材料。

（七）进口的活体野生动物属于外来陆生野生动物的，应当提交国务院陆生野生动物主管部门同意引进的批准文件。

（八）进口后再出口野生动植物及其产品的，应当提交加盖申请人印章并经海关签注的物种证明复印件或者海关进口货物报关单复印件。

（九）国家濒管办公示的其他应当提交的材料。

三、办理程序：

申请人持上述有关材料到办事处直接办理。

办事指南

一、国家濒管办机构设置

我国 CITES 管理机构的全称是"中华人民共和国濒危物种进出口管理办公室"，简称国家濒管办。

国家濒管办在全国设有蒙古自治区、长春、黑龙江、福州、云南、贵州、武汉、合肥、广州、西安、乌鲁木齐、上海、北京及成都办事处。

（一）国家濒管办

地址：北京市东城区和平里东街 18 号（国家林业局内）

邮编：100714

电话：010-84238896（受理送达室）
010-84239001（动物处）
010-84239010（植物处）
010-84239004（执法处）

传真：010-84238897（受理送达室）
010-64214180（动物处）
010-64299515（植物处）
010-84238894（执法处）

网址：http://www.cites.gov.cn

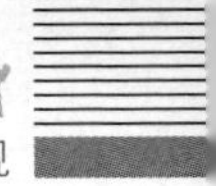

二、野生动植物进出口管理费收费管理

进出口管理费交纳采用银行代收的方式，申请人在取证前直接向银行账号交纳，办事处不收取现金。银行账号信息详见办事处通知。

第六十九届联合国大会会议决议

强调必须把保护野生动植物纳入为实现消除贫穷、粮食安全、可持续发展，包括生物多样性的养护和可持续使用、经济增长、社会福祉和可持续生计而采取的综合举措；

再次呼吁采取统一的综合举措实现可持续发展，以此引导人类与自然和谐共处，引领为恢复地球生态系统的健康和完整所做的努力；

表示关切在一些情况下受保护野生动植物物种的非法贩运是跨国有组织犯罪的一种日益复杂的表现形式，回顾 2012 年 7 月 26 日经济及社会理事会第 2012/19 号决议，其中理事会确认有组织犯罪已发展成多种形式，对各国的健康 及安保、安全、善治和可持续发展构成威胁，因此着重指出必须加强国际合作、能力建设、刑事司法对策和执法行动，对这种犯罪予以打击；

确认《濒危野生动植物种国际贸易公约》[①]所提供的法律框架及发挥的重要 作用，这一国际协定涉及贸易、环境与发展之间的相互关系，促进生物多样性的 维护和可持续利用，为当地人民带来实实在在的利益，并确保凡是进入国际贸易 的任何物种都不是濒临灭绝的物种；

又确认《养护野生动物移栖物种公约》[②]、《生物多样性公约》[③]、《保护世界文化和自然遗产公约》[④]和《关于具有国际意义的湿地，特别是作为水禽栖所的湿地公约》[⑤]等其他多边环境协定十分重要；

回顾 2013 年 7 月 25 日经济及社会理事会关于采取预防犯罪和刑事司法行动打击受保护野生动植物种非法贩运的第 2013/40 号决议，理事会在该决议中鼓励会员国把有组织犯罪团伙参与的受保护野生动植物种非法贩运定为严重犯罪；

---

① 联合国，《条约汇编》，第 993 卷，第 14537 号。

② 同上，第 1651 卷，第 28395 号。

③ 同上，第 1760 卷，第 30619 号。

④ 同上，第 1037 卷，第 15511 号。

⑤ 同上，第 996 卷，第 14583 号。

又回顾2011年7月28日经济及社会理事会关于采取预防犯罪和刑事司法行 动打击濒危野生动植物种非法贩运的第2011/36号决议；

重申《联合国打击跨国有组织犯罪公约》[⑥]是一项有力的工具，是国际合作打击濒危野生动植物种非法贩运法律框架的重要组成部分；

确认由《濒危野生动植物种国际贸易公约》[⑦]秘书处、国际刑事警察组织、联合国毒品和犯罪问题办公室、世界银行和世界海关组织组成的国际打击野生生物犯罪联盟协作开展的重要工作，其中包括向会员国提供技术援助；

欣见联合国环境规划署联合国环境大会2014年6月27日关于野生动植物非法贸易的第1/3号决议[⑧]，环境大会在该决议中呼吁大会第六十九届会议审议野 生动植物非法贸易问题；

又欣见会员国、政府间组织和非政府组织之间的努力与合作，以及联合国机 构和其他实体防止和打击野生动植物非法贸易的活动，在这方面注意到2013年《巴黎宣言》、2015年《卡萨内声明》、2014年《伦敦宣言》和2015年《布拉柴维尔宣言》；

回顾其2013年12月20日第68/205号决议，大会在该决议中宣布把3月3日，即《濒危野生动植物种国际贸易公约》通过之日，定为世界野生动植物日，欣见2014年和2015年举办了这一纪念日活动，以赞美世界野生动植物并提高对世界野生动植物的认识；

注意到2015年4月12日至19日在多哈举行的第十三届联合国预防犯罪和刑事司法大会通过的《关于将预防犯罪和刑事司法纳入更广泛的联合国议程以应对社会和经济挑战并促进国内和国际法治及公众参与的多哈宣言》；

又注意到联合国森林论坛第十一届会议通过的联合国森林论坛第十一届会 议高级别部分关于“我们希望的森林：2015年后”国际安排的部长宣言和关于2015年后国际森林安排的决议；

1. 重申联合国可持续发展大会题为“我们希望的未来”的成果文件[⑨]，

---

⑥ 联合国，《条约汇编》，第2225卷，第39574号。

⑦ 同上，第2349卷，第42146号。

⑧ 见联合国环境规划署，UNEP/EA.1/10号文件，附件一。

⑨ 第66/288号决议，附件。

其 中认识到非法贩运野生动植物所带来的经济、社会和环境影响，必须对供需双方 采取坚定有力的行动，并在这方面强调相关多边环境协定和国际组织之间有效开 展国际合作的重要性；

2. 鼓励会员国采取有效措施，防止和制止影响环境的严重犯罪问题，如非法贩运野生动植物和野生动植物产品，包括受《濒危野生动植物种国际贸易 公约》保护的动植物，以及偷猎；

3. 敦促会员国根据本国法律和国际法在国家一级采取果断措施，从供需两 个方面防止、打击、消除野生动植物非法贸易，包括加强防止、调查和起诉这种 非法贸易的必要立法，加强执法和刑事司法对策，同时确认在这方面国际打击野 生生物犯罪联盟可以提供有价值的技术援助；

4. 呼吁会员国按照本国法律和《联合国打击跨国有组织犯罪公约》第 2 条 (b) 款的规定，把有组织犯罪团伙参与的受保护野生动植物种的非法贩运定为严重犯罪；

5. 又呼吁会员国酌情审查国家法律并进行必要修订，把与野生动植物非法 贸易有关的犯罪作为《联合国打击跨国有组织犯罪》为国内洗钱罪目的而界定的；

6. 鼓励会员国协调司法、法律和行政规章，支持就野生动植物非法贸易交 换证据和提起刑事诉讼，并按照本国法律在国家一级建立跨机构野生动植物犯罪 问题工作队；

7. 敦促会员国积极参与，提高对非法野生动植物产品供应、过境和需求方 面问题和风险的认识并加以处理，利用定向明确的战略减少需求，以影响消费者 的行为；

8. 大力鼓励会员国通过双边合作等举措支持受野生动植物非法贩运及其 不利影响之害的社区发展可持续和替代性生计，促使野生动植物生境内外的社区 全面参与，成为养护和可持续利用的积极伙伴，增强这些社区成员管理野生动植 物和自然环境并从中获取惠益的权利和能力；

9. 敦促尚未批准或加入《濒危野生动植物种国际贸易公约》、《联合国打击 跨国有组织犯罪公约》和《联合国反腐败公约》的会员国考虑采取措施批准或 加入上述公约，呼吁缔约国采取适当措施，确保全面、切实地履行根据《濒危野生动植物种国际贸易公约》和其他相关多边协定承担的义务，并考虑分享根据这 些文书打击野生动植物非法贩运的最佳做法；

10. 呼吁会员国禁止、防止和制止助长野生动植物和野生动植物产品非法贩 运的一切形式的腐败；

11. 大力鼓励会员国按照经济及社会理事会第 2013/40 号决议，除其他外，利用《联合国打击跨国有组织犯罪公约》和《联合国反腐败公约》等国际法律文书开展双边、区域和国际合作，防止、打击和消除野生动植物和野生动植物产品的国际非法贩运；

12. 鼓励会员国酌情加强合作，按照《濒危野生动植物种国际贸易公约》以 及时和符合成本效益的方法退回被非法交易的活体野生动植物，包括蛋卵；

13. 呼吁联合国各组织，在各自的任务范围内并按照经济及社会理事会第 2013/40 号决议，通过能力建设并通过支持替代生计，改善与所有利益攸关方的 合作，促进国际社会采取统一的综合举措，继续支持会员国努力打击野生动植物的非法贩运；

14. 在其任务和资源范围内并按照经济及社会理事会第 2013/40 号决议，与会员国密切开展合作与协作，继续 收集野生动植物非法贩运模式和流动方面的信息，并就此提出报告；

15. 请秘书长进一步改善对联合国办事处、基金和方案在各自任务范围内并 按照经济及社会理事会第 2013/40 号决议开展的与本决议有关活动的协调；

16. 又请秘书长考虑到经济及社会理事会第 2013/40 号决议，向大会第七十 届会议报告野生动植物非法贩运，包括偷猎和非法贸易以及本决议执行进展的全 面情况，为今后可能采取的行动提出建议，包括考虑任命一名特使负责开展提高认识活动并促进国际行动；

17. 决定从第七十届会议开始每年审议这一问题和本决议的执行情况。

第二章
情报导向执法侦查环境犯罪的技术

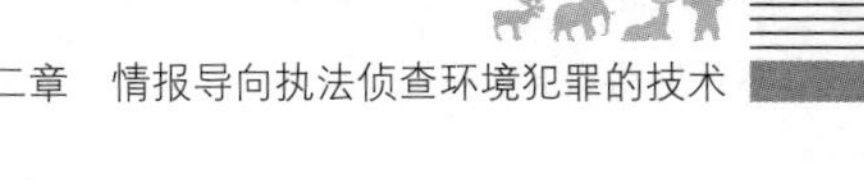

环境犯罪中情报导向执法的目的

什么是环境犯罪

首先，环境犯罪也是一种犯罪：犯罪分子和犯罪组织通常有计划地违反法律，为自己谋取利益而损害了他人的利益。因此，通用的执法侦查手段如追踪钱财的来路等方式都可以被应用于打击环境犯罪。

如今，违反环境法律法规已经成为一个严重的、复杂的国际问题，直接或间接地影响到了一个国家的经济、安全以及公民福利。环境犯罪所带来的影响体现在多个方面，包括自然资源的消耗，栖息地的破坏以及对人类健康的损害。我们应该对其进行有效的执法。

从犯罪者的角度来说，环境犯罪是一种高收益低风险的犯罪，因此成为了受青睐的犯罪方式和腐败官员的避风港。造成这种现象的根本原因是监管缺失，其原因是多方面的。缺少环境法律相关的专家，执法资源匮乏，针对此类犯罪只有一个脆弱的法律框架，或者因为刑罚过轻导致法律威慑力不足等，大大降低了环境犯罪的犯罪成本。

有证据表明，环境犯罪也会与其他种类的犯罪有交集，变成一种“交叉犯罪”。这些犯罪包括但不限于谋杀、伪造和篡改文件、护照欺诈行为、腐败、非法持有使用武器、走私及毒品和人口交易。这种广泛存在的犯罪行为证明环境执法机构需要与其他的执法机构进行跨越多学科、多领域，国内和国际间的紧密合作来打击犯罪。

这些不同的个体犯罪或者大量不相关环境犯罪合并起来的影响，其量级已经大到让环境受到干扰和侵蚀，甚至是摧毁一个国家的经济和生态安全。

环境犯罪并不是孤立的事件：它所带来的影响可能毫无阻碍地穿越边境，并且难以被监测。环境犯罪的受害者将是这个地球上的每一个物种，包括人类。

环境犯罪是如何体现出来的

环境犯罪影响深远，牵涉到了自然和城市中的栖息地、生物多样性和自然资源等问题，包括但不限于以下几项：

- 非法动植物贸易；
- 空气、水和土地的污染；
- 非法进出口有毒有害的货物和废物；
- 非法捕鱼；
- 造成大气气候变化的犯罪，如非法交易破坏臭氧层的制冷剂和碳排放额度欺诈；
- 非法伐木和森林砍伐；
- 盗采自然资源，如人工采矿；
- 威胁生态安全的行为，如倾倒压舱水或者非法引进基因改造过的生物。

什么是信息管理

过去的 10 年中，执法已经逐渐被证明不应再是某个单位的单独行动，组织机构也迅速引进了情报导向执法的管理理念，而这一切都是建立在有效的信息管理上的。

为了更准确地预测到犯罪时间和地点以及如何最有效地打击犯罪，各组织机构发现他们不能再以保守、独立的专门部门来管理犯罪信息，而是应当将信息管理贯穿到整个组织的运作当中。高效信息管理在今天已经成为了执法机构必备的运作模式和管理方法。

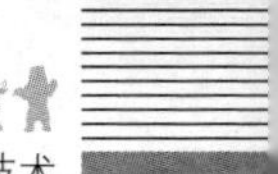

然而，要成为一个情报导向的执法机构，不仅需要高级的管理方式支持，还需要在整个组织机构普及知识和提高意识，具体表现在改变政策和流程，改变职业习惯，以及对人力资源、职业技能和系统的一定投入。最后，还要设立充足的安全保护手段和合法的保障措施来保护公民的隐私权、公民权和自由权。

以上列举的工作是值得为之投入的，因为恰当的信息管理可以为一个组织提供有效的决策机制，这个机制是通过分析来自不同渠道的信息得出结论来运作的，而不是凭借感觉和经验来提供解决方案。

以下是几个典型的由信息管理系统产出的情报。

• 战略分析报告

可在大量多种类的开放来源的信息背景下鉴别出大规模的威胁、风险和趋势。

可参与到社会经济发展中，如市场、法规、科技和人口的发展。这些趋势和威胁可以被解读成可能的场景，为政客和商人提供信息，也可以帮助高级执法人员在发展策略，决定优先级和分配资源时进行决策。

• 战术性犯罪分析报告

战术性分析的流程旨在通过发现有违反法律法规嫌疑的组织、公司、个人、走私路线 / 商品来鉴别高危目标。

这些报告可以让审核、稽查和犯罪侦查的范围缩小，大大提高行动的成功率。

• 侦查行动提案

基于战术性分析报告所鉴定和证实的高危目标，在起草实际侦查提案时就能根据更详细的情报内容，做出高效的行动策划。

• （紧急的）威胁警告

在日常的信息管理过程中，如果发现新型的环境犯罪活动、犯罪手法，或者潜在的危险，应该尽快在更大范围的执法机构间互相提醒。威胁警告应该是简短真实的，要包括发现新犯罪迹象的相关提示。另外，还可

以在警告中为一线执法人员提供专业的执行建议。

信息管理成功实行后，管理层人员将可以设计有效的长期执法策略，而前线的人员队伍则可以成功锁定潜在的和高度可疑的违法者。

因此，管理人员可以更高效地分配人力资源，使在减少和阻止犯罪方面投入的资源得到最大的收益。

信息的管理没有任何地理上的局限。将地方的信息管理系统与国家信息管理系统连结，将会大大提高信息的可辨析性，得出的结论也会更有价值。接下来的一步则是将国家信息管理通过国际刑警组织与国际执法组织机构相连结，建立更全面的信息交互渠道。

什么是信息导向执法

打击犯罪的执法方式大概可以分为两种：被动式和主动式。

被动式执法是针对正在进行或已经发生的犯罪活动，譬如谋杀、盗窃或者盗猎老虎等，这些案件一般是由巡查人员或者民众发现并举报。这种情况下，执法是由偶然发现的作案痕迹或者第三方检举触发，解决已经发生的案件的行为。此时犯罪对社会造成的危害已经产生，具有不可逆性。执法者所能做的只是尽可能地搜集证据，以法律来制裁违法者。

主动式执法的重点则在于鉴别、认识和解决潜在的问题并分析趋势。由于拓宽了侦查视角，预判性的执法成为可能，同时也缓解了执法机构资源紧张的压力。但主动式执法的某些元素也可被运用于被动式执法中，例如，引导资源和通过调查得到整个事件的状况概览。

当执法机构可以更加明确地预测犯罪可能发生的时间、地点，或者犯罪行为偏离了原本预计的方向时，就可以集中资源去侦查高危的目标和可疑地点，以此来阻止犯罪。在这个过程中主动执法的优势慢慢显现了出来。这不仅提高了执法行动的成功率，同时也提高了执法机构搜集额外的有用情报和高质量证据的能力。

举个例子，根据民众或者线人举报，或者从社会活动、巡查和监察中观察到的迹象，执法机构可以联系以往的犯罪记录（例如，一系列的走私货运记录），发现可能发生的犯罪行为。

执法机构因此获得了在犯罪行为发生前先发制人的机会，特别是在一系列的犯罪中，执法机构可以将被动与主动执法结合，有效地遏制犯罪

活动。

执法机构也可以利用信息导向执法的方式侦查已经发生的案件，搜集证据，并用于侦查和预防同一个作案者或作案网络在未来重复作案。

这种主动式的执法方式也被称为“信息导向执法”。在同等信息条件下，由信息导向的执法可以让执法机构掌握犯罪发生的正确时间、地点，对犯罪分子产生有效的威慑作用，提高执法行动的成功率。

应该指出，即使是最高级的情报导向执法战略也不能完全排除被动式执法。一次性犯罪和第一次犯罪所能提供的信息，不足以用来分析预测并阻止下一次的犯罪，而即使是最低密度的随机巡检也能对腐败和反监控行为产生一定的阻力。

情报导向执法对我们的工作有何影响

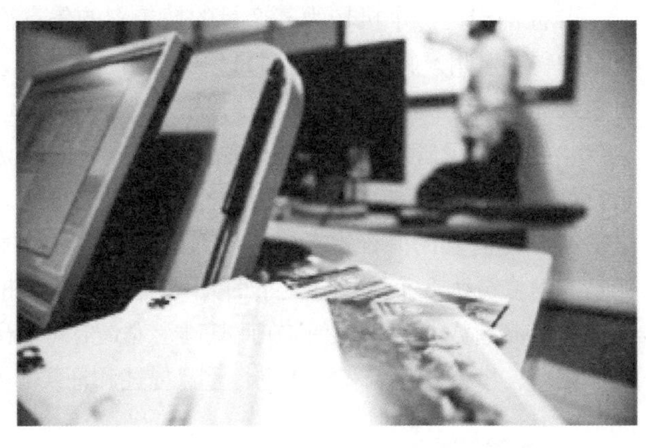

如上所述，研究犯罪行为模式为侦查者提供了几种不同的方式和机会来占据主动地位，并且在预防犯罪发生和及时阻止犯罪的过程中，还能收集到更多的情报和有力的证据。

然而，情报导向执法不是简单地用情报来“引导”巡查和侦查。我们可以利用情报信息将犯罪问题区分优先次序，将资源分配到最好的策略上，这些对于有效打击犯罪来说很重要。譬如，当执法机构发现某个地方是犯罪事件多发的“热点”时，就可以对这个地方增派巡查力量，而不是将执法人员分散到很多地方去巡查。更为重要的是，如果情报显示某一个人掌控了犯罪活动，执法机关就可以将大量精力花在对此人的监控上，而不必将侦查资源分散到其他的犯罪团伙成员身上。

控制交付

主动性执法经常需要部署一些隐蔽的行动，如监视、窃听通信或者控制交付等。国际刑警组织的控制交付指导手册详细分析了如何在行动中建立有利环境的方法和策略，这是一种侦查野生动植物犯罪的方法。由此，执法机构可以在不惊动嫌疑犯的同时搜集更多的证据和情报。

另一个重要的因素是，情报导向执法中必须确认所有相关信息是否由一个组织收取、搜集和保存的。很多情况下，情报的完整信息可能分布在不同的机构、政府组织、民众或者私人组织中。信息导向执法可以将这些碎片化的情报搜集联系起来，融合成有效的信息。依照这个逻辑，信息导向执法将转变成多机构间的合作执法，将各个机构的优势与资源优化组合，产生更大的执法收益。

与此同时，一个机构为某个目的搜集到的信息很可能在其他机构或项目中得到利用。特别是在应对跨领域犯罪时，例如，盗猎者使用的武器可能成为侦查走私武器案件的关键。

恰当的信息管理在信息导向执法中可以帮助建立不同机构间工作人员持续性的合作关系，并为高效的业务合作提供条件。

当信息管理的流程逐渐进入成熟阶段时，分析搜集到的广泛和多样的信息时会分为 3 个阶段（见下图）。战略分析将模拟出一系列长期情境演练和犯罪趋势；战术分析则在此基础上对最有可能出现的情境中高危的犯罪集团、事件、热点和路线进行重点描述和证实；当执法力量被有针对

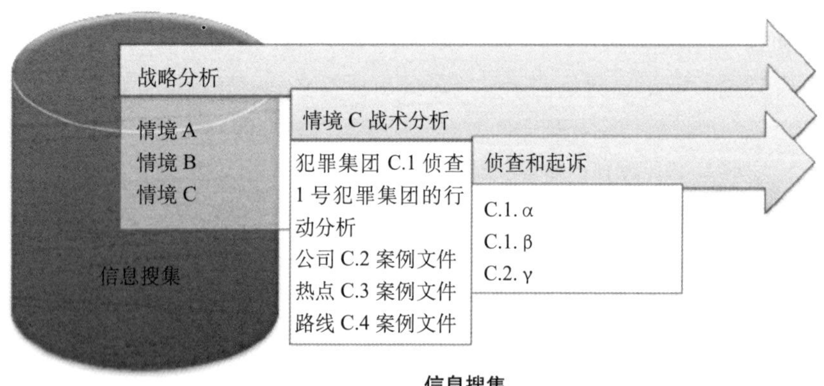

信息搜集

性地分配到高危目标上，并且成功达到目的之后，对执行行动的分析还可以在接下来的侦查和起诉阶段继续产生作用。

如何打击国际环境犯罪

环境犯罪具有跨境犯罪的特性。很多条约和法案都被用来管理自然资源和可能带来污染的产品，如野生动植物、鱼类、原木、化学产品和废料等的国际贸易规范上，目的是保护地球生态系统。所以，在跨国执法中，除非参与者间建立了有效的合作和分享机制，否则很难将这些法律法规落到实处。

信息导向执法因此成为了打击跨国环境犯罪最有效的策略。为此，国家层面的重要信息情报需要随时与国际合作伙伴共享。同样，在地方和国家之间也需要建立执法信息分享和分析的渠道。地方上的很多执法机构已经意识到了将执法信息上传到国家级信息库中并进行交叉确认的重要性，并借此将案件中的各种因素联系起来。

同样，地方或国家执法机构所持有的信息情报可能与一些罪犯的国际性犯罪有联系，或者是与这些罪犯所犯下的其他罪行有联系。

这种国家性信息交流关键在于，地方和国家机构是否能够意识到某些组织、个人或公司与国际性犯罪的内在联系。

因此，当检方的指控无法准确地将犯罪行为所涉及的范围和影响反映出来时，甚至在案件筛选的过程中，嫌疑人可能就因为证据信息不足而逃脱了侦查和逮捕。如果嫌疑犯在地理范围上扩大犯罪活动或者开始隐蔽行动，他就很可能在逃脱法律制裁的同时继续建立国际性的犯罪网络。

通过国际性的信息交换、整理和分析，执法机构可以辨别出控制活跃国际犯罪组织和网络的嫌疑人，然后将执法资源分配到这些罪犯的身上。最终的目的，是重点将这些对社会和生态系统造成了极大伤害的犯罪分子绳之以法。这对于打击犯罪活动的意义远远大于审判一些犯罪情节较轻的嫌疑人，例如，受雇的走私者等。

如何在本国管理环境执法信息

很多国家已经引进了一种叫做国家信息模式 (NIM) 的方式，明确了信息处理流程，提供了信息的获取、处理和存储的相关资料。

环境执法需要包括警察、海关、环境保护机构、军队、林业部门和渔业部门等一众国家机构的通力合作。每个机构都需要采取和坚持各自信息搜集交换的内部机制，同时也需要在国家层面进行协调和精简。

大多数国家都有专门的国家情报中心来整理相关部门提供的情报信息，以此来提供犯罪活动趋势和威胁的分析数据。分析的结果经过分发，可以调动下级部门的执法资源有针对性地打击犯罪。

需要再次强调的是，因为环境犯罪的跨国特性，国家机构应与其他国家交换情报来互相提醒。

机构和组织在国家信息管理中扮演什么样的角色

• 执法机构

执法机构包括了负责执法的地方与国家政府机构。它们的执法行为包括了稽查、监控和监察、侦查犯罪、搜集情报、逮捕和讯问嫌疑人。大多数国家中警局是最明显的执法机构。

工作在前线的执法人员在情报搜集中发挥了关键作用，他们可以从民众或者线人处获得宝贵的情报。这样的“情报来源管理”通常是情报搜集流程中最基本、最关键的部分。通过得到的信息，执法机构可以发现严重的犯罪行为（如需了解更详细的信息，请查阅另一部提供侦查野生动植物犯罪手段的、国际刑警组织讯问野生动植物走私者的指导手册）。

• 民间组织

这些组织包括了非盈利性组织、非政府组织、慈善组织、私人企业和基金（可以是通过民众捐赠支持的基金）。这些组织通过获得资金支持或者售卖产品等商业收入来维持运作。他们参与到了培训、研究、调查和信息搜集等工作中。私人企业很少被赋予执法的权利，但他们的独立性让他们可以在执法机构、政府间和与政府的交流中建立合作关系。在他们的工作中，有可能涉及或搜集到有价值的情报。

（本章的附录六中，详细给出了与民间团体交换信息的指导。）

在国家层面推行情报导向执法

假如环境犯罪只能是通过坚定实行跨机构间合作来进行打击的话，

最有效实施情报导向执法的关键在于得到政治支持和部门的支持，引入国家信息模式，将标准化的业务模式套用到各个执法机构中，增加执法队伍与机构间，地区与国家机构间信息交换的机会。其目的是通过建立标准的处理流程，改善沟通和合作环境来减少阻碍，提高效率。

国家信息模式将业务模式表述为如下几点：

- 知识资源——了解情报导向执法的业务知识；
- 系统资源——根据情况建立恰当的系统和结构；
- 信息源资源——保证高效搜集管理信息；
- 人力资源——利用有经验和能力的员工建立专业人员结构。

国家信息模式的效率由以上这些资源的分配利用情况所决定。

管理执法信息的流程

信息管理流程基础

信息管理的基础是管理所谓的“档案”。如果档案对于情报导向执法有作用，它们应该在现在和未来都被妥善保管，随时方便取阅。

档案管理可以保证信息被搜集、保存、评估、分享、拍卖和处理的历史变得可以追溯，也保证了信息的完整性。这不仅提高了信息管理流程的效率，也保证了相关信息的私密性和合法权益不被侵犯。

无论是文本、图像、声音、影像还是实物证据，无论是纸质存档还是电子存档，档案可以被简化为“一份数据、信息或情报”。

数据、信息和情报的区别

所有信息管理流程中的参与者都要理解信息管理的概念，掌握通用沟通方式。

以下通过简单的类比，分析了 3 个经常被混淆使用，导致误解的术语。我们通过在公有森林中有预谋地倾倒大量桶装危险废弃物这个例子来解释。

• 数据

数据是通过观察得到的客观字面结论，通常以标准化的单位符号来测量和记录。在本例中，数据可以是发现案情的日期(年、月、日、时、分、秒)，地点（经纬度坐标）和污染量（每升中的毫克浓度）；也可以是一些很简单的记录，如5个桶，油，三橡山，等等。

• 信息

信息是数据在其来源和环境条件下的呈现。举个例子，线人向警察检举的信息为："我听到有人在讨论把5桶油抛在三橡山底灌木丛的事。"

同时，当地的环境执法部门可能收到了一份监控报告："2012年1月2日在林肯路1号杰克汽修站附近例行巡视时，我注意到屋后的隔水层上堆放了5个装满废油的桶子。我通知老板在两周内请专业人员将这些废料回收。出于检查执行情况的需要，预计在1月16日我会进行回访确认处理情况。老板表示他会在两周内请绿色回收公司将这些桶收走。"

以上的例子说明了信息实质上是原始的数据元素，一般与信息源不专业的认识和理解混杂在一起。其内容的质量和准确性往往相差甚远。所以，这些信息还需要通过评估和交叉验证来决定其准确性及可靠性。

• 情报

情报是经过严格评估和提炼，提升了准确性和可靠性的信息。在以上关于举报的例子中，信息是可以在标准格式中组织出来的，并且根据来源的可靠性及信息的准确性添加了处理意见。

另外，还可以要求一些补充性的信息。例如，"据社区委员约翰逊称，三橡山是林肯路尽头那座山的当地名称，坐标是XY。"

根据这样的流程，搜集到的信息经过分析确认了其有效性，并且在加入了其他信息的环境中为执法人员提供了对犯罪活动的全面认识。当分析覆盖了尽可能多的信息时，得出的结果就越准确。如果在我们的例子中，警察和环境执法机构在通用的框架下共享了他们的信息，例如，将双方系统连接，警方就有可能实时阅读到那份检查报告。分析人员可以从这些信息中做出一个情报报告，甚至有可能在废油被抛弃前就阻止

了情况发生。

情报在这种情况下为执法人员提供了关于信息准确性的参考，了解到信息在侦查整个犯罪活动中起到的作用。同时，情报也成了执法人员在基于事实做出理解和决策时最有力的依据。

主动式预防与被动式反应

在倾倒废油的案例中，分析人员可能从检查报告中“三橡山”这个词上得到启示。把检举信息和检查报告放在一起，就可以得出杰克汽修站的主人虽然已经答应检查人员要求他回收废油的要求，却并没有计划要请有资质的有害物质回收公司来收走废油的打算，而是可能出于省钱的考虑将这些东西倒在林肯路的尽头。

分析人员此时可以通过补充一些缺失的信息来了解整个案情，或者证实自己的猜测。譬如，可以通知执法人员去联系绿色回收公司，问明是否在 1 月 2 ~ 16 日收到了来自老板的回收请求。如果杰克汽修站没有联系绿色回收公司，分析人员就可以做出情报报告，确认这间汽修站有可能出现了违法违规情况，并向管理人员建议派出执法队伍去阻止案情发生。假设管理层因此向三橡山山脚附近增派巡查人员，两天之后杰克汽修站的两名雇员将会在倾倒废油的现场被抓捕。

再者，假设一年以后有一宗报告三橡山溪流中发现浮油的案例，结合以上案例中搜集整理到的信息，执法人员在上游找到了被抛弃的废油桶。此时，在警察局登记过的举报人可能还可以在系统中找到。即使警察和环境执法部门的系统没有相连，相关的检查报告经过长期侦查也能寻回。施以合适的犯罪侦查和审讯，杰克汽修站的老板和雇员仍可以被成功起诉。但此时对自然的损害已经造成，需要投入大量资源进行清洁，另外在长期的侦查中也浪费了执法资源。因此可见，只有通过实时的机构间信息分析共享，才能避免此类事件的发生。

为什么情报导向执法需要组织间统一的处理流程

本手册目前仅讨论了基于单个案例的数据、信息和情报。然而，信息管理需要将大量的类似信息汇集起来，发现其内在的联系和共同点并识别出规律，以此辨认趋势、热点、重点嫌疑人和犯罪组织，犯罪活动的整体情况会逐渐显示出来。如果信息的质量和数量达到一定程度，最终的目标就是可以将犯罪行为可能发生的时间、地点、人物都推敲出来。此时，无论是在长期战略还是短期战术方面，信息管理产出的情报都可以帮助最有效地分配执法力量。

所以理论上来说，信息管理可以适用于单个的侦查行动，而情报引导执法的概念则建立在持续性的从相关资源中获取信息上。只有当单独的信息元素被放到大环境下与其他元素一起被分析时，其附加价值才会显现出来。

在日常的信息管理活动中，需要在整个组织或组织间保持持续性的工作进程，这可以成为执法中最有价值的团队资源。

一个机构应当在任何时候都能够对所有相关信息进行集中管控。储存、搜寻和分析信息需要足够的技术支持，但缺少持续性的管理，不能确保策略和步骤都被正确执行的话，投入和产出就不能成正比。

信息管理流程的运作方法

情报导向执法的成功实施需要高管层面的支持和维护，因此他们需要发展和维持一个清晰的信息管理策略（IMS）。该策略界定了业务流程中的目标、原则、政策、标准、步骤。更为重要的是，它还将信息管理中的角色、任务、责任分配到了每个员工身上。

除了以下章节中所提到的管理人员在操作过程中的职责之外，他们还肩负了几个核心任务。这些管理人员在信息管理中处于获取信息的关键点上。

• 信息主管（CIO）

信息主管主要负责策划、实施和监督信息管理策略，同时也要负责与其他执法机构建立和维护战略伙伴关系，以便于信息共享。

• 搜集信息

搜集信息是持续有效地进行信息管理并支持情报导向执法的基础。虽然这是很明显的一点，但必须要意识到任何阶段的工作都完全依赖于所搜集信息的准确性和持续性。信息搜集必须完全依照信息管理策略的原则和标准来进行。

信息是如何被搜集的

如何搜集信息也决定了应该有哪些详细步骤和要求。通常来说有 3 种搜集方式，都可以通过主动和被动的方式实现。

• 常规信息搜集

在一线人员进行巡查、监察和处理案件的日常活动中，这些信息以日常执法活动记录的形式被搜集起来。侦查人员搜集到的“其他信息”和“相关信息”也是其中的一部分。如今，很大一部分的日常信息是通过自动化的执法系统搜集的，如闭路电视和自动拍照识别系统（ANPR）等。

另一个日常的信息来源是与其他机构或利益相关者的战略关系。最突出的例子是将环境执法部门的信息系统连结起来，包括野生动植物机构、环境机构、公安和海关等。渔业和林业管理部门也掌握着有价值的监管信息，所以也应当加入到信息共享的环节中来。最后，可以直接从商会、执照发放机构或其他一些社会机构中获得信息来支持情报导向执法。

拥有外部的登记机构直接或自动化的信息获取渠道，并不能被视为是日常信息搜集。但是，现代化的信息系统允许通过设置关键条件等方式来进行常规搜集工作。譬如，可以设置每周对某个管理机构的监察报告进行“终止令”的关键词搜索。

• 任务式信息搜集

信息管理的流程可能基于不同的原因发起搜集信息的任务。最基本的任务包括让一位工作人员通过访问证人、审问嫌疑犯或者窃听的方式对案件的关键信息进行搜寻。上述倾倒废油的例子里，分析人员就可以请求一位执法人员去寻找“三橡山”的位置。

在成熟的信息管理流程中，对情报信息的优先性分析，是信息搜集任务中非常重要的部分。当战术分析指出某个特定的犯罪组织或者企业是高危目标时，信息获取的重点就应该被转移到这些目标身上。

由此可以引发的方案有增加对特定地区的巡逻、启用隐蔽的情报提供者（卧底），或者要求合作机构提供特定的信息。

• 自发性信息搜集

此类信息更多的是民众、利益相关者、合作伙伴处自发地提交而来。典型的例子就是举报，有时候也有可能是匿名举报。虽然这种信息具有自愿性和自发性，但并不意味着执法机构和执法人员就对它没有影响。

通过培养与社会和合作伙伴的关系，执法机构可以获得更多、更高质量的自发性信息。社区也可以通过订阅新闻，或者社区监督和遏制犯罪等项目，变成执法机构在媒体和公共空间中的活跃信息搜集伙伴。

什么是信息源

在侦查环境犯罪的过程中，执法机构可以从几百种不同的渠道获得辅助执法行动的信息，包括民众、卧底线人或者举报热线等。非政府组织、政府合作组织、民间团体和媒体也是有价值的信息源。

举报者通常是指秘密情报来源人（CHIS），但也有可能不是人类。如果侦查者设立了摄像头来监控活动，或者截听嫌疑人的电话，那么通过这些手段获得的信息也是通过一个“信息源”获得的。

无论是人类还是技术产品，无论是公开的还是秘密的，执法者都可以将信息的来源统称为“信息源”，以此来保证信息提供者的安全和隐秘性，防止其受到威胁。

关于“信息源管理”的更多内容，请参考《国际刑警组织野生动植物讯问走私者指导手册》。

记录信息

为什么要记录信息

当执法人员没有意识到需要记录和共享他们搜集到的信息时，情报导向执法就注定会失败，所以本章的内容着重于执法人员的职业素养和基本原则问题。

当高层人员在对组织介绍信息管理时，他们需要认真说明信息储存和分享的重要性。而且，他们必须意识到实行的主要阻力是什么。

广为流传的培根名言“知识就是力量[①]”经常被误读为要将关键信息据为己有，才能在工作中保证自己的地位和晋升空间。很久以来，执法人员经常将重要的信息隐瞒起来，并认为因此他们在组织里的地位才不会动摇。但事实上这样的行为将会使得一个组织难以变得成功和高效。储存在一位执法者脑中或笔记本上的信息对于执法来说效果甚微，将此信息与其他信息联系起来产生对案件新的解读的机会也因此变得很小。

与此同时，在机构内分享和保护搜集到的信息的执法人员才是最有价值的员工。事实上，培根也说过“我只想警告所有人：如果你认为自己是知识的终点，如果你为了寻求优越感，为了权力或者其他任何卑贱的东西寻求知识，那你就是可悲的[②]。”

高层应当确保这种理念被贯彻到整个执法机构的文化当中。所以变革管理是引进和实施信息管理及情报导向执法的重要方面，每一个管理人员都应该适应并接受这种职业态度。只有当信息可以被获取时，信息才能成为组织资源和组织记忆。

应该如何处理收到的信息

执法人员在搜集信息的时候应该确保自己的信息被机构内的中央信息管理系统记录下来，这样才能对其进行分析，或者与其他信息进行交叉确认来侦查已发生的案件。

有些信息具有国家级和国际级别的重要性，例如，跨国环境犯罪等，此类的犯罪信息应该被提交到国家信息中心。不同国家和机构可能有不同的信息管理架构，但在分析、传播和传递信息之前，应该确保信息已经被恰当地储存。

记录信息的标准

使用记录信息的标准可以保证和促进所有相关信息被及时、准确以用户界面友好的方式记录下来。此外，这也确保了信息可以被有效评估、

①原句为“知识本身就是力量”。培根选集，p. 94-95;Vol.XIV, 波士顿，Brown and Taggard, 1861. 引用自 http://en.wikipedia.org/wiki/Scientia_potentia_est。

②前言．Inst. Magna: Bacon, IV [1901], 20 f. 引用自 http://plato.stanford.edu/entries/francis-bacon/。

分析和使用。最好将以下这些标准在国家层面进行推广：

- 确保所有信息是在合法情况下储存的；
- 确保信息可被用于帮助国家信息模式的运作；
- 让决策过程变得可追溯、可审查和可追责；
- 确保恰当、负责地将信息与其他机构或公众共享。

如果信息没有被正确地保存，就很有可能出现曲解和滥用，使信息无法在情报引导执法中发挥其全部价值。

记录信息时应当遵循的原则如下：

- 明确获取该信息的目的，主要是：为了执法；
- 其质量必须与国家信息模式的要求相符。这个模式必须包含一个保护评估方案，又称为“操作代码”；
- 任何员工对信息的报告、记录和编辑都要被记录在档，方便随时查阅；
- 出于同样的原因，为了提供额外的信息，信息源也应该被记录。当需要时，可以根据情报来源参考将来源记录为匿名来源；
- 建立新的信息档案时，需要交叉确认不会重复存储信息，并尽快将新的信息与其他信息联系起来。这对于犯罪预警和发掘情报导向执法的潜力尤为重要。

推行国家犯罪记录标准将提升机构间交流的协调性，允许他们在结构化和规范化的条件下进行交流。推荐的原则包括：

- 执法机构接收到的任何案情报告，无论严重程度或来源情况，都应该被记录在档。
- 所有信息都应当在相关领域内以国家法规为指导进行评估分类，一般包括刑事犯罪、违规、行政违法和普通信息；
- 为了保证信息交叉检查和分析的最大效果，各类档案应当在国家规定下保存尽可能长的时间，或者直到信息被证实无效为止。

数据质量原则是什么

数据质量原则应该确保信息间的关键联系被辨别出来，信息被最大化利用，信息可追溯和可管理，成为决策和行动的可靠依据，以及可以被恰当、合法、安全的分享，有以下 4 个原则 。

• 准确性

当信息被记录在档时，应确认信息的真实性、正确性和可靠性程度。这并不意味着信息必须是完全正确可信的，但写入档案时应该注明信息已经经过何种程度的评估。如果对信息的真实性存在疑问，应当尽快从信息源处确认，当信息的准确性较低时，应当尽快将其提升。然而，对历史信息进行整理也可以令其发挥更大价值，如旧电话号码、车牌号或者嫌犯的住址等。

• 充分性

记录信息的目的就是为情报导向执法服务，所以它的内容应当足以支持执法活动的进行。如果评估发现信息出现断层，阻碍了情报导向执法的进行，应采取行动将信息补全。此外，采取通用标准的意义在于使记录的信息具有在同行间易查找、使用、理解的特性。

• 相关性

通常情况下很难预测经过联系和分析的信息是否能导向有价值的情报和观察结果。信息管理的基本概念是将所有可能与情报导向执法相关的信息都纳入管理范围内。然而，在处理、搜寻和分析信息过程中应当避免无价值和不相关的内容，以免这些信息“污染”了管理系统和过程。在这个过程中，拥有常识是非常重要的一点，但国家情报模式和信息主管也要提供明确的指导。

即便现代的信息管理系统在搜寻方面变得更加便捷，但是将大量零散的、过于丰富和冗余的信息用于请求和支持分析，仍会让信息管理的过程效率和准确度降低。

• 及时性

信息尽早被记录，交叉确认和用于分析，才能实现更高层次的实时风险响应，及时阻止犯罪行为的发生。在处理信息时，应当实行一定的质量标准以保证信息的一致性以及在可预测的时间内被处理完成。

如何记录信息

大多数的执法机构都有一个中央电子系统来管理他们的信息。这些系统可能在覆盖范围、格式、功能性、使用友好度和性能方面有很大区别。理论上来说，不同系统间的差距，可能是一个现代化的关联式资料库管理系统和一本纸质笔记本的区别。在实际操作的时候，使用一些基本标准可以保证中央信息管理系统在情报引导执法中发挥有效作用。一个中央信息管理系统应有如下特点：

- 可以进行持续、透明、高效的信息管理；
- 可以进行质量管控、可追溯管理和审查管理；
- 在组织内稳定，运行可靠；
- 可供所有相关部门和组织使用；
- 基于预先设定、合理记录的数据架构；
- 允许关联档案；
- 账户有使用和更新权限分级系统；
- 记录账户使用，更新档案的记录；
- 可以在分析时进行简单可靠的信息提取。

出于合法性和实际操作的考虑，执法机构需要至少两个或以上的地点，系统化、标准化地存储信息。信息管理策略应当明确提出，记录和管理信息时要注明谁，是在何处、何时、何事，处于什么样的条件和流程下记录的。信息主管有责任确保所有员工都认识到这些问题，并且都具有必备的技能和能力来履行他们的职责，负责任地记录、使用和更新信息。

应该记录哪些细节

正如之前提到的，现代化的先进信息管理系统正在逐渐摆脱对结构化信息的依赖，成为有能力挖掘海量、多格式、多来源零散信息[①]的强力智能化的系统。但是在未来的几年中，有架构的关联性数据库依旧是记录和分析执法信息的首选。

国际刑警组织提供最低标准和基本的生态信息格式标准，方便使用者组

①搜索挖掘是一种在信息系统和数据库中通过预设条件搜寻问题和准确信息的行为。

织、记录、分享和请求环境执法信息。这种格式包括了一些描述性的文字：

- 与信息相关的基本主题和法律因素；
- 信息来源；
- 日期、时间、地点，以及侦查手段；
- 相关的人物 / 企业；
- 相关的环境产品；
- 操作手段、运输方式、路线和使用过的文件；
- 任何附加信息，如评估来源和内容的可靠性。

(该生态信息格式的详细内容见本章的附录四)。

国际刑警组织环境犯罪组可以辅助国家整理国际间的情报信息，以此来鉴别危险、趋势、个人与犯罪网络的联系、跨境犯罪。

除了案件报告的内容之外，中央信息管理系统还应该记录：

- 收据的时间和日期戳；
- 记录的时间和日期戳；
- 一个独特的参考号码；
- 报告的方式；
- 保护标志代码。

记录案件报告时使用国家犯罪行为代码系统可以为档案增加价值。这样做可以让对不同犯罪类型的发展趋势阶段性管理报告变得快速准确。

执法信息系统

执法信息的中央关联性数据库在理想状态下应该是可以让信息被持续、高效记录，在大范围内与相关信息关联，并在不同的层面聚合。此类执法信息的中央信息管理系统包括但不局限于：

- 用独特的参考号码将详细的资源联系起来（自然人或者法律实体）；
- 案件记录（投诉、巡视和回复、监察、抓捕报告等）；
- 情报资源参考；
- 托管跟踪记录；
- 案件管理记录（包括所有为起诉搜集的文档，如宣誓书、证人报告、讯问记录、逮捕许可、使用特别侦查权的法院授权、结论报告等）；
- 指纹、DNA 和其他的生物记录；

- 公开的和秘密的登记信息，如商会、纳税服务、邮政服务、通讯服务提供商和证照发放机构（譬如，武器或者与环境有关的活动）。

如何在记录信息的同时保护信息来源

成熟的信息管理应包括恰当发展、管理和保护信息来源的流程和机制保障，无论信息来源是公开的还是隐蔽的，个人的还是组织的。这个系统通常包含了出于情报目的记录的历史的、现有的和潜在的信息来源人的名字和组织名称。

如何分类这些名字取决于分析决定的战略和战术优先层级。新的潜在信息源应该是在基于这些优先权下选择出来的。

系统应当允许引用匿名来源，特别是秘密情报来源人。同时应当实施一些措施来保证和保护这些来源以及信息的质量。

- 信息源在中央信息系统中应该是以匿名符号代码的形式出现，不可以名字等可被辨别的方式记录；
- 有一个独立的系统来管理这些代表信息源的匿名符号代码，只允许有限的经过审查和证明的员工访问，通常这些都是刑事情报单位的员工；
- 从信息源处获得的信息在中央信息系统广泛传播、分析、交叉验证时必须永不透露信息源的身份；
- 由于卧底情报来源的特殊性（通常其本身是犯罪者，接受金钱补贴来提供情报，并且要求保证他们的人身安全），对于情报导向执法来说最重要的是将他们提供的信息进行可靠性和准确性的甄别，并且确认他们的传播机制。

刑事情报单位官员的职责是将情报在存储到中央信息管理系统前进行审查和分级。

除了积极的“与卧底合作”，此单位还需要不断地鉴别从前线执法人员处发回的信息是否可以放入中央信息系统，因为有些信息可能会给信息源带来无法承受的危险。通常出现这种情况，刑事情报单位官员就会接手该信息源的管理。

最后，刑事情报单位也可以为从热线等匿名信息源获得的信息进行分级。

用于处理此类事务的工具就是 5 × 5 × 5 情报信息报告表。

什么是 5×5×5 情报信息报告表

信息的质量可能良莠不齐，信息源的可靠性也有很大的不确定性。最可靠的信息可能是某执法人员目睹了案件发生，最不可靠的则可能是一个匿名信息源提供了无法确认的情报。后者并不意味着该信息就该被忽略，但接收到信息的人必须要依据信息源和信息的质量来决定采取何种行动。

为了解决这种情况，执法人员通常会对信息进行分级处理，必要的时候还可以让刑事情报单位的官员进行复审。适用于此情况的通用操作工具就是 5 × 5 × 5 情报信息报告表。

这种标准格式可以管理评估信息源，证实信息的证据，以及提供如何处理传播信息的操作指导。

在与其他机构分享信息时，这个报告也可以用于确保信息的一致性和可靠性，以及审计跟踪管理流程的工具。所以，一般推荐将大部分以获取情报为目的执法行为用 5 × 5 × 5 的格式记录。在此之后，就可以将谨慎审查的分级结果和信息最终上传到信息系统中。

本章的附录三中提供了这个报告的模板。此模板不仅可用于手动报告和数据输入，也可以用于中央信息系统的整合部分，以及专门的刑事情报（受保护的）应用流程。

对信息源和特定的信息本身都需要进行可靠性和准确性的分级，分别从 A-E 和 1-5 两个等级分类中体现。例如，某警察亲眼目睹的案情可以被界定为 A-1 级；而一个此前没有向执法人员提供过信息且无法验证的人，可以被界定为 E-4 级。

分级也包含了对信息传播的指导意见。经过分级的信息通常是被“消毒”过，或者编辑过的，所以不会透露信息源的身份。例如，不可有任何关于信息源性别、国籍和职业的信息。信息源的安全因此在信息被传播的条件下得到了保证。有些只有信息源才能掌握的元素，可能被用于反向追溯到信息源时，就应该被省略，或者只提供给有足够权限、有资质和被审查过的员工使用。

关于 5 × 5 × 5 格式的详情，请参阅本章的附录三及警察信息管理指南[①]。国家和相关机构可以选择修改格式的一些具体元素，譬如，保护性评分方案，来适应已有的国家法律法规。

记录环境执法信息的意义：

- 保证记录信息是为了执法目的；
- 以合适的环境执法格式记录信息，如使用国际刑警生态信息格式；
- 保证以准确、充分、相关和及时的数据质量原则记录信息；
- 为了避免重复信息，应当在录入前检查是否已经有相同信息存在；
- 保证信息上附加了正确的可靠性分级和保护标志；
- 确保录入时信息已经被交叉检查过，并且尽快与现有的信息进行联系。

评估及利用信息和情报

评估信息的目的

所有搜集和储存的信息都要经过评估来确定其出处，准确性和与情报导向执法的相关性。另外，任何基于此信息做出的行动都需要经过识别和启动。具体的行动可能是即时的响应执法或者进一步的分享信息以推进执法计划。

如前所述，假设在此阶段现有的信息已经经过了搜寻，确保不会出现重复上传的情况。评估的第一步是搜查和交叉确认与其他档案的联系，实际操作中这两步可能是紧密相连甚至合并操作的。不过在很多案例中这些步骤也被分离开来，特别是在跨系统和跨领域的情况下，因为操作中可能要求不同的员工技能和不同级别的授权。

评估应当与信息的目标性和本质相称。对于所有需要进行快速反应的信息来说，决定行动越快越好。对犯罪活动更进一步的战略战术分析是次要的，并且需要管理层决策的资源分配来配合。

---

①警察信息管理指导手册，第二版，2010，由国家警务改善机构代表警长协会编写。
http://webarchive.nationalarchives.gov.uk/20121204155004/http://www.npia.police.uk/en/11945.htm

评估执法信息的原则

独立于执法范围外，一部分后续的评估信息的基本原则被建立了起来：

- 确定信息的来源、准确性和可靠性；
- 确定信息源的可靠性；
- 确定信息源、具体事务、存储和使用信息的风险；
- 决定信息是否需要经过无害化处理；
- 确认与其他信息的联系；
- 评估信息的情报价值；
- 提前申请行动评估。

如前所述，刑事情报单位在评估信息时起到了关键作用，特别是在评估由 5×5×5 表提交的对信息源可能有风险的信息时。在实际操作时为了保证客观性和一致性，可以分工合作，一人负责记录 5×5×5 表格的原始信息，另一人则负责确保信息质量和最终评估。

如何实际执行信息评估导向

信息管理本身没有目的性，但必须对执法行动有所帮助。当信息的情报价值和质量被确定下来之后，评估流程需要基于信息确定应该采取何种行动，以及决定行动的优先级。总体来说需要达成以下的管理决策：

- 发起一次即时的反应执法；
- 与合作伙伴分享情报 / 信息；
- 委托、委派任务，或与其他部门协调行动；
- 对信息进行额外研究和拓展，如犯罪分析；
- 推迟行动，等待额外的信息；
- 放弃行动，等待更多的参考。

委派任务和寻求合作的决策流程要求管理层的全面参与。虽然负责评估的认证人员可以在结构性协议许可下发起紧急的反应行动或者与其他机构的信息共享，但在发起战术性或战略性分析的决策时，需要调动大量的资源，所以要求更高权限的支持。

任务指示和任务报告

在委派任务或者寻求合作来进行战术性、操作性和分析性的反应行动时，以及对所要进行的干预进行评估时，定期的任务指示和任务报告是管理信息流程中的重要结构元素。它们确保了这些反应行动被及时传达到员工，也保证了行动被持续性评估。如需了解更多关于任务指示和任务报告的信息，请参阅《ACPO(2006) 国家汇报模式指南》。

评估和分析的区别

信息分析基本上就是信息评估的一个详细版本。最初的评估进程，是以某一个特定的档案作为出发点，确定其质量和价值之后决定短期内后续行动的优先级。犯罪分析将一个或多个搜集到的信息（数据库中的档案集合）作为出发点，以一个预定的目标寻找、查询、联系和分析汇总在一起的信息。信息分析的目的，由信息管理流程中决定的优先层级所决定。

现代的信息管理系统本身的功能性允许其对信息进行初级评估，避免重复输入，同时也可以建立与其他档案的内在联系。

但是在犯罪情报分析中，一些追加性的高级分析工具经常被用于提炼、联系和分析一个或多个来源之间的关系，然后为决策者提供一个清晰、用户友好的图形化的情况概览。

情报成熟度

情报有时候会被分为 3 个“成熟程度”：完结阶段、发展阶段、可操作阶段。

完结阶段的情报，是已经发生的过去的案件，可以被用于鉴别犯罪特征和趋势，基本上已经无法直接或间接影响任何未来的执法行动。

发展阶段的情报可能与当前或未来的案件有关，也有可能通过回访原信息源或其他信息源等方式获得更多信息，可能在执行计划之前还要通过多种方式来验证情报。譬如，执法人员可能需要通过监视搜集证据来证实情报的可靠性。

可操作性情报，与它的字面意思一样，就是可以或者应当立即让执法力量行动的情报。此类情报很可能是从某个曾经提供可靠信息的信息源而来。它也可能是一些明显不能被忽略的信息，譬如，严重的生命财产损失。

共享信息和情报

为何要共享搜集到的信息

正如前部分所述，分享执法信息的重要性与搜集执法信息的重要性是同等的。由于执法人员搜集的情报通常都会在组织内流通，所以本章主要关注合作伙伴间为实现共同目标进行的信息共享，这种共享可以是临时性或结构性的。

需要意识到环境法律由于其范围和特性，只有在大量合作伙伴间进行跨学科、跨机构和机构间结构化的合作才能达到很好的效果。其中部分的合作需要涉及以下的信息传播与共享：

- 支持增加合作的开放性；
- 与本地执法机构建立信任；
- 建立双向机制，使不同机构间对人、事物、地点和事件等信息的分析和评估效率提高；
- 通过分享和采用最优策略，增加整体的能力、专业性和职业性；
- 增强最优执法和介入策略的可持续性；
- 帮助提升公共服务水平。

整体来说，与合作伙伴分享信息是一种有效进行情报导向执法的措施。同样的，对其本身这并没有什么意义：其目的是在法律允许的条件下，排除对信息源和目标的风险，服务执法目标。所以，在做出分享信息的决策前，应当对这些信息元素进行恰当的分析。

最后，要重点注意信息分享并不局限于执法机构之间。行政机构在他们的许可机构中持有大量有价值的执法信息，而许可机构则可以从策略性风险评估中受益（比如，在特定的行业分支或自然地理区域等方面）。

与非政府组织间效果良好的信息交流共享也可以提升执法效率以及环境执法在公众 / 私有领域的表现。显而易见的是，不同的执法机构所建立的联系是基于不同的结构、范围和特性上的。比如，非政府组织需要认识的是他们分享的执行性和战术性情报，都是对执法机构的单向输送。然而执法机构也要主动和创造性地对公共和利益相关者分享可以让整体环境

受益的分析结果。比如，执法机构可以帮助非政府组织设计一次反对消费非法野生动植物产品的活动。

什么情况下才能分享信息

分享执法信息需要依据当地的国家法律，但本手册无法提供详尽的国家法律架构分析。每一个执法人员都有责任了解并严格遵守其所在国家的相关法律，因此需要对他们进行妥善的教育和训练，并将培训计划纳入信息管理的策略中。信息主管应该确保员工在初始培训和定期考核中掌握他们在信息管理流程中所需要具备的技能。

当执法人员在信息共享时对法律或伦理问题有疑问，应当向其所在的法律部门或者信息主管寻求意见。

在遵守不同地区法律法规的条件下，执法信息分享可以遵循以下 3 个通用定律：① 遵循法令（法定义务）；② 运用法令（法定权力）；③ 应用民事或通行法律。

本手册不会通过详细说明法定义务来提供进一步的信息，譬如，法院判决或者信息自由法案等，而是会重点讨论合法范围内应该如何界定允许分享信息的空间。

促进情报导向执法的第一步是在执法机构间分享执法信息。因为执法机构的目的都是维护法律，虽然在大部分的法律系统内他们拥有很大的分享权限，但却没有义务在机构间进行信息分享。建议在类似的信息交换过程中，通过实际规定和流程等方式来建立组织架构。在某些情况下，不同的机构间对“刑事”、“行政”和“公众”的界定就会出现差异。大多数情况下，建立此类架构时，都会通过签署谅解备忘录的方式进行。同时，也要注意应包含关于以下问题的可被追踪审查的信息：

- 分享信息的目的是什么；
- 信息属于什么类别；
- 谁拥有此信息；
- 谁有权力决定是否分享这个信息；
- 信息分享、保存和回收的时间和要求是什么。

成熟的信息管理和情报导向执法应该重视与执法群体之外的组织（一般没有执法的权力）分享和接收信息的价值。

此类合作关系要建立在合理的风险评估结果之上，并且考虑到执法目的、分享的信息内容等因素。正式的合作关系内容包括了协议、规则和处理流程，以及信息储存的限制和责任、使用目的、可追踪的审计数据、保存和销毁。

在任何合作关系下共享信息时，要注意以下事项：

- 根据相关法律规定限制信息中关于个人信息的内容；
- 明确继续传播信息的限制。

国际刑警组织建议相关活动应在各国现有的法律允许条件下进行，同时要符合世界人权宣言的精神。共享信息时，建议各执法机构确保行动在个人权益和公共利益的平衡点上运行。这就要求机构在分享信息时分析分享所带来的收益是否值得为之侵犯个人隐私。出现以下情况时应当共享个人信息；

- 个人已经了解并明确同意分享信息；
- 分享的信息被证明有正当理由可以侵犯隐私；
- 使用合理的分享措施，如分享个人信息是合理且符合分享目的的；
- 没有其他较低侵犯性的手段可以达到目的。

所有组织间信息共享的合作，都要包括反对任何武断干涉隐私行为的合法条款。

分享环境执法信息

- 建议为分享信息设立专门的目标和架构，并签署信息共享协议。
- 分享信息的决策是基于现有的执法目的和风险评估结论做出的。
- 特别建议机构间合作应签署信息分享协议，明确规范、流程、限制条件，以及每个参与者的责任。

什么是信息分享协议

信息分享协议（ISA）可以被用于规范机构间的信息分享。落实这些管理活动是信息主管的职责。

ISA 保证了执法机构与合作伙伴之间合法稳定的信息分享，也有利于在信息共享的规定和流程、限制条件与责任分配上达成共识。因此，在商定 ISA 时最重要的内容之一就是制定信息分享的流程。

合作的各方都要明确了解以下内容：

- 分享了什么信息，处于什么目的分享；
- 何时、如何分享信息；
- 信息储存在何处，如何被储存；
- 谁有获得信息的权限；
- 使用信息的目的；
- 如何确保信息的时效性和准确性；
- 信息会被保存多长时间；
- 如何确保分享信息时符合隐私相关法律；
- 谁是可靠负责的 ISA 执行负责人（包括传输、接收、存储、保密、授权和销毁等）
- 谁是 ISA 的授权拥有及签署人，协议被储存在何处。

国家环境安全工作组

发起和组建一个工作组是通过提高跨机构合作及信息管理效率来促进情报导向执法的重要步骤。国际刑警组织将其称为环境安全工作组（NEST）。NEST 是一个国家级跨机构合作组织，参与者包括警察局、海关、环境机构、税收部门、运输部门、健康机构、检察官和其他相关的国家部门机构。NEST 最好设立在每个国家的国际刑警组织国家中心局（NCB）内，并成为国家性的环境犯罪信息情报交换中心。其优点是可以加强已有的国家网络与 NCB 间的联系，同时也加强了对环境犯罪的全面包围打击。

NEST 的主要职责是通过情报导向执法，主动打击严重的、有组织的环境犯罪（详情请参阅国际刑警组织国家环境安全工作组概念、组织和架构概念文件。这个文件还包括了一份在国家层面签署跨执法机构 ISA 的范例）。

不应该仅仅将 ISA 描述成一个反对官僚政治的工具。相反的是，对一个强有力的 ISA 投入并生效后，有利于大大提升快速、有效和有组织的信息交换。

为了保证政府机构在人权义务上的透明性和可靠性，ISA 应当尽可能在公开情况下签署。

最终，ISA 应当被定期修改来决定是否符合以下要求：

- 是否还在实现既定目标，目标是否还有效；
- 是否仍旧合法；
- 是否在角色、任务和职责描述上及时有效；
- 是否在日常操作中有效；
- 是否有新的情况出现。

基于复审的结果，机构可以决定扩展、修改或者终止 ISA。

图 1 的流程图基于英国 ACPO 的警察信息管理系统指南，解释了如何通过发展和应用 ISA 来检查确保一致合法的信息分析。

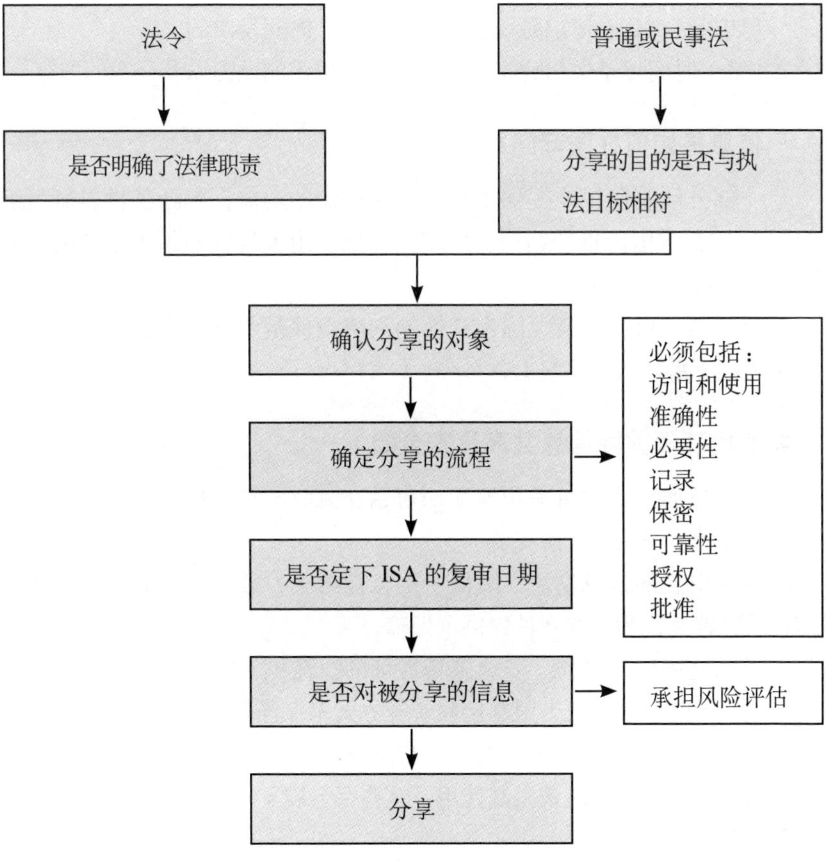

法令

是否明确了法律职责

普通或民事法

分享的目的是否与执法目标相符

确认分享的对象

确定分享的流程

必须包括：
访问和使用
准确性
必要性
记录
保密
可靠性
授权
批准

是否定下 ISA 的复审日期

是否对被分享的信息

承担风险评估

分享

图 1　信息分享协议（ISA）流程图

在 ISA 之外分析信息

- 谁请求获得信息？
- 信息的内容是什么？
- 使用信息的目的是什么？
- 是否记录了申请者的姓名、职位、组织和联系信息？
- 申请人是否通过了审查和认证？
- 申请的是否为私人信息？
- 是否存在相关法令、普通法或者民事法？为了执法目的分享信息的出发点是否成立？
- 如果是，信息请求是以什么形式、什么时间发出的？
- 第一时间记录做出分享信息的决定，决定的原因以及分享的内容。

信息是如何在国际间共享的

一部分政府间组织提供了执法信息交流的功能，包括了世界海关组织（WCO）和国际刑警组织。国家也可以利用大使馆和领事馆的网络来交换执法及司法信息。

执法信息可以与其他国家交换的先决条件是建立了有组织和方式的合作运行关系，譬如签署 ISA。

如何确保国际信息共享是安全的

进行任何形式的有关犯罪活动信息交流时，都应保证信息安全，进行负责任的、职业的信息交流。

通过安全的信息交流，降低了信息被第三方截获的可能性，保证了信息的完整性，为破获案件提供了保障。

无法使用信息网络、安全邮箱地址的执法机构，应当通过将信息发送给相关的政府机构或者限制接收者等方式来保证信息的安全。网络邮件提供者，如 Hotmail、Gmail、雅虎或者社交网络，如脸书、推特和领英等都不是安全的平台，应该限制使用。这些平台属于一些拥有信息交换权利的私人企业和组织。

• 国际刑警组织

所有的政府执法机构都可以访问并使用国际刑警组织的服务和产品。

国际刑警组织在 190 个成员国的 NCB 提供了安全的 7×24 小时全球执法信息交流系统。执法机构不再需要使用不安全的通讯手段进行跨国交流，而是可以通过这些 NCB 进行有效的跨国合作。

I-24/7 系统可以通过 NCB 的终端访问，并根据不同国家的规定延伸到了其他的执法机构办公处。I-24/7 也可以通过手持设备访问。国际刑警组织鼓励在 NCB 之外为执法机构扩展访问渠道。在传统的警察间的沟通交流之外，国际刑警组织 NCB 所提供的专供环境执法机构间安全沟通和标准化的程序，通常会成为这些机构发起有效的国际信息分享的首要步骤。

国际刑警组织 NCB 与国际刑警组织总部（俗称总秘书处）除了直接与相关国家交流情报之外，NCB 还会将信息上传到总秘书处与数据库的档案信息进行比对（图 2）。

图 2　抄送给国际刑警组织总秘书处，同时允许全球性交叉引用分析

环境犯罪组（ECP）因此可以研究犯罪趋势和威胁，将研究结果通过 NCB 网络分发到相关的国家机构处。

• 国际刑警组织

国际刑警组织 (ICPO-INTERPOL) 是一个支持和帮助国际间组织、政府与服务机构预防和打击国际犯罪的组织。

国际刑警组织（NCB）是国家内最主要的环境犯罪信息交流中心。它们可能会将国家警察系统外的海关、林业局和野生动植物管理部门所提供的信息纳入交流中。

• 国际刑警组织全球安全通信网络

国际刑警组织的 I-24/7 系统在 190 个成员国之间提供唯一的国际间安全电子信息交流网络，使用者可以请求、提交或者传输名义上的个人信息(图 3)。

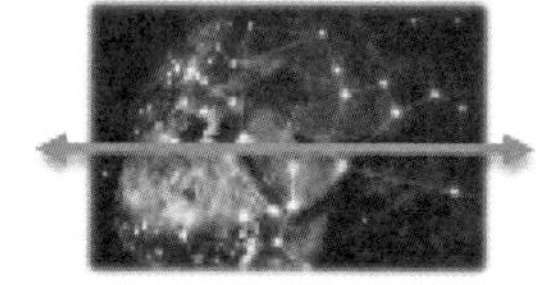

图 3　通过国际刑警组织中心局 I-24/7 系统进行安全国际信息交流的流程

• 世界海关组织（World Customs Organization，WCO）

海关人员有权利通过世界海关组织（WCO）的安全工具如海关执法网络 (CEN)、CEN 数据库及 CENCOMM 来交流。

海关执法网络是一个全球海关信息数据网络。CEN 允许海关人员不间断地，及时、可靠、安全地通过交流海关信息来截获和破获案件。

CEN 数据库只包含了缴获物品的匿名信息。这个国际性数据库使用了有效的数据保护手段，依赖加密技术来保证通信和数据传输的安全。

CENCOMM 是一个为海关人员和其他执法机构、地区网络提供边境犯罪安全的在线实时全球通讯工具。其目的是为这些人员和机构提供执法信息共享的渠道。

ENVIRONET 是由 CENCOMM 支持，关注多边环境贸易相关协议中所包含的所有有害环境商品的平台。这包括了濒危动植物、消耗臭氧层的物质、有毒废弃物、农药、化学武器和转基因活体生物等。

• WCO 地区联系办公室 (RILO)

作为执法战略的一部分，WCO 建立了一个用于信息情报交流的地区联系办公室的全球网络。目前 RILO 由分布在全球的 11 个办公室组成。每一个 RILO 都是一个地区性数据搜集分析中心，同时也担任了分发犯罪趋势、作案手法、路线、严重欺诈案件及非法货物信息的任务。

信息复审，存档及清理

为何要复审已存档分享过的信息

本手册假设成员国已经有相关法律来防止非法和不恰当侵犯个人隐私的行为，以及保证政府持有的与个人相关的档案是准确和相关的。在执法信息的复审、存储和销毁步骤中需要将这些权利与合法的执法需求进行权衡。

如之前所提，本手册无法提供详尽的国家法律架构分析。每一个执法人员都有责任了解并严格遵守其所在国家的相关法律，因此需要对他们进行妥善的教育和训练，并将培训计划纳入信息管理的策略中。信息主管应该确保员工在初始培训和定期考核中掌握他们在信息管理流程中所需要具备的技能。

复审过程的关键元素

复审过程中的 3 个关键元素是回顾、保留、销毁。

• 回顾

在回顾阶段，通过检查档案来确认留存档案的政策性目的，以及保证档案是充分、及时、恰当和符合法律规范的。其次应当考虑引入新的相关档案，评估旧档案的分级和管理是否仍然适用。

• 保留

信息在复审结束以后，就会根据复审结果的情况决定是否进入保留阶段。

• 销毁

执法信息从信息管理系统中移除后，应该被完全销毁。应结合评估和复审信息的结果决定是否销毁信息。

附录一：案例研究*

案例 1：野生动植物走私——逮捕走私老虎器官的布朗先生

泰国海关人员逮捕了一名从印度飞往泰国的英国人吉姆·布朗。布朗试图在他的行李中走私一批老虎器官(CITES 附录 I 物种)。初始侦查发现这些器官可能会被卖往泰国一个市场，执法机关因此展开了侦查。

©Gregory Normington

这个案件包含了至少 3 个国家：

① 泰国，正在侦查案件的国家。

② 印度，布朗进入泰国前的出发地。

③ 英国，布朗先生的国家。

行动：泰国海关应当针对案情完成一份生态信息报告，包括布朗的全名、生日和所有与此次案件相关的信息，如航班、地址、走私的物种、电话号码等。

泰国海关是泰国国家环境保护组（NEST）的一部分，所以信息可以通过恰当的渠道传递到 NCB，并请求新德里 NCB 将信息传递到相关的机构，通知他们提供信息或者采取行动。这可能包括了侦查布朗在印度是否有被政府机构监测到的活动。此信息可能引起一次在印度国内的侦查行动，产生对泰国方面侦查案件有用的信息。在印度和泰国的 NEST 将确保信息在两国的其他环境执法监管部门中流通。这样可以在各个机构的内部数据库中搜寻比对布朗的信息。在此阶段搜集到的所有信息都会传回 NEST 和 NCB 的网络中并产生对布朗先生整个犯罪活动的全面情况描述。

此生态信息应该被传递到英国伦敦 NCB 总部，并分发到任何可以调查布朗背景信息的机构，检查他的犯罪历史，或者任何有关不寻常的高收

* 本案例中的人名为化名。

人或者经常无理由到亚洲旅行的信息。这个信息可能对泰国方面的侦查有帮助，或者为其他国家提供相关信息。

生态信息也应该被发送到国际刑警组织环境犯罪组，请求在国际刑警组织犯罪信息数据库（ICIS）中搜寻布朗的信息。根据犯罪的严重程度，泰国曼谷 NCB 也可以请求发布国际刑警组织警告，对布朗的犯罪活动额外信息进行征集，或者提醒其他国家他可能有类似的犯罪行为（关于国际刑警组织警告的信息请查看附录五）。

这些行动将会增加执法力量对布朗的侦查力度，确保他因为参与有组织的野生动植物犯罪受到合法的逮捕和指控。同时也有可能在侦查过程中发现更多与野生动植物盗猎走私网络相关的联系。

案例 2：野生动植物走私——分析历史案例

2009 年到 2011 年间，发生了 34 宗总量超过 1 吨的象牙走私案件。执法人员在东非和南非以及东南亚抓捕了嫌犯，截获了走私象牙。

相关国家通过生态信息系统向国际刑警组织环境犯罪组提交了报告。报告包含了详细的嫌疑人姓名、使用的电话号码、运输手段以及发货、中转和抵达的港口等信息，另外还有关于如何藏匿、处理象牙的信息，如伪装成雕刻工艺品和使用记号等。

提交的这些信息使环境犯罪组可以鉴别出犯罪组织最常用的藏匿手段以及运输线路，同时还发现了某些案件中的共同特性，譬如，在没有加工过的象牙上做记号以及提货单的相同点等。

环境犯罪组做出的分析指出了信息缺失点，并提醒相关国家、侦查者提供补充信息以形成完整的犯罪情报。

©Bill Clark

经过肯尼亚政府数月的分析和卧底侦查，发现一个关键人物与大量的缴获货物有关。ASEAN—野生动植物执法网络和相关国家的 NEST 在卢萨卡协议执法组的协助下，与菲律宾和中国政府协调进行了一次走私象牙的监控交付。

根据行动和后续侦查的结果，特别是金钱交易的信息，7 个国家的 14 个嫌疑人被指控谋划走私 CITES 附录 I 物种和麻醉剂，总共被判处了超过 80 年的监禁。政府截获和缴获的犯罪物资总价值超过了 100 万美元。

此次行动产生了丰富的情报，据此抓获了野生动植物走私的重犯，打击了非法盗猎大象的活动。

案例 3：污染犯罪——电子废弃物走私及非政府组织的作用

有个关注越南移民和发展的非政府组织发现了一个非法越境偷渡到中国的案例。在那里他们目睹了一批电脑和显示器被装在小船上并被偷渡到了中国。

该非政府组织下载了国际刑警组织的生态信息表格，完成之后发送到了环境犯罪组，描述了案情和详细地点，还提供了照片。

©Mike Anane

除了这个案件之外，在英国的一个非政府组织发现了一批可能与非法出口电脑到欧洲、非洲和亚洲有关的公司。他们完成了信息报告并同时提交给了英国环境部和环境犯罪组。

环境犯罪组整理了不同来源的信息并分发到了相关的执法机构，包括一直在侦查从欧洲出口电子废弃物到越南和中国的荷兰环境局。他们建立了与亚洲当局的联系，特别是通过 NEST 开展了一次战略性的情报导向执法，发起了对从欧洲非法出口电子废弃物的公司的检控。

案例 4：非法伐木——在巴西和美国的森林采伐诈骗及偷税漏税

在一次对巴西某个伐木活动的侦查中，执法人员发现他们申报的伐木描述、数量、质量和原木种类与实际情况不符。后续侦查发现提取和打磨工序与巴西一个港口的出口活动有关。

©Amy Crocker

出口许可证显示这些原木是被发送到美国的。通过国际刑警组织 NCB 系统，这些信息在美国和巴西间互相分享。通过分析信息，美国政府发现进口许可的内容有不符的地方，并根据发现的原木运输目的地通知了巴西政府。

通过分析这个商业公司的所有者和管理者，巴西和美国政府开始了进一步的调查。通过这些信息，建立了采伐、打磨和出口公司之间的供应链联系。由此发现了更多关于虚假申报原木数量、质量、描述和种类的欺诈和逃税犯罪。

通过与美国政府的后续情报分享，在一次侦查行动中发现了类似的犯罪的情况，并成功破获和起诉了一个国际重大犯罪组织网络。

附录二：英国警务信息管理系统

英国警务信息管理系统（MoPI）是一个覆盖整个英国警察组织的庞大的政策、流程及文化交流管理系统。此系统在英格兰及威尔士的所有警察机关中实施①。

① http://www.npia.police.uk/en/15088.htm

MoPI 至今仍在正常运作，保证了警察系统中信息管理的连续性，支持了国家标准的实行。

MoPI 是为了让信息联系起来，并且易于取得，保证了高效管理所有警察执行的信息。MoPI 覆盖了整个信息的生态循环，包括搜集、记录、评估、分享和复审、保留及销毁。

MoPI 为执法人员提供了基本框架，以及适应当地法规和流程的规范程序，并强调了对社会弱势群体的保护。

实施规程和指导手册提供了确保行动达到目的的相关信息。这些文件（更新的版本）现在可以在网上公开下载，建议需要通过信息管理系统建设实行情报导向执法的国家和机构使用该范本。

下载实施规程：http://webarchive.nationalarchives.gov.uk/20121204155004/http://www.npia.police.uk/en/11945.htm

下载指导手册 : http://www.npia.police.uk/en/15532.htm

在 2007 版的情报导向治安简介操作建议中，可以找到如何在日常工作中采用情报导向治安方法的实际描述。该文档没有保护标记，版权所有者也同意在警察和相关机构在不公开发表的情况下使用该文档。

有任何关于这些出版物的疑问，请咨询专业运营中心：

National Policing Improvement Agency (NPIA)

Specialist Operations Centre

Wyboston Lakes, Great North road

Wyboston, Bedfordshire MK44 3BY

Telephone: 0845 000 5463

Email: soc@npia.pnn.police.uk

其他需问 NPIA 咨询的一般性问题，请联系：

Email: enquiries@npia.pnn.police.uk

Telephone: 0800 496 3322

Outside the UK: +44 (0) 1423 876817

附录三：5×5×5 情报信息报告表

保护标记	保密	秘密	机密

5×5×5 情报信息报告表 A

<table>
<tr><td colspan="2">组织及办案人员</td><td colspan="2"></td><td colspan="2">报告时间及日期</td><td colspan="2"></td></tr>
<tr><td colspan="2">信息 / 情报
信息源 / 情报
信息源编号 (ISR)</td><td colspan="2"></td><td colspan="2">特殊编号</td><td colspan="2"></td></tr>
<tr><td colspan="8">信息源及信息 / 情报评估需由提交者完成</td></tr>
<tr><td>信息源评估</td><td>A
绝对可靠</td><td colspan="2">B
大多数情况下可靠</td><td>C
有时可靠</td><td>D
不可靠</td><td colspan="2">E
未经验证的信息源</td></tr>
<tr><td>信息 / 情报评估</td><td>1
已知可以无保留的信任</td><td colspan="2">2
个人与信息源熟悉，但不熟悉报告者</td><td>3
个人不熟悉信息源，但经过验证</td><td>4
无法确认</td><td colspan="2">5
怀疑是虚假的</td></tr>
<tr><td colspan="8">报告</td></tr>
<tr><td colspan="2">个人 / 企业记录：</td><td colspan="3">出生日期 / 所属商会：</td><td colspan="3">社保号码：</td></tr>
<tr><td colspan="5">行动名称 / 代号 (选填)：</td><td>S</td><td>I</td><td>H</td></tr>
<tr><td colspan="5">(报告内容)</td><td colspan="3">(填入代码)</td></tr>
<tr><td colspan="8">情报机构专用</td></tr>
</table>

（续）

<table>
<tr><td>处理代码

评估者接收后首先完成表格再录入情报系统。

传播前需要进行审核。</td><td>1
预设：允许在本单位和其他特定执法机构中流通（参见指导手册）</td><td>2
允许在国家性非检察机构中流通（相关条件参见指导手册）</td><td>3
允许在（非条约性的）外国执法机构中流通（相关条件参见指导手册）</td><td>4
仅允许在实发机构中流通，表明原因及内部接收者。复审时间必须确定（参见指导手册）</td><td>5
允许流通，但接收机构需要遵守特定的规则（参见指导手册中风险评估部分）</td></tr>
<tr><td colspan="2">5×5×5 审核人：
重新评估：是 / 否</td><td colspan="2">对照检索统一名称：</td><td colspan="2">复审时间日期：</td></tr>
<tr><td colspan="3">分发到：</td><td colspan="3">分发人 / 时间日期：</td></tr>
<tr><td colspan="3">详细处理建议：</td><td colspan="3">公共利益豁免权：</td></tr>
<tr><td colspan="6">上交到情报系统：是 / 否</td></tr>
<tr><td colspan="6">签名（纸质文档）：</td></tr>
<tr><td>保护标记</td><td>保密</td><td>秘密</td><td>机密</td></tr>
</table>

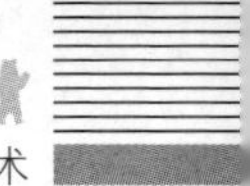

5×5×5 表格 B

信息 / 信息源 / 信息源代码 (ISR)		特殊编号		
报告				
个人 / 企业：	生日日期 / 所属商会：		ICIS / 社保号码：	
行动名称 / 代码：		S	I	H
保护标记	保密	秘密	机密	

风险评估表 C

供信息 / 情报分发使用

1	依据法律，信息中是否有保密或敏感的内容？	有 / 没有
2	如果有，是否有任何法律限制，或提交者设定的特殊使用要求？	有 / 没有
3	传播或公开信息能否造成任何伦理、个人或执行风险？ 报告中需包括对信息源和信息的风险评估。	
4	传播和公开的目的是什么？是为了治安目的还是法律要求？	
5	明确了风险之后，解释决策的过程。 可以包括提供正当性、权威性、成比例性、均衡性、可靠性和必要性来说明为何要传播或公开信息。	
仅供情报单位使用		
6	根据风险评估，采用的处理方式是否正确？	是 / 否
风险评估和管理方案授权人（情报官员）：	风险评估人：	
对照检索独立代码：	时间 / 日期：	

附录四：国际刑警组织生态信息

什么是生态信息

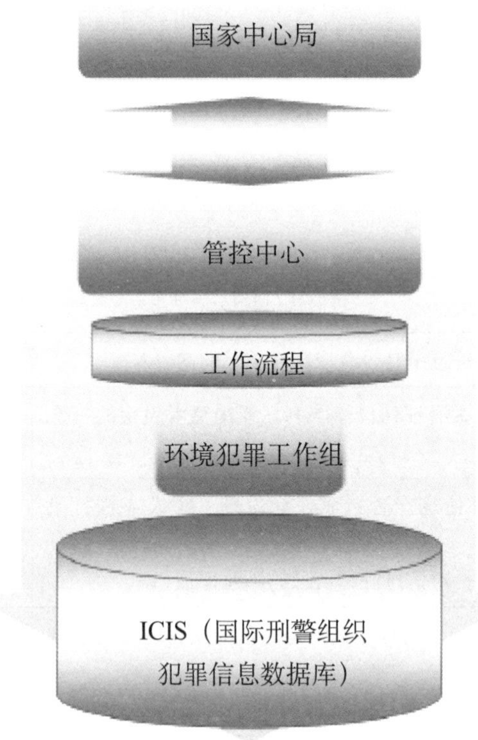

国际刑警组织设计了生态信息系统，一个分享环境执法信息和情报的、有组织的报告和申请系统。这个系统在报告已发生的案件并通知其他国家时非常有效。对所有严重的跨国环境犯罪都应当用生态信息来通报。

生态信息系统使用一种简单的方式传输环境违法行为信息，或是传递组织机构向国际刑警组织和 NCB 请求的信息。该系统是在全球的环境执法机构合作下共同建立的。当国际刑警组织通过生态信息接收到了环境犯罪报告时，标准化的信息处理流程可以让信息做到以下几点。

（1）快速且有条不紊地将报告内容以已有的格式输入到 ICIS 环境案

件数据库中。

(2) 高效地在 ICIS 中进行对照检索。

(3) 从 ICIS 中组织和抽取有用的信息帮助生成犯罪情报分析。

生态信息一定要通过国际刑警组织使用联合国大会决定的处理流程来传输和处理。实际上，这意味着信息一定要由 NCB、一个授权的国家机构或者授权的国际机构经过 I-24/7 来处理。这种系统性的处理手法提升了数据传输的有效性，增加了信息在数据库中的可靠性以及在分析使用时提供更多可靠的结论。

从何处获得生态信息表格

生态信息表格可以从国际刑警组织的官网上下载。使用者可以打印、传真、复印，或者保存为电子文档并通过网络传输。网址为：http://www.interpol.int/Crime-areas/Environmental-crime/Intelligence

附录五：国际刑警组织的工具和援助

国际刑警组织的信息如何帮助执法人员工作

国际刑警组织有一套对所有成员国可以通过 NCB 即时、直接访问的数据库。这些信息库包括以下内容：

- 已知的犯罪分子；
- 指纹库；
- DNA 信息库；
- 失窃车辆信息；
- 失窃的旅游证件。

执法机构如何通过国际刑警组织互相提醒

国际刑警组织的其中一个功能就是帮助成员国的执法机构通过其系统共享有关严重犯罪的信息和警告。国际刑警组织有一套专门的国际警告系统来发布这些信息。执法机构可以向 NCB 提出警告申请，并将警告翻译成4种语言。

建议环境执法机构使用警告系统来提高执行环境法律和条约的效率。请联系当地NCB或者国际刑警组织环境犯罪组来获得更多发出警告和提醒的信息。

以下是8种警告及其目的。

红色警告——根据引渡条约及法院的逮捕许可追缉某嫌疑人。

蓝色警告——搜集与犯罪活动相关的嫌疑人的身份、位置和非法活动信息。

绿色警告——提醒其他国家，某嫌疑人曾经触犯法律并很有可能再次犯罪。

黄色警告——寻找失踪人口，特别是未成年人，或者帮助辨别无法提供身份信息的人。

黑色警告——寻找无名尸体的信息。

国际刑警组织—联合国安理会特别警告——提醒警方注意一个或多个联合国对基地组织和塔利班制裁的目标。

橙色警报——提醒警方、公众团体或者其他国际组织，关于可能威胁到公共安全的危险物品、犯罪行为或者活动。

紫色警报——提供犯罪分子使用的犯罪手段、程序、目的、器材和藏匿地点等信息。

执行指挥和控制

国际刑警组织指挥控制中心 (CCC) 全年无休，员工都能流利使用国际刑警组织的 4 种语言（阿拉伯语、英语、法语、西班牙语）进行交流。

通过国家间的通讯节点 NCB，CCC 可以辅助、协调国际调查行动，包括控制交付等实时深度的合作行动。

请记住：

- 打击环境犯罪的行动应当将情报作为有价值的资源看待；
- 执法人员应该接受与他们在信息管理流程中职位相符的训练；
- 负责管理情报的人员应当了解国际刑警组织和 NCB 的角色；
- 关于跨国犯罪的情报应当通过国际刑警组织在相关国家内流通，这样才能采取进一步的行动；
- 生态信息是一种简单有效的提交环境犯罪情报的方式；
- 犯罪情报，特别是犯罪特征应当通过 NCB 提交。

附录六：与民间团体交换信息的指导参考

简介

民间团体基本上在所有打击犯罪的活动中都扮演了重要角色。负责打击环境犯罪的执法机构可以在执法过程中从全世界大量的组织、团体中获得多方面的支持。

非政府组织普遍被认为是在完成政府和政府间组织的任务。联合国承认非政府组织在联合国的工作中以必要的信息、支持和适当参加会议的方式来提供咨询。

为了提高可靠程度和透明度，非政府组织通常在合适的国家体制内注册，并且通常是受到慈善组织委托。

私人企业和公司也有可能在打击环境犯罪的活动中通过伙伴关系或创新技术来向执法机构提供帮助。例如，企业可以发明新的鉴别野生动植物制品的技术，提升追踪识别手段来鉴别废料货物中的电子零部件，开发新的方法来回收、销毁消耗臭氧层的化学物品，或者帮助提供最先进的执法能力培训。

国际刑警组织欢迎来自所有民间团体的信息，下面提供了一些如何进行信息交流的指导。

重点：

如果你有任何关于正在进行的犯罪活动的信息，或者你目睹了一次犯罪活动，应该向当地的相关执法机构举报。

民间团体信息的问题和局限

民间团体组织相较于国家机构有一些优势，如可以不受影响地调查政治敏感问题，行动不会受国家机关所受到的限制。最重要的是民间团体可以在跨域国境线和地区边境，甚至在国际间工作，这一点是国家执法机构所不具备的优点。

民间团体组织有潜力通过有意或无意的行为得到海量犯罪信息。然而，此类组织常常因其平民身份无法将这些犯罪信息用于侦查或者检控。

管理预期与反馈

当组织向政府间机构和执法机构提供情报时，他们自然会期待获得一些关于情报提交情况和调查结果的反馈。通常提供情报的组织也要向其信息源回报信息，以保证情报源可以评估提供情报的风险。

很多情况下，出于信息可能仍然与正在进行的犯罪侦查有关的原因，详细的回馈是不能被提供给这些组织的。某些情况下，由于正处于法律诉讼阶段，向非政府组织的人员提供案件相关信息甚至是违法的。

然而，接收信息的机构应当与信息提交者保持定期的联系，并向他们提供尽可能多的信息。这种联系和反馈可以帮助双方建立一种互相尊重的关系，同时也可以方便双方商定对赞助者或者媒体等第三方发布信息。

犯罪信息与媒体

对媒体发布信息时应当经过仔细的考虑。媒体作为一个调查和预防犯罪的有效工具，在使用媒体发布信息时需要谨慎处理。

过早发布信息将会使聪明的罪犯意识到当局正在对他们进行调查，导致罪犯把证据销毁，并阻碍进一步的侦查。

在某些案例中，如果公布信息阻碍了侦查，甚至会构成刑事犯罪，信息公布者将遭到起诉。

如果存在任何疑问，不应先公布信息，而是要向当地的执法机构咨询。通过执法机构和民间团体的合作，确保侦查不会受到不利影响，同时对媒体的信息公布也可以达到利益最大化。

民间团体与执法机构信息共享指南

在建立和发展共同打击犯罪的信息交换关系时，民间团体和公共执法机构的关系尤为重要。双方的交流越直接，信息管理的效率就越高。

与犯罪相关的信息或情报需要被直接递交到合适的执法机构，这样他们才能根据信息进行及时的反应。当地和国家机构都应该知道如何理解信息在当地犯罪环境中的特性。

建议经常和犯罪情报接触的民间团体与国家执法机构建立联系，并直接将信息提交给他们。

相应地，机构可以将信息分发到国内其他的相关机构，或者在国际上与国际刑警组织等机构分享。

民间团体指导方法概要

（1）保证所有信息是通过合法手段获得的，且根据相关数据和保护相关法律，安全地存放数据。

（2）向执法机构提供信息时，应遵循标准的格式，如国际刑警组织网站上的生态信息。

（3）如果可能的话，确保信息和信息源都经过分级和评估。

（4）保护你的信息源——除非你的信息源同意将他们的名字与提交的信息放在一起，否则请保证他们的身份不被泄漏。

（5）指出其他任何接受过或者被提供过该信息的人。

（6）明确你对信息传递分发的目的。

（7）如果条件允许，应当使用安全的邮件机制向执法机构提交信息。执行时可以检查一下执法机构是否有此条件。

安全的信息交换

所有与犯罪活动信息交换有关的人员，都要时刻重视信息安全的重要性。信息应当被负责任地进行传播，否则组织和个人都有可能因为对信息处置不当承担法律责任。

另外，通过安全的信息交换，第三方截获信息的几率大大降低，这样，就保证了信息的完整性。

民间组织一般很少使用安全网络，他们应该考虑在此类网络之外限制信息的分发，主要将信息发往政府机构，同时限制收到信息的人。Hotmail、Gmail、雅虎、脸书和推特都不是安全的平台，应该限制使用。

国际刑警组织生态信息

如上所述，民间组织可能会选择使用生态信息表来向执法机构报告他们的发现。这种格式促进了执法报告的完整性和准确性。

国际刑警组织与民间团体

某些情况下，民间团体需要通过国际组织，如国际刑警组织来帮助他们交换信息。

这些情况包括：

• 无法与国际组织联系时，可要求国际刑警组织以他们的名义传递信息。国际刑警组织可能会根据与此组织的关系来帮助他们。

• 当信息内容紧急或与迫在眉睫的犯罪有关（比如，托运货物快要抵达终点），国际刑警组织 I-24/7 就可以提供帮助。

• 民间团体意识到信息可能具有国际性而且希望国际刑警组织知晓情况。

• 民间团体认为由于腐败，信息在某些机构不会得到妥善处理，甚至可能对他们造成威胁，要求国际性组织的介入。

• 民间团体相信国际刑警组织可以有助于发起国家间侦查，如监控交付等。

第三章

野生动植物及其制品非法走私方式

简　介

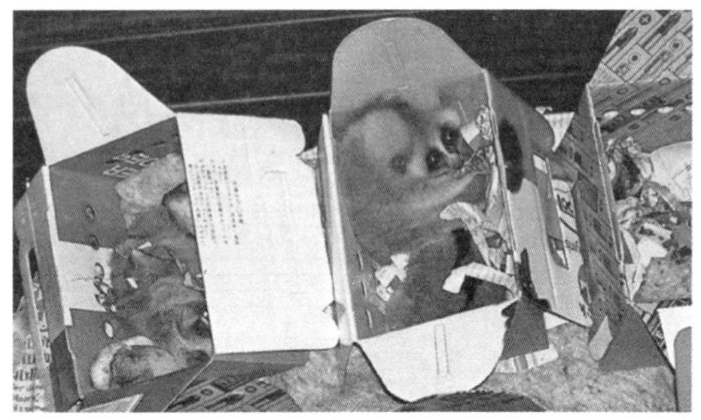
© 美国鱼类及野生动物管理局和泰国皇家警局

蜂猴是 CITES 附录 I 中的保护动物，但常常被非法猎杀，用于制作传统的药物等。

图中的样本在被查获时依旧存活，但大多数蜂猴都在运输过程中死去。

野生动植物走私是涉及数十亿美元的全球性非法贸易。

目前非法野生动植物贸易是一个严重的和不断增长的国际性问题。当全世界的生物多样性和野生动植物栖息地都因为非法野生动植物贸易的巨大影响而逐年减少的时候，这一世界性的犯罪行为却因为缺少及时可靠的监管分析而很少被提及。走私动植物的目的多种多样，其中包括：

- 拥有外来种或者不常见的物种；
- 可通过繁殖稀有或受欢迎的物种获利；
- 获得某物种的新血统；
- 可以用作药物。

在 2006 年国际刑警组织野生动物犯罪专案组会议上，编写一部用以提高执法人员对野生动植物走私犯罪侦查能力的基本手册的提议经过讨论被确定下来。在编辑的过程中，国际刑警组织野生动物犯罪专案组的成员国提供了大量的资料和图片。本章内的数据来自 CITES 秘书处、国际动物福利基金会、野生动物贸易监控网络以及公开的媒体文章。

编写本章的目的

本章中详细讲解了部分走私犯罪的案例，以供边检人员和调查人员在遇到类似情况时参考，以图文分析了来自各个国家和机构在侦查、拦截和起诉走私者的过程中得到的经验。这些案例仅仅是大量走私者会使用的一小部分方法，执法者则需要时刻谨记走私犯罪的方式一定会随着侦查手段的改进而不断改进，所以本手册将会不断更新。国际刑警组织野生动物犯罪专案组的成员有义务传递上报他们发现的任何新的走私方式及其背景资料。这些资料将被不断编入更新版本的指导手册中，并上传到国际刑警组织环境犯罪计划的官方网站上以供下载：www.interpol.int/Public/EnvironmentalCrime

请将拦截到的有价值的信息，包括图像和描述发送到以下邮箱：environmentalcrime@interpol.int

本章包括以下内容。

- 利用身体走私：将走私货物用特制的衣物、小的包装物以及各式袋子绑在身体上。
- 利用容器走私：将走私货物隐藏在大到集装箱，小到 35 毫米的胶卷筒或药水瓶等容器中。
- 利用车辆走私：将走私货物隐藏在车辆上的各种空间，包括备胎存放处，或通过改造出来的夹层，甚至将走私品装在行李中或者混杂在合法申报的货物中以逃避检查。
- 伪装走私物品：通过改造物品原本的外型来逃避检查（如将象牙藏于粗糙的手工黏土制品中）。
- 伪造文件：通过伪造整份或部分的通关文件来逃避检查。

参与违法走私贸易的嫌疑人可能来自社会的不同领域，需要特别注意，一些表面上遵纪守法的公民也有可能与野生动植物走私有关联。手册每一章后面的附录中收录了一些类似的案例以供参考。

阅读的过程中请注意稽查要点部分的文字，其内容是执法者在侦查过程中需要关注的内容。

文中提及的嫌疑人均为化名。

利用身体走私

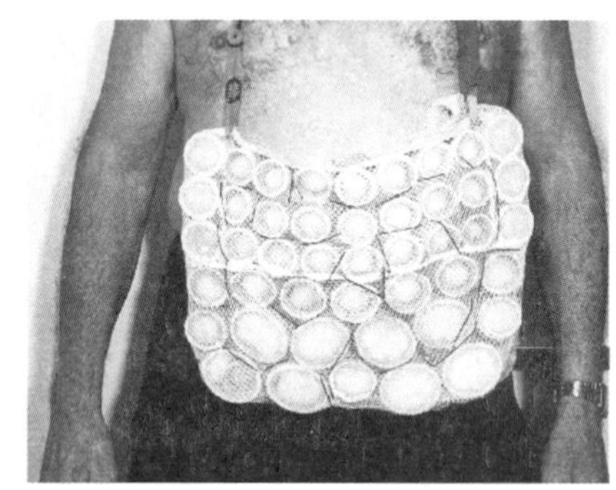

© 英国边管局濒管团队

图上显示的是一个粗制的网袋，里面装了足以装下 45 枚蛋的容器。违法者将网带用绳索悬挂于脖子上，穿了一件宽松的 T 恤来掩盖这些东西。

稽查要点：

- 穿着与出发地点或抵达地点气温状况不符的衣物。
- 身上的凸出物，特别是衣物覆盖下的可疑凸起。
- 穿着猎装 / 渔装但没有携带相关器具的人。
- 胸部以下或腹部部位有可疑污渍的人。
- 破损的蛋发出的气味。
- 可疑的动作。
- 尝试躲避 X 光、稽查犬或者其他海关检查的人。

• 利用身体走私的具体方法

- 包裹在身上的带状的容器。
- 悬挂在脖子上或腰部的袋状容器。
- 为走私货物特别制作的衣物。

手册中所分析的案例包含了以上 3 种主要的走私方式。这些案例说明了走私者会尝试在身体上任何部位藏匿走私物品，包括但不仅限于手臂、腰、腹股沟、膝盖、小腿、踝部以及假肢。通常走私者会将货物夹带在身体的正面，但有时他们也会在通过海关时将货物转移到背部来躲避检查。利用身体走私常见于走私鸟蛋的犯罪，因为走私者可以利用体温保持鸟蛋

的活性。执法者需要注意的是在检查可疑的人员时，走私的货物可能有一定的危险性。

上半身（胸部及躯干部分）

• 用绳子 / 长袜 / 皮带绑在身上

嫌疑人通常会使用一些条状物将蛋固定在腰部，在运输过程中利用体温保持蛋的活性。常见的一种方法是用丝袜隔段打结，将蛋分隔开来，并将丝袜绑在身上。由于男女身体构造的差异，女性嫌疑人会更倾向于用这种方式携带蛋。她们将丝袜绑在胸部的下面，这样可以利用身体保护蛋，通常一次可携带 20 枚左右。即便如此，也常发生因为捆绑过紧而导致蛋壳破裂的案例。

• 包裹

用包裹装起来的走私货物可被悬挂在脖子上，绑在腰间或身体的其他部位。为了隐藏身上的包裹，走私者通常需要穿着宽松的衣服，例如，宽松的衬衫、裙子、裤子或背心等。

• 背心 / 汗衫

用带有口袋的背心或汗衫走私蛋类的多为男性走私者，他们每次可以在胸前携带 40 ～ 50 枚的蛋。这种走私方式有几个容易暴露的特点：衣物上有不寻常的凸起；出现异常的污渍；发出异味。走私者也会穿着宽松的外衣来掩盖带有口袋的背心。

• 隐藏于衬衫内用裤袜包裹的聚氯乙烯（PVC）管

Z 先生曾试图从英国走私 50 枚稀有鸟蛋到新西兰。他身上的包裹是用 PVC 排水管、网袋和连裤袜制成并套在脖子上的。下图中显示他穿着宽松的衬衫和走私用的背心，可看出他的腹部出现了明显的盆状凸起，而他原本的身材

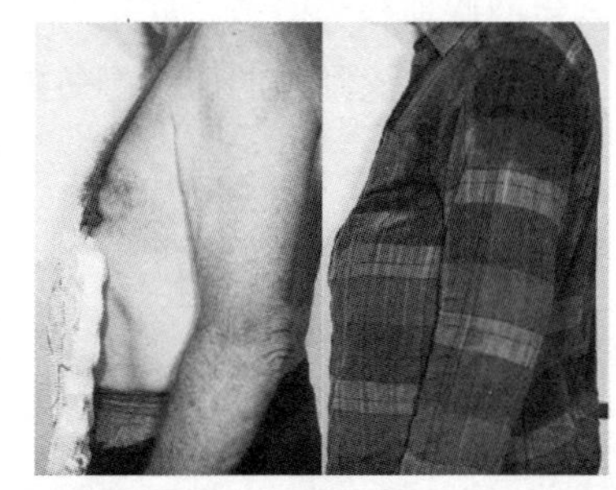

© 英国边管局濒管团队

是相对正常的。Z先生后来声称他并不知道这些鸟类的蛋受到CITES保护。

稽查要点：

- 注意衣着宽松的人——衣服下面可能还藏有其他的“乘客”（动物）。

• 用长袜绑起来藏于胸部以下的蛋

某年的3月，J小姐在奥克兰国际机场被海关人员拦截下来。因为她在新西兰最炎热的季节穿了一件人造皮草大衣出现在机场，而她旅行的出发地泰国在当时也正处于最热的季节。不仅如此，海关人员还发现她身上散发出令人恶心的臭味。在海关的搜查中，她被查出胸部下面绑了5串用袜子绑起来的鸟蛋。其中有一枚蛋在走私过程中破裂，导致她衣服上出现了污渍，并且散发出恶心的气味。

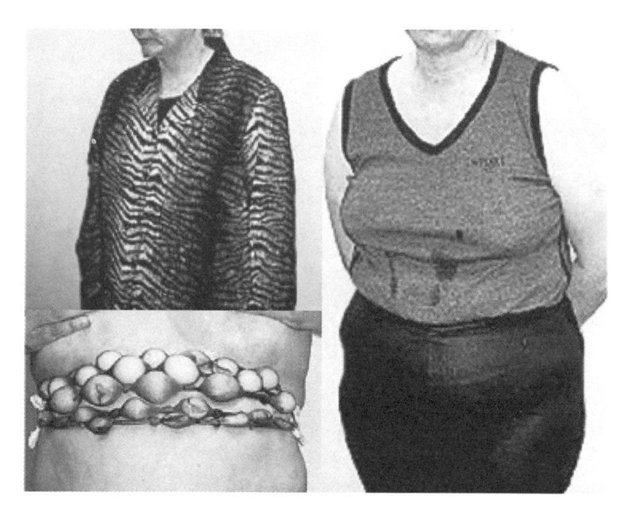

© 新西兰海关农林业部

J小姐是一个很典型的受走私商人雇用的走私者，他们在国内或国际走私货物，但却因为简陋的走私方式而被查获。走私商人以一次吃住全包的假期作为酬劳，雇用J小姐从泰国走私鸟蛋到新西兰。在她出发前的早晨有人到她的房间将鸟蛋交给了她，于是她将这些蛋全部绑在了身上。

稽查要点：

- 与气候不符的穿着。
- 不正常的气味。
- 衣物上的污渍。

• 用长袜绑起来藏于腰部的蛋

43 岁的 K 先生在抵达捷克布拉格国际机场的时候被拦截了下来，他被控涉嫌从巴西走私鸟蛋。海关人员在对他进行例行盘查的时候，发现他的行程存在可疑的地方，随后在他身上搜出了用塑料包裹绑在腰部的 18 枚鸟蛋。当所缴获的鸟蛋中的 14 枚被孵化后，海关人员发现这是 CITES 附录Ⅱ中收录的巴西地方保护动物蓝顶亚马逊鹦鹉 (*Amazona aestiva*)。在飞行的过程中，K 先生一直将鸟蛋保持在接近胃的部位，但通关的时候他把鸟蛋移动到背部。他声称这样做的原因是因为出发地巴西是一个毒品出产国家，当地的稽查人员一定会特别注意乘客身上可疑的凸起物。

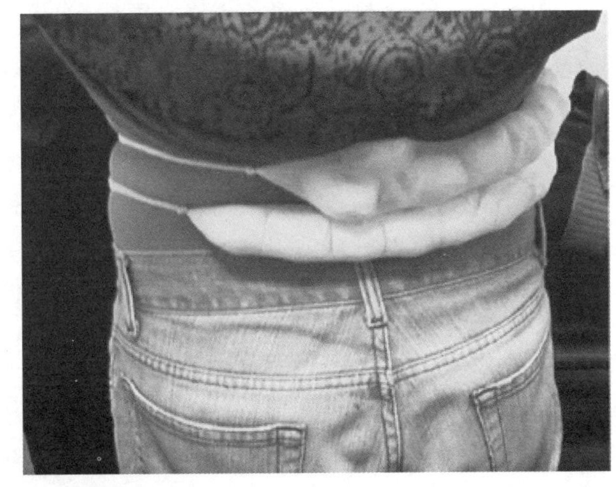

© 捷克海关局

稽查要点：

- 异常的行程。

• 藏于背心内的 44 枚蛋

新西兰当局收到情报称圣诞节期间将会有鸟蛋走私活动。举报者向海关提供了走私商的名字并且透露携带鸟蛋过关的人很可能是一名女性，但他并不知道走私者将会从哪个国家前来。海关当局根据这名走私商以往从南非和澳大利亚非法走私到新西兰的记录，确认此次走私的来源很可能就是这两个国家。因此，野生动植物执法组依据掌握的情况向机场的员工发布了一次非正式通知。

在例行的排查中，一位从澳大利亚悉尼出发，经南非约翰内斯堡转

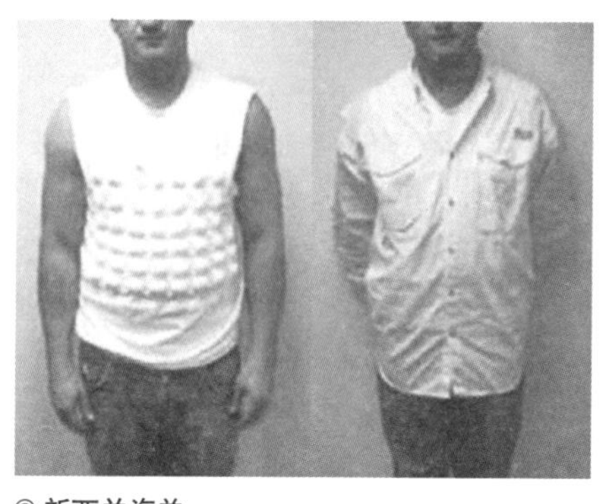
© 新西兰海关

机抵达新西兰的 B 先生，因为行为举止特别可疑引起了检查人员的注意。另外，他在长途飞行中没有托运任何的行李，在审问中改变了自己的说法，虽然他穿了一身普通旅客乘飞机会穿的服装，但是随身携带的行李中被搜出了关于鸟类的文件。在被调查的过程中，他所携带的鸟蛋中有一枚就已经孵化出来，最后他承认在背心里面夹带了 44 枚鸟蛋。

不幸的是，根据新西兰严格的生物安全法，所有进口的蛋和胚胎都必须以安乐死的方式处理，以防止任何病菌被携带进国内。这些鸟类来自于亚马逊，由于鉴定只能精确到属，当局也无法确认它们是属于 CITES 附录Ⅰ还是附录Ⅱ中的物种。检方只能以违反 CITES 附录Ⅱ的罪名起诉 B 先生，法庭判决他违反国家法律，并处以新西兰币 20 000 元的处罚（约合 67 000 元人民币）。

稽查要点：

- 被讯问时行为举止异常或提供的说法有变动。
- 长途旅行但没有携带托运行李。
- 携带有关受保护动物的文件。

• 藏于特制衣物中的蛋

何地：嫌疑人从比利时出发，抵达比利时某机场。

何物：32 枚国外种的鹦鹉蛋。

手段：特制的汗衫上缝了用来装蛋的口袋，内裤也被改造成适合夹带的款式。

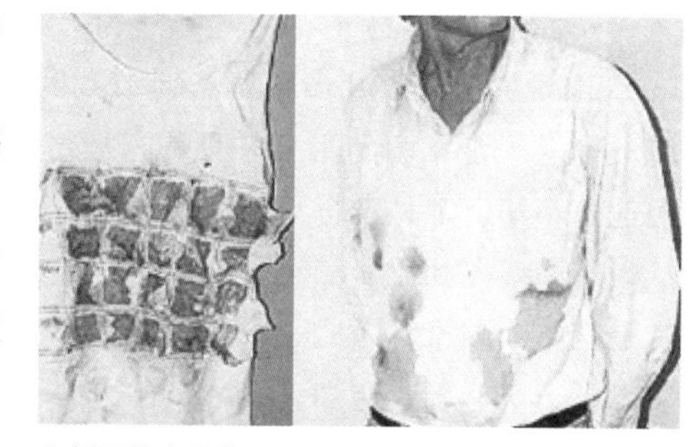
© 新西兰农林业局

要点：嫌疑人以为如果鸟

蛋无法被鉴别，他就不会被起诉，所以在被发现后偷偷将大部分的蛋打碎。

稽查要点：

- 搜查身体。

下半身（腿部及腹股沟部分）

• 小袋包装

通常体积较小的走私物品，如蛋类和爬行动物等，都有可能被装进较小的袋子里面并夹带在身上。

• 衣物

衣物一般会被改成适合夹带的款式。内裤上缝的口袋、裙子里缝的袋子都是很难被发现的。

• 腿上的袋子

小袋物品也有可能被绑在腿上或者脚踝上。由于这些部位绑了东西，导致嫌疑人无法正常走路。执法者要特别注意走路姿势奇怪的人。

• 藏于绑在小腿上口袋内的鸟类

© 美国鱼类和野生动植物管理局

在洛杉矶国际机场，执法部门在一只被遗弃的行李箱中发现了18只夜莺，其中5只已经死亡。这个箱子是属于D先生的，执法部门确认这名嫌疑人应该会在几个月后从越南返回洛杉矶。

当D先生抵达洛杉矶的时候，稽查员马上对他进行了盘问。发现他的袜子上有掉落的羽毛和鸟粪的痕迹，裤腿处还露出了鸟的尾羽。经过搜身检查，执法人员发现他小腿上绑了14只活的鸟类。D 先生制作了一些小的装置来夹带这些鸟，他把鸟装在小口袋中，然后将口袋用纽扣固定在小腿上。

稽查要点：

- 健全的持续侦查机制。
- 被动物弄脏的衣物。
- 衣物有异常的凸起。

• 藏于裙子内的特制夹带围裙

B 小姐从新加坡抵达墨尔本国际机场的时候，试图走私 51 尾活热带鱼到澳大利亚境内。边检官员在行李传输带旁边发现她神情紧张，并且有一些东西将裙子顶了起来。当稽查员听到她身上发出的水流声时，决定对她进行搜身检查。结果发现在她裙子下还穿着一件围裙样式的服装，上面的口袋里有 15 个装了鱼的塑料袋。

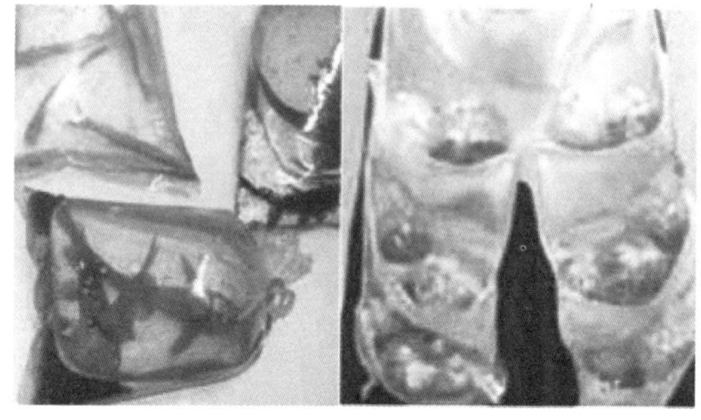
© 澳大利亚海关及边防局

B 小姐在登机的时候将装有鱼的塑料袋都藏在身上，在登机后将鱼都转移到了塑料容器里。当抵达墨尔本之后，她又将鱼藏到了裙子里。

稽查要点：

- 神态紧张的举动。
- 身上有不同寻常的凸起物。
- 身上发出异常的声响。

• 藏于内裤里的蛋

36 岁的 G 先生在悉尼国际机场往南非的航班登机处被海关人员拦截下来。海关人员在盘问的过程中发现他的行程都很短，而且旅行记录的诚信状况也有疑点。

4 天后，当他回到悉尼国际机场的时候，稽查员发现他走路的样子特别滑稽。经过搜查后发现，他的内裤上缝了数个口袋，里面夹带了 9 枚国外种的鹦鹉蛋。这些鹦鹉蛋被收缴，G 先生也被拘留了。他走路的方式之所以滑稽，是因为他的内裤和所有夹带的蛋加起来重达 3.28 千克。

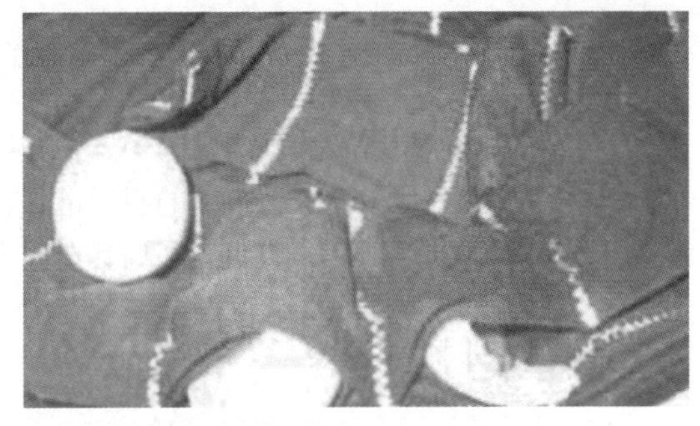

© 澳大利亚海关及边防局

最后因为 G 先生违反国家法律，被判处 18 个月的监禁，缓期两年执行。

稽查要点：

- 旅程较远，逗留的时间却很短。
- 旅行动机可疑。
- 走路姿态不正常。

• 藏于腹股沟内的小蛋包

新西兰的执法部门根据线人提供的线索，在新西兰奥克兰国际机场抓获了一名走私鹦鹉蛋的嫌疑人。线人称嫌疑人 P 先生将会在某个特定的时间段从澳大利亚走私鹦鹉蛋到新西兰，执法人员据此查到了此人将会搭乘的航班并在他抵达的时候将他抓获。他们从 P 先生的行李中搜出了一只袜子，嫌疑人声称这是某个女人留下来的，但经过讯问，P 先生终于承认他在腹股沟位置夹带了一枚蛋。搜身后执法人员发现 P 先生的腹股沟处还绑了一只与行李中查到的袜子相配的袜子。这只袜子里

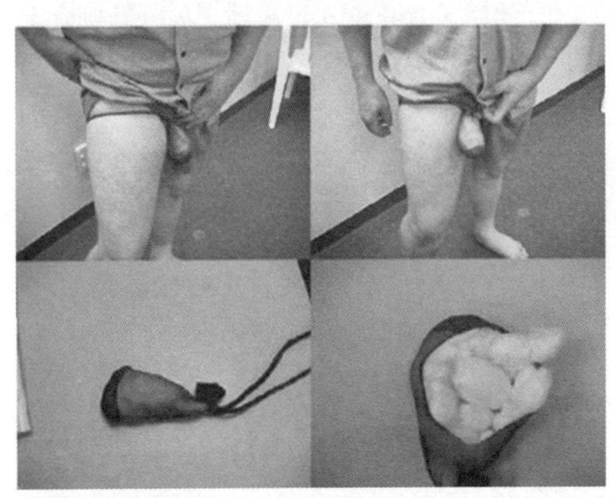

© 新西兰农林业局

面塞满了棉绒，中间夹了一颗鹦鹉蛋。因为P先生只有一枚睾丸，所以这枚鸟蛋紧紧地贴在了他的大腿根部，很难被发现。

P先生原本计划携带更多的鹦鹉蛋过关，但是鸟蛋的提供者没有给他足够的数量。此前他没有任何类似的犯罪记录。虽然用这个方法来偷渡走私鸟蛋的效率非常低，但是因为这些鸟蛋在澳大利亚的价格远远低于在新西兰的价格，即使只带了一枚鸟蛋到新西兰，对走私者来说也是划算的。

稽查要点：

- 行李中单只的长袜或其他可疑物品。
- 不自然的动作，譬如，僵硬地举起行李等。

• 藏于假腿内的鬣蜥

以下的案例着重讲解了稽查员所需要的客观分析能力，且说明了任何物品都有可能被用来藏匿走私物品。

在执法过程中，执法人员要尊重和礼貌对待乘客或旅行者，尽量满足他们不同的需求，但不能因此而忽略了常规的检查程序，或者降低警惕性。

美国鱼类和野生动植物管理局（USFWS，简称“鱼野管理局”）收到情报，称J先生拥有几只收录于CITES公约附录Ⅱ中的保护动物霓虹绿鬣蜥，于是对他展开了调查。对J先生卧底侦查时，J先生声称已经将其中3只鬣蜥以3万2千美元（大约20万元人民币）的价格卖出，但在接下来对他家的搜查中，美国鱼野管理局又查获了4只鬣蜥。后续的调查发现，J先生几年前从南太平洋岛上的自然保护区偷走了3只濒危的斐济岛横纹鬣蜥，把这些鬣蜥藏在自己改造的假腿中走私到了美国。当局怀疑J先生将鬣蜥繁殖出了后代之后才开始售卖。缴获的鬣蜥后来被移交到了美国一个鬣蜥繁育组织中继续繁殖。

稽查要点：

- 嫌疑人是否有犯罪前科

• 藏于内裤里的蛋II

何处：从悉尼机场到曼谷的航班出发处。

何物：6枚红冠灰凤头鹦鹉和粉红凤头鹦鹉蛋。

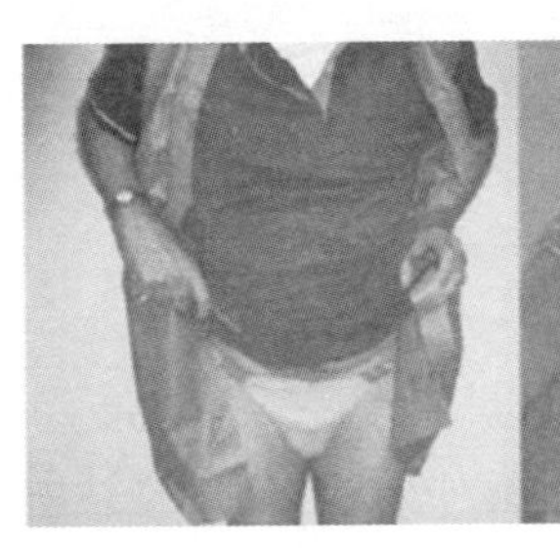

© 澳大利亚海关和边境保护局

手段：藏在内裤中，用袜子包裹着。

稽查要点：

- 搜身。

• 小腿上绑着的蛇

何处：从泰国抵达悉尼航班的机场。

何物：4条眼镜王蛇(*Ophiophagus hannah*) 和4条翡翠树蚺(*Corallus canius*)，这两种动物都属于CITES附录Ⅱ中的保护物种。

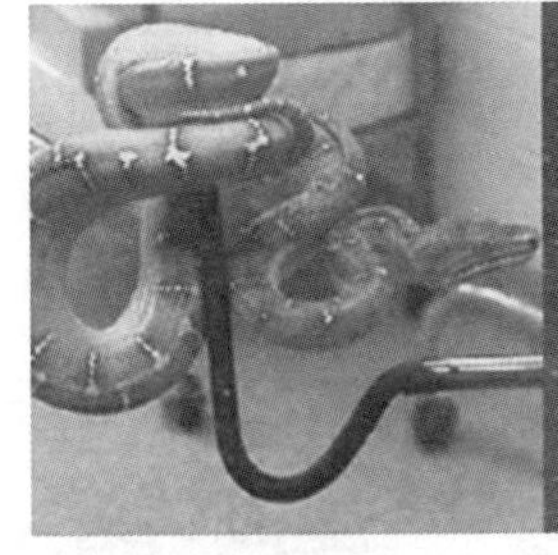
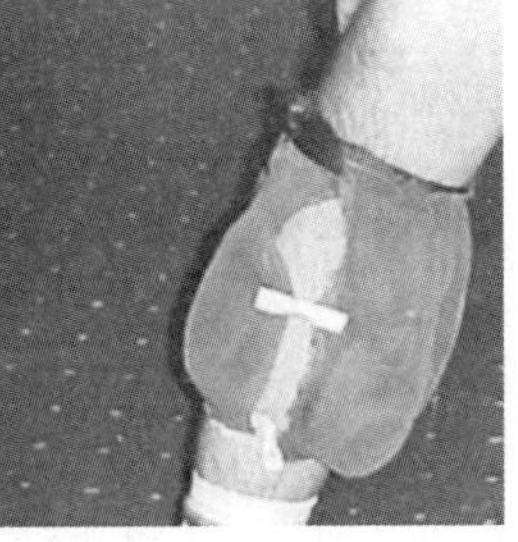

© 澳大利亚海关和边境保护局

手段：他的小腿藏着一个用魔术贴固定的长袜制成的口袋。为了防止被蛇咬伤，他还在口袋和小腿中间绑了一块薄的硬纸板。

稽查要点：

- 紧张的举止。
- 搜身。

• 塞在紧身裤里的鸽子

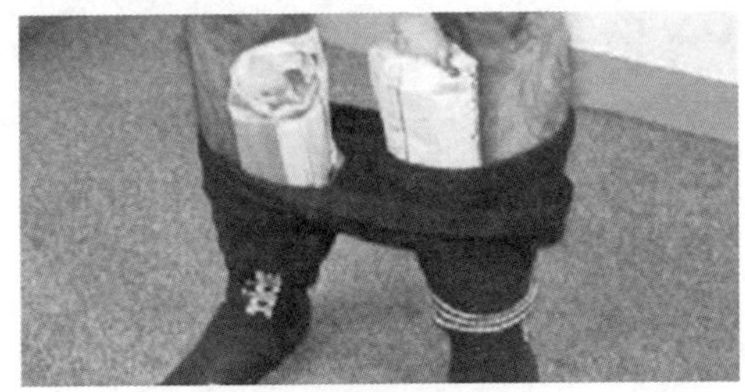

© 澳大利亚海关和边境保护局

何处：从迪拜到墨尔本机场的航班抵达处。

何物：两只活的鸽子，两枚鸟蛋，植物种子和茄子的样品。

手段：走私者把鸽子塞在紧身裤里面，鸟蛋装在了装维生素片的药瓶中，而种子和茄子的样品则藏在了腰包中。

稽查要点：

- 不正常的行走姿势。执法人员搜了行李然后搜身。

• 用纱带绑在身上的蛇

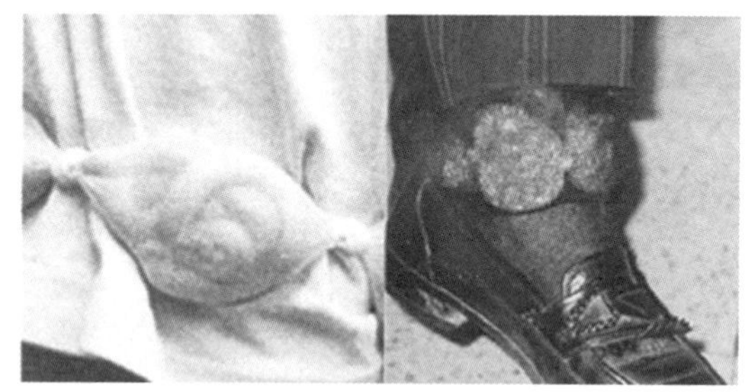

© 美国鱼类和野生动植物管理局

何处：从美国抵达中国台湾。

何物：不同种类的蛇。

手段：用纱带绑在手臂或者脚踝处。

稽查要点：

- 身上有可疑的凸起形状。
- 身上有东西在动。

• 装在水瓶中的鸟类

何处：香港机场。

何物：画眉鸟（*Garrulax canorus*）。

手段：将画眉鸟装入矿泉水瓶中。

稽查要点：

- 与产品标识不符的内容物。

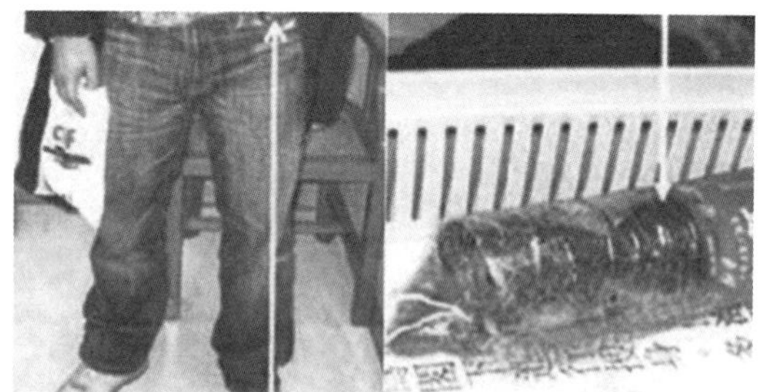

© 新加坡粮农兽医局及香港渔农自然护理署

利用容器走私

这是一个极其残忍的案例：走私者将矿泉水的瓶底剪开，把鸟塞到水瓶中固定，再把瓶底用胶带粘好。

稽查要点：

- 陈年物品，如家用录像带的盒子，或35毫米胶卷筒。
- 可疑的旅行行程。

- 长途运输一些在本地或附近能获得的低价物品。
- 混杂在合法货物中的走私物品。
- 不配套的物品，如只有子弹而没有枪的货物等。

©Paula Riboua

• 容器

大量不同种类的容器都曾被用于装载或托运走私货物：

- 搭乘飞机使用的手提袋 / 箱。
- 邮寄的包裹（通常会通过伪造报关文件来通关）。
- 改装过、带有暗格的容器。

用来走私的容器可能是很有创意的物品，也可能是一个普通的手提箱，或者是一个包装好的“生日礼物”。另外，走私品还会以涂装等方式改变外观，譬如，将禁止进出口的鸟蛋彩绘之后申报为复活节彩蛋等。有趣的是，在拦截下来的各种货物中，通过邮递服务走私的动植物及其制品经常被虚假申报为“儿童玩具”或者“陶瓷装饰物”。

由于可能的不正常程序或虚报重量，在有条件的情况下应当对货物进行 X 光扫描（大多数的国家都拥有可以进行扫描的设备）。

走私物品经常被隐藏在大宗商品货物中，这使得他们难以被检查到。以一批大量的商品包装茶叶为例，可能其中就混杂了一些违法的货物。所以，执法者不可因为某一件货物是合法的就认定这一批的货物全部合法。

走私者使用不同种类的容器走私，方式多种多样，层出不穷。接下来的章节将会对利用行李、利用邮寄和航运包裹以及利用隐藏夹层这几种不同的走私方式、手法分别加以介绍。

行李

旅客可能以任何形式的容器将走私货物装在行李中。以下的部分为不同的案例。

• 藏于相机胶卷筒内的青蛙

比利时的海关关员在对3名旅客的行李进行搜查之后逮捕了他们。他们在行李中藏匿了超过600只青蛙(580只草莓箭毒蛙 *Dendrobates pumilio* 和22只迷彩箭毒蛙 *Dendrobates auratus*),他们把青蛙藏在胶卷筒内试图走私过关。

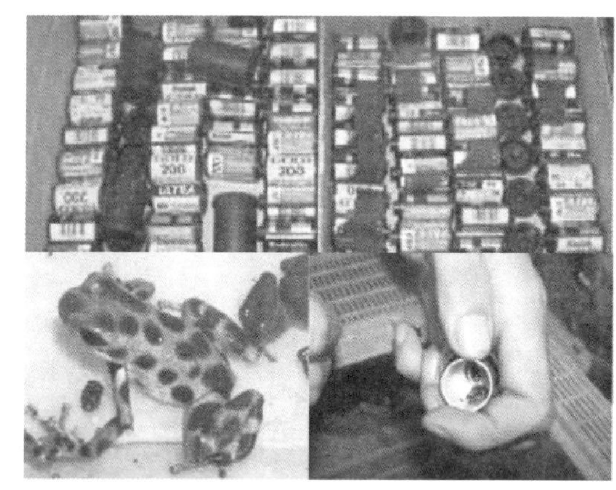

© 布鲁塞尔机场海关

嫌疑人从巴拿马出发,在马德里转机抵达比利时。为了装下这600只青蛙,他们使用了至少200个胶卷筒,每个筒里都装了2～3只青蛙。在走私的过程中有1/10的青蛙死去了,存活下来的则被嫌疑人在比利时和荷兰以每只150～200欧元的价格售出。

稽查要点:

- 普通的物品也有可能在没有经过伪装的情况下被用作藏匿走私物品的容器。
- 注意一些"过时的技术",如家庭录像带和35毫米胶卷筒等。
- 大量的特殊物品。在这个例子里面是胶卷筒。

• 藏于子弹盒内(行李中没有枪)

A先生从海外回到美国被海关人员例行询问的时候,当被问到是否携带任何野生动植物时,他给出了否定的回答。但是海关人员发现A先生几年前曾因试图从美国走私候鸟鸟皮到境外而被逮捕。美国野生动植物稽查队和美国鱼野管理局搜查了他的手提箱,在里面发现了一个装子弹的盒子。当执法人员询问A先生的武器在何处时,他声称自己没有武器。稽查员发觉他情况可疑,于是对他进行了搜查。搜查发现A先生手提箱中携带了一些鸟类的心脏和肝脏的标本,包括鸽子、乌鸫、林鸽、苍头燕雀以及欧洲金翅雀。

稽查要点：

- 注意与包装不符的内容物。
- 注意有野生动植物走私犯罪前科的人。

• 藏于手提行李内被 X 光检测到的鸟类

在新加坡的樟宜机场，Z 先生因试图走私 12 只濒危鸟类入境而被逮捕。其中 11 只是蓝眼凤头鹦鹉，1 只是黑顶吸蜜鹦鹉。

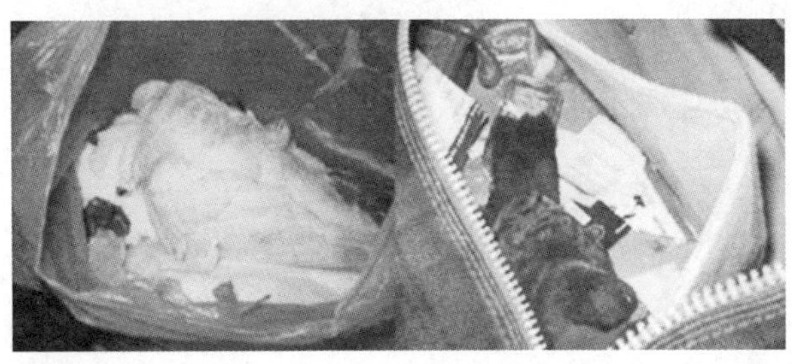

© 新加坡粮农兽医局

嫌疑人所携带的鸟类是在一次对抵达旅客手提行李的例行 X 光检查中被发现的，而 Z 先生当时拒绝接受检查。他给这些鸟注射了镇静剂之后用衣服或纸扎起来，然后塞进了随身的箱子里。箱子里还有一枚装满透明液体的注射器，被用于在旅途中对鸟重新注射镇静剂，保持它们处于沉睡状态。后续的调查发现此人所携带的鸟类是在巴布亚新几内亚一个市场里买到的。

稽查要点：

- 不愿意让自己的行李接受 X 光检查的人。
- 携带可疑用品，譬如，注射器等。

• X 光检查

肥皂盒中装了 1 条蛇；洗发水瓶中装了 2 条蛇；透明的塑料纸牌盒里面装了 3 条蛇。

两个电脑扬声器里面装了 2 条蛇和 3 只乌龟；3 个食品盒中装了 14 只鬣蜥、2 只树巨蜥、2 只乌龟。

稽查要点：

- X 光机上发现任何异常现象都应该对物品进行搜查。
- X 光扫描与搜查结合——不完全依赖 X 光扫描。

一名男性嫌疑人从泰国出发，在他的随身手提包中携带了6条蛇（左图），抵达澳大利亚布里斯班机场。在他的一个蓝色硬壳旅行箱中还装了31只爬行动物（右图）。

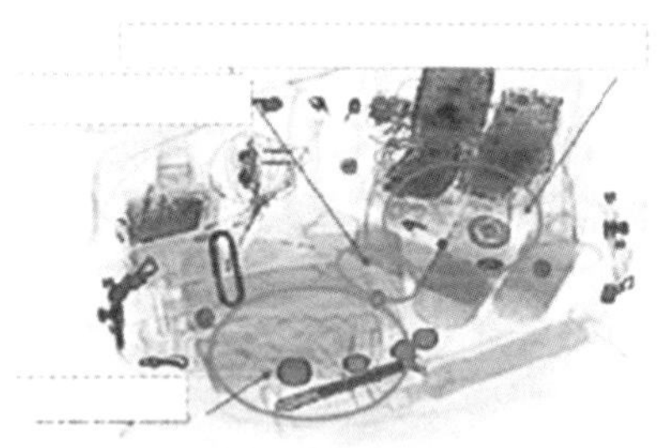

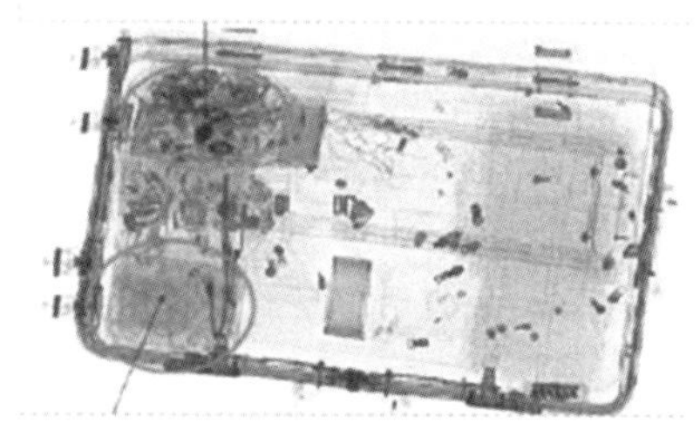

© 澳大利亚海关及边防局

• 藏在冷藏箱内的翎颌鸨

何地：伦敦希思罗机场

何物：6只翎颌鸨（CITES附录Ⅰ）的尸体。

手段：藏在一个声称是旅客随身行李的冷藏箱里。

提示：该旅客是一名厨师，这些鸟是被用来食用的。

稽查要点：

- 已申报物品中夹带的走私物品

© 英国边管局濒管团队

• 藏在手提箱内的爬行动物

何地：布里斯班机场。

何物：39只异国爬行动物（巨蜥、蛇、蜥蜴、乌龟、海龟、鬣蜥）。

如何：这些动物被分装在不同的小容器中，如洗发水瓶、纸箱、食品袋和塑料容器等。

© 澳大利亚海关及边防局

稽查要点：

- 任何移动的迹象；X光下发现包裹内的物品与标示不符。

• 藏在纸卷里的沙螽

何地：奥克兰国际机场，一架飞往日本的班机。

何物：100只坎特伯雷树沙螽。

手段：随身行李中，塑料容器里的纸卷内。

© 新西兰野生动植物执法组

• 藏在礼品盒里的鹰

何地：从越南出发，抵达加拿大的航班。

何物：凤头鹰雕幼体。

手段：鸟嘴和脚被胶带绑住后装在一个礼品盒里，随身携带。

提示：走私者除了被处以高额的罚款之外还被要求支付昂贵的检疫费用。

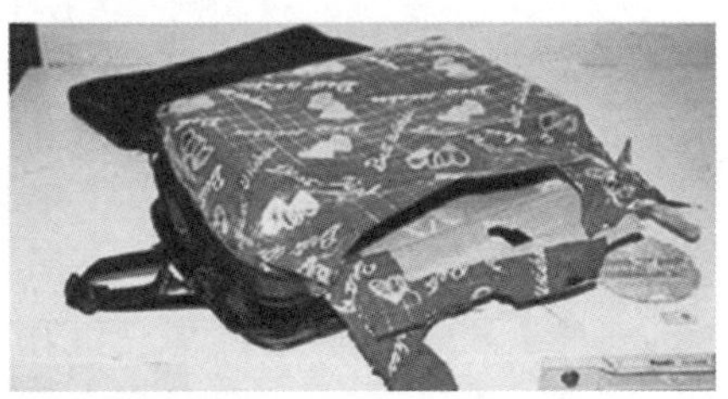

©Gerry Brunet

稽查要点：

- 谨慎检查外观正常的物品。

• 野生植物

何地：伦敦希思罗机场。

何物：多种植物，其中 125 株被鉴定为野外采摘的。

手段：植物被装在嫌疑人的行李中。

提示：走私者被判处 4 个月的监禁和 110 000 英镑（约合 101 万元人民币）的罚款。

© 英国边管局濒管团队

• 烟熏蝙蝠

何处：从某个西非国家飞抵美国底特律都会机场的航班。

何物：野生动物肉类，包括烟熏蝙蝠。

手段：藏在嫌疑人的行李中。

© 美国海关和边境保护局

• 坚持质问的结果

何处：从墨西哥进入美国加利福尼亚州的边境线上。

何物：大量干鱼鳔、干海马和干海参。

手段：藏在一个小包和箱子底部的内层里，再用另一个包掩盖；走私者的手提包和夹克里面也塞满了走私货物。

要点：当稽查人员发现嫌疑人携带的一部分干海马时，嫌疑人声称其不懂相关法律，也没有携带更多的海马。继续的搜查发现嫌疑人手提包中有更多的海马时，他依旧声称没有携带更多的走私物品，且不记得自己有带这些海马。稽查人员又在他身上的夹克中发现了更多的海马。最终走私者承认了他知道进口这些货物需要得到 CITES 许可证。

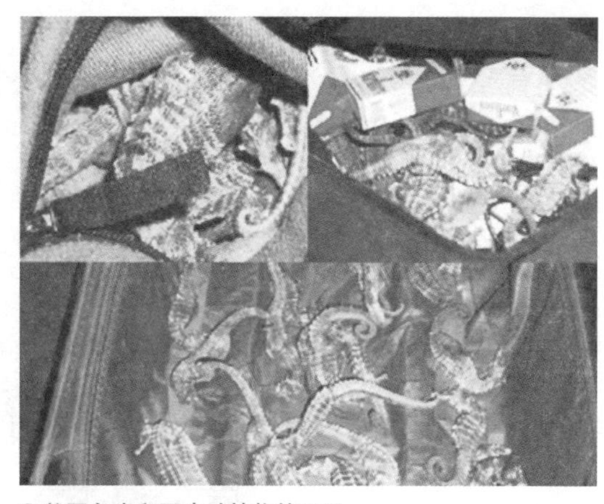

© 美国鱼类和野生动植物管理局

稽查要点：

- 警惕任何大量的、明显将被用于商业用途的未申报货物，一旦发现任何的迹象，应当继续搜查。嫌疑人携带的名片和其他文件都可以被用于调查其走私的动机

• 藏在聚氯乙烯管中的鸟类

何处：从泰国曼谷飞抵伦敦希思罗机场的航班。

© 英国边管局濒管团队

何物：23 只从野外捕获的鸟类，包括栗鸢(*Haliastur indus*)、猎隼和鹰（皆为 CITES 附录Ⅱ中的物种）。其中 6 只在被查获时已经死亡。

手段：嫌疑人把这些鸟类塞进聚氯乙烯管中，然后用木框架固定，藏在带轮子的拖箱中。

要点：走私的组织者在伦敦希思罗机场等候接头的时候与携带货物的人同时被捕。两人分别被判处 6 年半和 33 个月的监禁。

• 藏在咖啡罐中的狮爪

何处：从肯尼亚进入埃塞俄比亚的边境线上。

何物：狮爪。

手段：藏在速溶咖啡粉的罐中。

稽查要点：

- 用于隐藏走私货物的物品通常很普通，不引人注意。

© 肯尼亚野生动植物执法组及卢萨卡协议执法组

邮寄和航运包裹

通过邮寄或航运包裹的方式走私活体或者野生动植物的标本，是一种常见的走私手段。以下的部分将会介绍相关的案例。

• 藏于未申报进口食品内的烟熏猴子

稽查要点：走私货物可能被隐藏在已申报的货物或者其他容器下面。

一批从西非喀麦隆空运到英国的水果和蔬菜在入境的时候被截获。在这批货物中，大部分的箱子里装的都是合法的货物，但稽查人员在一箱冰冻木薯叶子下面发现了一个塑料袋，里面装了 11 只烟熏的猴子。在同一批货物中，还查获了海龟肉和 159 千克的不同种类的羚羊肉。

这样的藏匿手段通常是出现在大宗商品运输中——以大量装满单一合法货物的纸箱作为掩护，将少量的走私货物夹藏在其中。

此类野生动植物制品一般是丛林生物的肉制品。这些陆生动物的肉一般被用以食用。在历史上，野生动物的肉曾是乡村居民日常饮食的重要蛋白质来源之一。不过这种类型的捕猎相对是比较有可持续性的，交易的市场也局限于国内。近年来，野生动物肉制品已经成为一种具有商业价值的货物，高额利润驱使走私者们开始在邻近甚至相距甚远的国家之间进行交易。

• 藏于已申报书籍内的受保护龟类的蛋

©Peter Young

48 枚龟蛋（CITES 附录 I 中收录的物种）在邮寄的过程中被新西兰海关人员截获。这批货物从马来西亚诗巫寄出，是一位在新西兰留学的学生计划用来庆祝 21 岁生日的食物。海龟蛋被松散地装在硬纸箱中，并且被申报为“书籍”。因为龟蛋外壳比较软，近似于皮革，不像鸟类的蛋般易碎，所有的蛋在被寄送到目的地之后都完好无损。经过对嫌疑人家中的搜查以及对其声称龟蛋来路不明的调查，结果证据不足，无法对他提起诉讼。另外在马来西亚方面的后续调查也没有成功。

稽查要点：

- 虚假的货物标签。

• 藏于已申报的黑熊标本内的走私野生动物

一件空运的货物在进入美国海关的时候被截获，海关人员发现这个合法申报为黑熊标本的物体内可能藏有其他的东西。经过搜查，他们发现黑熊标本里面还藏了好几只未经申报的野生动物标本，包括一只完整的鹰标本和鹰的一些零散身体部位。

稽查要点：

- 经过专业的改造和伪装，合法申报的物品也有可能被用来掩藏非法走私物品。

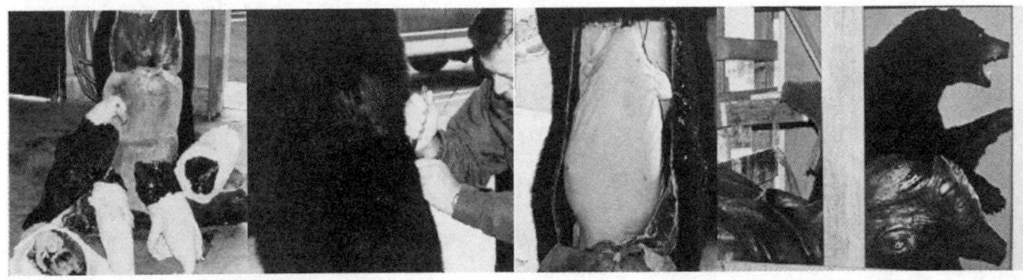

© 美国鱼类和野生动植物管理局

• 藏于卫生巾内的麝香

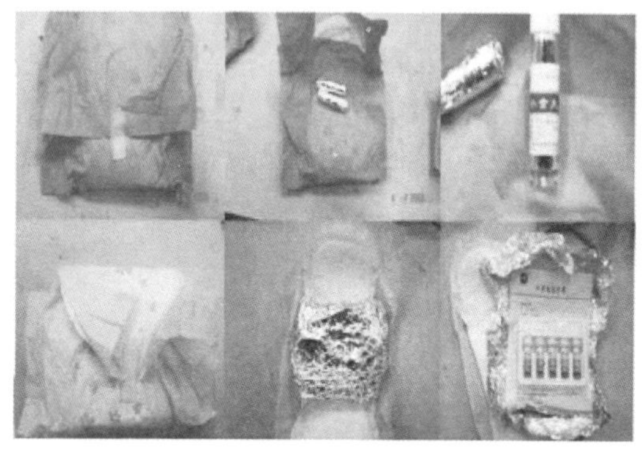

©Ann Panoho

一位来自中国的留学生收到来自她母亲的一份申报为书籍的邮件。在邮件中心的随机抽查中，检查出里面包含了卫生巾。卫生巾里面隐藏了一批小瓶装的含有麝香成分的液体。由于该学生声称并未要求母亲向她寄送这些物品，所以当局对她发了警告信，并且通过信件告知她母亲不得再次触犯法律寄送此类物品。

获取麝香的唯一途径，是猎杀一类产自亚洲的麝（CITES 附录 I 物种），然后从麝的生殖腺中取出麝香。一般猎杀 30 ~ 50 头麝才能取得 1 千克的干麝香。

在很多国家，海关人员，特别是男性，通常不太情愿认真搜查类似卫生巾之类的敏感物品。

稽查要点：

- 虚假申报的物品。
- 敏感物品里面可能夹带、隐藏走私物品。

• 邮寄的虚假申报物品

美国鱼野管理局进行的一项双向侦查发现，两位联系并不紧密的亚洲商人，B 先生和 L 先生有走私爬行类动物的嫌疑。这两个人在各自走私受保护的亚洲爬行动物的同时，在泰国之外都有活动，且熟悉对方的商业活动。他们在商业上共享一些供应者和购买者，并且一起前往美国以完成交易和联系顾客。他们用了很相似的走私手段：通过伪造虚假的标签，用国际邮递服务将活体的保护爬行动物运送到美国境内，这些货物都被申报为一些无害的非野生动植物相关的物品。美国鱼野管理局在一次 X 光扫描邮件的时候发现，B 先生从泰国寄出、在阿拉斯加中转的快递包裹里面藏有 10 只印度星龟和一只巨蜥。但这个标签上注明包裹的内容物为“含有木制和黏土手工制品样品”。另外截获的包裹上的标注则是“微波炉用塑料容器”（样品），“木制品 / 手工制造”，“手工木制服饰、手袋、草编包”，或者直接是“手工木制品”。

© 美国鱼类和野生动植物管理局

同时，L 先生因利用国际邮递服务向在美国的买家寄送虚假标注的保护物种而被美国鱼野管理局调查。美国海关在一次对邮递包裹的例行检查中首次发现了 L 先生的走私嫌疑。他所寄送的货物都被标记为玩具、手工制品、书籍或者杂志。

当 B 先生前往佛罗里达州的奥兰多 L 先生的公司接头的时候，两人同时被逮捕。被捕的时候，B 先生正在与卧底的美国鱼野管理局人员见面，L 先生则是在他们的酒店房间中休息。L 先生被指控密谋、走私、伪造标识以进口野生动物，被判在联邦监狱接受 39 个月的监禁和 11 300 美元（约合 7 万元人民币）罚款。

稽查要点：

- 货物使用虚假标签。

• 藏于录像带盒内的蛇类

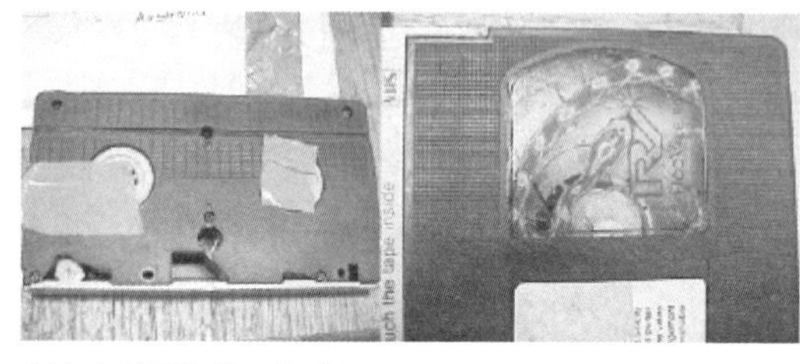

© 澳大利亚海关及边防局

在很多国家，特别是走私物品的输入国，家庭录像带早已被淘汰。家庭录像带的盒子成为了一种被犯罪分子重新利用、当作走私容器的商品。在本案例中，走私者将蛇塞入录像带盒内，然后通过邮件寄送。盒子的齿轮口还被胶带封住，以防止蛇从缝隙逃走。

稽查要点：

- 运输的容器价值低廉，或者是陈旧过时的产品。

• 藏于邮寄物品内的蟒蛇

悉尼国际邮件中心的海关人员在使用 X 光检查一个从南非邮递来的包裹时，发现了 4 条绿树蟒 (*Morelia viridis*)。这个包裹上标注的内容物是一些橄榄球运动的宣传资料、一件橄榄球队球衣，以及一本南非的孤独星球旅行指南。

这批货物的接收者 B 先生给邮寄方提供了详细的指示，教对方如何将这些蛇打包。具体的指示包括使用何种尺寸的箱子将蛇放入一个塞满碎纸屑的枕头套里。他还明确提出这个包裹必须在复活节邮递的高峰期寄到澳大利亚，这样可以减少被抽查到的几率。有趣的是，他还认为如果报关清单上项目列的越详细，被仔细检查的几率就越低。

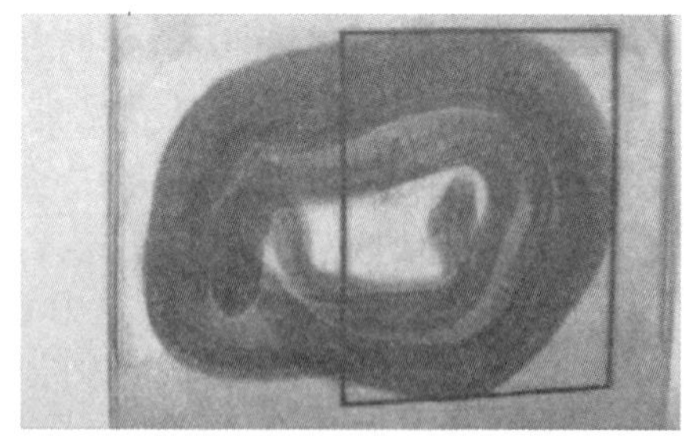

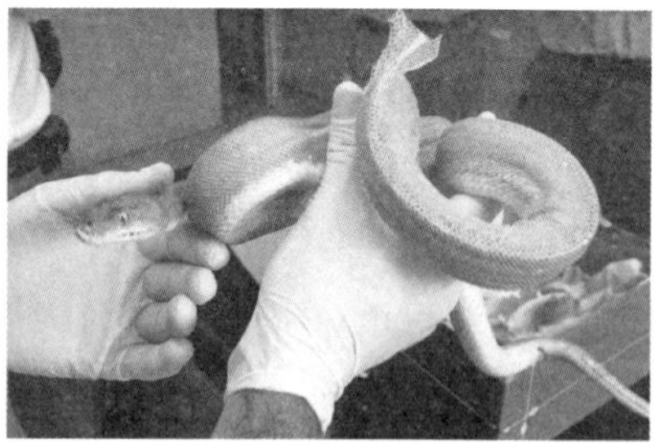

© 澳大利亚海关及边防局

执法人员发现其中一条蛇的邮寄地址是墨尔本，并且在其他类似的包裹里面又发现了2条蟒蛇，于是按照包裹上的地址锁定了前来查收邮件的B先生。执法人员在他的邮箱内装置了远程监控，然后留下了一个仿制的包裹，最后将B先生抓获。同一天，第四条蟒蛇也在悉尼被截获。B先生被指控违反国家法律，被罚款3000澳元（约合14 000元人民币）。

稽查要点：

- 走私者会利用邮递服务的高峰期来邮递货物以减少被抽查到的几率
- 详细的申报文件并不能说明申报货物的真实情况

• 邮递包裹里的兰花

何地：伦敦希思罗机场，从马来西亚飞往比利时的中转货物。

何物：23株兰花，其中大部分都是CITES附录Ⅰ的物种，包括亨利兜兰和罗氏兜兰等。

手段：藏在一个申报为露营帐篷的包裹中。

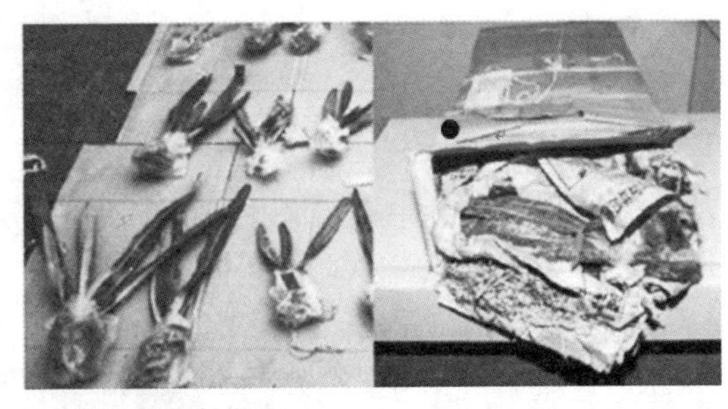

© 英国边管局濒管团队

• 邮递包裹里的活体松鼠

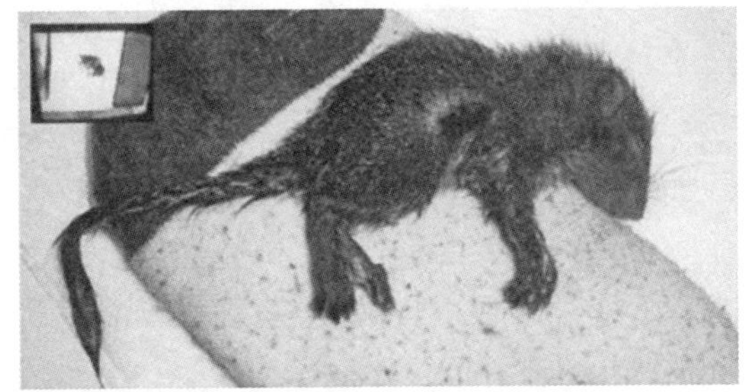

© 澳大利亚海关及边防局

何地：印度尼西亚巴厘寄送到澳大利亚悉尼的货物。

何物：包裹中藏有活体松鼠。

手段：松鼠被塞在袜子内装进包裹，将包裹申报为DVD碟片。

稽查要点：

-X 光检查。

•邮递包裹里的变色龙

© 英国边管局濒管团队

何地：英格兰的邮局，一个从肯尼亚寄来的包裹。

何物：包裹内有 5 只变色龙。

手段：变色龙塞在塑料盒中。

注意：后续的跟踪投递发现收件人是一个 12 岁的男孩，他用父亲的信用卡在网上订购了这些变色龙。

•无法投寄的包裹里藏着的澳洲鬣蜥

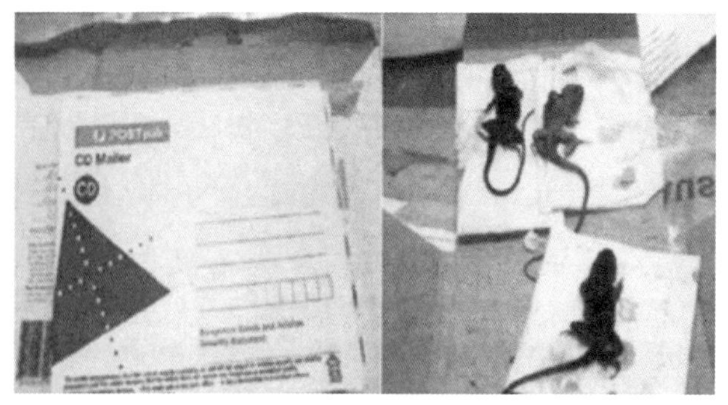

© 澳大利亚海关及边防局

何地：澳大利亚的邮局，一个寄往捷克共和国的包裹。

何物：3 只澳洲龙，即澳洲鬣蜥（*Amphibolurus nobbi*）。

手段：藏在邮递包裹里。

注意：这个包裹因为厚度超标被送到无法投寄办公室，而且无法找到寄件人，最后因为包裹里传出的腐朽味道引起了注意。

•专业包装好的走私石龙子

© 澳大利亚海关和边境保护局及西澳大利亚土地保护管理局

何地：试图从澳大利亚寄往日本的包裹。

何物：两种澳洲蓝舌蜥(*Tiliqua rugosa rugosa*)。

手段：在这个被申报为盘子和陶瓷制品的包裹内，石龙子被放在充满泡沫材料的盒子里，包裹内还加了一部分的木炭，以保证箱内的湿度和吸收异味。

注意：箱子内有抓挠的声音。

•藏在电脑里面的爬行动物

© 澳大利亚海关和边境保护局

何地：试图寄出澳大利亚。

何物：48 只爬行动物（壁虎、蜥蜴、1 只石龙子和 1 条蛇）。

手段：装在布袋内，塞进电脑部件里。

隐藏夹层

各种各样的物品都可以被改装成用于走私野生动植物的用具，以下介绍相关的案例。

•藏于书籍和相框内的壁虎

- 走私货物可能被藏在物品的后面或里面。
- 疑似被改装过的物件，譬如，被拆装过的东西。
- 虚假标注的货物。

© 澳大利亚海关和边境保护局

把物品藏在挖空的书本里面是一种常见的走私手段。澳大利亚海关在5个月内连续记录了6起的走私活动，走私者试图将澳大利亚的叶尾壁虎（*Phyllurus cornutus*）装在包裹里寄送到捷克共和国。这些包裹从不同的城市寄出，共有15只壁虎。有些壁虎被藏在挖空的书本里，另一些则被藏在相框内。

显然走私者希望通过在一个包裹中邮寄多只壁虎来提高邮寄过程中的存活率，但不幸的是，由于缺少氧气、食物和水，在澳大利亚邮政局打开包裹的时候，大部分的壁虎已经死亡了。

• 藏于书籍内的蝴蝶

© 加拿大环境部野生动植物执法队

加拿大温哥华邮件寄送中心的海关拦截到了一个包裹。包裹里的一本内部挖空的硬皮书内藏有CITES附录I中收录的动物：6只鸟翼蝶（*Ornithoptera alexander*）。邮件的寄出者是一名巴布亚新几内亚村民，他在当局的劝说下最后同意前往加拿大指认嫌疑人D先生。

两年以后D先生被提起控诉，证据显示他在明知走私蝴蝶是违反巴布亚新几内亚和加拿大法律的情况下仍与村民密谋进行走私活动。因违反国家及国际法律，法院最后判决D先生有罪。

稽查要点：

- 走私货物可能被藏在物品的后面或里面
- 疑似被改装过的物件，譬如，被拆装过的东西
- 虚假标注的货物

• 藏于集装箱夹层内的象牙

相较于使用书本和画框来隐藏走私货物的方式，走私者曾经在一个从非洲运往亚洲的长达 20 英尺（1 英尺 =0.3048 米）的带有暗格的集装箱中夹带数吨象牙。

2006 年 9 月，香港海关在对一个集装箱进行 X 光检查的时候发现里面的暗格里藏有 3.9 吨重的象牙。通过搜查运输者在喀麦隆的房屋，执法人员发现了另外两个带有暗格的集装箱。

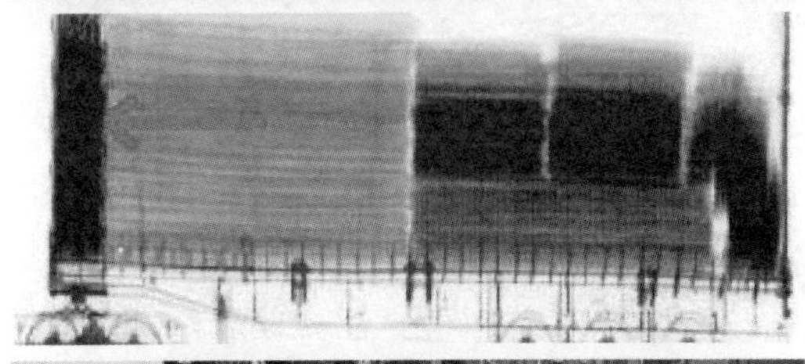

© 香港渔农自然护理署

走私者对集装箱的改造相当专业，因为这个暗格被隐藏在集装箱的最里面，即使箱内的货物都被清空之后，改造出来的暗格也很难被发现。他们花了大量的精力让改装部分的波纹钢、焊接点和扣接点与原本的集装箱尽量吻合，且暗格被设计成只能从集装箱内部打开，外部则没有任何入口。

香港当局认为这次成功查获走私象牙的行动是因为他们谨慎地执行了搜查检验流程。当局指出，

稽查的重点是稽查人员需要对任何明显可疑行为进行调查。在本案例中，该集装箱的提货单上注明的货物是厚木板，由于这些商品可以低廉的成本在临近的地区购得，于是稽查人员就开始怀疑运输者从半个地球以外运送这种低价值物品到香港的动机。因此，稽查人员对集装箱进行了 X 光扫描并最终发现了这些走私货物。

稽查要点：

- 职业的走私者可能会大批量的走私货物，也可能会制造一些肉眼无法分辨出来的暗格。
- 盘查任何可疑的问题，如已申报的货物（例如，货物是否值得运输的费用？）
- X 光扫描。

• 藏于商店内的象牙（因烧焦气味被举报）

© 香港渔农自然护理署

香港警方接到举报，称有一家商店经常散发出烧焦的气味。经过调查，警方在这家店内查获了 2.6 吨的象牙，包含了 390 根完整象牙及 121 件切割好的象牙。警方突袭商店的时候逮捕了 7 名疑犯。店内这些来自坦桑尼亚的象牙正在被切割分装到纸箱里打包，并将用于制作装饰品和首饰等。由于没有合法的 CITES 申报文件，这批象牙应该是通过虚假报关走私到香港的。

利用车辆走私

- 一辆车的中控台被用来走私鸟类到美国境内。
- 每天都有车辆携带着走私货物穿梭于国境线上。

车辆经常被用作在国家之间走私野生动植物，走私者雇佣旅行者在车上夹带货物，穿梭于国境之间。这些受雇的人可能本身就有经常通过国

境线的工作或个人需求，所以他们把代人走私野生动植物当作赚钱的另一种方法。由于漫长的国境线通常难以全面监控，以及国境线上通行的巨大的车流量，在打击全球野生动植物走私犯罪的行动中，各国海关都面临着巨大的挑战。

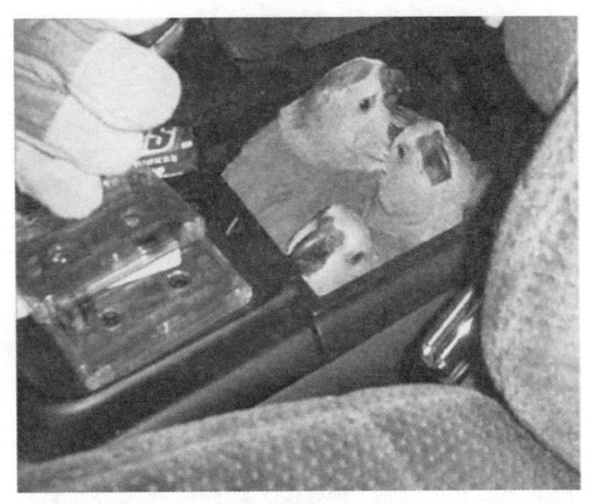

© 美国鱼类和野生动植物管理局

车辆上有大量现成的和可加装的夹带空间，利于走私者藏匿野生动植物，备胎存放处，卡车的车顶 / 车盖，车门内的空隙和后座底下的空间是最常见的藏匿处。也有经过改装的车辆被用于走私活动的，例如，在油箱内增加隔层等。

需要注意的是，稽查人员应当把车辆当成一种走私方式。除了要对车辆进行详细搜查之外，还应该对驾驶员、乘客和车上的包裹进行调查。驾驶员和乘客一般都携带具有额外信息的地址簿、证件、账单以及一些可能与走私相关的文件。调查的时候应将这些重要的文件信息记录在档，搜查的时候也应尽可能地使用 X 光扫描和稽查犬。

走私者经常选择巡查人员较少的隐蔽区域穿越国境。在这些地方走私者有着明显的优势——他们一般拥有可以快速离开现场的车辆，所以执法人员在执法过程中需格外注意自己的人身安全。

稽查要点：

- 现成的藏匿空间，譬如，备胎存放处。
- 车辆上明显翻新过的地方。
- 各种箱子和盒子。
- 频繁的旅行记录。
- 可疑的声音和气味。
- 用来护理动物的器具。

• 藏于后座内的 45 只鹦鹉

在狭窄的、被掩盖的空间内，有可能塞满了大量的野生动植物个体。

在墨西哥通往美国的边检站，执法人员查获了 45 只活的亚马逊鹦鹉。这些鹦鹉被藏在后排座位里面的一个内置空间里。嫌疑人被逮捕之后，被控违反国家法律，判缓刑两年。根据检疫措施，这些鹦鹉被遣送回墨西哥境内。

© 美国鱼类和野生动植物管理局

• 驾驶室内用衣物掩盖的走私鱼类

一位在加利福尼亚报关行业工作的司机，从墨西哥走私了一批活热带鱼到美国加利福尼亚给他自己的顾客。当执法人员搜查货车驾驶室的时候，发现一堆衣服下面藏了一袋蓝点虾虎鱼。此案例执法时不应忽略对驾驶室的搜查。

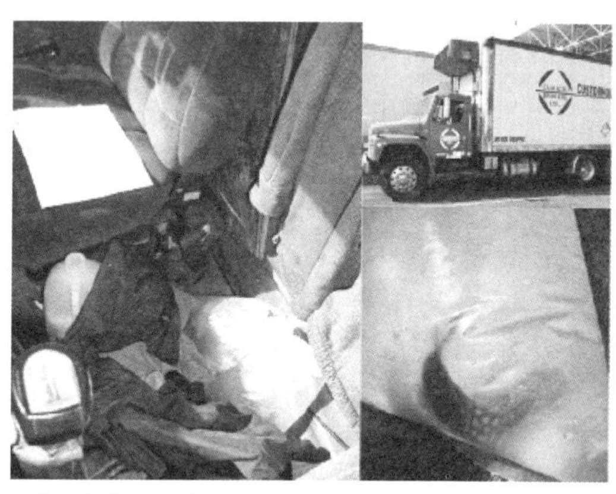

© 美国鱼类和野生动植物管理局

通过对司机的讯问，发现他是在对美国鱼类及野生动植物的进口报关条例和墨西哥的出口许可内容都了解的情况下知法犯法，试图走私 22 只价值 3300 美元（约合 2 万元人民）的虾虎鱼到美国。最后嫌犯因违反美国濒危物种法案，被法庭处1000美元（约合6179元人民币）的罚款。

稽查要点：

- 驾驶室和车厢都需要检查。
- 不要忽略明显的可能隐藏走私货物的地方。

• 虚报为普通货物的穿山甲

© 泰国皇家高速公路警察

穿山甲是一种带鳞片的夜行性哺乳动物，它是食蚁兽的近亲。在中国文化中，穿山甲肉被认为是一种美味和补品。穿山甲肉常常被当作药物食用，通常在冬季的需求量会增加。

穿山甲是一种濒危动物，禁止被人类买卖。虽然被列入CITES附录Ⅱ中，却依旧难以控制黑市中对这种哺乳动物交易。香港CITES管理执法处（渔农自然护理署）指出，根据近年截获的穿山甲的情况，大部分的货物都是从马来西亚或印度尼西亚输出，途经香港，其中有些货物是被运往中国内地的。

穿山甲通常被隐藏在申报为冷冻海鲜产品（例如，鱼）的集装箱里。

稽查要点：

- 装有冷藏海鲜的集装箱经常被用于走私穿山甲。
- 穿山甲肉在冬季特别受欢迎。

• 混杂在垃圾中的各类野生动物

有时候非法走私的野生动物会被以最平常的方法掩盖。在一个案例中，海关边防人员在检查几批从墨西哥进入美国的物品时发现了异常。当执法人员在车上搜出了几只蜥蜴之后，马上请美国鱼野管理局的稽查员到现场。

© 美国鱼类及野生动植物管理局

这些蜥蜴被装在一些饮料的铝罐和塑料瓶中，然后装在一个袋子里与垃圾混杂在一起。同一批货物中还有装了 2 只蜈蚣和几只蝎子的瓶子。稽查员继续搜查，在汽车后备箱中发现了一个背包，里面装了蜥蜴和 3 只狼蛛，以及野外辨认手册，证明这些动物是在野外采集的照片证明，等等。这些动物中有 4 只蜥蜴是 CITES 附录Ⅱ的海角蜥蜴。

在对嫌疑人的后续讯问中，稽查员在主谋的钱包中发现了一些CITES 许可证。这些许可证是允许他从加拿大进口巨蜥的。主谋承认了解 CITES 的规定，但仍然在没有得到许可的情况下在欧洲地区繁殖及销售受 CITES 保护的爬行动物。

稽查要点：

- 使用过的食品包装，例如，薯片罐、饮料瓶或者垃圾袋都有可能变成不显眼的走私容器。
- 即使是携带了 CITES 许可证的人也有可能是走私者。

• 藏于后备轮胎储存处

搜查车辆的时候应特别注意检查汽车行李箱里的备胎储存处，这是一个很常见的藏匿走私货物的地方。

© 美国鱼类和野生动植物管理局

稽查要点：

- 不可忽略车辆上任何明显的自带的藏匿空间。

伪装走私物品

通过改变物品的外观来走私动植物是一种很普遍的手段。右图中的象牙雕刻品被走私者用黏土覆盖，试图伪装成民族手工艺品的样子来蒙混过关。

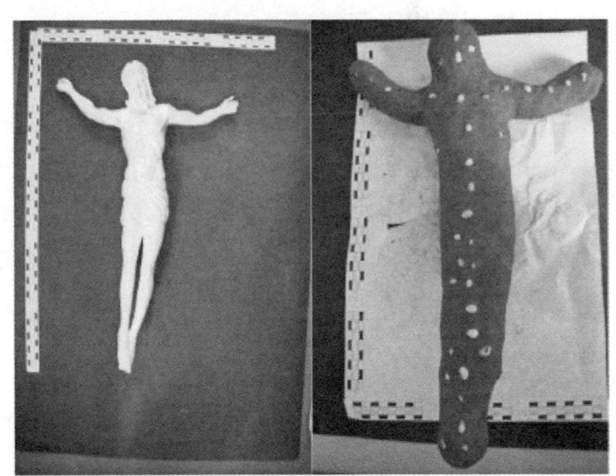

© 瑞士海关

稽查要点：

- 业余的包装手法。
- 异味或恶臭。
- 容器或外包装上

的封印有破损。

- 粗制滥造的工艺品 / 制作工艺明显与申报的来源地风格不符。
- 运输耗费成本远大于物品可被转售的价值。

• 欺诈与伪装

通过改变物品的外观来走私动植物是一种很普遍的手段。走私犯会使用很多种不同的技术来掩盖走私货物原本的样子。以下详细分析了几个案例。

伪装走私货物的手段有时候显得很简陋（有些还很丑），譬如，用黏土掩盖象牙的例子。

走私者将一层薄牛皮蒙在用保护动物（海龟、凯门鳄或者蟒蛇）的皮制成的鞋子上，以躲过海关的检查。

被替换或者经过重新包装的走私品，特别是一些被商业化包装的物品，很难在搜查过程中被发现。茶叶是常见的用来替换成各种走私货物的商品。

酒精里经常会混进一些禁止贸易的动物制品，如虎和熊的制品。

走私者会使用不同的方式来掩盖走私货物的气味，譬如，在同批货物中加入一些具有更强烈气味的合法物品，或者在集装箱 / 包裹中加入木炭来吸收气味。

有时走私者也会将走私的野生动植物藏在手工艺制品或者合法的野生动植物制品内来蒙混过关。

• 经过伪装的熊胆制品

熊胆可以溶于酒精中，有些走私者将其装入白兰地酒瓶中（申报为白兰地酒），或者制成干的晶状物。虽然在中国熊胆是合法的商品，但常常有将熊胆走私到其他国家的案例。作为边检稽查人员，需要了解自己国家的相关法律法规，特别是其国家是否属于 CITES 签约国，是否遵循 CITES 的规定等。出现较多的状况是“未申报”——即使进口熊胆是合法的，过关人员也需向海关申报。在这个案例中，收录于 CITES 附录 I 的熊胆就被小瓶分装，放在外面写着“蘑菇茶”的铁罐里。

另一个案例中，一批药用的俄罗斯灰熊胆制品在美国的纽瓦克港被

© 美国鱼类和野生动植物管理局

查获。这批从俄罗斯运抵的海运食物，报关时没有申报属于何种野生动植物，但美国海关边防局在里面找到了一些带有野生动植物照片的瓶子，随后通知了鱼野管理局。这些瓶子上面注明的内容物是熊脂，经过鉴定发现里面装的是熊胆。

稽查要点：

- 内容物是否与标签相符合。
- 是否所有内容物都经过申报。
- 注意一些可疑的标识，如产品包装上带有野生动植物的图片等。

• 调换内容物及制造假标签

有一种简单的走私手段是将容器内原本含有的物品替换成走私物品（液体或固体）。替换的手法多种多样，衍生的方法是在生产产品包装的阶段就开始伪造产品标识及相关的申报信息。

© 新西兰野生动植物执法队（左）/Colin Hitchcock(右)

用美容霜的瓶子装蛋和用白兰地酒瓶装熊胆酒是以上提到的第一种情况。第二种情况是瓶装的熊胆在生产加工阶段就开始进行伪装，通过虚假的标签和申报信息来逃避检查。

稽查要点：

- 原本的包装/封印是否有破损？注意寻找被篡改过的地方。
- 瓶罐的顶封/瓶盖是否有被开封过的痕迹？
- 盒子、箱子是否有被打开后重新封装的痕迹？
- 原本的标签是否有被打开过的痕迹？
- 包裹的包装是否是全新的，有没有损坏的痕迹？

伪造痕迹：

- 观察封印处是否被篡改过，或者封印的不专业。
- 假标签可能有印刷质量差或拼写错误的问题。
- 标示成酒类的熊胆：液体中会有沉淀物，而一般瓶装商品酒不会出现沉淀。
- 申报的物品味道可疑（不符合所申报物品的味道）。
- 申报的物品重量可疑（不符合所申报物品的重量）。
- 文件资料也可能存在疑点：物品的寄出国与所寄送的物品没有联系。

• 伪装成木制品的犀牛角

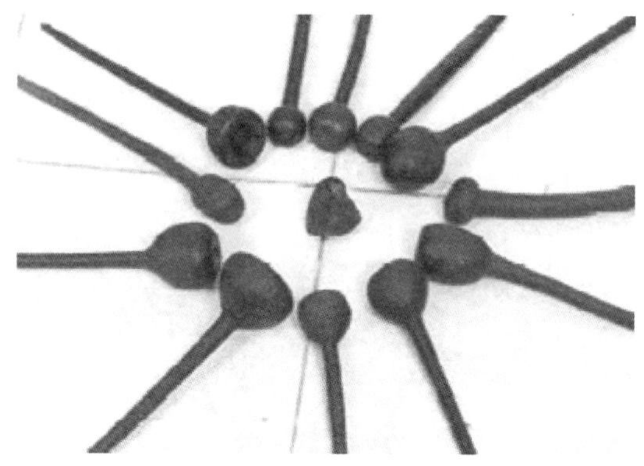
© 肯尼亚野生动物执法组

一批犀牛角在通过肯尼亚和埃塞俄比亚的边防站时被截获。这些犀牛角被伪装成了木制品。

在某些地区，由于执法部门缺乏或不熟悉野生动植物走私相关的知识，走私者会使用这种手段来走私货物。事实上，犀牛角含有与人类头发、指甲和穿山甲甲片相同的角质成分，所以它的手感和质感与木制品是不同的，而经过喷涂的犀牛角外表看起来像是木制品。

稽查要点：

- 犀牛角与木制品的不同之处。
- 材质不同。
- 手感不同。
- 经过喷涂会使外表很相像。

• 染色伪装

金色锥尾鹦鹉（CITES附录Ⅰ），又称巴伐利亚锥尾鹦鹉皇后，是一种生活在巴西热带雨林的鸟类。

这种鸟的羽毛原本是非常鲜艳的黄色，但在被走私进以色列之前，走私者将鹦鹉的羽毛染成了绿色。染色之后，它们看起来就像另一种没有被CITES保护、价格更低的鸟类。经验丰富的稽查员，可以很轻易地辨别出这些鸟是否被伪装过。另外，粗糙的染色手法也让染色效果变得更容易被辨别出来。

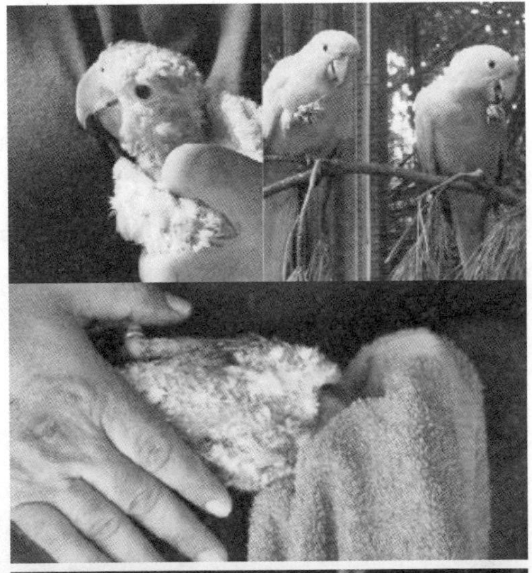

© 以色列自然与公园管理局

如果这些鸟被成功走私过关，它们的羽毛会被全数拔下，以便重新长出黄色的新羽毛。

稽查要点：

- 毛色与种类不符合的鸟类。
- 粗糙的染色手法。

- 鸟身上或掉落的羽毛明显有原本的颜色。
- 羽毛周边有掉色的痕迹。

• 藏于家具及艺术品内的象牙

美国鱼野管理局和海关官员在洛杉矶国际机场拦截到了美国西海岸史上最大一批走私的象牙。

海关人员对来自“高风险国家”的货物专门进行了调查。在一次 X 光检测中，稽查员发现一批来自尼日利亚的家具里面含有密度大的物体，形状疑似象牙。美国鱼野管理局的人员抵达现场后，确认了里面所藏的物体就是完整的象牙。接着执法人员将这批货物重新封装，看起来就像没有被开封过。然后对这批货物进行跟踪调查，希望找到象牙的接收者。

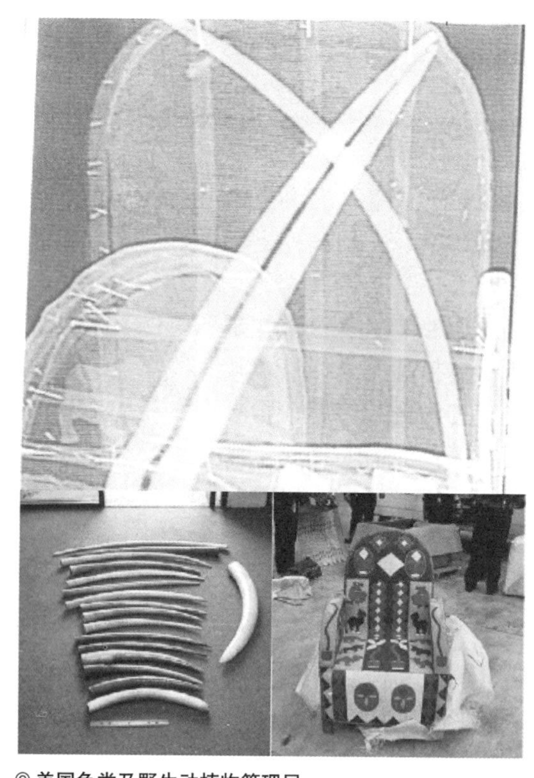
© 美国鱼类及野生动植物管理局

两天后，另外一批来自同一个寄送者的货物抵达了机场。经过检查，执法人员又在珠饰雕像里面找到了象牙。他们再次将货物封装并跟踪其去向。3 天后，3 名嫌疑人到达取货处开始提货，执法人员跟随他们来到了洛杉矶的一处私人仓库，在他们开始卸载货物的时候进行了抓捕。

除了这两批总共 250 磅（1 磅 =453.6 克）的象牙和象牙加工品之外，执法人员在嫌疑人的车上、家中和仓库发现了另外 150 件象牙制品。两名嫌疑人被指控涉嫌走私进口象牙罪，并被分别处以 1 年和 6 个月的监禁。

稽查要点：

- 从“高风险国家”运输而来的货物。

• 藏于石像内的象牙

一批运往巴塞罗那的石像在布鲁塞尔被截获，这些石像的重量比平常要重得多。X 光显示雕像里面藏了不下 10 根象牙。

这个案例与其他一些走私象牙的案例不同，象牙是被藏在石像里面，而不是分别被改造伪装。相对于被粗糙加工成手工制品的象牙来说，这些完整的象牙有可能以更高的价格被卖出。

© 布鲁塞尔机场海关

稽查要点：

- 货物的实际重量比预期的要重。

• 藏于黏土内的象牙

象牙很容易被藏在黏土制品中，然后在运输的过程中被申报为“手工制品”。在这个案例中，德克萨斯州休斯顿的海关官员对一批来自非洲的物品展开了调查。这批物品外表看起来像是由干黏土或者纸模塑造而成，陈旧而没有光泽，上面还有一些鸟的粪便。通过 X 光的检查，发现这些黏土里面其实是象牙和木材制成的工艺品。

照片中猎豹造型的小塑像其实是用象牙制成的。经过刷洗后塑像上

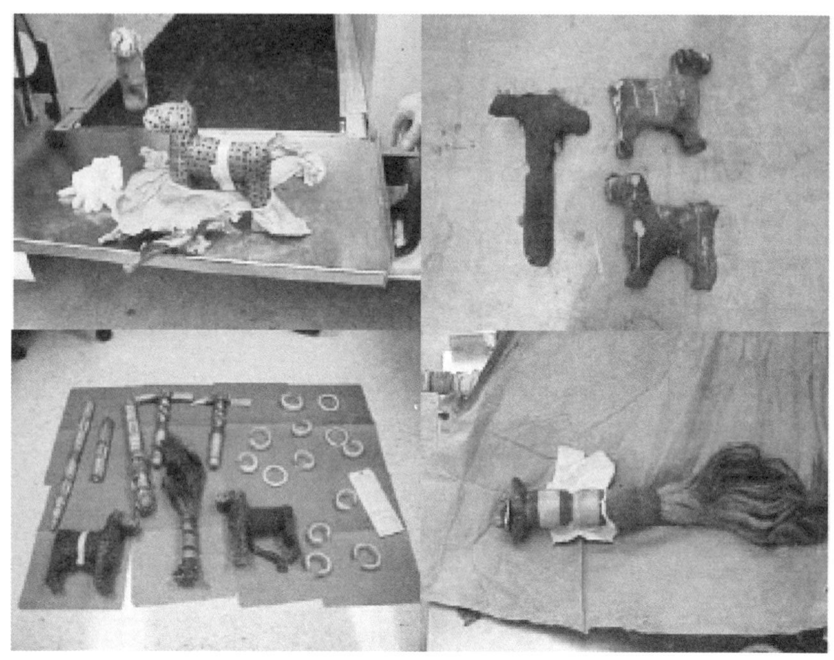

© 美国鱼类和野生动植物管理局

还有残留的泥土，但一部分的象牙已经露出来。

稽查要点：

- 注意一些商业价值低于运输成本的物品。
- 申报物品是传统风俗手工艺品，但其风格与来源地不符。
- 泥土、黏土、图画和纸模经常被用来伪装象牙和贵重木材。

•藏于非洲鼓内的象牙

美国海关和边境保护局查获了一批从埃塞俄比亚运抵美国的象牙，总价值达 18 500 美元。这批货物是由海关和边境保护局派到德克萨斯州休斯顿港口的农业专家发现的。

货物中 6 个乐鼓引起了稽查人员的注意，它们比看起来要重，拍上去发出的声音也显得沉闷。

当美国海关和边境保护局把进口这些货物的货主叫来时，他以会损坏乐鼓为由拒绝将鼓打开。但经过劝说，他最终同意执法人员将鼓打开。

© 美国海关和边境保护局及美国鱼类和野生动植物管理局

专家们在打开了鼓皮之后发现里面藏了一批象牙制品。

稽查要点：

- 货物的重量比预期的要重。
- 运用常识来判断可疑的物品（如发声不正常的鼓）。

• 象牙印章

通过航空或海运走私的象牙通常是“象牙原料”，如整根的象牙或者被切割成方便包装的小块象牙。

印章料是一种小的圆柱状或者矩形的象牙块，大小在 1.2 厘米 ×6 厘米。由于它们的形状比较特殊，鉴定的时候走私者可以辩称不是象牙。这

©Ann Panoho

种象牙制品的一端可以刻上文字，当成印章。

稽查要点：

- 小型圆柱状或矩形的物体很有可能是象牙印章。

• 经过喷涂伪装的石珊瑚

在得克萨斯州的休斯顿市，经常有人试图从委内瑞拉将大量的石珊瑚当作“园林石”进口到美国境内。它们通常被喷涂成黑色或者灰色，这样就不易被辨认出来是珊瑚。这些珊瑚通常重达350千克。在珊瑚周围的缝隙中还常常夹有植物和泥土，而这些东西是被美国农业部禁止进口的。

© 美国鱼类和野生动物管理局

稽查要点：

- 进口货物的形状看起来像是某些常见的走私物品。

• 已申报的鱼类包装箱中夹带着禁止进口的珊瑚

虽然一批货物里可能有已经申报的物品，执法者仍应对货物进行彻底搜查，确保没有被合法货物掩盖的走私物品。

在检查一份从印度尼西亚巴厘寄出的商品时，伦敦希思罗机场的海关人员发现这批货物的上层部分确实是装了申报的海鱼，但是在箱子底部的一个用木条隔开的暗格内，还藏了几种活的硬珊

© 英国边管局濒管团队

瑚（CITES附录Ⅱ物种），其中的一些还属于禁止进口到欧盟的种类。总共29块的软珊瑚被放在聚苯乙烯容器底部的夹层里，而放在上层的货物都是经过合法申报的。

稽查要点：

- 确保合法申报的物品下面没有藏匿走私物品。

• 藏于珊瑚标本下的活珊瑚

搜查过程中，应确保只有申报过的物品才能通过检查，这样才能避免走私物品被夹带在合法货物中过关。

© 美国鱼类及野生动植物管理局

在加利福尼亚发生的一个案例中，标注为无脊椎动物和珊瑚标本的一箱货物里面还夹带了一些活的硬珊瑚。这些活珊瑚被4～5个一袋的分装，从包装外无法看到包装内容物。5个鱼野管理局的官员花了一个下午时间，才把所有标记是无脊椎动物和珊瑚标本的袋子打开并检查完。官员们统计了所有活的珊瑚，并评估了合法货物的数量，由此推断非法走私的珊瑚数量。在一批总共70个盒子、600块合法珊瑚标本的货物中，共查获了500块活的珊瑚。

稽查要点：

- 确保合法货物中没有夹带走私物品。
- 质问一些包装过于严密的物品。

• 经化学方法处理的珊瑚

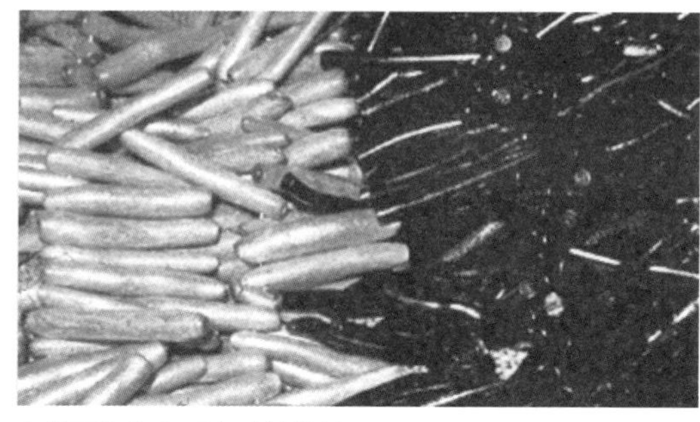

© 美国鱼类和野生动植物管理局

化学药品可以改变走私货物的外表，使其看起来与其他的物品相似。在本案例中，黑珊瑚可能被过氧化氢溶液漂白过，变成了金色。这种被漂白的珊瑚第一眼看起来像是木头，但从它无法消除的海盐味依旧可以被辨认出来。另外，在强光下仍然可以辨认出珊瑚的针状结构和珊瑚体结构。

黑珊瑚经常被藏在珠子类的货物里面，然后申报为“石珠”。搜查过程中也需要注意检查物品的气味和外表有无异常。

稽查要点：

- 珊瑚本身的海盐味
- 在强光下可以辨别的针状结构和珊瑚体结构

• 申报为植物制品的海马粉末

© 新西兰野生动植物执法组

这是一桶25千克经过加工的海马粉末。走私者从中国以健康食品原材料的名义将其进口到新西兰。在运输过程中申报成植物制品。在搜查过程中，执法人员发现这桶粉末散发出可疑的鱼味。司法鉴定显示，桶内的粉末主要是由海马制成。据估计，制作25千克的粉末需要多达 62 000 只海马。

稽查要点：

- 可疑的、与申报物品不符的气味。

• 藏于普通皮革之下的野生动物皮革

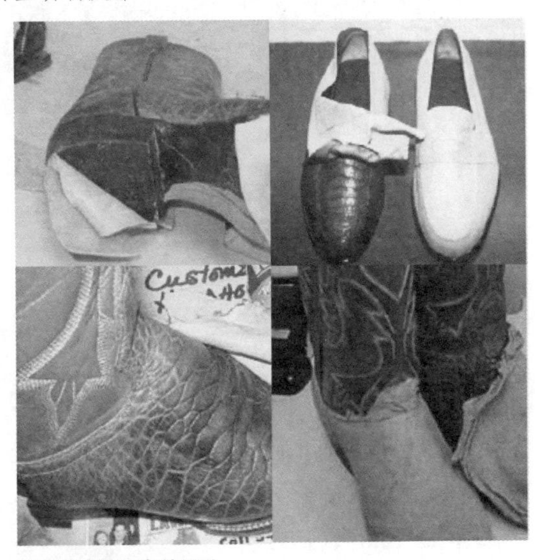
© 英国边管局濒管团队

几个穿着皮靴的牛仔在得克萨斯州厄尔巴索被逮捕，因为他们穿的鞋子外层的普通牛皮之下，藏了一层海龟皮。这些靴子的鞋底还被缝上了厚皮革以防止磨损，走私者因此可以穿着海龟皮制成的鞋子大摇大摆地走进美国，然后再将鞋子出售。

这几个穿着皮靴过关的人是受到走私者雇佣的走私客。此类走私手法也常见于其他种类的珍稀毛皮走私中，譬如，包裹了虎皮的木箱或者包裹了雪豹皮的家具。

类似的案例中，英国警方在伦敦希思罗机场一个从曼谷寄来的包裹里查获了一双包裹着牛皮的鳄鱼皮鞋。

稽查要点：

- 走私品被合法物品裹藏在里面。
- 注意走私品可能看起来稀松平常。

• 几捆植物

何处：此类走私方法常见于美国和其他国家。

何物：穿山甲和其他的走私物品。

手段：将走私货物塞进几捆浓密的植物中绑好，然后将其放进盒子或袋子中。这样走私物品就难以被发现。

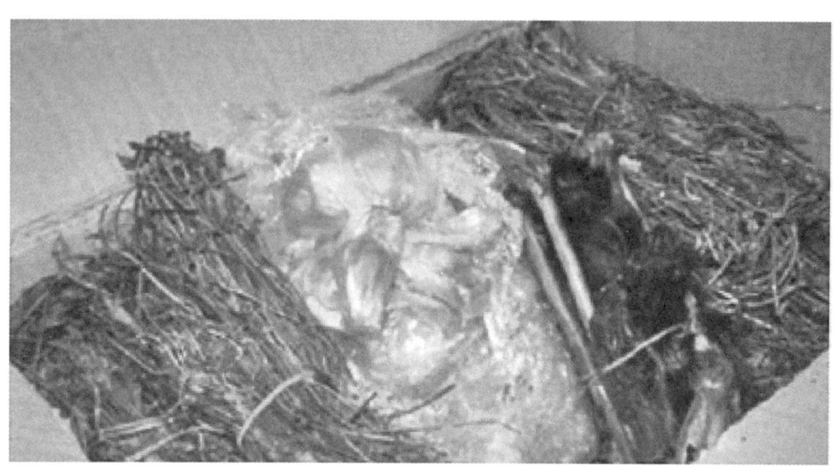

© 美国农业部

稽查要点：

- 不可因为货物看起来比较难以透彻检查或包装散乱就放松警惕。

• 穿山甲还是橙皮

何物：穿山甲鳞片。

手段：鳞片被标注为水果皮，进口商宣称这些是橙子皮（看起来像玉米片的样子）。

©Stuart Williamson

稽查要点：

- 因为穿山甲鳞片由角蛋白组成，难以辨别，需要特别注意检查。

• 查获的珊瑚

何处：走私到美国境内。

何物：活体珊瑚。

手段：不同的虚假申报方式，如将陀螺珊瑚申报为皮制品，或者将萼

© 美国鱼类和野生动植物管理局

柱珊瑚申报为菌核珊瑚等。

稽查要点：

- 物种必须与申报的相符。

• 虚假申报为模铸铝材的檀香木

何处：香港中转站，从印度加尔各答寄到中国内地的货物。

何物：3 个集装箱共 58 125 千克的红檀木原木。

手段：申报的物品是“模铸铝材”而不是檀木。

© 香港渔农自然护理署

稽查要点：

- 基于印度海关提供的情报查获

• 藏在米袋后面的原木

何处：新加坡。

何物：红檀木原木（CITES 附录Ⅱ收录）。

手段：藏在集装箱里的米袋后面。

© 新加坡粮农兽医局

稽查要点：

- 虚假申报为红茶和大米，只简单在集装箱中用米袋将其掩盖。

伪造文件

不正当使用文件是常见的帮助野生动植物犯罪走私的方法。其中较常出现的是伪造入关文件。走私者可以通过在报关单上提供虚假的信息或者虚假的海关代码来帮助货物通关。使用伪造文件的也会通过使用加标签和外包装来增加可信度。

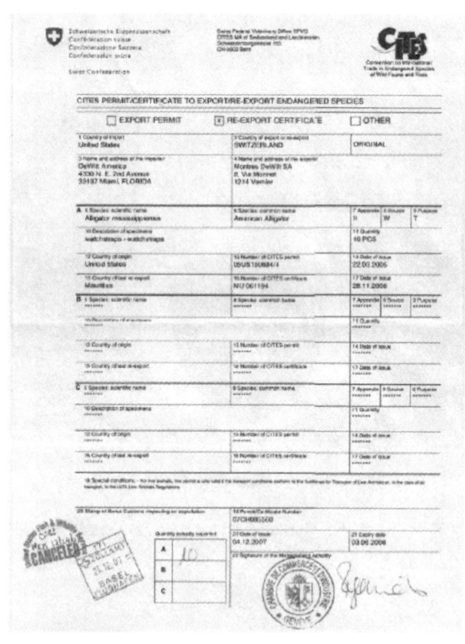

CITES PERMIT/CERTIFICATE TO EXPORT/RE-EXPORT ENDANGERED SPECIES

EXPORT PERMIT [x] RE-EXPORT CERTIFICATE OTHER

United States | SWITZERLAND | ORIGINAL

DeWitt America, 4330 N. E. 2nd Avenue, 33137 Miami, FLORIDA | Montres DeWitt SA, 8, Via Monnet, 1214 Vernier

A Alligator mississippiensis | American Alligator | II | W | T

watchstraps - watchstraps | 10 PCS

United States | 22.03.2006

Mauritius | 28.11.2006

一份被美国鱼类和野生动植物管理局撤销的CITES出口许可证

此类方法在非法进口商业或私人货物时都可能出现。例如，进口商和出口商常常勾结计划如何申报来误导执法机关，或者如何包装非法走私物品。此外，真实的审批文件也可能在非法贸易中被不正当使用。

根据CITES秘书处提供的信

息，有以下几种手段：

- 在非法鱼子酱贸易中使用高度复杂的欺诈手段
- 复制 CITES 官方图章和印章，盖在伪造的或篡改过的文件上
- 有组织的犯罪者粗制滥造 CITES 文件

为了打击以不正当和欺诈性手段使用 CITES 文件，CITES 秘书处提倡各国海关和稽查部门使用 CITES 的清单，这些清单可以在他们的网站上找到：http://cites.org/eng/notif/2001/003.shtml（在本手册中也有一份缩略版以供参考。）

• 可疑的运输线路 / 货物

将电脑技术与稽查员的实际经验结合起来，可以有效地打击走私活动。中国台湾高雄的海关截获了超过 5.2 吨的走私象牙。一个被设计用于稽查的电脑程序发现这批货物的运输路线十分可疑。其中一个集装箱从坦桑尼亚运抵台湾，然后转运到菲律宾，接着又被运回台湾，最后被再次出口到菲律宾。第二个集装箱也是多次经高雄中转，历经了类似的运输循环。在审查这些货柜的报关文件时，两位经验丰富的海关官员发现申报的货物是剑麻纤维，但菲律宾是一个盛产剑麻的地方，根本不需要进口剑麻。

© 高雄海关

综合运输线路的疑点和货物申报情况的疑点，海关人员对货物展开了正式的搜查。当货柜被打开时，里面确实存放了剑麻纤维。但当剑麻纤维被移除后，他们发现了大批的走私象牙被装在木箱里。像高雄这样拥有较高集装箱吞吐量的港口，必须依赖电脑技术来进行稽查，但同时也需要稽查员积极配合行动。另外请注意：本案例中使用了电脑技术侦查走私货物的高雄海关已经准备向同行分享他们所使用的技术。

稽查要点：

- 可疑的运输线路 / 货物。
- 可疑的进口动机——进口的物品在本地有丰富的资源。
- 在合法申报物品中藏匿的走私物品。

• 虚报 / 假报的鹦鹉

综合南非国家濒危物种进出口管理办公室提供的情报，香港当局在CITES 秘书处的帮助下，阻止了一次试图以分段运输来伪装 CITES 附录 I 附录的鹦鹉来源的走私活动。

© 香港渔农自然护理署

这些鹦鹉原产于南非，但被走私者运到几内亚之后再次出口到了香港，并在申报的时候称它们来自于几内亚。同时，这些本属于 CITES 附录 I 的动物被申报为附录Ⅱ中很相似的一种动物。总共查获的 57 只鹦鹉中有 18 只是附录 I 中收录的物种。

这些样本被没收后相关的信息被送到了南非国家濒危物种进出口管理办公室。CITES 秘书处和国际刑警组织得以继续调查。

稽查要点：

- 根据情报跟踪调查。
- 注意一些外形比较近似的物种伪装成申报的物种。
- 假报的物种混杂在合法申报的物种中间。

• 假报为迪吉里杜管（乐器）的爬行动物

英国海关截获了一个从澳大利亚邮递过来的包裹，里面藏了几条活的蛇和蜥蜴。邮局人员在察觉到包裹内有动静之后向海关报告了这一发

© 英国边管局濒管团队

现。经过检查，发现包裹内有 5 个灯泡盒子，分别装了一条钻石蟒蛇 (*Morelia spilota spilota*)，另外还有两个装了鬃狮蜥的袋子。所有的爬行动物在抵达目的地之后都还存活着。在申报文件上写的包裹内容物是迪吉里杜管，一种原住民的乐器。这种乐器一般为 170 厘米长，重量约为 5 千克，但这些盒子仅有 30 厘米大小，而且重量也远低于 5 千克。通过追踪包裹的投递，警方最后逮捕了两名嫌疑犯。

稽查要点：

- 能察觉到容器内有东西在动。
- 与正常的大小、外形和重量不符的物品。

• 未经申报的龟

美国鱼类和野生动植物管理局搜集到的情报显示，一位爬行动物商人 J 先生从马达加斯加走私壁虎到国外并在黑市中出售。鱼野管理局特别要求海关人员注意寻找这个嫌疑人。调查人员接到海关的电话，称 J 先生将在某天从荷兰飞抵佛罗里达。在他抵达的时候，调查人员和海关稽查人员对 J 先生的手提箱进行了 X 光扫描，发现箱子的角落有几个灰色圆盘状的物体。

经过初次检查之后，J 先生交给调查人员一份声称他没有携带任何野生动植物的行李申报单。第二次检查的时候，稽查人员打开了 J 先生的手提箱，发现里面有 13 只射纹龟幼体。这些乌龟每一只都价值 2200 美元(约合 13 600 元人民币)。接着稽查人员对 J 先生进行了讯问，虽然他开始还拒绝承认走私乌龟和吐露走私的动机，但经过讯问最终还是承认了这次的走私及以前的走私活动，并且在书面记录上签了字。

J 先生被判犯走私罪，经过上诉后最终被判 8 个月的监禁和 3000 美

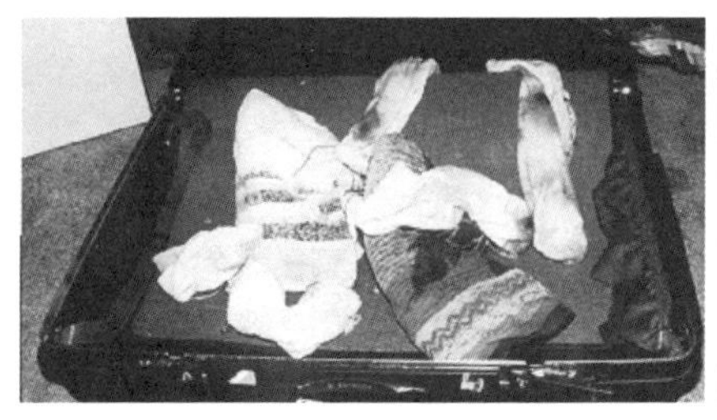

© 美国鱼类和野生动植物管理局

元（约合 18 500 元人民币）的罚款。

稽查要点：

- 后续的信息搜集。
- 认真对包裹进行 X 光检查。

• 查获的伪造 CITES 证明文件

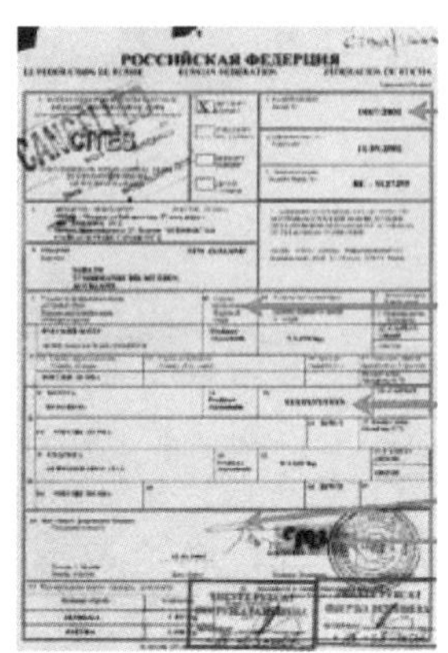

РОССИЙСКАЯ ФЕДЕРАЦИЯ

CANCELLED

CITES

许可证是 2002 年发放的，但是许可证序列号显示“2001”

鱼子酱是在哈萨克斯坦而不是颁发许可证的俄罗斯生产的

入境许可证被划掉

签名与档案不符

印章上有错误穿孔

©CITES 秘书处

稽查要点：

- 申报单内容不准确 / 不确切的部分引起了稽查人员注意。

© 新西兰野生动植物执法组

• 假报为玩具的危险甲壳虫

美国海关和边防局农业专家截获了一批长戟大兜虫、犀金龟和大角金龟，其中一些有小孩的手掌大小。海关边防局的官员发现这批货物没有任何美国农业部的许可，于是对其展开了调查。

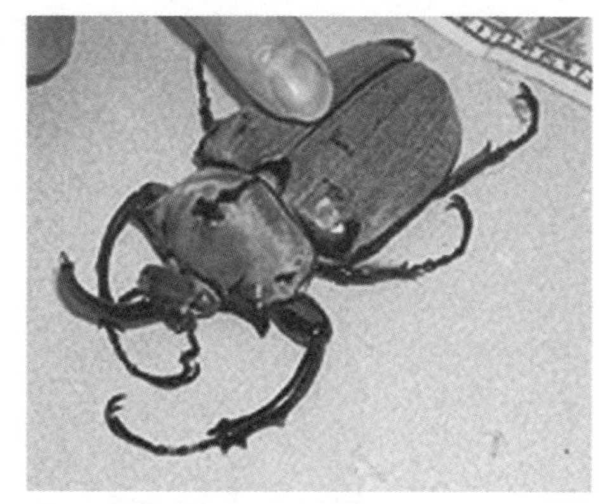

© 美国海关和边防局

这个包裹从台湾寄送到美国宾西法尼亚州一个邮政网点，包裹上标示的是"玩具、礼物和果冻"，但邮递员怀疑里面含有活体，于是通知了相关部门。美国海关边防局农业专家对包裹进行了X光检查，发现里面还有一些小的盒子和瓶子。这26只盒子和瓶子装满了活的甲壳虫，里面塞满了湿纸巾和供甲虫食用的果冻，以保证它们不会在运输过程中死去。

稽查要点：

- 货物应当与正确的许可证相对应。

• 伪造的CITES申报文件

根据CITES组织的文件，一份从尼日利亚贝宁寄往韩国的包裹在伦敦希思罗机场被截获，里面除了其他动物之外，还有美国短吻鳄（*Alligator mississippiensis*），一种收录于CITES附录Ⅱ的物种。检查还发现盒子里有10条西非侏儒鳄（*Osteolaemus tetraspis*），为CITES附录Ⅰ物

© 英国边管局濒管团队

种。稽查人员进行了后续的调查，发现这批货物的 CITES 出口许可证是假的。其中查获的 5 只侏儒鳄被优先安置。

稽查要点：

- CITES 许可证上列出的动植物必须与实际货物中的动植物相符。

• 假报的进口仙人掌

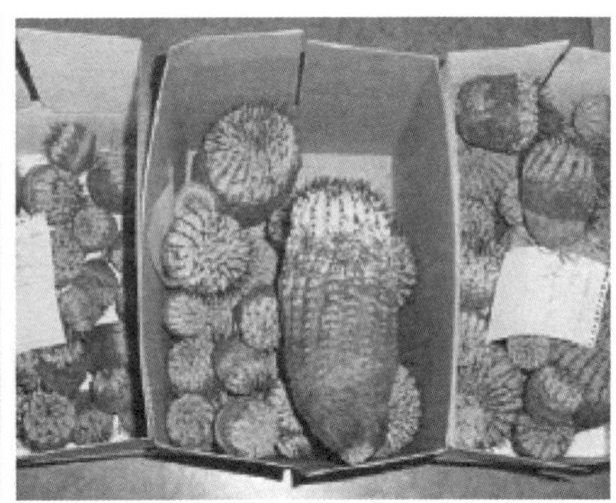

© 瑞典海关

这个在瑞典机场查获的仙人掌走私案是一次当地政府与其他政府组织合作的结果。这个进口商此前已经被列入瑞典海关的“可疑红色名单”上，当他出现在系统中时，警报机制提醒海关人员请专业的仙人掌鉴定人员对他的货物进行详细的检查。通过将仙人掌与 CITES 进口许可证上所描述的物种对比，专业鉴定人员确认其申报是假的。

稽查要点：

- 特别注意（如列在可疑名单上的人员或机构）。
- 与申报 / 相关文件不符合的货物 / 物种。

• CITES 公约检查清单

以下是从与会方的通知中摘录的内容：

由 CITES 秘书处 2001 年 2 月 9 日在日内瓦参与起草的第 2001/003 CITES 许可和证书，概述了一些基本的鉴别 CITES 文档的方法。原始文档可以在这个网址找到：http://www.cites.org/eng/notif/2001/003.shtml

检查人员在鉴别 CITES 许可和证书的时候应该查验以下文件，相关的信息在 CITES 官网可以查到：https://www.cites.org/

a. CITES 目录；

b. 公约副本，以及最新版的附录Ⅰ、Ⅱ、Ⅲ名单；

c. 最新的 CITES 与会方决议；

d. 一份给与会方的通知副本；

e. 一份最新版的 CITES 保护物种清单。

CITES 秘书处建议将以下的问题作为检查许可和证书时的清单：

a. 文件是否与签发国的样本文件相符。

b. 签发机构是否收录在 CITES 目录中。

c. 文件是否以公约要求的 3 种语言之一所写。

d. 签名是否为有授权的人所写（如果能查询到的话）。

e. 签发国是否在文件上盖章。

f. 文件有效期是否符合公约和会议决议的要求。

g. 文件是否明确为出口 / 进口许可、重新进口证书或者其他格式的证书？文件所许可的交易是否与申请的相符？

h. 如果这是一份重新出口的证书，文件中是否有将以前的重新出口证书或出口许可证详细引用（时间、数量、核发国家）？

i. 是否提供了进口者和出口者的姓名及详细地址？

j. 文件是否要求申请者签名？申请者是否签名？

k. 如果核发机构是使用防伪印章，文件上是否有印戳？这个印戳是否被签名或被其他印戳所废除？防伪印章的号码是否在文件中被正确引用？

l. 交易的目的是什么？是否符合公约要求？例如，一份允许交易野外捕获的附录一收录动物的进口许可证就是没有效力的。

m. 是否详细描述了样本的来源？是否与提出的交易目的相符。

n. 如果来源地在出口许可证上被称之为 W，签发国家是否与之相关。

o. 是否给出了物种的学名。

p. 是否给出了样本的数量。

q. 是否详细列出了附录号码。

r. 如果必须注明人工养殖计划的注册号码，是否注明了此号码？如果样品是被标记过的，数字和细节都是如何被描述的？

s. 如果交易包括了活体动物，文件里是否包括了一份要求动物运输

必须遵循 CITES / 国际航空运输协会要求和规定的声明?

t. 是否有详细的配额?配额是否跟与会方通知的要求相符合?

u. 经过签发机构盖章确认的文件上是否有任何修改、替换或者涂改?

无论任何情况下，如果上面任何一个问题的回答为否，这些文件都有可能是没有效力的。如果出现了简单的印刷排版或者行政管理失误，并且没有其他可疑的地方，执法人员需与签发机构联系来解决问题。

第四章
对野生动植物走私者的讯问

计划和准备阶段

讯问的成败往往取决于准备是否充分。准备需要充分，但也要考虑时间因素。根据以下的概述指导，讯问者应该将准备工作做好、做足。

讯问的目的

在讯问开始前，要清楚你为什么要讯问嫌疑人，当然目的明确的好处不是马上可以看出来的。如果已经查到某个嫌疑人特制背心里面的口袋装满了鸟蛋，你可能觉得已经搜集到足够的证据来起诉和控告走私者，这可能是对的，但是经过讯问你可以获得更多重要的证据、信息和情报。

如果走私物品在这个人的行李中呢？你可以将行李与这个人联系起来吗？他们承认那些包裹是他们的吗？如果他们声称是从行李传送带上误拿了别人的行李箱呢？他们有行李票吗？航线的登机服务人员通常会将行李票粘贴到乘客的登机牌或者护照后面。嫌疑人知道行李中有什么吗？他们知道走私物品的价值和用途吗？嫌疑人得到了走私物品吗？他们会参与销售还是只是走私者？

这些问题和其他一些问题都会在办案过程中起到辅助作用，如检察官可以根据获得的信息决定如何处理案件。

同时这也会帮助检察官向法庭展示嫌疑人的犯罪意图（假如嫌疑人有自知有罪等情节）。另外，这些信息毫无疑问还可以帮助法庭在量刑时考虑到嫌疑人在走私活动中的参与程度。

讯问阶段获得的信息也将使你所在的机构和其他机构（国内外）可以在未来更有准备地打击野生动植物走私。

除了你的机构之外，其他的机构还有什么样的需求？

执法部门常常以狭隘或者短浅的眼光处理案件。

然而，走私活动经常牵涉到几个国家，每个国家不同的司法和执法将会不同程度地影响非法野生动植物贸易。讯问时必须要超越自己的需求，考虑到可能对其他人有用的信息和情报。所以，必须要在计划和准备阶段就带着这个想法开始嫌疑人的讯问工作。

走私活动通常涉及到不同的国家，所以在设计讯问问题时要考虑到其他机构的需求。

法律考量

走私者触犯了什么法律？在没有《濒危野生动植物种国际贸易公约》（CITES）许可的情况下进出口野生动植物可能不会严重触犯你所在国家的法律，对嫌疑人的惩罚也只是行政处罚而已。另一方面，触犯海关法律可能是更严重的问题。大部分的国际走私，由于其特性一般都会涉及到一定的犯罪集团，而这种犯罪可能构成了在很多国家属于情节严重的共同犯罪。那么他们是否还违反了集团犯罪、敲诈勒索、控制汇率或者洗钱的相关法律？

慎重考虑这些方面的问题，可以让你在面对嫌疑人时可以决定使用哪些法律武器。例如，可以估算出允许扣留嫌疑人的时间。另外，这将会给你带来更多的责任和法律要求。因为走私的物品是野生动植物，就将注意力全部放到野生动植物法律上的做法是不正确的。

嫌疑人的权利

无法保证嫌疑人的合法权利经常成为法庭不予立案或者认定证据无效的原因，所以严格遵守你所在国家法律的重要性是不言而喻的。同样重要的是，对嫌疑人的讯问也要以最高的执行标准进行，因为获得的信息可能在其他地方也有用处。你进行讯问的方式可能影响到未来在几千英里(1英里 =1.61 千米）外的另一个法庭案件的审判。

正如一位著名法官在很多年前说的：“一个国家的文明水平很大程度上可以用执行刑事执法所采用的方法来衡量。”

因此，作为一个通用原则，所有嫌疑人都应该知道他们没有义务回答问题，他们的回答可能会成为呈堂证供，他们也有权利向律师咨询意见。通过这样的行动，加上严格遵守所在国的国家法律和机构政策，可以确保你搜集到的信息和证据在其他司法管辖区具有法律效力。

大部分的嫌疑人（特别是非惯犯）会自愿放弃他们保持沉默的权利并回答问题。但讯问者也要记住他们依旧是有权利的，所以要提出对你的案情和对更大范围打击野生动植物犯罪有利的问题。

要确保执法时遵循你所在国家的民事权利保护条款及国家法律。

由谁来主持讯问

拥有职业的谈话和讯问技巧，对于负责讯问嫌疑者的人来说是非常有利的。案件负责人应当努力寻找最有天分和能力的人员来讯问涉嫌走私野生动植物的嫌疑人。负责讯问的人则需要了解整个案件的情况，以及这些走私货物是如何被发现的。案件负责人需要确保负责讯问的人是有资质、有能力的而且在讯问嫌疑人需要特别授权的情况下，询问人也是有权力的。任何必需的授权都应当是可行且有效的。

如果有一位经验丰富的讯问者（可能是海关人员或警察），但他对野生动植物的知识比较匮乏，那么就需要野生动植物机构的人员组织一支有效率的队伍对其进行辅助。

讯问者需要了解哪些背景信息

负责提问的人员最基本的知识应该包括：

A. 国家野生动植物法律及相关的规定和政策。

B. 适用于执法讯问的国家法律法规和机构政策（特别是受讯问者的合法权利）。

C. 适用于被羁押人员权利和讯问嫌疑人及询问证人的国际规则及标准。

D.《濒危野生动植物种国际贸易公约》（CITES）及其审批制度。

E. 野生动植物犯罪的大环境，特别是国际环境，最好了解案件相关的走私货物在非法国际贸易中的情况。（可能的信息源——CITES组织警告、国际刑警组织出版物、世界海关组织公告等。很多非政府组织也会对特定野生物种的非法贸易发布报告。这些资源一般可以在互联网上取得。）

F. 护照信息、销售凭据、提货单、航运收据和其他可能与走私案件有关的文件，询问者应具备侦测异常和欺诈行为的能力。

讯问前的注意事项

确保护照、身份证等身份文件已经复印存档。确保嫌疑人已经拍摄标准照，另外如果在国家法律许可的情况下，应当采集嫌疑人的指纹。在某些司法管辖区，还可以提取嫌疑人的 DNA 样本。

开始讯问前，搜集嫌疑人的身份信息：

- 复印他们的护照 / 身份证件；
- 拍摄嫌疑人的照片；
- 搜集他们的指纹信息；
- DNA 样本（如果可行）。

如果被讯问者已经被执法机构逮捕或者拘留，则要对提交的指控和嫌疑人的违法情况进行核实，核对量刑的标准。这将影响到嫌疑人在讯问过程中的配合度。

核对你所在机构对于讯问过程记录和见证的规定，是否需要配备速记员或者监控摄像头？如果使用了摄像机或者录音机，确保有足够的卡带或者磁带。确保后续的信息存储记录处理措施与刑事刑法证据要求和机构政策相符，并且避免信息被篡改。尽管有些司法系统没有要求，但通常在讯问过程中使用的摄像机或者录音机都必须是明显可见的，避免出现投诉“隐蔽拍摄或录音”的情况。

如果没有讯问过程的记录条件，则需要有另一位执法人员在场见证。但要避免一名以上见证人员在场，因为法庭可能会认为这是对嫌疑人的施压行为。特别是在讯问嫌疑人认罪情况时，要注意到这个问题。

核查所有与讯问相关的法律法规和政策。是否需要一位律政人员在场（检察官或者辩护律师）？应当对被讯问者提供什么便利（餐饮、厕所、电话等）？讯问是否有时间限制？是否完成了任何必需的准备文书工作？

讯问者在法律允许的范围内可以向嫌疑人提供多少引诱其合作的筹码？他可以提供对嫌疑人有利的条件来交换信息吗？ 这些问题应该与检察官讨论决定。

根据你所在机构的以下相关规定进行讯问活动：

- 记录方式；

- 现场的见证人或律政人员；
- 必需的便利措施。

着手准备讯问——审查证据

确认已经彻底搜查过嫌疑人所有的衣物、行李和车辆。讯问者必须亲自核实搜查落实情况。他们拥有的背景知识会在核实过程中发现可能被忽略的藏匿方式。

开始讯问嫌疑人前，回顾所有可用的情报和相关信息。深入彻底地了解已经掌握的所有案件信息。特别要注意认真检查所有相关文件(CITES 许可、提货单、销售凭据、护照、机票等)，检查护照上的旅行记录。虽然当今的电子机票不一定包含了发票的机构名称，但“行程定位器”可以帮助执法人员找到销售机票的机构。这是鉴别机票购买人的第一步。在一个简单的走私案例中，可以利用这些信息追溯到雇佣走私者的野生动植物商人。另外，不要忘记查询地址簿、日记以及任何手机上的短信和通话记录、通讯录。笔记本电脑上的信息也可能是有用的。确认调查的主题，应该讯问嫌疑人关于文件异常的问题。

物证也包括了野生动植物走私物品本身。核对走私物品的物种和数量，并尝试将这些走私的物种与你所在的地区其他案件中所截获的走私物种联系起来。试着确定野生动植物的来源地和可能的市场区域。

其他的物证包括了嫌疑人的行李和内容物，还有用于装载走私物品的任何容器。个人行李可以提供很多关于这个旅客的信息。例如，大部分的旅客都会在国际旅行中携带几件换洗衣服，但一个走私者可能会因为行程很短，只带了一两件衣服。

走私物品是如何被携带的？证据是否显示被讯问者知晓他所携带的野生动植物是走私物品，例如，用某种手段隐藏走私物品，或者被讯问者有可能是完全不知道携带物品信息的受雇走私者？有些走私者携带了密码箱，但其本身不知道开箱密码。

回顾关于嫌疑人近况的信息。如果已经逮捕嫌疑人，逮捕行动有哪些细节？如果他们是自愿被讯问，为什么自愿？寻求最近接触过嫌疑人的人员的意见，询问关于该嫌疑人的精神状况、行为和个人品质情况。

着手准备讯问——审查嫌疑人

核实被讯问者的身份和法律地位。嫌疑人是否与护照或者身份证件上所描述的人相符？他们是否被逮捕或者拘留？他们是自愿被讯问的吗？他们在你的司法管辖区域是否合法（如：是你所在国家的居民还是持有有效签证的访问者）。如果嫌疑人是你所在国家的访问者，他们的大使馆或领事馆是否知晓他们被拘留或逮捕的情况？他们是否有特殊的法律地位（例如，身为外交人员）？

利用可用的资源来识别嫌疑人是否有犯罪背景或被通缉。与其他国家执法机构联系并确定嫌疑人是否与其他犯罪活动有关系或者正在被调查。走私通常涉及到国际活动，所以要通过国家中心局 (NCB) 与 CITES 秘书处和国际刑警组织总秘书处等国际机构联系并确认该嫌疑人是否在别的地方有相关记录。

调查嫌疑人的背景。试图确认他们在走私活动中的作用，以及他们可能提供的情报价值。嫌疑人是走私贵重物品的商人，还是受雇佣的普通走私者？他们是否有专业知识（如专门的收藏者或者科研工作者）？

条件允许的情况下，隐蔽观察嫌疑人并评估他们的精神状况及表现合作态度的可能性。他们是否尝试与警卫沟通？他们是否愤怒、骄傲、哭泣、紧张、镇静或者害怕？根据嫌疑人的精神状态设计问题可以挖掘出更多的信息。

检查嫌疑人的身体状况。他们是否受伤、生病或者需要任何医疗看护（最好根据需求情况提供医疗服务）。是否需要翻译人员？精神或身体残疾否？如果是青少年，被讯问者在讯问过程中需要什么特殊帮助？

尽量熟悉被讯问者和案件的所有细节。这样负责讯问的人员才能在面对嫌疑人有欺诈意图时评估他们提供的信息的可信度。

检查嫌疑人的

- 身份；
- 法律地位；
- 背景；
- 潜在的犯罪记录；
- 精神状态；

- 身体状态；

并据此采取合适的行动。

何时开始讯问

由于羁押嫌疑人的时间通常受到法律限制，在完成初步准备之后应当马上对嫌疑人展开讯问。而且逮捕对于大多数人来说是一次身心受伤的经历，他们在被逮捕后通常会经历几个小时甚至几天的认知模糊，所以通常会比较主动回答问题。此外，被讯问者能提供的信息可能具有时效性，或者对案件的进展有即时的影响。并且，大部分的有用的信息可能来自于嫌疑人的短期记忆，他们会随着时间推移逐渐丧失这些记忆。

然而，要始终记住，准备不足会导致表现不佳。

准备好基本的提问计划，并且根据要求将其提交给上级负责人进行审核。

最基本的提问计划应该包括：

- 讯问的目的（是否需要更多的证据或者口供？你在寻找走私链上的其他人员吗？你的目的是获取有价值的情报？）。
- 确认嫌疑人的身份。
- 讯问的时间和地点。
- 主要的讯问方案及备选方案。
- 提出问题的顺序。
- 谁是主持讯问的人。
- 记录和报告所得信息的方式。
- 谁来评估讯问情况并决定后续行动。

如果要讯问一个以上的嫌疑人，需将他们隔开，防止他们密谋串供而提供虚假信息，并从最有合作意愿的嫌疑人开始讯问。

在何处讯问

这个问题需要根据个案情况具体分析，取决于案件的基本情况，涉及的机构，以及嫌疑人是否被拘留、逮捕或者自愿被讯问。讯问的地点可以是警察局里面配备视频记录仪器的审讯专用室、一辆边检关口的车辆上、海港的海关口岸或者在机场的出发区域。

确保讯问的地方不会被干扰和打断，一个封闭的会议室或者办公室是理想的选择。这个房间应该是相对舒适、没有压迫感、整洁的；尽量移走所有的桌子，拔掉电话线。最后，确保没有其他可以被嫌疑人当作武器或者逃跑工具的潜在危险物品。

初次接触嫌疑人

这是讯问者和被讯问者首次接触。讯问成功与否很大程度上取决于如何进行这次接触，并且影响到了嫌疑人后面的合作意愿。

讯问者应该根据他对嫌疑人的初始认识采取相应的态度，但大部分的讯问流程都应该是这样开始的：

- 讯问人员应当对在场人员加以介绍并做自我介绍。告知嫌疑人讯问的原因和他们的合法权利。另外，如果现场使用了任何音、视频记录仪器，在没有法律要求的情况下也应当告知嫌疑人。
- 讯问者应当坐在嫌疑人附近，但最好不是面对面的形式（经常被认为是有胁迫性的行为）。座位安排最好形成一定的角度。

通常来说，初次接触应该采取比较严谨有条理的态度。如果想让嫌疑人更加配合讯问工作，应当采取比较放松的态度。讯问人员应该准备好随时根据嫌疑人的合作情况调整自己的态度。

然而，无论嫌疑人的态度如何，讯问者都应该：

- 建立并维持对被讯问者和讯问过程的控制。
- 建立并维持与被讯问者的密切关系。

讯问者避免出现语言和肢体上的对抗性行为可以大大提高讯问的效率。因为讯问的目的是鼓励嫌疑人自由表达和提供有效信息，并且安抚嫌疑人的情绪。应告知嫌疑人，讯问将会是公平的，不带任何预判的进行，因为初始审讯问的目的只是要从该嫌疑人的角度了解案情。根据嫌疑人所处的环境，提出一些基本的问题，例如，嫌疑人是如何被逮捕的，逮捕之后他们受到了什么样的对待等，可以帮助讯问者与嫌疑人建立比较密切的关系。

当然也有些情况是由侦查走私、逮捕或者拘留嫌疑人的同一位执法人员主持讯问，这就应该根据情况采取不同的行动。

谨记嫌疑人关于案情的首次供述，无论真实与否，对于检察官来说都是重要的信息。由于罪犯经常在讯问中说谎，这些信息对于将嫌疑人与特定的事件联系起来，以及后续讯问中通过展示反驳证据限制他们的机动性有重要作用。应该避免在一开始就对他们的谎言进行质疑，让嫌疑人继续说谎，并将其全部记录下来。

在讯问的开始阶段，避免提出太多问题。上半身向前倾的动作可以让你看起来是在认真倾听。在合适的时候点头、微笑，表示你对嫌疑人的说话内容感兴趣。保持目光交流，也是表示你对嫌疑人说话感兴趣的一种方式，而且还可以鼓励嫌疑人保持交谈状态，要尽量避免瞪视走私者。

应该向被讯问者展示尽可能多的相关文件和走私货物，以及一些证据的数码照片。这将会避免后续阶段中嫌疑人声称他们承认的情况与缴获的证据不符，或者他们没有理解谈话的内容。可以尝试将展现证据的时间按照一定逻辑排序，以达到最佳效果。譬如，可以在嫌疑人供述某个情况之后用物证进行反驳。

谨记讯问至少有两个主要目的：

A. 搜集可以用于解决当前案件的信息，以及检察官需要用来提起诉讼或证明嫌疑人无罪的信息。

B. 搜集可以在其他野生动植物犯罪调查中有用的信息，以及与本案相关的其他犯罪活动，例如，从相关的非法诱捕、捕猎野生动物，到野生动植物的非法交易市场等。

对于最近经历了逮捕行动等紧张体验的人，应该试图：

- 与其谈话——试图缓解紧张情绪。
- 对他们觉得有罪的事进行合理化解释。
- 让他们与控制他们的人合作。
- 对他们表现出的善意和对工作人员的理解及时给予回应。
- 当他们要求提供小额赏金时与其合作。
- 当他们的尊严被蔑视时表现出反对态度。
- 让他们自由谈论他们以为执法人员已经知晓的情况。

讯问者需要避免对嫌疑人所说的任何情况表示诧异。诧异的表现常常会引起嫌疑人的警觉并停止供述。对被讯问者要表现出讯问只是正常的流程，执法者已经掌握了所有必要的信息。

讯问者不应该做出任何无法实现的承诺。

因为讯问的目的是使嫌疑人与讯问者产生对话交流和紧密的联系。如果讯问者和嫌疑人之间出现任何明显的冲突，讯问者应该停止讯问并将工作交给其他工作人员。这并不意味着该讯问者缺乏讯问技巧，而是可能由于性别差异（如女性讯问男性）、文化或者年龄差异，出现不同程度的冲突状况。

问题清单

以下是讯问走私者时常用的一些问题，这个清单不会试图适用于所有环境的一切问题。有些问题的答案可能需要通过提出辅助性问题来获得更多支持信息，所以讯问者不要局限于使用已经列出的问题。有效的讯问需要灵活运用知识和想象力。

在口岸、机场或者边检关口，发现走私者后尽快对其提出的最重要的问题应该是“有人会在这里跟你接头吗？”答案如果是肯定的，执法者就应该进行快速响应，识别并抓捕所有共犯。否则，以下的问题清单可以被用于准备一次讯问，确保所有的重点问题都被覆盖到了。

在讯问嫌疑人时，应该考虑到可以被用于控告或者指控嫌疑人违法的“证据点”。在寻求这些关键“证据点”时，可以用“何人、何事、何时、何地、如何及为何”的原则来指导工作。遵循这个原则来进行讯问，就可以发现嫌疑人对犯罪活动的了解。这个原则应该仅仅是当作大体上的指导。需要全面设计并可以拓展的问题概述如下。

个人详细信息和行程

- 你姓什么？
- 你名字是什么？
- 你的生日。
- 你的国籍。
- 你的住址。
- 你的职业。
- 你结婚了吗？（如果是，请提供配偶姓名）

- 你有儿女吗？（如果是，请提供姓名）
- 你的联系信息（电话号码，邮箱等）。
- 你是否与其他人一起旅行？
- 你有多少行李？你的车辆里有什么？（如果有关的话）
- 这次旅行中你到过哪些国家？
- 你在这些国家时住在什么地方？你预定了住处吗？如何进行付款的？分别逗留了多长时间？
- 你在这些国家认识什么人？你在旅行中与他们见过面吗？你怎么认识他们的？
- 你什么时候去过这些国家？
- 你旅行的目的是什么？
- 你的目的地是哪里？你还要去其他国家吗？
- 你是怎么计划此次旅行的？谁负责支付你的旅行费用？

走私物品

- 你是否知道你为什么被盘问？（如果不知道，向其解释原因）
- 我们在你的行李中找到了这个（走私物品，或者数码照片；如果是文字讯问，请描述该物品并且给出确切的数量），你可以解释一下这是什么吗？
- 这是你的东西吗？
- 你从哪里得到这些的？
- 为什么这些东西在你的行李中？
- 这些东西是你购得的吗？如果是，你花了多少钱买的？
- 有人雇佣你运送这些东西吗？如果是，谁付的酬劳？给了多少酬劳？你是怎么接受酬劳的？还有更多未到账的酬劳吗 ？如果是，你是如何接受后续的酬劳的？
- 你是怎么与支付酬劳的人联系的？这个人给了你任何指示吗？
- 你打算怎么处理这些东西？
- 你以前运送过野生动植物吗？如果有，是什么样的频率，从哪里送到哪里？
- 你是怎么参与到野生动植物运输中来的？

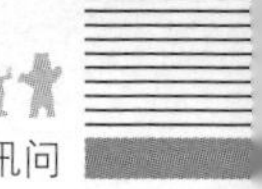

- 你为什么参与野生动植物运输？
- 你有雇主吗？或者你是独立工作的？
- （如果嫌疑人有雇主）谁是你的雇主？（详细回答）
- 你跟谁一起工作？（详细回答）
- 你有亲戚参与这个贸易活动吗？
- 除了运送野生动植物之外你还有其他的工作吗？如果有的话，是什么样的工作？
- 你为什么参与这次的野生动植物运送活动？

关于走私经销商的问题

- 你是从哪里获得野生动植物的？（细节）
- 你有一个以上的供应商吗？
- 你的供应商是从何处获得野生动植物的？
- 你的供应商如何获得野生动植物？
- 有没有用于保管和在运送前储存野生动植物的地方？如果有，在哪里？
- 你是去供应商处取得野生动植物，还是供应商将其寄送给你？
- 如果野生动植物是寄送出去的，是如何寄送的？什么时候送抵？
- 你的供应商还有其他合作者吗？是谁？他们是做什么的？
- 你认识你供应商的其他合作者吗？如果认识，是谁？（细节）
- 你的供应商一个月会供应多少野生动植物？
- 你可以解释一下你获得野生动植物的流程吗？（譬如，你的供应商会打电话给你吗？还是你们会见面？在什么地方见面？）
- 你的供应商是独立运作的吗？还是有合作伙伴？（细节）
- 有人负责为你的供应商准备野生动植物吗？（细节）
- 你的野生动植物是从哪里来的？哪个国家？
- 你通常习惯怎么运送野生动植物？（细节）

关于走私商品顾客的问题

- 谁是你的顾客？谁会从你这里买野生动植物？
- 你的顾客都是什么国家的人？

- 你有常客吗？如果有，是谁？（细节）
- 你是怎么跟顾客联系的？
- 你在哪里跟顾客见面讨论业务？
- 顾客购买野生动植物的用途。（自用、礼品、批发或者零售）
- 你贩卖的野生动植物是什么价格？
- 这些价格可以协商吗？如果是，最多可以便宜多少？
- 你的顾客在购买了野生动植物之后如何运输？
- 你的顾客会在国际间买卖从你这里买到的野生动植物吗？
- 你使用过邮递或者快递服务来运送野生动植物吗？
- 你在网上卖过野生动植物吗？如果有，成功了吗？（细节）

关于走私商竞争对手的问题

- 你有竞争对手吗？如果有，是谁？（细节）
- 你竞争对手的供应商是谁？（细节）
- 你知道你竞争对手的价格吗？
- 你的供应商有竞争对手吗？如果有，是谁？（细节）
- 如果有竞争，你为什么选择了现在合作的这个供应商？
- 你跟供应商之间有过矛盾吗？如果有，是什么矛盾？
- 你担心你的人身安全吗？如果担心，为什么？

关于财务的问题

- 你是怎么样购买野生动植物的？（细节）
- 你是怎样给供应商付款的？
- 你每个月会采购多少野生动植物？
- 可以卖掉多少？
- 你怎么保存获得的收益？（细节）
- 你怎么接收顾客的付款？（现金，信用卡还是银行转账）
- 你用什么币种来购买和销售野生动植物？
- 你会把野生动植物贸易所得当作合法收入报税吗？
- 你有电脑吗？有的话在哪里？
- 你怎么保存业务记录？电脑还是纸质的？

- 你的业务记录在哪里？

关于腐败的问题

- 你曾经贿赂过公职人员来保证你的商业运作吗？如果有，是谁，贿赂了多少？
- 你贿赂过海关人员、机场安检或者航空职员来允许你出口野生动植物到国外，通过口岸或者中转运输吗？
- 如果有，你知道此人的名字或者你可以描述一下这个人吗？
- 是什么驱使了你的贿赂行为？
- 有公职人员帮助过你运输野生动植物吗？（细节）
- 你会因为这些人担心自己的人身安全吗？

开放式提问

- 你所交易的野生动植物的市场需求是在增长还是减少？
- 你怎么看待野生动植物贸易的未来发展？
- 你觉得野生动植物贸易的主要风险是什么？
- 描述你最喜欢的顾客。
- 有什么原因可以让你放弃走私野生动植物从事正常的工作吗？如果没有，为什么？

终止讯问

讯问中止的原因有几个，比如：
- 讯问的目的已经达到了。
- 讯问者无法与嫌疑人保持密切关系，或者嫌疑人开始或保持不合作态度。
- 讯问和被讯问者因为身体或精神原因无法继续。
- 讯问者因为某些特定原因需要打断审问。

中止讯问时，需要：
- 告知嫌疑人，其所提供的所有信息都会经过准确性和真实性检验（仔细观察通知时嫌疑人的反应）。

- 告知嫌疑人其有可能会被再次讯问。
- 尽快实现讯问时做出的任何承诺。
- 嫌疑人的私人财产，以及没有被当作证据或者其他目的留存的物品都要归还给嫌疑人。嫌疑人应该得到一份收据，说明什么物品被留存了。

尝试在讯问和终止阶段保持和嫌疑人的紧密联系，因为可能在以后还要再对嫌疑人进行讯问。

评估、分析和行动

这是开始进行反应行动的时刻。回顾嫌疑人在讯问过程中的反应和举止，你相信走私者告诉你的信息吗？你可以独自决定还是需要寻求咨询？你还需要更多信息吗？你需要进行更多调查，继续提出问题吗？需要其他人员来负责提出这些问题吗？

这也是决定下一步行动的时刻。走私者会被起诉吗？走私者会成为证人吗？他们会成为卧底进行控制交付行动，帮助执法机关抓获其他走私链条上的参与者吗？

你提取到的信息应该与谁分享？应该在多长的时间内分享？这些信息可以被用作指导进一步的实际行动吗？比如，“接头人”是否在某处等着走私客？可以逮捕这个人吗？是否要搜查一些你已经掌握的交易和加工场所？你需要在其他机构采取行动的时候拘留走私者以保证他们无法通知同伙吗？

现在你可以与他们分享你所获得的信息：

- 你的同事。
- 国家内的其他机构。
- 走私物品来源国的机构。
- 中转国的机构。
- 运输目的地，交易 / 消费国的机构。
- 国际机构，如：国际刑警组织，世界海关组织和 CITES 秘书处。

确保你所得到的信息被分享，以免浪费你努力工作得到的成果。如果这些信息对你没有用处，请将它传递给可能用到的人。

同时，你在讯问中获得的信息可能具有高度的执法敏感性，信息一旦泄露，就可能严重影响到你的案件。确保分享时要遵循适时、“按需知密”的原则。

报　告

应该尽快将讯问获得的信息准确地向有关当局和机构进行报告。国家机构通常都会有他们自己的标准报告流程。野生动植物机构可以向当地警察索要他们使用的报告格式。但无论如何，报告都应包括：

- 讯问的时间、地点等细节。
- 嫌疑人的姓名和其他个人信息。
- 讯问者和其他见证人的姓名。
- 核实嫌疑人的所有合法权益及相关问题得到了尊重。
- 讯问者对信息来源可信度、可靠性和合作程度的评估结果。
- 完全从嫌疑人处获得没有经过任何添加或删改（除非是附上的注解）的与提问和回答相关的所有细节。

缴获具有国际影响力的重要物资时应当通过生态信息流程向国际刑警组织报告。包括截获走私的大量野生动植物，或者是极度濒危的物种，譬如收录于 CITES 附录 I 中的物种。国际刑警组织与 CITES 之间签署了谅解备忘录，所以向其中一个机构提交的报告会使双方都得到通知。

生态信息表格电子版本和填写指南可以在以下网址找到：https://www.interpol.int/Public/EnvironmentalCrime/EcoMessage/default.asp。

以下网址也可以找到电子版本的生态信息表格：http://www.cites.org/eng/notif/2008/E068-form.pdf。

与其他执法机构分享获得的信息是至关重要的行为，因为执法机构应该在某种程度上认识并根据走私活动的跨国特性进行有选择的信息分享。任何野生动植物走私者都有可能在其他国家犯下类似的罪行。

分享情报让国际组织可以发出警告或者其他公告，帮助相关机构进行风险评估、分析和寻找目标。这样可以引导其他执法机构截获、讯问更多的走私者，并搜集到更多的情报。

国际刑警组织秘书处，世界海关组织和濒管条约组织拥有成员国内相关组织的通讯网络，并且提供分发信息和方便查询的服务。

我们鼓励执法机构提交任何可能与讯问野生动植物走私者相关的信息以供本手册更新参考，并向其他机构提供经验教训。

请将信息递交到以下地址：

CITES Secretariat, Anti-smuggling, Fraud and Organized Crime,
International Environment House,
Chemin des Anémones,
CH-1219 Châtelaine, Geneva,
Switzerland.
Tel:+41 22 917-8139/40
Fax:+41 22 797-3417
Email: info@cites.org

ICPO - INTERPOL
General Secretariat, Public Safety and Terrorism Sub-directorate
Wildlife Crime intelligence Officer,
200 quai Charles de Gaulle
69006 Lyon, France.
Tel:+33 4 72 44 70 00
Fax:+33 4 72 44 71 63
Email: info@interpol.int

第五章
野生动物案件案例

一、乱捕滥猎类

（一）非法猎捕野鸟案（行政）

1．案情 2006 年 11 月，上海崇明县野生动物保护管理站接到前进派出所电话称："昨天在崇明北湖地区抓住两名捕鸟人员，并且在蛇皮袋中检查出各种鸟类共 151 只，其中 41 只活体，110 只已死亡。"

上海崇明县野生动物保护管理站即派人前往处理，对已死亡的鸟进行仔细查看，这些鸟都是被人拧断脖子后死亡的，排除了用毒药毒死的可能。经与《鸟类图鉴》进行鉴别，这些鸟都是蒙古沙鸻，属国家"三有动物"*。随后执法人员与前进派出所办理了案件交接手续，并打电话要求两名违法人员陈某、汤某下午到上海崇明县野生动物保护管理站接受处理。

经进一步询问获知，该两名违法人员是在 2006 年 11 月 5 日中午到北湖用翻网捕鸟的，捕到后准备自己吃。

2．处罚结果 2006 年 11 月底，崇明县野生动物行政主管部门给予违法行为人没收野鸟 151 只，并处 800 元的行政处罚。

3．处罚依据 根据《中华人民共和国野生动物保护法》第十八条规定："猎捕非国家重点保护野生动物的，必须取得狩猎证，并且服从猎捕量限额管理。"因此，该团伙在没有办理狩猎证的前提下，擅自捕猎野生动物的行为可以被认定为违法行为。

根据《中华人民共和国陆生野生动物保护实施条例》第三十五条之规定："违反野生动物保护法规，未取得狩猎证或者未按照狩猎证规定猎捕非国家重点保护野生动物的，依照《中华人民共和国野生动物保护法》

---

* 国家保护的有益的或者有重要经济、科学研究价值的陆生野生动物，简称"三有"动物。

第三十三条的规定处以罚款的，按照下列规定执行：(一) 有猎获物的，处以相当于猎获物价值五倍以下的罚款；(二) 没有猎获物的，处一千元以下罚款。”本案中，两个当事人在整个案件调查过程中，能够积极予以配合，并且认错态度诚恳。因此以教育为目的，对两个当事人处以 800 元的罚款。

4. 情况分析 野生动物资源是社会公共资源，国家和地方都出台了相应的法律法规予以保护。崇明地域范围广，野生动物资源也比较丰富，不可避免地存在乱捕滥猎现象。但由于某些法律法规实际可操作性不强，导致主管部门在对非法捕猎、经营利用野生动物的单位和个人进行执法处罚时，存在一定的难度。

(1) 每年县级野生动物保护主管部门花大量的人力物力打击非法捕猎现象，收缴了大量的捕鸟工具，但真正能对偷猎者实施行政处罚的比较少。在实际执法过程中，由于非法捕猎野生动物的工具都设置在野外，除了当场抓住非法捕猎者外，其他都很难找到当事人。由于用于捕鸟的工具成本低廉，经常是执法人员前脚收缴捕鸟工具，后脚又有人挂起捕鸟工具，屡禁不止，给管理部门的日常管理工作带来很大的困难。

(2) 在行政处罚时，野生动物价格认定无参照依据，因为没有明码标价的市场售价，只能根据非法捕猎者提供的价格进行认定。所以，在准确掌握处罚标准上有一定的难度。

（二）非法猎捕黑斑蛙案（行政）

1. 案情 2006 年 6 月，上海闵行区农业综合执法队接群众举报称：闵行区纪王镇赵家村有人经常在夜间捕捉青蛙。接报后，闵行区农业综合执法队即与举报人进行电话联系，了解相关情况，并组织执法队员进行夜间守候伏击。在执法队员守候了将近 3 个多小时后，终于在晚上 21：30 点左右发现不远处的田间有手电筒的亮光，执法队员立即赶向亮光处，发现李某正在捕捉青蛙，当场查获并扣押了 21 只青蛙，共计 1.2 千克。经过专家鉴定，确定这些“青蛙”是上海市重点保护野生动物——黑斑蛙。

经调查获知，李某捕捉黑斑蛙时并未取得相应的许可证件，捕捉黑斑蛙的目的是自己食用。

2. 处罚结果 2006 年 6 月，上海市闵行区农业综合执法队对当事人做出了行政处罚：没收非法捕捉的21只黑斑蛙，并处以108元人民币罚款。

3．处罚依据 根据《上海市实施〈中华人民共和国野生动物保护法〉办法》第十一条规定："禁止任何单位和个人非法猎捕国家和本市重点保护的野生动物。本市有关部门或者单位因教学、科研、养殖、展览、交换、赠与、药用和其他特殊情况，需要猎捕国家重点保护野生动物的，依照《中华人民共和国野生动物保护法》第十六条规定办理；需要猎捕本市重点保护野生动物的，必须经市野生动物保护机构审核，报市野生动物行政主管部门批准并领取特许猎捕证、狩猎证或者捕捞证等许可证件。"因此，李某在没有办理任何相关手续的情况下捕捉黑斑蛙的行为可以被认定为违法行为。

根据《最高人民法院关于审理破坏野生动物资源刑事案件具体应用法律若干问题的解释》，黑斑蛙不属于"珍贵、濒危野生动物"，该行为还不够刑事案件的立案标准，因此，对李某的违法行为做出行政处罚。

根据《上海市实施〈中华人民共和国野生动物保护法〉办法》第二十五条第二款规定："非法捕杀本市重点保护野生动物的，由野生动物行政主管部门处以相当于猎获物价值五倍以下的罚款。"因当事人在整个案件取证调查过程中，能够积极给予配合，本着教育为主的目的，对当事人做出没收实物并处以108元的罚款。

4．情况分析 黑斑蛙俗称"青蛙"、"田鸡"，属两栖纲无尾目蛙科。在中国，从华北北缘到华南北缘的平原和丘陵地区最习见，数量很多。雄蛙鸣叫时，颈两侧的外声囊膨胀成球状，体长70～80毫米。背面色黄绿、深绿、灰绿或略带灰棕，散有黑斑。背侧各有1条金黄色或浅棕色褶，褶间有4～6条长短不等、若断若续的肤棱。吻端至肛部常有1条浅色的脊线纹，趾间全蹼。黑斑蛙吞食大量昆虫，每昼夜捕虫可达70余只，是消灭田间害虫的有益动物，是上海市重点保护野生动物。

（三）偷猎鸻鹬类案（刑事）

1．案情 2005年3月，崇明东滩鸟类自然保护区4名执法人员分两组分别从保护区碳通量监测步道和北牛场港处下滩进入预定守候伏击区域。4点30分，在北牛场港外侧滩涂伏击的执法人员借助望远镜发现两个可疑人影在光滩上行走，20分钟后发现这两人在布设扣网准备捕鸟。

执法人员立即通知在南面伏击的执法人员向北靠拢合围。5点20分两路执法人员将包围圈缩小到离偷猎者近300米的时候被其发现，两名偷猎者员扔下捕鸟网具和捕到的鸟类分头逃窜。执法人员立即追击。偷猎者张某被一名执法人员追击近3千米，跑到齐腰深的水中，无处可逃，束手就擒。另一名偷猎者蔡某钻进比人高的互花米草丛后逃逸。执法人员在偷猎现场缴获偷猎网具一副，大滨鹬39只。

2．处罚结果　因保护区是禁猎区，偷猎鸟类数量超过20只以上，属于非法狩猎“情节严重”，已构成刑事案件。保护区管理处将案件移交公安部门立案处理。后经法院审理，两名偷猎者被判拘役3个月并处罚金2000元。

3．处罚依据　《中华人民共和国自然保护区条例》第二十六条规定：禁止在自然保护区内进行砍伐、放牧、狩猎、捕捞等活动。《最高人民法院关于审理野生动物资源刑事案件具体应用法律若干问题的解释》第六条规定：在禁猎区、禁猎期或使用禁用的工具非法猎捕野生动物20只以上属于非法狩猎“情节严重”。

因保护区是禁猎区，偷猎数量超过20只以上，属于非法狩猎“情节严重”，已构成刑事案件，保护区管理处将案件移交公安局立案处理。

4．情况分析　崇明东滩是候鸟在东亚—澳大利西亚迁徙路线上的重要驿站，每年的3～4月份是鸻鹬类鸟北迁的高峰季节，大量的迁徙鸟类在崇明东滩停留觅食、补充能量。当地农民历来有捕猎鸟类获取经济利益的习惯。保护区成立以后不断开展宣传教育和执法活动，偷猎现象明显减少。为打击偷猎行为，保护区在鸟类迁徙高峰期间每年组织多次突击巡查和蹲点埋伏、打击。

（四）非法猎捕麻雀案（刑事）

1．案情　2013年3月，上海奉贤区公安部门与野生动物保护部门协同抓获销售麻雀的嫌疑人。后调查得知，该批麻雀是松江区泖港镇李某伙同其他4名村民在庄行邬桥社区利用爆竹、摇铃、捕鸟网等工具进行捕捉的。经李某交代，组织捕猎2次，共非法捕获1762只麻雀，除了大家分掉部分以外，其余出售，每人分得70元。经过公安机关调查取证，犯罪嫌疑人李某犯罪事实和情节具备非法狩猎罪构成要件，移交奉贤区检察院后，由区检察院对其提出公诉，并经法院庭审当日予以宣判。

2. 处罚结果 2013 年 6 月奉贤区法院宣判，李某被判处有期徒刑 9 个月，缓刑 9 个月。李某对此判决表示无异议，表示今后不再重犯。

3. 处罚依据 《最高人民法院关于审理野生动物资源刑事案件具体应用法律若干问题的解释》第六条规定："违反狩猎法规，在禁猎区、禁猎期或者使用禁用的工具、方法狩猎，具有下列情形之一的，属于非法狩猎'情节严重'：(一) 非法狩猎野生动物二十只以上的；(二) 违反狩猎法规，在禁猎区或者禁猎期使用禁用的工具、方法狩猎的；(三) 具有其他严重情节的。"

2013 年 1 月 21 日，上海市人大法工委根据市野生动物保护部门的提请，下发上海市人大常委会法工委对 [上海市林业局关于对《上海市实施〈中华人民共和国野生动物保护法〉办法》第十三条规定作出解释的请示] 的答复（沪会法函〔2013〕1 号）规定："对在本市使用'粘网'、'鸟网'等危害性捕猎工具和方法猎捕野生动物，实际造成伤亡后果的违法行为，可按'禁止使用的工具'追究行为人的法律责任。"

4. 情况分析 本次庭审全程由上海市东方网进行现场直播，旨在告诉广大市民，麻雀虽不是珍贵和濒危动物，但它是"三有动物"，具有有益和有重要经济、科学研究价值，在冬季和早春啄食鳞翅目害虫，同时也是猛禽类益鸟的食料，任何人与单位不能非法猎捕。其意义不仅仅是对捕猎野生动物行为的入刑，更是对一些依然存有侥幸心理的非法捕猎者的震撼。通过庭审告知人们，非法狩猎野生动物是要付出代价的。从 2013 年 1 月 21 日起，"网捕"在上海属于禁止使用的工具，捕猎超过 20 只野生动物就要追究刑事责任，任何人不能存有侥幸心理。不乱捕滥猎野生动物就是保护生态资源、维护生态平衡，就是保护我们人类的家园。

（五）禁猎区非法猎捕野鸭案（刑事）

1. 案情 2012 年 12 月，强某伙同他人多次在上海浦东新区南汇东滩被列为全年禁猎区的芦苇地，以药物投毒的方式猎捕到野生鸟类 24 只，其中包括绿头鸭 2 只、赤膀鸭 2 只、绿翅鸭 7 只、斑嘴鸭 13 只。经科学鉴定，上述野生鸟类均被列入《国家保护的有益的或者有重要经济、科学研究价值的陆生野生动物名录》。此后强某在欲将上述鸟类出售途中被浦东新区公安和野生动物保护部门抓获。

2．处罚结果　依据刑事诉讼程序，浦东新区法院认定强某犯有非法狩猎罪，一审判决有期徒刑 7 个月。强某上诉至中级人民法院，2014 年 2 月，上海市第一中级人民法院做出二审判决，维持原一审法院的判决。

3．处罚依据　《中华人民共和国刑法》第三百四十一条第二款规定："违反狩猎法规，在禁猎区、禁猎期或者使用禁用的工具、方法进行狩猎，破坏野生动物资源，情节严重的，处三年以下有期徒刑、拘役、管制或者罚金。"

《最高人民法院关于审理破坏野生动物资源刑事案件具体应用法律若干问题的解释》第六条规定："违反狩猎法规，在禁猎区、禁猎期或者使用禁用的工具、方法狩猎，具有下列情形之一的，属于非法狩猎'情节严重'：(一) 非法狩猎野生动物二十只以上的；(二) 违反狩猎法规，在禁猎区或者禁猎期使用禁用的工具、方法狩猎的；(三) 具有其他严重情节的。"

4．情况分析　党的十八大提出生态文明的概念，为保护野生动物提供了可靠根据。近年来，中央主流媒体和国家林业局加以重视，全国很多地方偷猎事件被曝光。在此背景下，各地人民政府加强了对野生动物的保护，划定禁猎区和禁猎期是一大举措。例如，吉林省将全省划为禁猎区，湖北省将全省划为 5 年的禁猎期。

上海除原有的崇明东滩和南汇东滩外，奉贤区人民政府率先发布公告，将全区划为禁猎区。另外，上海市野生动物保护站将网捕作为禁用的工具提交市人民代表大会。这一系列举措都对保护野生动物特别有利，今后这方面的工作还要进一步加强。

二、非法经营利用类

（一）非法经营利用蛇蛙案（行政）

1．案情　2005 年 7 月，上海市野生动物保护管理站（以下简称"市野保站"）工作人员开车经过内环高架武宁路时，发现在上匝口的内侧有一幅自制的"众品蛇庄"广告招牌，当天下午就派人去进行暗访，发现武

宁路 415 号有某餐饮酒店，该酒店在厨房和备菜间的几个铁笼子里和塑料桶内摆放着各种蛇和青蛙。

市野生动物保护站随即组织力量并邀请东方电视台、新闻晨报等新闻媒体单位一起参加，对该酒店进行突击执法检查，当场查获乌梢蛇 34 条、水蛇 11 条、王锦蛇 2 条、眼镜蛇 2 条、五步蛇 1 条、滑鼠蛇 1 条、青蛙 1 千克，暂扣了所有物品。

2．处罚结果 2005 年 9 月，上海市林业局依法对该单位做出了没收非法经营利用的全部蛇和青蛙、罚款人民币 800 元的行政处罚决定。

3．处罚依据 蛇和青蛙是上海市重点保护野生动物，根据《上海市实施〈中华人民共和国野生动物保护法〉办法》第十七条规定："经营本市重点保护野生动物及其产品，必须向市野生动物行政主管部门申请。经市野生动物行政主管部门批准并发给经营野生动物及其产品许可证。"该酒店经营利用本市重点保护野生动物，必须经上海市林业局批准，并取得《上海市野生动物及其产品经营利用许可证》。

该酒店未按规定向市野生动物行政主管部门申请办理过行政许可手续，擅自经营本市重点保护野生动物的行为，违反了《上海市实施〈中华人民共和国野生动物保护法〉办法》第十七条规定，属非法经营。

根据《上海市实施〈中华人民共和国野生动物保护法〉办法》第三十条规定："擅自经营、运输、携带市重点保护野生动物的，没收实物和违法所得，处以相当于实物价值五倍以下罚款。"因该酒店在案件的取证调查过程中能够积极配合，本着以教育为主的目的，对该单位做出了没收非法经营利用的全部蛇和青蛙、罚款人民币 800 元的行政处罚决定。

4．情况分析 该案件是典型的非法经营地方重点保护野生动物的案件，《上海市实施〈中华人民共和国野生动物保护法〉办法》第十七条规定："经营本市重点保护野生动物及其产品，必须向市野生动物行政主管部门申请。经市野生动物行政主管部门批准并发给经营野生动物及其产品许可证。"《上海市实施〈中华人民共和国野生动物保护法〉办法》第三十条规定："擅自经营、运输、携带市重点保护野生动物的，没收实物和违法所得，处以相当于实物价值五倍以下罚款。"

野生动物资源是社会公共资源，国家和地方都有相应的法律法规予以保护，但是在实际案件处理过程中，存在着一些困难。一是野生动物的价格认定。尤其是非国家重点保护的野生动物，因无参照依据，只能根据非法经营者的供述，才能得知其在市场上的出售价格。所以在掌握处罚标准上有一定的难度。

二是野生动物的管理涉及运输、工商和食品卫生等许多部门，仅仅从野生动物保护执法上来管理，效果就会受到很大的影响。

三是要加大野生动物保护的宣传力度，动员全社会都来关心保护野生动物。

（二）非法出售辐纹陆龟案（行政）

1. 案情 2006 年 9 月，上海市野生动物保护管理机构接到举报称：中心城区某花鸟市场内一家宠物店正在出售辐纹陆龟。接报后，上海市野生动物保护管理机构即对情况进行核实，当场查获并先行登记保存两只辐纹陆龟。经专家现场鉴定，确定这是《濒危野生动植物种国际贸易公约》（CITES）附录 I 物种——辐纹陆龟。

经调查获知，该业主是通过网上订货的方式以每只 1000 元人民币的价格购得辐纹陆龟，并向外销售。

2. 处罚结果 2006 年 12 月，上海市野生动物保护管理机构对当事人做出了行政处罚：没收非法经营的两只辐纹陆龟，并处以 4000 元人民币罚款。

3. 处罚依据 辐纹陆龟（*Astrochelys radiata*）属龟鳖目陆龟科土陆龟属，分布于马达加斯加南部。背甲呈长椭圆形，褐色，每块盾片上有淡黄色放射状花纹，腹甲黄色，有数块大黑色三角形斑纹；前肢前缘具覆瓦状大鳞片。该种非我国原产，属于《濒危野生动植物种国际贸易公约》（CITES）附录 I 物种。

根据《林业部关于核准部分濒危野生动物为国家重点保护野生动物的通知》(林护通字〔1993〕48 号) 文件规定："将《濒危野生动植物种国际贸易公约》附录 I 和附录 II 所列非原产我国的所有野生动物，分别核准为国家一级和二级保护野生动物。"因此，没收的辐纹陆龟可以按国家一级重点保护野生动物进行管理。

根据《中华人民共和国野生动物保护法》第二十二条规定："禁止出售、收购国家重点保护野生动物或者其产品。因科学研究、驯养繁殖、展览等特殊情况，需要出售、收购、利用国家一级保护野生动物或者其产品的，必须经国务院野生动物行政主管部门或者其授权的单位批准。”因此，该宠物店在没有办理任何相关手续的情况下擅自出售辐纹陆龟的行为可以被认定为违法行为。

根据《上海市实施〈中华人民共和国野生动物保护法〉办法》第三十一条规定：“未经批准，擅自经营、运输、携带国家重点保护野生动物及其产品的，没收实物和违法所得，并处以相当于实物价值十倍以下的罚款。”因当事人在整个案件取证调查过程中，能够积极给予配合，并且又是初次从事这类经营活动，本着以教育为主的目的，对当事人做出没收实物并处以 4000 元的罚款处理。

4. 情况分析 野生动物资源是社会公共资源，国家和地方都有相应的法律法规予以保护，但是在实际案件处理过程中，对管理者和执法者来说存在着一定的困难。

一是刑事案件和行政案件的严格区分。按照国家林业局、公安部门关于野生动物资源刑事立案标准，凡涉及国家重点保护野生动物及其制品，公安机关可以立案审查。本案中辐纹陆龟按国家一级重点保护野生动物进行管理，公安部门也可以立案。但根据野生动物保护法律法规，野生动物保护部门也可以给予行政处罚。本案发生较早，当时与公安部门联动机制尚未健全，就给予了行政处罚。此类案件有待法律法规进一步完善。

二是野生动物的价格认定。在原林业部《关于在野生动物案件中如何确定国家重点保护野生动物及其产品价值标准的通知》（林策通字〔1996〕8 号）中，只对国家重点保护野生动物做了说明，但对外来物种没有提及。在野生动物价格的认定上，其第三条规定：“……无国家定价的按市场价格执行……”因此，在价格认定过程中，因无参照依据，此案只能根据非法经营者的供述，才能得知其在市场上的出售价格。所以，在掌握处罚标准上有一定的难度。

三是野生动物的管理涉及许多部门，仅仅在终端消费环节予以管理，效果就会受到很大的影响。

四是在本案中，当事人利用互联网从事销售活动，主管部门难以进行有效的监管。

（三）非法批发销售蟾蜍案（行政）

1．案情　2006 年 7 月，上海金山区野生动植物保护管理站接到举报称：枫泾镇朱枫公路旁有非法批发销售蟾蜍窝点。接报后，站领导即派人员对举报情况进行暗访调查。经调查发现，确实存在非法批发销售蟾蜍的现象。该站在请示上海市野生动物保护站、金山区农委后，制定了严密的打击行动计划。于 2006 年 7 月 12 日晚上 21:00，通过市野生动物保护站，联合市公安局、东方电视台、新闻晨报记者，开展联合打击行动。此次执法行动共出动执法人员 17 人、媒体记者 5 人，出动车辆 5 部。共没收用蛇皮袋包装的蟾蜍 49 袋，以平均每袋 30 斤* 计算，共计 1470 斤。以每斤 8 只计算，共有蟾蜍 11 760 只。

2．处罚结果　没收蟾蜍 11 760 只，并对当事人进行了教育批评。

3．处罚依据　蟾蜍为无尾目蟾蜍科动物，分布于全市各区（县）。国内除西藏、新疆、宁夏外，其余各省份均有分布。蟾蜍头部无骨质棱，皮肤粗糙，背部疣粒大而密，有一对发达的耳后腺。雄性无声囊，体背无显著花斑。被列为上海市市级重点保护野生动物。

根据《上海市实施〈中华人民共和国野生动物保护法〉办法》第三十一条规定：“擅自经营、运输、携带上海市重点保护野生动物的，没收实物和违法所得，处以相当于实物价值五倍以下的罚款。”由于当事人在案件处理过程中认错态度较好，并承诺以后不再从事此类违法经营活动，因此，本着教育为主的目的，对当事人做出没收实物并给予批评教育的处理。

4．情况分析　枫泾地区违法销售的蟾蜍基本上都不是上海本地分布的，多是从外省运过来的。有的省份没有把蟾蜍列为省级重点保护动物，所以很难控制。枫泾当地吃蟾蜍已经有相当长的历史了，现在又发展了枫泾古镇旅游地方特色菜，消费群体很大。

单靠上海市野生动物保护部门的力量打击是远远不够的，只有加大宣传力度，提高市民保护野生动物的意识，还联合外省份野生动物主管部门，加强道口管理，从源头抓起，才能遏制非法批发销售蟾蜍的行为发生。

---

* 1 斤 =0.5 千克。全书同。

（四）非法销售象牙制品案（行政）

1. 案情　2005 年 6 月，当事人邓某在广州市带河路工艺市场，以人民币 50 ~ 1000 元价格购进未有陆生野生动物制品经营许可标示的手链、小挂件、笔筒、摆件、朝板等疑似非洲象牙制品 400 件。而后当事人在未经工商行政管理机关核准登记以及未经野生动物行政主管部门或者授权的单位批准下，擅自在上海黄浦区藏宝楼工艺品市场 3 楼 100 号摊位加价销售。黄浦区豫园工商所联合市、区野生动物保护管理部门对辖区内野生动物制品经营市场开展检查，发现邓某摊位上有疑似象牙制品销售。经上海市野生动植物鉴定中心权威鉴定，这 400 件制品均为非洲象牙制品。至 2006 年 8 月 16 日案发，当事人已经销售象牙制品 65 件，销售额为人民币 28 000 元，从中获利人民币 5600 元。

2. 处罚结果　2006 年 10 月，上海市工商管理局黄浦分局做出行政处罚决定：没收非洲象牙制品 335 件；没收非法所得人民币 5600 元；罚款人民币 14 400 元。

3. 处罚依据　《上海市实施〈中华人民共和国野生动物保护法〉办法》第三十条第一款："未经批准，擅自经营、运输、携带国家重点保护野生动物及其产品的，由工商行政管理部门会同野生动物行政主管部门没收实物和违法所得，并处以相当于实物价值十倍以下的罚款；擅自经营、运输、携带市级重点保护野生动物的，没收实物和违法所得，处以相当于实物价值五倍以下的罚款。"

《中华人民共和国陆生野生动物保护实施条例》第三十七条规定："违反野生动物保护法规，出售、收购、运输、携带国家或者地方重点保护野生动物或者其产品的，由工商行政管理部门或者其授权的野生动物行政主管部门没收实物和违法所得，可以并处相当于实物价值十倍以下的罚款。"

《国家林业局关于发布破坏野生动物资源刑事案件中涉及走私的象牙及其制品价值标准的通知》（林濒发 [2001] 234 号）规定："一根未加工象牙的价值为 25 万元；由整根象牙雕刻而成的一件象牙制品，应视为一根象牙，其价值为 25 万元；由一根象牙切割成数段象牙块或者雕刻成数件象牙制品的，这些象牙块或者象牙制品总合，也应视为一根象牙，其价值为 25 万元；无法确定是否属一根象牙切割或者雕刻的象牙块或象牙制品，

应根据其重量来核定，单价为 41 667 元 / 千克。按上述价值标准核定的象牙及其制品价格低于实际销售价的按实际销售价格执行。”

4. 情况分析　非洲象属于华盛顿公约附录 I 物种，当事人涉嫌触犯刑法，本案应当移交司法部门处理，不能以行政处罚代替刑事处罚，否则要追究刑事案件不移交的责任。

上海目前没有森林公安建制，2006 年时公、检、法机关对于此类案件裁量持谨慎态度，公安部门介入此类案件较少。且根据《中华人民共和国陆生野生动物保护实施条例》规定，工商行政管理部门有权对当事人处以没收实物和违法所得，可以并处相当于实物价值十倍以下的罚款。随着野生动物保护部门与公安部门的合作日益深入，此类案件一般移交公安部门办理。

（五）非法销售犀牛角制品案（行政）

1. 案情　2010 年 5 月，当事人谢某购进 9 件疑似犀牛角制品，进货价为人民币 51 000 元。后在当事人经营场所（湖北路中福古玩城）对外销售，由相关部门牵头和工商部门联合执法检查时查获，其中犀牛角小碗 2 只（有字 1 只）、犀牛角小瓶 2 只、犀牛角挂件 2 件、犀牛角手珠 1 串、犀牛角牌 1 块、犀牛角其他工艺品 1 件。上述 9 件犀牛角制品销售金额共计人民币 98 000 元。经上海市野生动植物鉴定中心技术鉴定，这 9 件制品均为犀牛角制品。至 2010 年 6 月案发止，上述 9 件犀牛角制品均未被销售。

2. 处罚结果　2010 年 9 月，上海市工商管理局黄浦分局做出行政处罚决定：没收 9 件犀牛角制品；罚款人民币 50 000 元整。

3. 处罚依据　《上海市实施〈中华人民共和国野生动物保护法〉办法》第三十条第一款：“未经批准，擅自经营、运输、携带国家重点保护野生动物及其产品的，由工商行政管理部门会同野生动物行政主管部门没收实物和违法所得，并处以相当于实物价值十倍以下的罚款；擅自经营、运输、携带市级重点保护野生动物的，没收实物和违法所得，处以相当于实物价值五倍以下的罚款。”

《中华人民共和国陆生野生动物保护实施条例》第三十七条规定：“违反野生动物保护法规，出售、收购、运输、携带国家或者地方重点保护野生动物或者其产品的，由工商行政管理部门或者其授权的野生动物行政主管部门没收实物和违法所得，可以并处相当于实物价值十倍以下的罚款。”

《国家林业局关于发布破坏野生动物资源刑事案件中涉及犀牛角价值标准的通知》（林护发〔2002〕130 号）规定，“将破坏野生动物资源刑事案件中涉及犀牛角的价值标准确定为：每千克 25 万元，实际交易高于上述价值的按实际交易价格执行。”

4．情况分析 野生动物及其制品管理涉及多个部门。单就陆生野生动物及其制品来说，行政管理主要涉及野生动植物保护、工商、濒危物种管理、城管等；刑事案件公、检、法理当参与，其他行政部门配合，尤其是野生动植物保护部门，担负着行业管理和物种鉴定、野生动物及其制品的接收和处理等职责。

犀牛科动物属于 CITES 附录 I 物种，对非法经营的处罚可参照非法经营象牙制品处罚。本案亦可移交公安部门办理，根据《最高人民法院关于审理破坏野生动物资源刑事案件具体应用法律若干问题的解释》（法释〔2000〕37 号），非法出售国家重点保护的珍贵、濒危野生动物制品数额达到 10 万元为情节严重，可处 5 年以上 10 年以下有期徒刑，并处罚金。本案涉及制品数额不足 10 万元，亦可处 5 年以下有期徒刑并处罚金。

（六）饭店非法经营王锦蛇案（行政）

1．案情 2012 年 12 月，上海市野生动植物保护站执法人员对饭店例行检查，在长宁区一大型酒店发现菜单首页有王锦蛇菜肴，同时在样品中也有王锦蛇显示，标价每斤 148 元。经进一步讯问该店负责人得知，该店确实经营过大王蛇，从别处买进半成品在店内加工后摆上餐桌。现场未能提供相关野生动物及其制品经营利用许可证件。执法人员当场制作了《现场检查笔录》和《询问笔录》，由饭店负责人签字确认。经报告上级后立案查处。本案经进一步调查得知，该店共购进王锦蛇半成品 150 千克，每千克进价 160 元，加工后卖给顾客每千克 256 元。

2．处罚结果 2013 年 4 月，上海市林业局做出行政处罚决定：没收违法经营王锦蛇所得人民币 14 400 元整，罚款人民币 24 000 元整。当事人已于 2013 年 4 月 16 日将全部罚没款缴入指定的代收银行，整个行政处罚案件结案。

3．处罚依据　《上海市实施〈中华人民共和国野生动物保护法〉办法》第三十条第一款："未经批准，擅自经营、运输、携带国家重点保护野生动物及其产品的，由工商行政管理部门会同野生动物行政主管部门没收实物和违法所得，并处以相当于实物价值十倍以下的罚款；擅自经营、运输、携带市重点保护野生动物的，没收实物和违法所得，处以相当于实物价值五倍以下的罚款。"

《中华人民共和国陆生野生动物保护实施条例》第三十七条："违反野生动物保护法规，出售、收购、运输、携带国家或者地方重点保护野生动物或者其产品的，由工商行政管理部门或者其授权的野生动物行政主管部门没收实物和违法所得，可以并处相当于实物价值十倍以下的罚款。"

4．情况分析　王锦蛇属上海市重点保护野生动物，本市饭店经营这种野生动物情况比较严重，有些客户甚至指名吃这种蛇。目前上海饭店禁止经营国家和市重点保护野生动物，均不颁发《野生动物及其制品经营利用许可证》。所以，所有餐饮企业经营利用国家和市重点保护野生动物的行为都是违法行为。

（七）非法经营利用珍贵、濒危野生动物案（刑事）

1．案情　2009年2月，上海市野生动植物保护站接市民反映，在本市中心城区的一家宠物店中，摆放着鳄鱼、巨蜥、蟒蛇等珍贵濒危野生动物待售。保护站接报后即派员前往现场核实情况，随后即组织力量对该店实施了执法检查，在其货架上共查获了蟒蛇、巨蜥、暹罗鳄等珍稀濒危野生动物11条。经询问，这批动物是由该店店主从南方某市购入，准备出售。但该店无《野生动物及其产品经营利用许可证》及其他准予销售野生动物的行政许可文书。

保护站在对该批动物实施完物种鉴定后，认为该店擅自经营珍贵、濒危野生动物数量较多，情节特别严重，其行为已涉嫌触犯《中华人民共和国刑法》有关规定，依据行政执法机关移送涉嫌犯罪案件的相关规定，将该案移送至案件发生地警方处理。警方接案后即对该案进行了侦查工作。

2．处罚结果　人民法院根据检察院的起诉，认定该店犯非法出售珍贵、濒危野生动物罪，判处该店罚金人民币5万元；判处该店法定代表人有期徒刑3年，缓刑3年，并处罚金人民币3万元。

3．处罚依据　《中华人民共和国刑法》第四百三十一条规定："非法收购、运输、出售国家重点保护的珍贵、濒危野生动物及其制品的，处五年以下有期徒刑或者拘役，并处罚金；情节严重的，处五年以上十年以下有期徒刑，并处罚金；情节特别严重的，处十年以上有期徒刑，并处罚金或者没收财产。"

《最高人民法院关于审理破坏野生动物资源刑事案件具体应用法律若干问题的解释》第一条规定："《中华人民共和国刑法》第三百四十一条第一款规定的'珍贵、濒危野生动物'包括列入《濒危野生动植物种国际贸易公约》附录Ⅰ、附录Ⅱ的野生动物及其驯养繁殖的上述物种。"

《中华人民共和国野生动物保护法》第二十二条规定："禁止出售、收购国家重点保护野生动物或者其产品。因科学研究、驯养繁殖、展览等特殊情况，需要出售、收购、利用国家一级保护野生动物或者其产品的，必须经国务院野生动物行政主管部门或者其授权单位批准；需要出售、收购、利用国家二级保护野生动物或者其产品的，必须经省、自治区、直辖市野生动物行政主管部门或者其授权单位批准。"

4．情况分析　行政执法机关在行政处罚过程中，根据事实和法律，判定当事人涉嫌触犯刑法，即将案件移交司法部门处理，不能以行政处罚代替刑事处罚，否则要追究刑事案件不移交的责任。

上海目前没有森林公安建制，刑事案件办理的数量相对于其他省份较少，公、检、法机关对于此类案件裁量持谨慎态度。一般情况下认罪态度较好，确有悔改之意，可获得减轻处罚。本案中已构成《中华人民共和国刑法》第三百四十一条中的情节严重或情节特别严重，可以判处5年以上有期徒刑。

（八）非法买卖瑶山鳄蜥案（刑事）

1．案情　2011年7月，广东的黄某在一个爬行动物爱好者QQ群中挂出了出售瑶山鳄蜥的信息，表示要以1500元的价格出售3条瑶山鳄蜥。上海人小杰看到这条信息后便通过QQ与黄某取得联系。同为爬行动物爱好者的小宇和小雷从小杰处得知有人要出售瑶山鳄蜥的信息后，也当即表示愿意购买。于是，3人将1500元汇到黄某的银行账户。收到货款后，黄某很快通过快递将3条瑶山鳄蜥从广东运到了小宇在上海的家。收

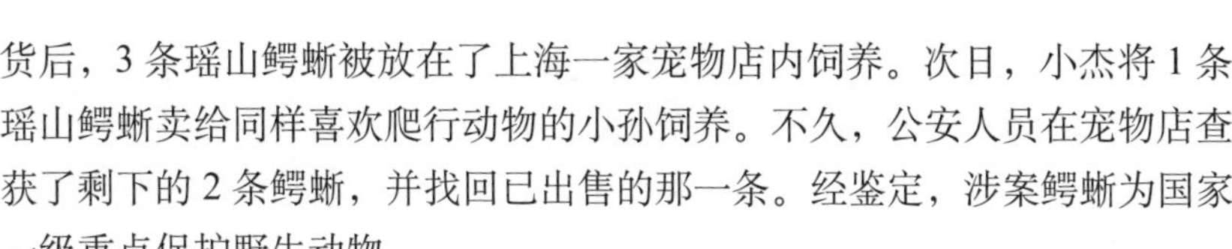

货后，3 条瑶山鳄蜥被放在了上海一家宠物店内饲养。次日，小杰将 1 条瑶山鳄蜥卖给同样喜欢爬行动物的小孙饲养。不久，公安人员在宠物店查获了剩下的 2 条鳄蜥，并找回已出售的那一条。经鉴定，涉案鳄蜥为国家一级重点保护野生动物。

2．处罚结果　2011 年 12 月，黄浦区法院开庭公开审判，黄某等犯罪嫌疑人具有非法销售、收购国家重点保护的珍贵、濒危野生动物事实和情节，其行为构成非法买卖珍贵、濒危野生动物罪。主犯黄某被判处有期徒刑 5 年 6 个月，并处罚金 6000 元；其余 4 人被判处有期徒刑 2 年，缓刑 2 年，并处罚金 2000 元。

3．处罚依据　瑶山鳄蜥 (*Shinisaurus crocodilurus*) 又称雷公蛇，属独科种，为我国特产。1928 年，由广州中山大学生物考察队任国荣等人首次在金秀县内发现。1930 年，德国学者鉴定为异晰科鳄蜥属，定名为瑶山鳄蜥，现已被列为国家一级重点保护野生动物。瑶山鳄蜥为卵胎生爬行动物，体近圆柱状略扁，头似蜥蜴，躯体、棱脊、尾部则似鳄鱼，长约 20 ~ 30 厘米，四肢粗壮有力，体背深褐黑色略带黄色，腹部蛋黄色带棕色或橙黄色，鳞片光滑。

《中华人民共和国刑法》第四百三十一条规定：“非法收购、运输、出售国家重点保护的珍贵、濒危野生动物及其制品的，处五年以下有期徒刑或者拘役，并处罚金；情节严重的，处五年以上十年以下有期徒刑，并处罚金；情节特别严重的，处十年以上有期徒刑，并处罚金或者没收财产。”

《最高人民法院关于审理破坏野生动物资源刑事案件具体应用法律若干问题的解释》（法释〔2000〕37 号）附件明确规定：非法收购、运输、出售瑶山鳄蜥数量达到 2 条不足 5 条的属于非法收购、运输、出售国家重点保护的珍贵、濒危野生动物“情节严重”情况。本案主犯黄某非法出售瑶山鳄蜥 3 条，达到情节严重，故处以 5 年 6 个月、罚金 6 千元的处罚，其余 4 人也因非法收购国家重点保护的珍贵、濒危野生动物获罪。

4．情况分析　现在豢养宠物的个人和家庭越来越多，其中不乏一些追求个性、潮流的年轻人不满足于拿小猫小狗当宠物，而是选择一些“潮宠物”，如蜥蜴、蜘蛛、蟒蛇、狐狸、貂等。但这些“潮宠物”中，有许多是受国家或国际公约保护的珍稀动物，无证购买或饲养都是法律所禁止的。其中，被列入《国家重点保护野生动物名录》的国家一、二级重点保护野生动物或被列入《濒危野生动植物种国际贸易公约》附录Ⅰ、附录Ⅱ的动物，根据被《中华人民共和国刑法》规定，无论是自用还是营利，只要出售、购买或运输就均将被追究相关刑事责任，达到一定数量的将可能视为情节严重或情节极其严重而加重处罚。本案中参与购买瑶山鳄蜥的4名犯罪嫌疑人均为年轻的爬行动物爱好者，对于所购物种属于国家重点保护野生动物以及可能触犯法律的风险是清楚的，由于侥幸心理和经济利益驱使他们参与了非法买卖珍贵、濒危野生动物案件并因此受到法律的严厉制裁。

（九）非法经营象牙制品案（刑事）

1．案情　2012年5月，虹口区公安分局治安支队布控在方浜中路藏宝楼上的侦察员，发现该案主要嫌疑人叶某和张某从藏宝楼三楼将大量象牙制品打包带到两人居住的河南南路，而此时负责蹲点守候方浜中路523号的侦查员也发现另两位嫌疑人的行踪，遂与野生动物保护部门制定了“全面包围、分点布控、择机围歼”的行动方案。5月9日21时许，各点布控力量统一实施抓捕行动，一举抓获非法收购、出售珍贵、濒危野生动物制品的犯罪嫌疑人叶某、张某等4人。经清点，本次抓捕行动共查获各类象牙制品780余件，总价值人民币400余万元。

通过审讯，叶某、张某如实供述了他们非法收购、贩卖象牙制品以及在2011年8月将8件象牙制品以人民币8000元的价格出售给他人的犯罪事实。其他两名从犯到案后，也如实供述了他们非法收购、贩卖象牙制品以及在2011年8月将1件雕龙象牙制品以人民币800元的价格出售给他人的犯罪事实。据此，本起非法收购、出售珍贵、濒危野生动物制品团伙案件的案犯全部落网，案件顺利告破，叶某、张某等4人已被刑事拘留。该案专案组荣获上海市公安局集体二等功的荣誉称号。

2．处罚结果　2012年9月，上海虹口区人民法院做出如下判决：主犯叶某和张某构成非法收购、出售珍贵、濒危野生动物制品罪，叶某被判处有期徒刑11年，并处罚金50000元；张某被判处有期徒刑9个月，缓刑1年，并处罚金5000元。

3．处罚依据　《中华人民共和国刑法》第三百四十一条第一款：“非法猎捕、杀害国家重点保护的珍贵、濒危野生动物的，或者非法收购、运输、出售国家重点保护的珍贵、濒危野生动物及其制品的，处五年以下有期徒刑或者拘役，并处罚金；情节严重的，处五年以上十年以下有期徒刑，并处罚金；情节特别严重的，处十年以上有期徒刑，并处罚金或者没收财产。”

《最高人民法院关于审理破坏野生动物资源刑事案件具体应用法律若干问题的解释》第五条第二款：“非法收购、运输、出售珍贵、濒危野生动物制品具有下列情形之一的，属于‘情节特别严重’：（一）价值在二十万元以上的；（二）非法获利十万元以上的；（三）具有其他特别严重情节的。”

4．情况分析　本案是上海市办理的野生动物制品案值较大的刑事案件，除依照《中华人民共和国刑事诉讼法》，公、检、法三机关密切配合以外，野生动物管理部门也必须参与，比如物种鉴定、技术咨询、野生动物保护相关法律法规提供等。

在打击野保犯罪行为中，虹口公安机关为全市起了引领作用。刑法有明确规定，只要涉及国家重点保护野生动物及其制品，即可追究刑事责任；只要有事实证据证明当事人有非法猎捕、杀害、收购（营利或自用为目的）、运输、出售国家重点保护野生动物及其制品行为，就可认定其犯罪行为。

此类案件办理难度不大。其余区（县）公安部门近年来对此类案件也越来越感兴趣，办案数量明显上升。公安介入后打击力度大，对保护野生动植物资源效果显著。

三、非法运输类

（一）非法运输蛙蜍案（行政）

1．案情　2005 年 9 月，上海嘉定区野生动物保护站接到上海市野生动物保护站协查电话，称 7 日晚上会有一辆车号为“苏 JC–0899”的金龙大巴客车从江苏盐城至上海，途径沪宁高速公路江桥检查站，车上装有青蛙、蟾蜍等动物，将进入上海进行非法交易。该站执法人员即与沪宁高速公路江桥检查站联系，要求公安协查此辆客车，守候一夜，未查获。随后在上海市公安 110 的统一部署下，全市各公安检查站加强了对入沪客车的检查。经过连日检查，在 15 日晚上 8 点，车号为“苏 JC–0899”的金龙大巴客车从江苏盐城开往上海青浦，途径沪嘉浏高速公路朱桥检查站，该站执法人员在公安干警的配合下对该车进行了仔细检查，在行李箱的里层发现了装有青蛙、蟾蜍的泡沫箱、蛇皮袋 50 多件，重约 2000 千克。

该站执法人员依法对该客车驾驶员周某进行了询问和调查取证，周某声称只是代人托运，货主、托运货物都不甚清楚。然而事实俱在，周某难圆其说。执法人员向其宣传了有关野生动物保护的法律法规，使他认识到自己的行为已经触犯了法律。

2．处罚结果 嘉定区野生动物保护站于 2005 年 9 月作出了没收 2000 千克青蛙和蟾蜍，并处 2000 元罚款的行政处罚决定。

9 月 16 日清晨，保护站出动 9 名执法人员把没收的 2000 千克青蛙、蟾蜍运到嘉定区白墙千亩苗木基地，选择了 4 个适合青蛙、蟾蜍栖息的地方进行了放生。

3．处罚依据 青蛙、蟾蜍属两栖纲无尾目，栖息于水稻田、池塘、河沟、菜园、农舍周围，捕食小型昆虫，被列入上海市人民政府 1993 年 12 月 13 日公布的《上海市重点保护野生动物名录》之中。

根据《上海市实施〈中华人民共和国野生动物保护法〉办法》第二十条的规定：“运输、邮寄、携带国家和本市重点保护野生动物及其产品出市境的，必须凭有关许可证件，向市野生动物保护机构提出申请，经批准后发给野生动物准运证。交通运输、邮政等部门凭野生动物准运证准予运输、邮寄、携带。运输、邮寄、携带国家重点保护野生动物及其产品进入上海市境内的单位和个人，必须持有外省、自治区、直辖市野生动物行政主管部门出具的有关证件。”因此，驾驶员周某在未办理任何手续的情况下擅自运输、携带青蛙、蟾蜍的行为可以被认定为违法行为。

根据《上海市实施〈中华人民共和国野生动物保护法〉办法》第三十条的规定：“未经批准，擅自经营、运输、携带国家重点保护野生动物及其产品的，由工商行政管理部门会同野生动物行政主管部门没收实物和违法所得，并处以相当于实物价值十倍以下的罚款；擅自经营、运输、携带市重点保护野生动物的，没收实物和违法所得，处以相当于实物价值五倍以下的罚款。”在整个案件调查处罚中无法找到真正的货主，驾驶员周某在案件调查过程中能主动配合，承认违法事实，因此本着教育为主的

目的，对驾驶员周某作出没收实物并处2000元罚款的处理。

4．情况分析　野生动物资源是社会公共资源，是人类生存环境中不可或缺的重要组成部分。青蛙、蟾蜍是害虫的天敌，国家和地方都有相应的法律法规予以保护，但实际案件查处过程中存在一定的困难。

一是野生动物的具体种属难以确认。由于行政执法人员大多没有经过野生动物专业知识的培训，缺乏相关的专业知识，对涉嫌违法的野生动物具体种属难以确认，只能确定到目、科，对认定涉案野生动物的保护级别及违法程度带来一定困难。

二是青蛙、蟾蜍被列为上海市重点保护野生动物，但法律法规对运输、携带一般保护野生动物和本市重点保护野生动物入市境的处置、处罚无明确规定。

三是多数托运野生动物的货主都不随车同行，对违法运输、携带野生动物的驾驶员的处罚无明确规定，只能对涉案野生动物进行暂扣，通知货主前来处理，但货主基本不会前来处理，给案件的查处带来困难。

四是违法运输、携带野生动物的方式、手段越来越隐蔽，加之高速公路车流量较大，难以对过境车辆进行有效检查，给发现、查处违法运输野生动物案件带来一定困难。

（二）非法运输王锦蛇案（行政）

1．案情　2006年11月，上海市铁路公安局松江火车站派出所来电反映：在怀化开往上海的火车上查获4箱蛇，要求松江区野生动物保护站协助处理。接到电话后，该站立即派出2名执法人员赶到火车站。经检查，这批蛇为王锦蛇，共计4箱，用泡沫箱密封包装，伪装成河鲜进行托运。根据托运单所标重量为240千克，但实际重量估计在500千克以上。经现场鉴定，这批蛇确实为王锦蛇，属上海市重点保护野生动物。

经调查，该批王锦蛇是货主从湖南怀化集中收购后，通过铁路托运至上海进行销售的。

由于货主迟迟没有露面，且没有留下通讯方式，该站联系了松江区工商管理部门，由两家单位联合处理。

2．处罚结果　2006年11月，松江区野生动物保护站与区工商部门作出了没收240千克王锦蛇的行政处罚决定。该站组织人员连夜将这批王锦蛇送到动物园进行救护。

3．处罚依据 王锦蛇（*Elaphe carinata*）属蛇目游蛇科锦蛇属，头背鳞缝黑色，显“王”字斑纹；瞳孔圆形，吻鳞头背可见，鼻间鳞长宽几相等，前额鳞与鼻间鳞等长；在国内分布于河南、陕西、四川、云南、贵州、湖北、安徽、江苏、浙江、上海、江西、湖南、福建、台湾、广东、广西；生活于平原、丘陵和山地；垂直分布范围 300 ~ 2300m。

根据《上海市实施〈中华人民共和国野生动物保护法〉办法》第三十条第一款规定：“未经批准，擅自经营、运输、携带国家或者地方重点保护野生动物或者其产品的，由工商行政管理部门或者其授权的野生动物行政主管部门没收实物和违法所得，可以并处相当于实物价值十倍以下的罚款。”因当事人一直没有出现，该站根据相关规定，联合工商部门对该批王锦蛇予以没收，并由该站送交上海动物园进行救护。

4．情况分析 王锦蛇近年来一直是餐饮业最为常用的一种蛇类菜肴加工材料，虽然一直在进行管理，但还是屡禁不止。在日常的管理执法中主要存在着以下几种问题。

一是野生动物管理涉及的管理部门较多，但管理往往只停留在终端消费环节，在源头上和运输中的管理较为欠缺，如果能在以上两个环节加强管理的话，效果会显著提高。

二是非法运输和经营野生动物人员的手法相当隐蔽，比如，本案中通过火车行李托运的方式，如果不是乘务人员发现举报，管理部门难以及时发现和监管。

（三）非法运输暹罗鳄案（刑事）

1．案情 2010 年 10 月，上海市野生动物保护站接闸北区上海站警署电话，称在市长途客运站出入口查获一男子携带一批鳄鱼进入上海市，警方已对其扣留，希望保护站派员协查。经市野生动物保护站执法检查人员现场查验，该男子所携 11 条鳄鱼为暹罗鳄，体长 90 ~ 120cm，上体呈暗橄榄绿色，带有黑色斑点，尾和背上有暗横带斑，腹部门呈淡黄白色，系从南方某鳄鱼养殖场购得后带往上海某鳄鱼养殖场寄养过冬。该男子无法当场出具野生动物运输证。

该男子非法运输 11 条暹罗鳄，已触犯刑法相关规定。市野生动物保护

站当即将该案移送公安机关处理。公安机关在对暂扣物品做进一步技术鉴定后，将该男子刑拘并移送检察机关，区检察院经审查后起诉到区人民法院。

2．处罚结果 2011 年闸北区人民法院开庭审理后，裁定对该案免予刑事处罚。

事后从闸北公安部门了解到，法院审理认为，该男子只是替别人代运 11 条暹罗鳄，业主后来提供相关的运输手续，追究刑事责任的证据不足。

3．处罚依据 暹罗鳄系外来物种，为《濒危野生动植物种国际贸易公约》附录 I 所列物种。《林业部关于核准部分濒危野生动物为国家重点保护野生动物的通知》（林护字〔1993〕48 号）中规定：将 CITES 附录 I 、附录 II 所列非原产于我国的所有野生动物，分别核准为国家一级和国家二级保护野生动物。对这些野生动物及其产品的管理，同原产于我国的国家一级和国家二级保护野生动物一样，按照国家现行法律、法规和规章的规定实施管理；对违反有关规定的，同样依法查处。”

《中华人民共和国陆生野生动物保护实施条例》第二十九条规定：“运输携带国家重点保护动物或者其产品出县境的，应当凭特许猎捕证、驯养繁殖许可证，向县级人民政府野生动物行政主管部门提出申请，报省、自治区、直辖市人民政府林业主管部门或者其授权单位批准。动物园之间因繁殖动物、需要运输国家重点保护野生动物的，可以由省、自治区、直辖市人民政府林业行政主管部门授权同级建设主管部门审批。”

《中华人民共和国刑法》第四百三十一条规定：“非法收购、运输、出售国家重点保护的珍贵、濒危野生动物及其制品的，处五年以下有期徒刑或者拘役，并处罚金；情节严重的，处五年以上十年以下有期徒刑，并处罚金；情节特别严重的，处十年以上有期徒刑，并处罚金或者没收财产。”

《最高人民法院关于审理破坏野生动物资源刑事案件具体应用法律若干问题的解释》第一条规定：“刑法第三百四十一条第一款规定的‘珍贵、濒危野生动物’包括列入《濒危野生动植物种国际贸易公约》附录一、附录二的野生动物及其驯养繁殖的上述物种。”

4．情况分析 此案是闸北区司法机关第一次办理的有关野生动物及其制品的刑事案件，没有此类案件的先例，特别是法院为最后一道关口，始终持谨慎态度。暹罗鳄系外来物种，对国际公约与中国的法律接轨问题上，个别学者尚存一定的争议。

四、非法驯养繁殖类

（一）非法驯养繁殖猕猴案（行政）

1．案情　某区野生动物保护管理站在对某公园进行日常检查中发现，该公园儿童乐园区有一铁笼，笼内饲养着一只猕猴，经向园方询问，园方称养猴是为增加儿童乐园的娱乐项目，作为观赏之用，但未办理《国家重点保护野生动物驯养繁殖许可证》等任何行政许可手续。

2．处罚结果　根据公园积极自纠非法养殖行为的态度，区野生动物保护管理站对其依法作出没收所驯养动物的行政处罚决定。

3．处罚依据　猕猴为国家二级重点保护野生动物。该公园在未取得《野生动物驯养繁殖许可证》的前提下，非法驯养繁殖国家二级重点保护野生动物——猕猴。《中华人民共和国陆生野生动物保护实施条例》第二十二条规定："驯养繁殖国家重点保护野生动物的，应当持有驯养繁殖许可证。以生产经营为主要目的驯养繁殖国家重点保护野生动物的，必须凭驯养繁殖许可证向工商行政管理部门申请登记注册。"

《中华人民共和国陆生野生动物保护实施条例》第三十九条规定："违反野生动物保护法规，未取得驯养繁殖许可证或者超越驯养繁殖许可证规定范围驯养繁殖国家重点保护野生动物的，由野生动物行政主管部门没收违法所得，处三千元以下罚款，可以并处没收野生动物、吊销驯养繁殖许可证。"

4．情况分析　非法驯养繁殖国家重点保护野生动物案件在实际执法中很少出现。从目前法律法规规定来看，非法驯养繁殖国家重点保护野生动物的，只能给予行政处罚，不能移交司法机关追究刑事责任。刑事责任的行为有：非法猎捕、杀害、收购（营利或自用为目的）、运输、出售。本案在适用法律上有错误。要严格依照法律条款作出行政处罚。本案依据国务院的行政法规，必须先没收违法所得和罚款，根据情况，选择是否没收野生动物。

第六章
野生动物常见贸易物种识别

大象 *Elephantidae* spp.

© IFAW

涉及大象及其制品的贸易网站类型

拍卖网站 √
B2B 网站 √
收藏网站 √
分类信息网站√
公共论坛 √
专业论坛
狩猎网站 √
其他 √

保护状况

- CITES 附录 I
- 国家一级重点保护野生动物
- IUCN 红色名录：濒危（EN）、易危（VN）
- 国务院 2016 年 12 月颁布禁令，于 2017 年年底前全面停止国内象牙贸易。目前无任何网络贸易商获此许可证。

识别特征

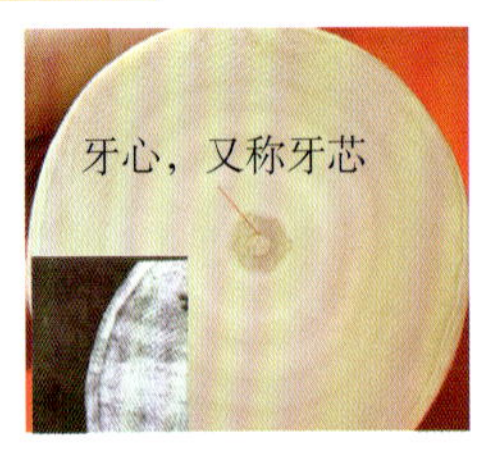

牙纹，又称施氏线，是象牙的重要鉴别特征

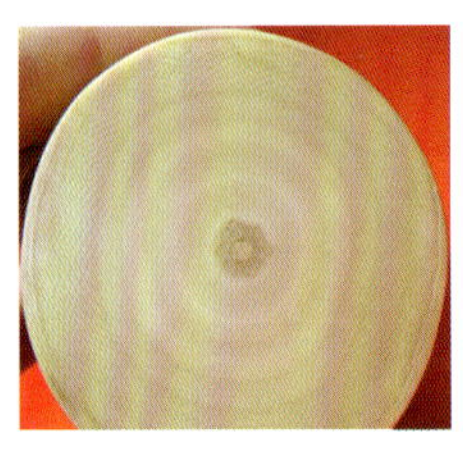

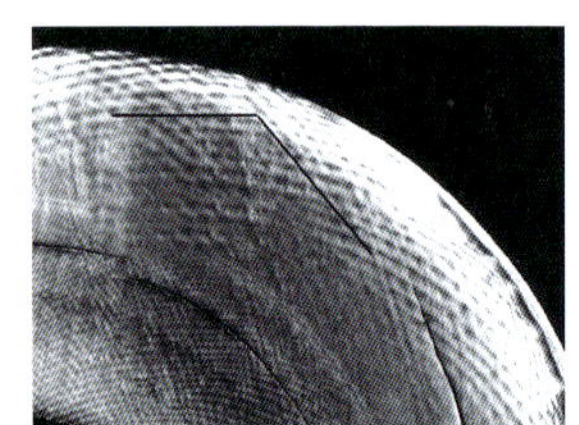
牙纹交错形成大于 115° 的钝角

类似制品及甄别（图片来源于网络）

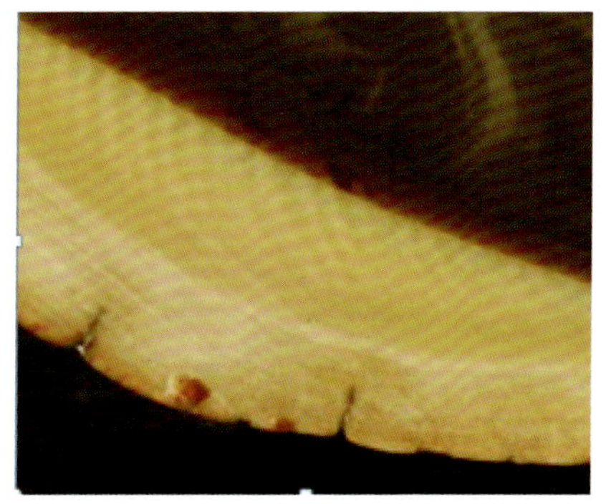

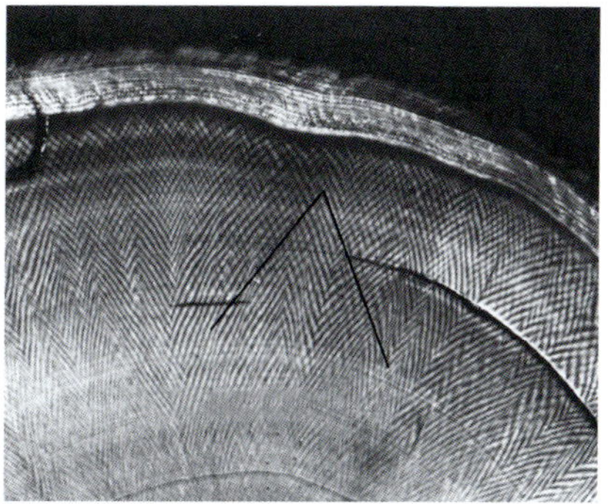

猛犸象牙（化石，合法）：牙纹交角为小于 90° 的锐角

常见制品（图片来源于网络）

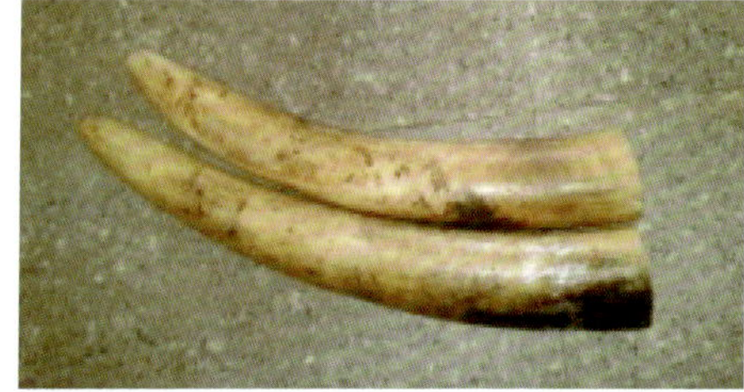

原牙及切段

小件（手镯、把件、吊坠、胸花、印章等）

雕件（佛像、摆件等）

（注：象牙可被染色和做旧，因此有的制品呈现出黄色或彩色。即使所谓“古董”象牙也不允许网上销售。）

常用关键词及描述方式（图片来源于网络）

拼音或近音：Xiangya、Xiang 牙、X 牙、XY、象牙、相牙、镶牙

材质：牙雕、血牙、血料、果冻料、白塑料、塑料、非洲白玉、芯料、老牙、珍贵特殊材料、有机宝石、白宝石

特征：满纹、菱纹、网状纹、人字纹、牙笑

部分或形制：牙尖、尖尖、牙片、牙珠、牙挂件、牙环

其他：灵芯、Tusk、Tvsk、ivory

（注：网上售卖象牙的描述截图）

案例分享

网上淘“象牙雕”男子被判刑

2012 年 6 月 27 日 来源：东南日报

慈溪的古玩买家吕某在古玩网站上看中了一尊象牙雕像，他下了单、付了款，不料却等来了海关的一纸通知。昨天，吕某因非法收购濒危野生动物制品罪在慈溪法院获刑。

吕某是一名收藏爱好者。去年 5 月，他在中华古玩网上拍下由卖家贴出的一尊象牙雕像。这尊雕像从日本发货时被杭州海关查获。

2011 年 12 月，吕某被抓获。2012 年 6 月，慈溪法院开审此案。吕某因犯非法收购濒危野生动物制品罪被判有期徒刑 2 年 6 个月，缓刑 4 年，并处罚金 4000 元。

杭州海关斩断走私象牙大鳄互联网上销售牟利

2012 年 6 月 18 日 来源：法制网——法制日报

2011 年 5 月 19 日，海关官员通过 X 光机发现一批伪装成“笔筒”的象牙邮包，调查发现，这是一个涉嫌走私和非法销售象牙的犯罪团伙。在对“上海文玩论坛”、“雅昌艺术”等国内知名古玩收藏、交易网站所发布信息进行细致摸排后，执法人员找到了涉案的买家和卖家。5 月 16 日，杭州海关缉私警察在地方公安部门的配合下，将主要案犯抓获，此后相继抓获犯罪嫌疑人 9 名。

从此，一条通过邮寄渠道走私进口象牙，并通过网络在国内贩卖牟利的犯罪链条被海关成功斩断。全案涉及走私进口象牙 315 千克，案值 1300 多万元，10 名犯罪嫌疑人落网。

点评

1. 2017年12月底前，我国对象牙制品实行定点销售的许可证制度，然而目前无任何网络贸易商获得过这一许可证。
2. 我国是CITES的缔约国，象牙制品的国际性商业贸易被严格禁止。
3. 按照我国法律规定，走私价值10万元以下的象牙及其制品可判处5年以下有期徒刑；走私价值20万元以上的象牙及其制品即可判处无期徒刑。也就是说，只要走私一根象牙就可能终生在牢狱中度过。
4. 网站需警惕，防止成为非法走私者销赃的平台。对用户进行教育，防止他们的交易触犯法律，也是保护用户的良好举措。
5. 我国于2017年底全面禁止商业用途的象牙加工及销售。

关于大象和象牙

大象被称为“生态系统工程师”，对维持栖息地的生态平衡和景观至关重要。

长在大象脚印里的鱼

在非洲森林象的脚印里，还生活着一种小小的鳉鱼。非洲森林象行走时会在泥泞的地面上留下巨大的脚印，因为是在雨林里，所以脚印中往往有积水，鳉鱼就生活在其中。如果水干涸了，它们的卵也能在空气中存活4个月之久，待到有水时重新孵化然而，由于遭到为获取象牙而进行的盗猎，以及栖息地丧失，大象已面临灭绝风险。非洲象的种群数量已由20世纪80年代的130万头锐减到40万～60万头；亚洲象现在仅剩3.5万～4.5万头；而在中国的亚洲象也仅存250头左右。

要获得象牙需要杀死大象吗？

国际爱护动物基金会（IFAW）在2007年的一次公众调查中发现，70%以上的被访者不知道“获得象牙要先杀死大象”。实际上，象牙有1/3长在大象的颅骨里，所以盗猎者都是先砍下大象的头再锯下象牙

犀牛 *Rhinocerotidae* spp.

© IFAW/J. Hrusa

涉及犀牛及其制品的贸易网站类型

拍卖网站 √
B2B 网站 √
收藏网站 √
分类信息网站√
公共论坛 √
专业论坛
狩猎网站 √
其他 √

保护状况

- CITES 附录 I
- 国家一级重点保护野生动物
- IUCN 红色名录：极危（CR）、易危（VN）、近危（NT）
- 1993 年《国务院关于禁止犀角和虎骨贸易的通知》：严禁进出口、出售、收购、运输、携带、邮寄犀牛角（包括其任何可辨认部分和含其成分的药品、工艺品等）

网站管理建议

建议网站见有相关制品即删除，及时将信息反馈给执法部门；屏蔽主要检索词，如犀角、XJ 等；在站内开展宣传教育，制定禁售规定。

识别特征（图片来源于网络）

纤维束集形成的孔状纹理，又称鱼子纹、粟米纹。有的因色素分布不均会产生中心部分的颜色深浅不均。此外，底盘略圆，而非三角形；纵剖面有纵向的“竹丝”状纹理。

类似制品及甄别（图片来源于网络）

牛角：没有鱼籽纹。

在实心的横截面上有一圈一圈的角朊层。

常见制品（图片来源于网络）

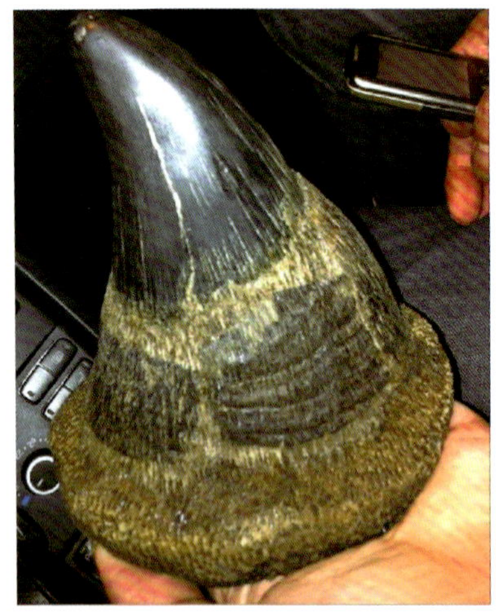
犀角

雕件

犀角杯

犀角牌

有犀角成分的药品

常用关键词及描述方式（图片来源于网络）

常见：犀角、西角、角雕、黑牌子、黑塑料、黑料、XJ、XNJ。

特征：鱼籽纹、栗米纹、蜂窝纹、甘蔗丝纹、芝麻点、天沟、地岗、马牙边。

制品：20 世纪 80 年代的安宫牛黄丸（含犀牛角成分）。

英文：Rnino horn、Rihno horn。

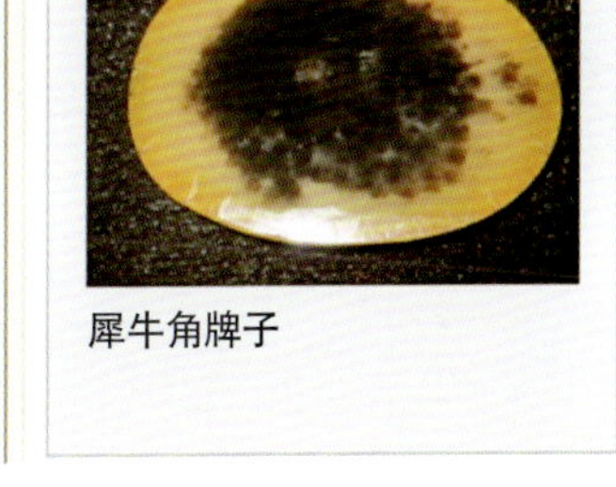

（注：网上售卖的犀牛角描述截图）

案例分享

一小块犀角换来15年徒刑

2011年10月24日 来源：昆明日报

2011年，受贪欲驱使，云南人杨文学、李龙新与车仲茂将共计946.1克犀牛角从缅甸走私到中国境内贩卖。在交易过程中被当地公安机关抓获。法院审理后，以走私珍贵动物制品罪判处车仲茂无期徒刑，剥夺政治权利终身，并处没收财产12万元；判处李龙新有期徒刑12年，并处罚金7万元；判处杨文学有期徒刑10年，并处罚金50000元。查获的犀牛角、人民币5000元和两被告人开的车都依法没收。

点评

1. 根据1993年《国务院关于禁止犀牛角和虎骨贸易的通知》，任何犀牛角或含其成分的制品均不得进出口、出售、收购、运输、携带、邮寄。
2. 走私珍贵、濒危的野生动物制品是行为犯罪。走私哪怕1克犀牛角，也将使犯罪人承受数年的刑狱之灾。
3. 网站需警惕防止成为非法走私者销赃的平台。对用户进行教育，防止他们的交易触犯法律，也是保护用户的良好举措。

关于犀牛和犀牛角

犀牛出现于6000万年前，是至今生存在陆地上的仅次于大象的庞大哺乳动物。

犀牛是啄牛鸦的移动餐桌

许多照片中都能看到犀牛身上站立着一种白色的鸟儿“啄牛鸦”。这是因为犀牛身上寄生着许多味道鲜美的虱子，足够让啄牛鸦饱餐一顿。而对于犀牛来说，啄牛鸦可以除去它身上的寄生虫，并且在出现危险时，还可以向它报警。犀牛与啄牛鸦形成了共同生活、相互帮助的有趣关系然而，精美收藏品的诱惑、神奇药用疗效的传说，使得人们对犀牛角的需求与日俱增。盗猎以及栖息地丧失，使得犀牛处于灭绝的边缘。现存野外的犀牛只有 4 种，共不足 2 万头。

2011 年非洲西部黑犀牛被宣布灭绝

2011 年 11 月 10 日，IUCN 的一份报告宣布了非洲西部黑犀牛的灭绝。而 IUCN 同时表示，中非的北部野生白犀牛可能已经灭绝了，而越南的爪哇犀牛也可能已经灭绝，也许是在 2010 年，偷猎者杀死了最后一只黑犀牛。

虎 *Panthera tigris*

© Corbis

涉及虎及其制品的贸易网站类型

拍卖网站 √
B2B 网站 √
收藏网站 √
分类信息网站√
公共论坛 √
专业论坛
狩猎网站 √
其他 √

保护状况

- CITES 附录 I
- 国家一级重点保护野生动物
- IUCN 红色名录：濒危（EN）
- 1993 年《国务院关于禁止犀角和虎骨贸易的通知》：严禁进出口、出售、收购、运输、携带、邮寄虎骨（包括其任何可辨认部分和含其成分的药品、工艺品等）

网站管理建议

建议网站见有相关制品即删除，及时将信息反馈给执法部门；屏蔽主要检索词，如虎骨、虎骨酒、Hu 骨等；在站内开展宣传教育，制定禁售规定。

识别特征（图片来源于网络）

虎骨内部有密结的丝瓜络状结构，俗称“丝瓜囊”。

常见制品（图片来源于网络）

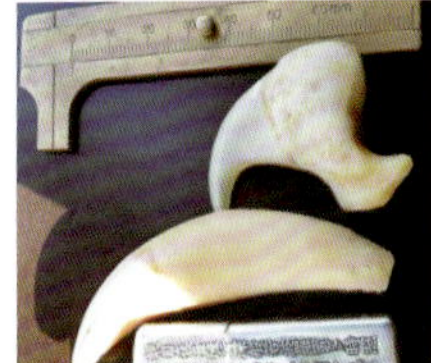

虎骨、虎牙、虎爪

虎骨制品如手串、把件和扳指

虎骨酒

虎皮

有虎骨成分的保健品及药品（©IFAW）

常用关键词及描述方式（图片来源于网络）

1. “虎”、“虎骨”的变形：H骨、Hu骨、虎的骨。
2. 利用虎的特征描述：饕餮之倠、大猫、大mao、王者之骨、王掌骨。
3. 用虎的亚种名称描述。

¥9999.00

立即购买　加入购物车

降价亏出印支上呀，送指骨，回复明价

老鱼一条

发表于 2012-5-10 11:06:14　只看该作者　倒序浏览

10+印支上呀，具体尺寸、品相见图，送4.7小指骨一个，回复见价和联系方式。

（注：网上售卖的虎骨制品描述截图）

案例分享

淮南一男子网上叫卖豹骨象牙 今日受审

2012 年 9 月 11 日 来源：安徽网

2012 年，淮南王某收购“虎骨”和象牙后，在网上公开叫卖，被警方抓获。虽经鉴定“虎骨”实为豹骨，但豹骨和象牙制品仍均属国家一级重点保护野生动物，属严禁贸易的物种。检察机关指控王某犯有非法收购、出售珍贵、濒危野生动物制品罪，应追究其刑事责任。

1. 根据 1993 年《国务院关于禁止犀角和虎骨贸易的通知》，出售、收购任何声称含有虎骨成分的制品也是一种违法行为。
2. 根据相关司法解释，在现今，销售 1993 年之前生产的虎骨酒、含犀牛角成分药品等濒危野生动物制品的行为也属违法。

关于虎与其他猫科动物

目前，全世界的野生虎仅存 3000 余头，分布在仅占其历史栖息地 7% 的地区，面临着灭绝的危险。虎是亚洲特有的物种，而在中国分布的野生虎不到 50 只。除栖息地及老虎猎物的减少之外，虎及其制品的非法贸易和由此引起的对野生虎的非法猎杀是致其濒危的主要威胁。历史上曾经存在的虎的 9 个亚种，在过去的 50 年内已经灭绝 3 个，中国独有的华南虎也早在 20 年前已被认定为功能性灭绝。部分老虎养殖企业大量繁殖老虎，并销售宣称为虎制品的商品，这种行为不仅无助于野生虎保护，还会误导公众和刺激对虎产品的消费。

不仅是虎，其他猫科动物，包括豹、雪豹、猞猁、云豹等的生存状况都受到威胁。猫科所有种（除家养型）均被列入 CITES 附录Ⅰ、Ⅱ，及国家一、二级重点保护野生动物名录。这些猫科动物制品的非法贸易也见于网络，交易信息常以物种名、“大猫”等为关键描述词，如：

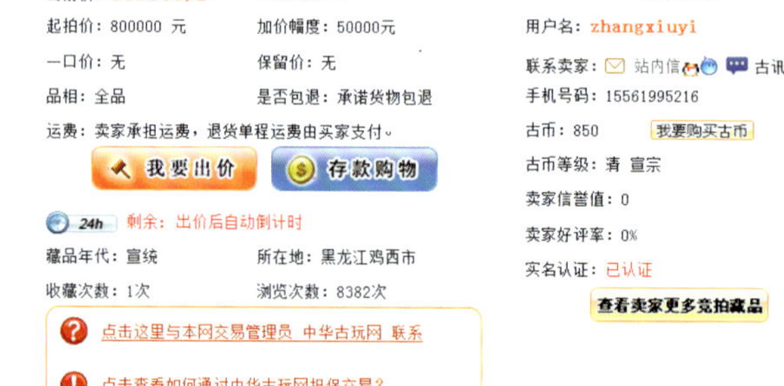

（注：网上售卖的猫科动物描述截图）

公众只有自觉抵制一切猫科动物的制品，才能帮助它们在自然界安全存活。

海豹 *Phocidae* spp.

© IFAW/S. Cook

涉及海豹及其制品的贸易网站类型

拍卖网站 ✓
B2B 网站 ✓
收藏网站 ✓
分类信息网站✓
公共论坛
专业论坛
狩猎网站
其他

保护状况

- CITES 附录Ⅰ：僧海豹属所有种 *Monachus* spp.
  CITES 附录Ⅱ：象海豹 *Mirounga leonine*
- 国家二级重点野生保护野生动物
- IUCN 红色名录：灭绝（EX）、极危（CR）、濒危（EN）、易危（VN）、无危（LC）

网站管理建议

建议网站见有相关制品即删除，或主动减少海豹制品的贸易；在站内开展宣传教育，甚至制定禁售规定。

常见制品

海豹原皮
（图片来源于网络）

海豹皮制品
（© IFAW/S. Cook）

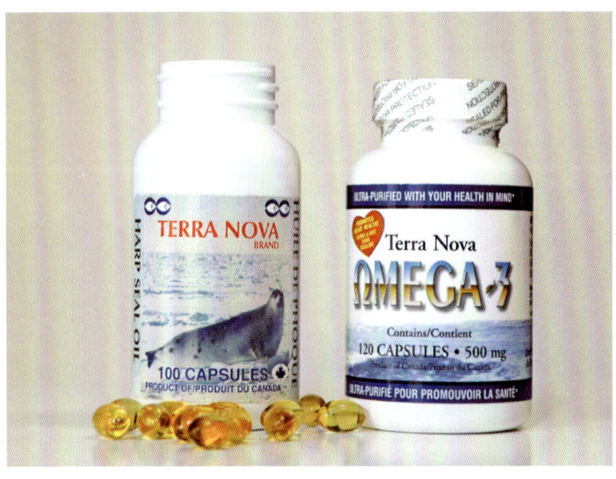

海豹油 / 海豹鞭等保健品
（© IFAW/S. Cook）

关于海豹

海豹是在海洋中生活的哺乳动物。绝大多数的海豹生活在北极圈内，它们是北极熊的主要食物来源。

随着全球气候变暖，北极圈内的冰面逐渐消融，越来越多的海豹找不到栖身之所。然而更严峻的威胁来自残酷的商业性海豹猎杀。加拿大自1965年开始每年捕杀超过30万头海豹，其中众多海豹仅30天大。海豹猎人用带有尖钩的木棒敲打海豹头部，许多海豹在尚有知觉的状态下被剥去皮毛。销售商为了追逐巨额利润，不仅正试图将海豹产品推向海外（尤其是中国）市场，更利用人们求健康、想长寿的心理，为海豹制品编造出许多本不存在的“神奇”功效。

谎言

吃海豹油（中国也叫海狗油）可以防止动脉粥样硬化，有效成分是其中的Omega-3脂肪酸；海豹鞭可以温肾壮阳、益精补髓。

事实

哈佛医学院的专家研究发现Omega-3脂肪酸并不像销售商说的那样神奇，反而可能增加心脏病的发病率；由于近年来人类对海洋污染的加剧，从海洋哺乳类动物身上提取的Omega-3容易含对人类有害的汞等重金属。现代医学对海豹生殖器制成的药材进行大量研究，没有发现其中所含的成分或药效足以支持其入药。

辽宁大连斑海豹国家自然保护区

斑海豹，国家二级重点保护野生动物。每年11月，它们成群结队向渤海长途迁游，翌年二、三月份到达渤海北部沿海冰面生儿育女。长期以来在经济利益的驱使下，斑海豹遭到过量猎杀，致使其种群数量急剧减少。另一方面，城市化的扩张、滩涂养殖业和航运的发展、油田的开采及近海排污等，对斑海豹繁殖的生境质量也造成较大的破坏。据调查，辽东湾地区每年来此栖息和繁殖的斑海豹种群数量仅1000只左右。为了保护斑海豹种群及其繁殖栖息地，大连建立斑海豹自然保护区，这也对保护辽东湾内其他海洋生物及生态环境具有非常重要的作用。

常见关键词及描述（图片来源于网络）

海豹、海狗、海豹皮、海豹鞭

2013新款冬季海豹皮帽子整皮水貂帽子 中老年男士貂皮皮草绅士帽

欧洲 二手 真皮 皮衣 海豹皮

加拿大原装进口 海豹精阳素 男士补肾 海豹鞭 BEC 60粒 新鲜包邮

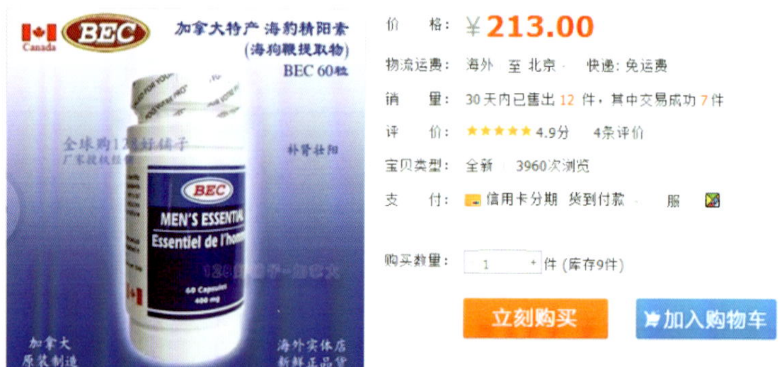

（注：网上售卖的海豹制品描述截图）

穿山甲 *Manis* spp.

©Roger Aidong

涉及穿山甲及其制品的贸易网站类型

拍卖网站 √
B2B 网站
收藏网站 √
分类信息网站
公共论坛 √
专业论坛
狩猎网站 √
其他 √

保护状况

- CITES 附录 I
- 国家二级重点保护野生动物
- IUCN 红色名录：濒危（EN）、近危（NT）、无危（LC）
- 2007 年《关于加强赛家羚羊角、穿山甲、稀有蛇类资源保护的规范其产品入药管理的通知》：停止野外捕猎活动；且原材料不得在定点医院以外以零售方式公开出售

网站管理建议

建议网站见有相关制品（包括含有穿山甲片的任何保健品及药品）即删除，及时将信息反馈给执法部门；屏蔽主要检索词，如穿山甲、甲片等；在站内开展宣传教育，制定禁售规定；由于穿山甲在我国目前无产业化养殖利用，因此对于宣称其产品是人工养殖的正规药品的卖家应予严惩。

识别特征（图片来源于网络）

未炮制的穿山甲片正面

未炮制的穿山甲片背面

未炮制的穿山甲片：呈扇面形、菱形或盾形，较扁平，呈黑褐色或土黄色，正面基部（较宽的部分）有纵向的纹路，甲片背面有一条明显凸起的弓形横向棱线，其下方有数条与棱线平行的纹路。

炮制后的穿山甲片

炮制后的穿山甲片：呈黄色，因脱水干燥而卷曲皱褶，又称甲珠。

“炮制”即是炒熟，使其脱水，是制成中药的方法。

常见制品（图片来源于网络）

鳞片（生 / 熟）：吊坠、雕件、刮痧片，制成粉

兴宁区 切换城市

请输入搜索关键字 全部 兴宁区 搜索

首页 商铺 代理登录 会员 房屋租售 | 招聘 | 商贸金融 | 交友天地 | 教育培训 | 综合服务 | 买

您现在的位置：分类 > 买卖交易 / 其它信息

穿山甲鳞片和一些泡酒（编号:147355）

地区：广西 / 南宁 / 兴宁区 发布日期：2011-8-27 浏览人数:105

朋友从越南带来的,穿山甲鳞片和一些泡酒,有兴趣的请联系13978896413QQ67794889

死体：通常被泡酒或冷冻运输，作为食物出售

爪子：由于盗墓小说的盛行，穿山甲爪子或趾甲也被认为具有避邪功能，以“摸金符”为名而被销售。在各类网站上，尤其是收藏论坛和 C2C 网站、狩猎论坛中均可以看到这类交易。

（注：网上售卖的穿山甲制品描述截图）

催乳方下奶治奶水不足 穿山甲 王不留行 免煎中药配方颗粒极细粉

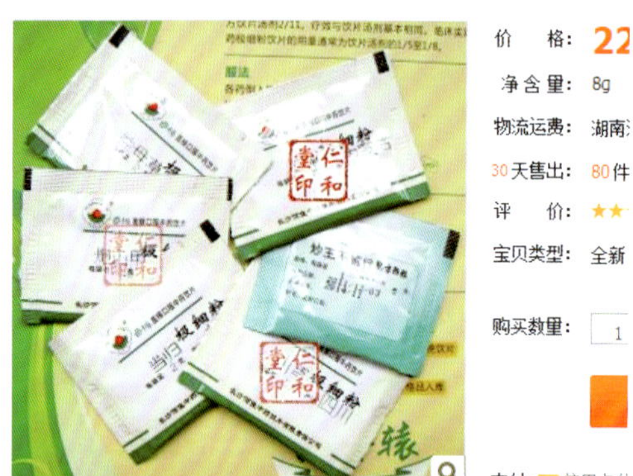

含有穿山甲鳞片成分的保健品（药品）

常用关键词及描述方式（图片来源于网络）

甲片、甲珠、炮山甲（意为炮制后的甲片，是中药材）、甲粉（即为穿山甲片磨制的粉末）、鲮鲤、炙山甲。

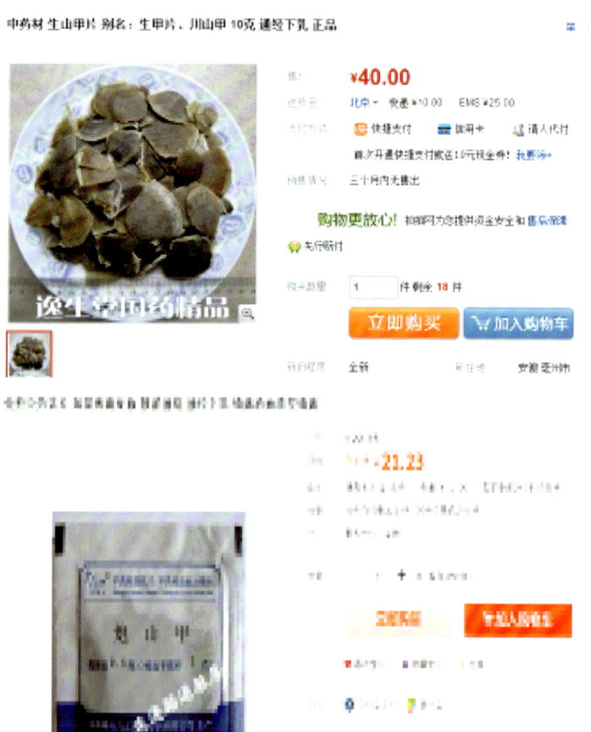

（注：网上售卖的穿山甲制品描述截图）

案例分享

海关查获28千克穿山甲鳞片

2013年6月25日 来源：齐鲁晚报

2013年，济南海关在寄自外国的国际邮包内查获穿山甲鳞片28千克。

这批穿山甲鳞片装在两个包内，申报为干果。当海关关员查验时，发现这些“干果”呈半干状态，有腥味，呈不规则菱形，表面可见毛发，每片鳞片大小不一，具有穿山甲鳞片的特征。

穿山甲鳞片又称为山甲片、麒麟片、钱鲤甲，每只穿山甲平均只能获取0.4千克鳞片，按此折算，要获得如此多的鳞片，需有70多只穿山甲惨遭杀害。

关于穿山甲

全球共有8种穿山甲，分布在非洲、亚洲南部等地区。而今所有的穿山甲都已濒临灭绝，其中包括曾广泛分布于中国南方山区的中华穿山甲。

穿山甲又被称为“白蚁克星”。凭借着能伸长40厘米的皮带一样的舌头，以及善于挖掘、强有力的爪子，穿山甲可以探入并摧毁白蚁的巢穴。一只穿山甲一晚可以吃掉20万只白蚁。穿山甲的存在，对于维护森林和土壤健康非常重要。

然而穿山甲的生育率非常低。它们一胎通常只生育一只幼崽。幼儿会爬到母亲的尾巴上并紧紧抓住，然后由母亲一直照顾到断奶。

目前认为圈养及商业开发穿山甲并未成功，市场上见到的穿山甲及甲片制品来自于盗猎或走私。对“野味”或“甲片入药”的需求使得中国国内的穿山甲被捕杀殆尽，连南亚和非洲的穿山甲都难以幸免。有时，一次走私罚没缴获成吨的穿山甲死体或鳞片。

盔犀鸟 *Rhinopax* vigil

© Simon van der Meulen

涉及盔犀鸟及其制品的贸易网站类型

拍卖网站 √
B2B 网站 √
收藏网站 √
分类信息网站√
公共论坛 √
专业论坛
狩猎网站
其他 √

保护状况

- CITES 附录 I
- IUCN 红色名录：近危（NT）

网站管理建议

建议网站见有相关制品即删除，及时将信息反馈给执法部门；屏蔽主要检索词，如盔犀鸟、鹤顶红等；在站内开展宣传教育，制定禁售规定。

常见制品（图片来源于网络）

原头骨

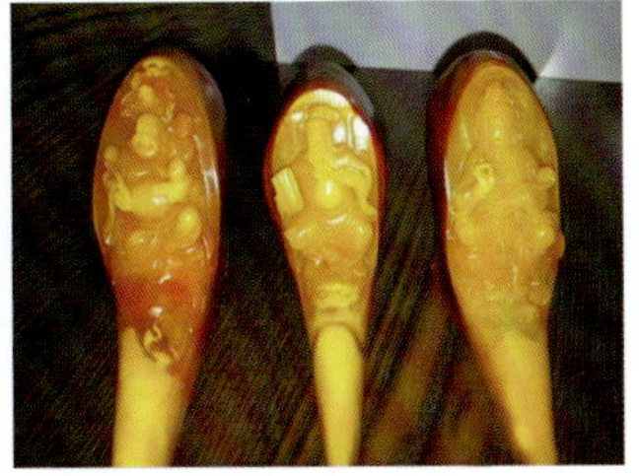
头骨雕刻

手串

戒指

鼻烟壶

常用关键词及描述方式（图片来源于网络）

鹤顶红、HDH、鸟头、NT、盔犀鸟、灰犀鸟、犀利鸟、珍贵材料、小红。

[藏品编号：5698060] **鹤顶红观音鸟头一口价26000讲价的请绕道**

卖家承诺：7天包退 如实 包老
若实物与描述不符或赝品则卖家赔偿来回运费
其他退货须赔偿卖家6%违约金并承担来回运费

参考价：26000 元　报价次数：0
运费：卖家承担运费，退货单程运费由买家支付。
品相：全品　是否包退：承诺货物包退
我要报价　
上传日期：2013-01-17　销售状态：待售
藏品年代：不清楚　所在地：
收藏次数：3次　浏览次数：6338次
点击这里与本网交易管理员 中华古玩网 联系
本网担保交易电话：4006-237-688
被骗案件中，90%以上是由于私下交易造成的
点击查看如何通过中华古玩网担保交易？

送去鉴定　收藏该藏品

[藏品编号：7376876] **精美鸟头观音雕件蜜蜡状雕工精美**

卖家承诺：7天包退 如实 包老
若实物与描述不符或赝品则卖家赔偿来回运费
其他退货须赔偿卖家6%违约金并承担来回运费

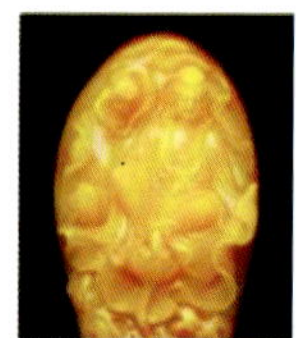

参考价：38000 元　报价次数：0
买家承担运费：快递 30元
品相：全品　是否包退：承诺货物包退
我要报价　存款购物
上传日期：2013-09-13　销售状态：待售
藏品年代：不清楚　所在地：广东深圳市
收藏次数：1次　浏览次数：1232次
点击这里与本网交易管理员 中华古玩网 联系
本网担保交易电话：4006-237-688
被骗案件中，90%以上是由于私下交易造成的
点击查看如何通过中华古玩网担保交易？

送去鉴定　收藏该藏品

（特殊珍贵材料）武圣关公像 一口价29000讲

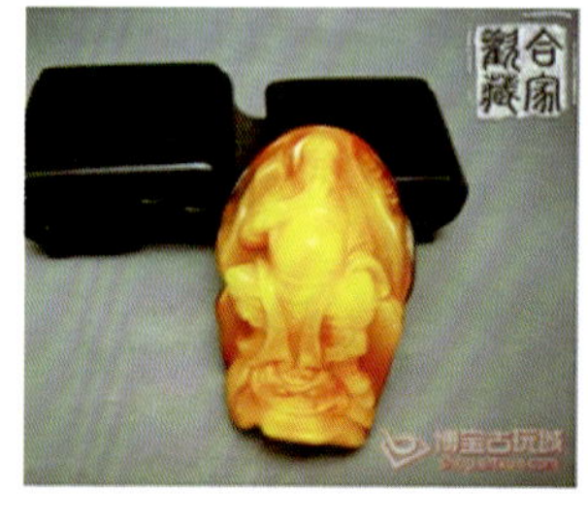

价　格：￥29,000
（如果您发现价格明显低于市场价，请自行辨别其真伪）
店　铺：合家欢
店　主：合家欢
交易方式：
付款方式：
出售状态：待售
地　区：
商 品 量：235
时　代：
上架时间：2012-08-17
待售
点击购买　我要出售
我有类似藏品需鉴定

（注：网上售卖的盔犀鸟制品描述截图）

案例分享

深警查获多宗粤港跨境走私案　缴获159个鹤顶红头骨

2012年10月24日 来源：人民网

2012年10月，深圳湾口岸连续查获多宗粤港跨境车辆涉嫌走私濒危动物制品案件，缴获159个鹤顶红头骨及熊爪、鳄鱼皮等其他珍稀动物制品。

别名鹤顶红的盔犀鸟原产东亚热带雨林，因头骨质地坚实，成为国内热炒的工艺品制作材料，由此频遭跨境走私团伙偷运入境。实际上，盔犀鸟是被列入《濒危野生动植物种国际贸易公约》（CITES）附录Ⅰ的物种，为禁止贸易物种。携带制品出入境、出售、收购鹤顶红制品的行为都可能触犯法律。

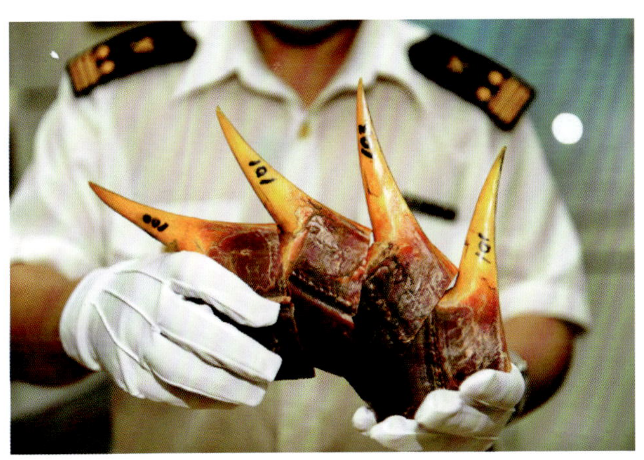

海龟 *Cheloniidae* spp.

© S. Portelli

涉及海龟及其制品的贸易网站类型

拍卖网站 √
B2B 网站 √
收藏网站 √
分类信息网站√
公共论坛 √
专业论坛√
狩猎网站 √
其他 √

保护状况

- CITES 附录 I
- 国家二级重点保护野生动物
- IUCN 红色名录：极危（CR）、濒危（EN）、易危（VN）

网站管理建议

网站见有相关制品及活体即删除，及时将信息反馈给执法部门；屏蔽主要检索词，如海龟、玳瑁、DM 等；在站内开展宣传教育，制定禁售规定。

识别特征

海龟的网络贸易既有活体，也有制品。常见贸易物种为绿蠵龟 *Chelonia mydas*（别名：绿海龟）和玳瑁 *Eretmochelys imbricata*，玳瑁常以制品出售。

© S. Portelli

透红血丝纹

活体

前肢呈长桨状，头大、颈短，头和四肢不能缩入甲内

玳瑁制品（图片来源于网络）

整体通透度从不透明到半透明不等。底色为透明或偏黄色，深色处为棕褐色甚至黑色。通常卖家会重点宣传花纹边缘有透红血丝纹。

常见贸易种类（图片来源于网络）

玳瑁标本

玳瑁雕件

饰品

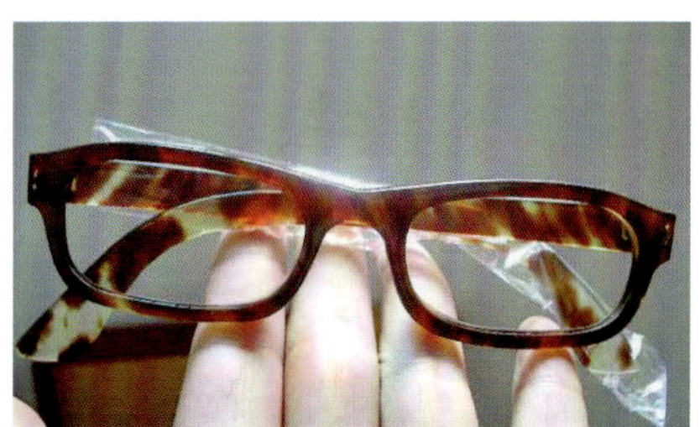

眼镜框等用品

文玩的镶饰，常与象牙同时镶嵌，如蛐蛐葫芦顶盖品

活体

常用关键词及描述方式（图片来源于网络）

带帽、玳瑁、DM、DaiMao、海龟、鹰嘴海龟、十三鳞龟、小绿、绿海龟、血料、珍贵材料、有机海洋宝石、玳瑁色、天然灵物（有清晰血色）

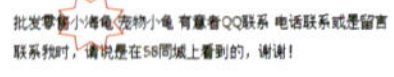

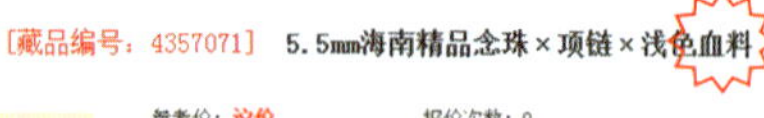

（注：网上售卖的海龟制品描述截图）

关于玳瑁

玳瑁生活在珊瑚礁区域，幼龟至少要 20 ~ 30 年才会成熟。除了人类的直接捕捞，玳瑁还面临着其他很多方面的威胁，包括：渔业影响——误捕、渔网或渔线缠绊等；海滨开发——改变或摧毁海滩产卵栖息地；污染——海洋中被吞食的塑料；气候变化——可能影响其繁殖，因为海龟的性别比例由孵卵时的温度决定。珊瑚礁的减少也使玳瑁失去觅食地，受到严重威胁。

藏羚 *Pantholops hodgsonii*

©IFAW

涉及藏羚及其制品的贸易网站类型

拍卖网站 ✓
B2B 网站
收藏网站
分类信息网站
公共论坛
专业论坛
狩猎网站
其他

保护状况

- CITES 附录 I
- 国家一级重点保护野生动物
- IUCN 红色名录：濒危（EN）

网站管理建议

建议网站见有相关制品即删除，及时将信息反馈给执法部门；屏蔽主要检索词，如藏羚羊、西藏羚羊、沙图什（藏羚羊绒织成的围巾）等；在站内开展宣传教育，制定禁售规定。

识别特征

图片来源于网络

藏羚角呈黑色，比较直。仅角的前半部有环。近角尖处略内弯，无环。

© IFAW/S. Gabriel

用藏羚羊绒制作的产品称为沙图什（shahtoosh）。出售者往往会将沙图什穿过一个戒指或圆环以证明它的柔软，因此又称戒指绒。

常见制品（图片来源于网络）

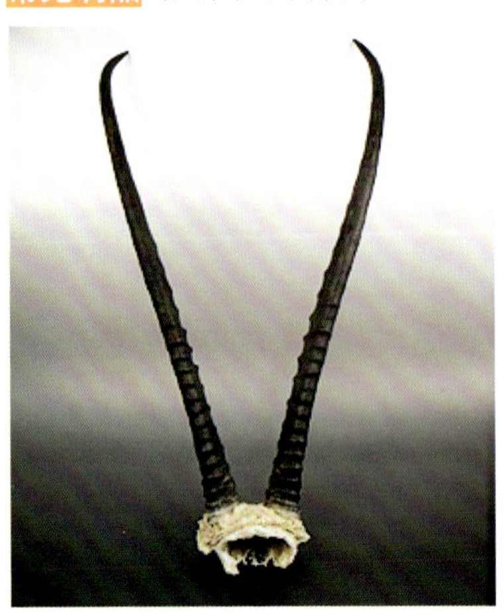

藏羚羊角及制作的工艺品

常用关键词及描述方式（图片来源于网络）

西藏羚羊、藏羚羊、大羊角、戒指绒、戒指披肩、沙图什、Shahtoosh、Chiru

西藏真品羚羊头工艺品挂饰装饰工艺品 收藏品 艺术展品 家居装饰

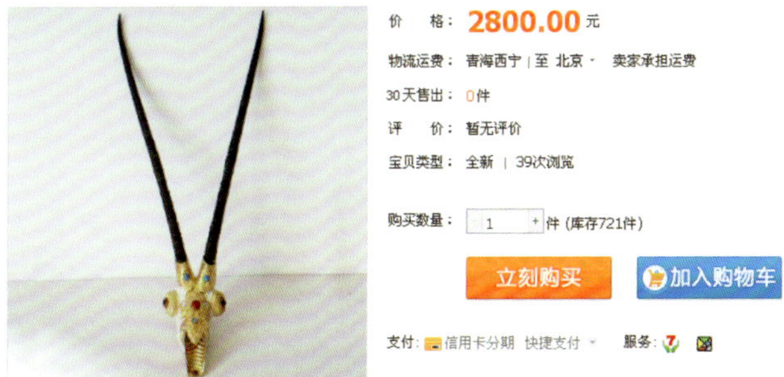

长0.73米的大羊角！

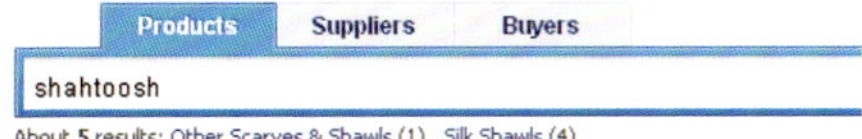

About 5 results: Other Scarves & Shawls (1), Silk Shawls (4)

Home > Products > Fashion Accessories > Neckwear > Scarves & Shawls > Silk Shawls (5839)

See larger image: the Shahtoosh

宣称为藏羚羊绒的披肩

（注：网上售卖的藏羚制品描述截图）

赛加羚羊 *Saiga tatarica*

© IFAW/E. Zharkova

涉及赛加羚羊及其制品的贸易网站类型

拍卖网站 √
B2B 网站 √
收藏网站 √
分类信息网站√
公共论坛
专业论坛
狩猎网站
其他 √

保护状况

- CITES 附录 II
- 国家一级重点保护野生动物
- IUCN 红色名录：极危（CR）
- 最濒危的物种之一。20 世纪 70 年代，全世界赛加羚羊的数量还在百万只以上，但到 2004 年已下降了 95%，现存只有 15 万只左右。中国野外种群已经灭绝，无产业化人工繁殖
- 2007 年《关于加强赛加羚羊角、穿山甲、稀有蛇类资源保护的规范 其产品入药管理的通知》：停止野外捕猎活动；且原材料不得在定点医院以外以零售方式公开出售

识别特征

赛加羚羊角偏白色，有玉状光泽，可见血丝。角呈弓形弯曲，表面有纵向细裂纹，自基部向上有水波状环形凸起。赛加羚羊角的制品通常经过打磨。

（© IFAW/E. Zharkova）

（图片来源于网络）

常见制品（图片来源于网络）

原角

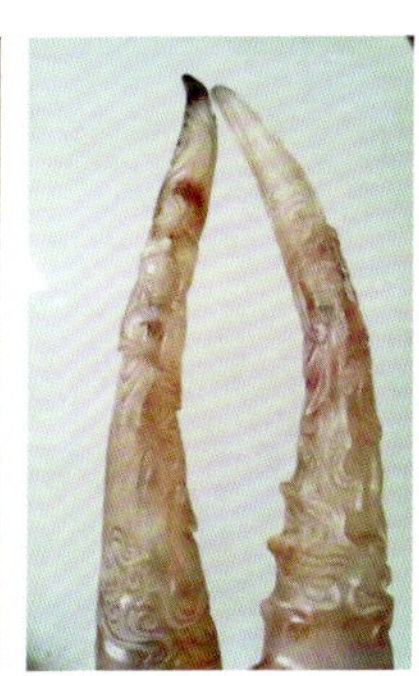

整角雕

串珠、扳指、烟嘴等装饰品

常用关键词及描述方式（图片来源于网络）

赛加、高鼻羚羊、SJ、羚羊角、Saiga

sj 羊角 手串 接受定做 可做桶珠 藏式 园珠 椭圆珠

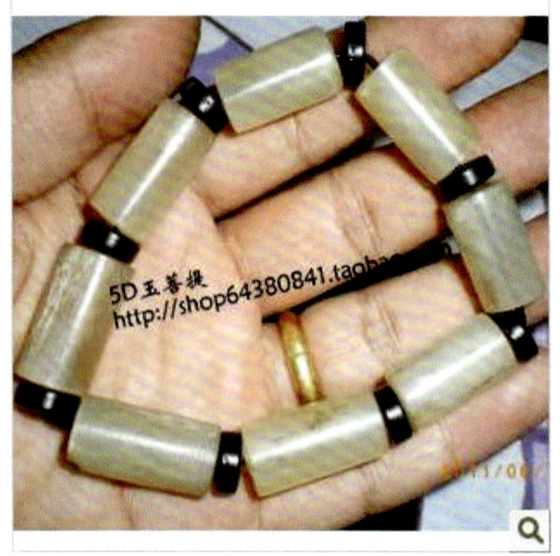

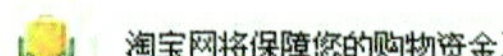

价　　格：600.00 元

运　　费：卖家承担运费

评　　价：总计0人　　30天售出：

付款方式：　快捷支付　　网银支付

我 要 买：1 件（库存1件）

立刻购买

所在地区：天津

宝贝类型：二手

特色服务：集分宝

SJ串送个SJ小角尖

商品类型：　全新商品

运费：　线下交易

剩余时间：　成交结束

商品数量：　1

累计售出：　0

现价：　999999.99 元

（注：网上售卖的赛加羚羊制品描述截图）

关于赛加羚羊

赛加羚羊又称高鼻羚羊，它们的鼻骨高度发育并卷曲，成为其显著的识别特征。中国新疆、内蒙古一带曾奔跑着大量的赛加羚羊。例如，20世纪初，新疆就有约 30 万只。而到 1962 年，中国的赛加羚羊由于人类的滥杀和对羚羊角的贪婪需求而彻底灭绝。如今只在俄罗斯和外蒙古等地能看到它们的踪迹。

人们通常所说的药材羚羊角，就是指赛加羚羊的角或磨制的粉末。目前市场上的羚羊角主要来源是走私，例如，从哈萨克斯坦或蒙古国入境。

亚洲黑熊 *Ursus thibetanus*

© IFAW/E. Zharkova

涉及亚洲黑熊及其制品的贸易网站类型

拍卖网站 √
B2B 网站 √
收藏网站 √
分类信息网站√
公共论坛 √
专业论坛
狩猎网站 √
其他 √

保护状况

- CITES 附录 I
- 国家二级重点保护野生动物
- IUCN 红色名录：易危（VU）

网站管理建议

网站应严禁出售熊掌、皮、牙和干熊胆等制品；对于含熊胆成分的制品，如熊胆粉、酒、眼药水等，应核查其是否获得野生动物制品经营利用许可证及专用标识；即使对于获得批准出售的熊胆制品，也建议网站主动减少此类制品的销售。

识别特征（图片来源于网络）

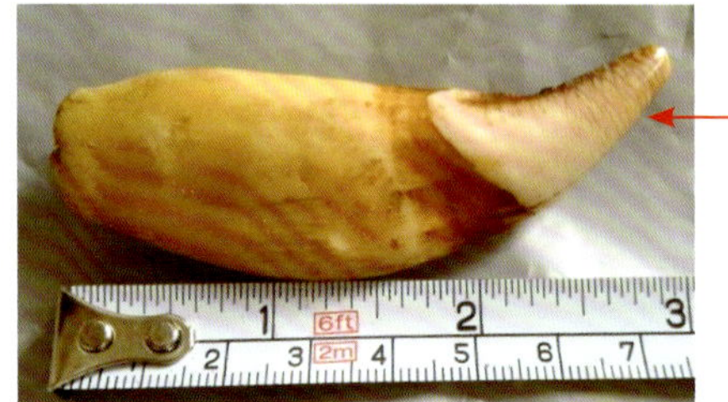

熊牙尖部有环状纹理，也称血纹

黑熊爪为深色，长约 5cm

常见制品（图片来源于网络）

熊牙

熊爪

熊皮

熊胆制品（熊胆粉、熊胆粉、熊胆药）

常用关键词及描述方式（图片来源于网络）

熊胆、熊牙、熊爪、熊的

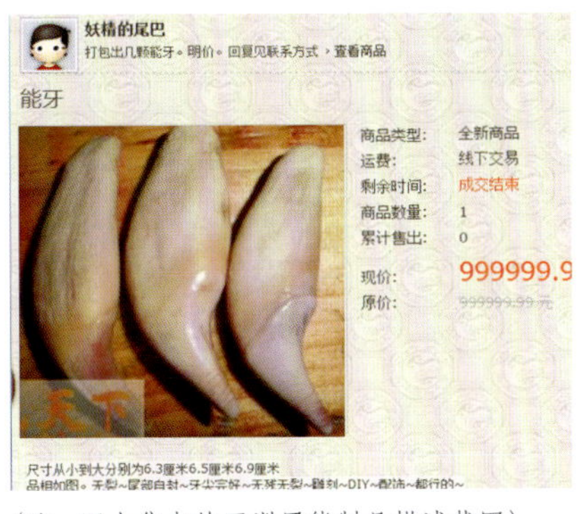

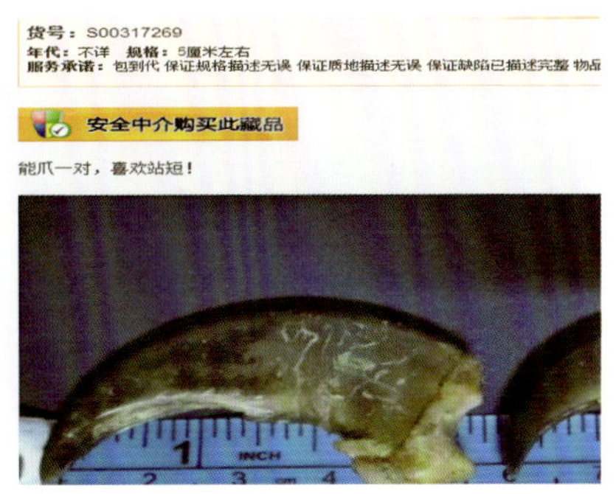

（注：网上售卖的亚洲黑熊制品描述截图）

关于熊胆入药的事实和误区

误区

天然熊胆对治疗胆囊炎、胆结石、肝炎、肝硬化、糖尿病等多种疾病有奇效，还可增强记忆、提高学习效率。而人工合成替代品是不能达到该效果的。

事实

天然熊胆并非不可代替。被认为熊胆中的最有效成分是熊脱氧胆酸，简称 UDCA，1927 年由日本人分离得到，1937 年确定其结构，1954 年首次人工合成，并在全世界医学界广泛应用，但其在治疗胆结石上有效率低的缺点，不能替代手术治疗。

在中国传统医学中，熊胆的主要功能是清肝明目镇静，使用传统草药代替可达到相同效果。

经研究表明，长期引流胆汁的熊处于亚健康状态，在引流 1 年后就会出现发炎现象。胆道的开放，容易导致各种微生物在胆汁中存在。动物抗生素的滥用对人类的危害更是不言而喻。

懒猴 *Nycticebus* spp.

© IFAW-WTI/R. Gohain
图为 IFAW 在 Borgang 救助的一只懒猴

涉及懒猴及其制品的贸易网站类型

拍卖网站 √
B2B 网站
收藏网站
分类信息网站√
公共论坛 √
专业论坛
狩猎网站
其他 √

保护状况

- CITES 附录 I
- 国家一级重点保护野生动物
- IUCN 红色名录：极危（CR）、易危（VU）

网站管理建议

建议网站严格监察异类宠物店铺，见有相关活体即删除，及时将信息反馈给执法部门；屏蔽主要检索词，如懒猴、小懒、大懒等；在站内开展宣传教育，制定禁售规定。

识别特征（图片来源于网络）

懒猴属的头部都较圆，眼大而圆且向前，眼圈黑色，耳小，每脚有五趾，尾巴很短不明显，体型似猫，体色通常为橙色、棕色、至赤褐色，体长 20 ~ 35 厘米，体重 0.3 ~ 1.5 千克。常见贸易种类为蜂猴和倭蜂猴。倭蜂猴相对较小，体长约为蜂猴的 1/3，头、颈和背部中央一般无暗色脊线。蜂猴自头顶到腰背有一条显著的棕褐色脊纹。

蜂猴 *Nycticebus coucang*（常说的大懒）

倭蜂猴 *Nycticebus pygmaeus*（常说的小懒）

常用关键词及描述方式（图片来源于网络）

懒猴、大懒、小懒、大懒猴、小懒猴、宠物懒、懒懒等

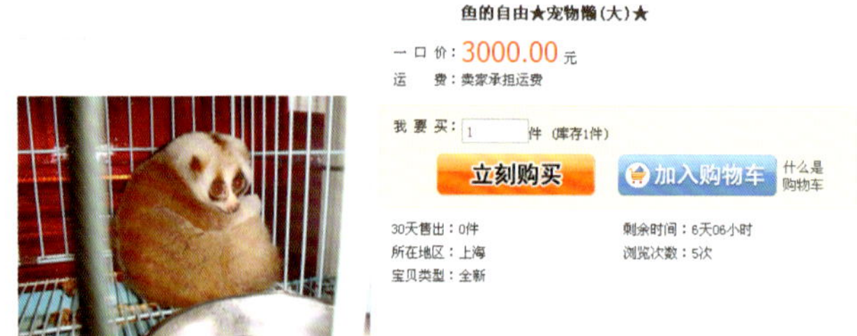

（注：网上售卖的懒猴描述截图）

25 岁小伙网上叫卖懒猴　被捕时不知已犯法

2013 年 3 月 15 日 来源：重庆晨报

2012 年 7 月，重庆市南岸森林公安局注意到，一名男子在网上公然叫卖“小懒”（懒猴）。通过几个月的排查，森林公安在一处租赁房内将这名 25 岁的男子抓获。原来男子加入了一个异类宠物群，通过网络从云南购入这只懒猴。后来因懒猴野性很大，男子决定将其转手。

这名男子及其交易懒猴的对象均已被抓获。据悉，他可能面临 5 年以下的有期徒刑。

猕猴 *Macaca mulatta*

©Roger Aidong

涉及猕猴及其制品的贸易网站类型

拍卖网站 √
B2B 网站
收藏网站
分类信息网站√
公共论坛 √
专业论坛
狩猎网站
其他

保护状况

- CITES 附录Ⅱ（所有灵长类物种都被列入 CITES 附录Ⅱ及以上）
- 国家一级重点保护野生动物
- IUCN 红色名录：近危（NT）

网站管理建议

网站严格监察异类宠物店铺，见有相关活体即删除，及时将信息反馈给执法部门；屏蔽主要检索词，如石猴、袖珍猴等；在站内开展宣传教育，制定禁售规定。对声称是合法销售的实验动物的，则需核查卖家实验动物生产许可证。

识别特征（图片来源于网络）

毛色灰黄色，颜面瘦削，头顶没有向四周辐射的漩毛，额略凸，肩毛较短，尾较长，约为体长的一半。臀胝发达，肉红色。

出售一只日本石猴。刚刚4个月多大。6000元 需要的朋友赶紧联系我QQ:158490

典型猴类，灵长类动物颜面大都裸露，眼大，向前

注：网络出售的被称为“袖珍猴”或者“袖珍石猴”的都是猕猴的幼体。石猴只是俗称，并不是物种名。

（此图为网上售卖灵长类动物的截图）

案例分享

野生猕猴成萌宠：网上联系买家后当地人立即猎捕

2013 年 11 月 05 日　来源：中国时刻

近年来，为彰显另类，很多人觉得养宠物猴很酷，年幼的猕猴被炒作成“日本石猴”，一只卖上万元人民币。而人们争养宠物猴的行为，助长了野生动物被偷猎贩卖的违法行为

日前，一起特大非法收售、运输、猎捕国家二级重点保护野生动物猕猴的案件在四川宣判，因为偷捕、贩卖了 19 只珍稀猕猴，即非法收购、运输、出售珍贵、濒危野生动物罪，3 名犯罪分子获刑。“头道贩子”被判处有期徒刑 10 年 2 个月，并处罚金 1 万元，买家于某也因同罪被判处有期徒刑 10 年，处罚金 1 万元，另外的杨某判处有期徒刑 6 年，并处罚金 8000 元。

于某说，袖珍宠物猴其实就是两三个月大的猕猴幼仔。这样袖珍的个头最多维持 1 年，长大后体重可达 10 千克左右。猴子野性难驯，到了发情期极易发飙，很容易攻击人类，他曾经多次被抓伤过。

常用关键词及描述方式（图片来源于网络）

宠物猴、石猴、袖珍石猴、袖珍猴、日本小石猴、小石猴、日本袖珍猴、日本石头猴、猕猴、食蟹猴、长尾猴等

北京出售宠物石猴

发布时间：2011-02-22　　有效区域：北京　　联系人：刘先生
电话：18210441418

出售袖珍猴 公母都有 体型小巧不会长大 性格温顺 外形可爱 绝对保证健康 适合任何家庭饲养 价格合理 一定会给您带来无穷的欢

乐 有兴趣可与我联系 18210441418

黄黄的小香蕉1

筷子 5

本人有一只宠物猴，长不大的，由于经常不在家，没时间养，有喜欢的可以联系我，它不挑食，什么都吃，喜欢黏人，不会咬人，转让5000！

（注：网上售卖的猕猴描述截图）

狨猴 *Callitrichinae* spp.

涉及狨猴及其制品的贸易网站类型

拍卖网站
B2B 网站
收藏网站
分类信息网站✓
公共论坛 ✓
专业论坛
狩猎网站
其他

保护状况

- CITES 附录 II
- IUCN 红色名录：极危（CR）、濒危（EN）、易危（VU）、低危（LC）

网站管理建议

网站严格监察异类宠物店铺，见有相关活体即删除，及时将信息反馈给执法部门；屏蔽主要检索词，如指猴、侏儒狨等；在站内开展宣传教育，制定禁售规定。

识别特征（图片来源于网络）

绒猴是世界上最小的灵长类动物之一。它们全身长约 13 厘米，连同尾巴长度也仅 15 厘米，体重 100 克左右。因为体型较小，可以附着在手指上，有时也被称为“拇指猴”。

常用关键词及描述方式（图片来源于网络）

拇指猴、指猴、绒猴、世界上最小的猴子、侏儒狨、金狮狨、金毛狮狨

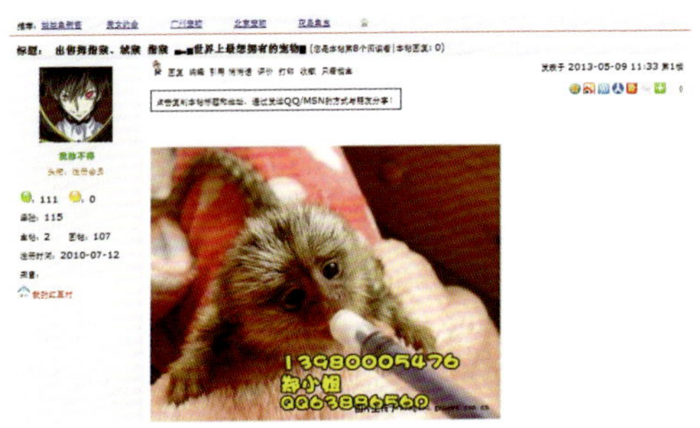

（注：网上售卖的狨猴描述截图）

隼形目 FALCONIFORMES

©IFAW

涉及隼形目及其制品的贸易网站类型

拍卖网站 √
B2B 网站
收藏网站
分类信息网站√
公共论坛 √
专业论坛 √
狩猎网站
其他

保护状况

- CITES 附录 II 及以上（王鹫 *Satcoramphus papa* 除外）
- 国家二级及以上重点保护野生动物
- IUCN 红色名录：极危（CR）、濒危（EN）、易危（VN）、近危（NT）、无危（LC）

网站管理建议

网站严格监察异类宠物店铺，见有相关活体即删除，及时将信息反馈给执法部门；屏蔽主要检索词，如鹰、细胸、松子等；在站内开展宣传教育，制定禁售规定。

识别特征

隼形目即常见的鹰雕隼类。它们是掠食性的鸟类，眼大而圆，具有尖利的爪子，喙端部具钩。

嘴呈钩状

爪锋利呈弯钩状

(©IFAW)

注：此图片为 IFAW 北京猛禽救助中心救助的猛禽

常见贸易物种（图片均为 IFAW 北京猛禽救助中心的猛禽）

红隼 *Falco tinnunculus*

雀鹰 *Accipiter nisus*（又名鹞子）

燕隼 *Falco subbuteo*

苍鹰 *Accipiter gentilis*

猎隼 *Falco cherrug*

金雕 *Aquila chrysaetos*

松雀鹰 *Accipiter virgatus*（又名摆胸、松子）

常用关键词及描述方式（图片来源于网络）

隼形目下的物种名、俗名及别称：雕、隼、鹰、老鹰、兔鹰、鸡鹰、鹞子、细胸、摆胸、松子、海东青、棒子、兔鹘、鸽鹘、垛子、马莲

（注：网上售卖的隼形目鸟类描述截图）

注：隼形目的交易较为隐蔽，使用关键词（搜索的结果）并不好，很多时候使用交易名或俗名，而非物种名进行交易。除此之外，一些关于“训鹰”的网络信息虽然并非直接交易猛禽，却也在间接刺激猛禽的交易，而且鼓吹私人对国家保护动物的非法养殖，网站应注意减少此类信息的发布。

案例分享

私自买卖驯养鹰类属犯罪

2013 年 3 月 13 日 来源：中国台州网

2012 年 11 月 2 日，民警在日常巡查中发现椒江一家摩托车修理店内有 4 只鹰，分别是苍鹰、雀鹰、凤头鹰、红隼，为店主陶某及其朋友所有。据几人交代，他们是在一个叫“江浙沪鹰猎”的 QQ 群上获取买卖、饲养等方面的消息的。

近日，椒江法院公开开庭审理了这起买卖猛禽案，有 7 名被告以非法收购、出售珍贵濒危野生动物罪，被判处 1 年 3 个月有期徒刑至 6 个月拘役，并处罚金。

鸮形目 STRIGIFORMES

©IFAW/Crystal Wang

涉及鸮形目及其制品的贸易网站类型

拍卖网站 √
B2B 网站
收藏网站
分类信息网站√
公共论坛 √
专业论坛 √
狩猎网站
其他

保护状况

- CITES 附录Ⅱ及以上
- 国家二级重点保护野生动物
- IUCN 红色名录：极危（CR）、濒危（EN）、易危（VN）、近危（NT）、无危（LC）

网站管理建议

网站严格监察异类宠物店铺，见有相关活体即删除，及时将信息反馈给执法部门；屏蔽主要检索词，如猫头鹰、猴面鹰等；在站内开展宣传教育，制定禁售规定。

识别特征

鸮形目即常见的鸮、枭、猫头鹰类，多数是夜行性食肉动物，头大而圆，眼周围羽毛辐射排列成面盘；双目较大且在同一平面；第四趾可反转；喙坚强而钩曲，嘴基盖以蜡膜；脸盘发达；头形似猫，因而统称“猫头鹰”；羽色大多为哑暗的棕褐灰色。

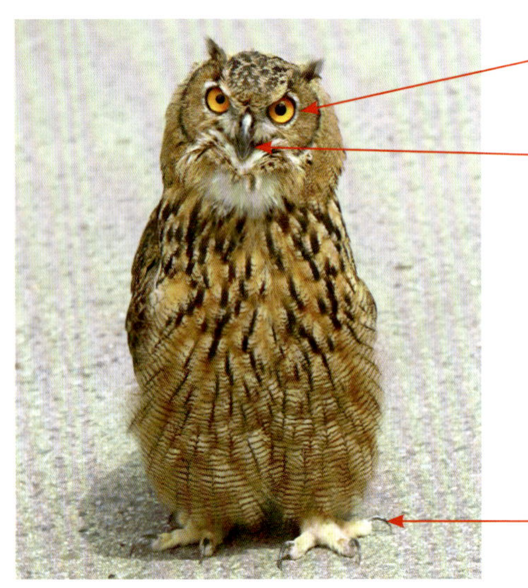

鸮形目区别于其他鸟类的特征：眼大且在同一平面

嘴短粗且呈钩状

爪锋利呈弯钩状

©IFAW

常见贸易物种（图片来源于网络）

草鸮 *Tyto capensis*

©IFAW

纵纹腹小鸮 *Athene noctua*

东方角鸮 *Otus sunia*

©IFAW
领角鸮 *Otus bakkamoena*

©IFAW
长耳鸮 *Asio otus*

©IFAW
短耳鸮 *Asio flammeus*

常用关键词及描述方式

猫头鹰、猴面鹰

案例分享

广安：非法买卖猫头鹰等　男子被罚千元

2009 年 12 月 1 日　来源：四川新闻网——成都商报

2009 年 11 月，广安区森林公安民警根据群众举报，在广安市广安区新南门市场内查获有人非法出售的国家二级重点保护野生动物猫头鹰 1 只及野生斑鸠、雉鸡等 32 只。森林公安分局根据相关规定，没收了猫头鹰，并对其进行了 1000 元的罚款。

1. 私人非法买卖和驯养野生动物，不仅触犯法律，因野生动物未经检疫，还可能导致疫病的传播，造成对于公共卫生和社会安定的损害。
2. 包括猫头鹰在内的所有猛禽均属于国家保护野生动物，私人不得非法买卖及驯养。依据《中华人民共和国野生动物保护法》第二十二条规定："禁止出售、收购国家重点保护野生动物或者其产品。因科学研究、驯养繁殖、展览等特殊情况，需要出售、收购、利用国家一级保护野生动物或者其产品的，必须经国务院野生动物行政主管部门或者其授权的单位批准；需要出售、收购、利用国家二级保护野生动物或者其产品的，必须经省、自治区、直辖市政府野生动物行政主管部门或者其授权的单位批准。"
3. 《野生动物保护法》第十七条还规定："驯养繁殖国家重点保护野生动物的，应当持有许可证。其中驯养繁殖国家一级保护野生动物的，需要国家或省级主管部门核发驯养繁殖许可证、经营利用许可证、配额和标识。"

鹦形目 PSITTACIFORMES

© IFAW/D. Willetts

涉及鹦形目及其制品的贸易网站类型

拍卖网站 √
B2B 网站
收藏网站
分类信息网站√
公共论坛 √
专业论坛 √
狩猎网站
其他

保护状况

- CITES 附录Ⅱ及以上（虎皮鹦鹉 *Melopsittacus undulates*、桃脸牡丹鹦鹉 *Agapornis roseicollis*、鸡尾鹦鹉 *Nymphicus hollandicus*、红领绿鹦鹉 *Psittacula krameri* 除外）
- 国家二级重点保护野生动物（鹦鹉科 Psittacidae 所有种）
- IUCN 红色名录：极危（CR）、濒危（EN）、易危（VN）、近危（NT）、无危（LC）

网站管理建议

网站严格监察异类宠物店铺，见有相关活体即删除，及时将信息反馈给执法部门；屏蔽主要检索词，如鹦鹉、小灰灰、葵花等；在站内开展宣传教育，制定禁售规定。

识别特征

鹦形目的所有种类都有如下特征：眼小而圆，嘴基粗大，嘴端短尖并急弯，趾前后两对相向握物，有钩曲的喙、对趾足（两趾向前，两趾向后）。

© IFAW/A. Lyskin

常见贸易物种（图片来源于网络）

非洲灰鹦鹉 *Psittacus erithacus*

黄蓝金刚鹦鹉 *Ara ararauna*

小葵花凤头鹦鹉 *Cacatua sulphurea*

金鹦哥 *Guaruba guarouba*

附：未被列入 CITES 附录的 4 种鹦鹉（其他鹦鹉均受保护）（图片来源于网络）

桃脸牡丹鹦鹉 *Agapornis roseicollis*

虎皮鹦鹉 *Melopsittacus undulates*

鸡尾鹦鹉 *Nymphicus hollandicus*

红领绿鹦鹉 *Psittacula krameri*

常用关键词及描述方式（图片来源于网络）

鹦鹉、鹦哥、小灰灰、葵花、金刚

主题：出售灰鹦鹉·6个月·限广东·4000 送笼·送架··有朋友想要私聊.会说你好

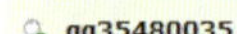
qq35480035

级别：新手上路

青銅會員

精华：0
发帖：1
积分：5
鹦鹉币：0
注册时间：2012-09-13
最后登录：2012-09-13
在线状态：——
发短消息 加为好友

楼主 发表于：2012-09-13 20:24

出售灰鹦鹉·6个月·限广东·4000 送笼·送架··有朋友想要私聊.会说你好

图片：

出售灰鹦鹉·6个月·限广东·4000 送笼·送架··有朋友想要私聊.会说你好

主题：转让中葵花，蓝黄金刚

wzaljh

级别：侠客

白金會員

精华：0
发帖：178
积分：416
鹦鹉币：30
注册时间：2010-02-10
最后登录：2013-03-03
在线状态：离线
发短消息 加为好友

楼主 发表于：2012-12-03 22:47

转让中葵花，蓝黄金刚

金刚人工鸟，会说3句话7个月的鸟，已断奶，葵花随便上手玩，还不会说话有意的联系，13131594150

视频看鸟。可以发货。

（注：网上售卖的鹦形目鸟类描述截图）

注：鹦鹉类的交易信息及交易种类繁多。除了4种非CITES附录物种外，其他鹦鹉的买卖，除非具备省级及以上主管部门核发的驯养繁殖许可证、经营利用许可标识、配额和标识，否则均属违法。

鳄目 CROCODYLIA

© IFAW/N. Greenwood

涉及鳄目及其制品的贸易网站类型

拍卖网站 √
B2B 网站
收藏网站
分类信息网站√
公共论坛 √
专业论坛
狩猎网站
其他

保护状况

- CITES 附录Ⅱ及以上
- 国家一级重点保护野生动物：扬子鳄
- IUCN 红色名录：极危（CR）、濒危（EN）、易危（VN）、无危（LC）

网站管理建议

网站严格监察异类宠物店铺，见有相关活体即删除，及时将信息反馈给执法部门；屏蔽主要检索词，如鳄鱼、鳄 yu 等；在站内开展宣传教育，制定禁售规定。

识别特征

鳄鱼为大型爬行动物，其特征很明显，较易识别：长吻锐齿、四肢短小、尾巴扁平有力、皮硬厚鳞；栖于热带河流沼泽，并很少到离开水过远的地方；食肉为主；卵生；最长可达 6 米。

通体横列近四边形盾块，背两侧和尾部常有棘突

© IFAW/R.Gangale

颈部有规则排列的大盾块

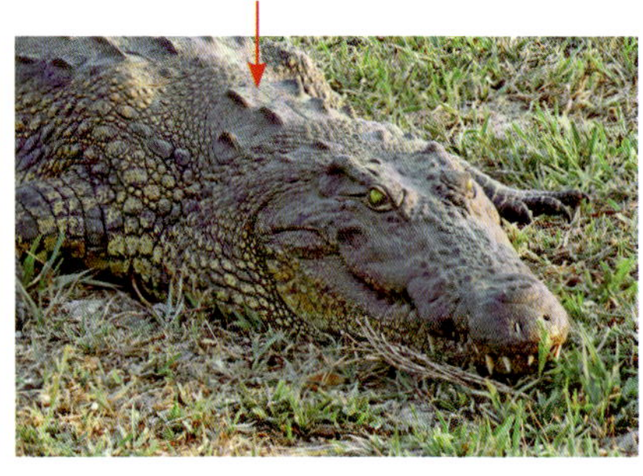

© IFAW/J. Kinney

常见贸易物种（图片来源于网络）

暹罗鳄 *Crocodylus siamensis*

扬子鳄 *Alligator sinensis*

常用关键词及描述方式（图片来源于网络）

鳄鱼、鳄、大鳄鱼、小鳄鱼、鳄 yu、E 鱼、陆地霸王、泰国鳄、小泰鳄、小恐龙

Animal world 爬龙店　QQ交谈　店铺动态　收藏店铺　店铺信用：　更多　搜本店　搜全站

所属拍拍类目：腾讯拍拍网 > 宠物/宠物食品及用品 > 爬虫/鸣虫及用品 > 其他爬虫类 > 商品详情

拍拍店铺

店铺首页　商品详情　留言板　信用评价　店铺分类

搜索店内商品　商品：输入关键字　价格：　到　搜索

商品分类　查看全部商品 »　按销量　按价格　按人气　按时间　爬宠活体　蜘蛛类　蝎子类　蜈蚣类　蜥蜴类

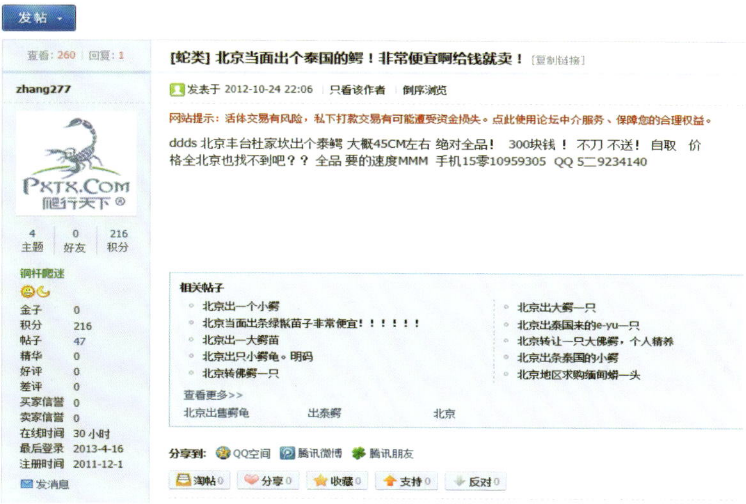

小泰鳄 小恐龙 60厘米左右 Animal world 爬龙　举报此商品

售价 ¥550.00

运送至 北京　快递 ¥15.00

支付方式 快捷支付　信用卡　请人代付

首次开通快捷支付就送10元现金券！我要领»

销售情况 三个月内售出 2 件　查看评价

购物更放心！拍拍网为您提供资金安全和 售后保障　先行赔付

购买数量 1 件 剩余 5 件

立即购买　加入购物车

发帖

查看：260 | 回复：1

zhang277

PXTX.COM 爬行天下

4 主题　0 好友　216 积分

铜杆爬迷

金子 0　积分 216　帖子 47　精华 0　好评 0　差评 0　买家信誉 0　卖家信誉 0　在线时间 30 小时　最后登录 2013-4-16　注册时间 2011-12-1　发消息

[蛇类] 北京当面出个泰国的鳄！非常便宜啊给钱就卖！ [复制链接]

发表于 2012-10-24 22:06 | 只看该作者 | 倒序浏览

网站提示：活体交易有风险，私下打款交易有可能遭受资金损失。点此使用论坛中介服务、保障您的合理权益。

ddds 北京丰台杜家坎出个泰鳄 大概45CM左右 绝对全品！ 300块钱！ 不刀 不送！ 自取 价格全北京也找不到吧？？ 全品 要的速度MMM 手机15零10959305 QQ 5二9234140

相关帖子

- 北京出一个小鳄
- 北京当面出条绿鬣苗子非常便宜！！！！！！
- 北京出一大鳄苗
- 北京出只小鳄龟。明码
- 北京转佛鳄一只
- 北京出大鳄一只
- 北京出泰国来的e-yu一只
- 北京转让一只大佛鳄，个人精养
- 北京出条泰国的小鳄
- 北京地区求购缅甸蟒一头

查看更多>>

北京出售鳄龟　出泰鳄　北京

分享到：QQ空间　腾讯微博　腾讯朋友

淘帖 0　分享 0　收藏 0　支持 0　反对 0

（注：网上售卖的鳄类描述截图）

注：异类宠物网站上监测到的交易信息多是暹罗鳄（即泰国鳄），也有凯门鳄、短吻鳄和长吻鳄，但后面三种交易较少，扬子鳄的交易更是极其少见。很多是网店和实体店相结合，网上发布消息，实体店交易。

巨蜥 *Varanidae* spp.

© IFAW/N. Greenwood

涉及巨蜥及其制品的贸易网站类型

拍卖网站 √
B2B 网站
收藏网站
分类信息网站√
公共论坛 √
专业论坛 √
狩猎网站
其他

保护状况

- CITES 附录Ⅱ及以上
- 国家一级重点保护野生动物
- IUCN 红色名录：濒危（EN）、易危（VN）、近危（NT）、无危（LC）

网站管理建议

网站严格监察异类宠物店铺，见有相关活体即删除，及时将信息反馈给执法部门；屏蔽主要检索词，如巨蜥、五爪金龙等；在站内开展宣传教育，制定禁售规定。

识别特征

巨蜥为体型最大的蜥蜴，舌头很长，且前端有深分叉，是其区别于鳄鱼和鳄蜥的最主要特征。其头部、吻部、颈部、尾部都较长；身体粗壮、四肢强壮，全身覆布大小不等的小鳞片；瞳孔圆形；大多陆生，以小动物和腐肉为食。

©IFAW/Crystal Wang

常见贸易物种（图片来源于网络）

草原巨蜥（俗称平原巨蜥）*Varanus exanthematicus*

尼罗巨蜥 *Varanus niloticus*

常用关键词及描述方式（图片来源于网络）

巨蜥、五爪金龙、四脚蛇、平原、平平

（注：网上售卖的巨蜥描述截图）

注：草原巨蜥的出现频次较高，其他巨蜥贸易较少，专业论坛曾经有科摩多巨蜥的交易信息。

案例分享

广州森林公安侦破四起网上走私珍稀动物案件

2012 年 7 月 17 日 来源：广州市人民政府网站

2012 年 3 月至 6 月底，广州市森林公安民警网上“蹲点”查料，成功捣毁 4 起利用网络走私贩卖珍稀野生动物的案件。其中，5 月份时根据群众举报，森林公安在海珠区七星岗路 1 号 7 栋居民楼中查获尼罗河巨蜥 1 只、平原巨蜥 1 只、黑喉巨蜥 1 只、非洲球蟒 4 条、缅甸蟒 1 条，现场控制嫌疑人一名，并据犯罪嫌疑人陈某供述，对广州市芳村花鸟鱼虫市场里的 P33 档“白垩纪”进行搜查，在档口内查获疑似蟒蛇 5 条、疑似黑喉巨蜥 1 只，当场抓获两名犯罪嫌疑人（张某和郑某）。

瑶山鳄蜥 *Shinisaurus crocodilurus*

© 蒋志刚

涉及瑶山鳄蜥及其制品的贸易网站类型

拍卖网站
B2B 网站
收藏网站
分类信息网站✓
公共论坛 ✓
专业论坛 ✓
狩猎网站
其他

保护状况

- CITES 附录 I
- 国家一级重点保护野生动物

网站管理建议

网站严格监察异类宠物店铺，见有相关活体即删除，及时将信息反馈给执法部门；屏蔽主要检索词，如瑶山、鳄蜥、雷公蛇等；在站内开展宣传教育，制定禁售规定。

识别特征（图片来源于网络）

头部较高，头部和体形与蜥蜴相似，颈部以下特别是侧扁的尾巴，与鳄鱼相似，因此被称为鳄蜥，头顶长有“第三只眼”；平均体长 314.05（224 ~ 377）毫米；体侧有颗粒状的细鳞，尾背上方有 2 行明显的棱鳞形成嵴棱；棕色，腹面淡黄或金红色，体侧有粉红斑；头侧有由眼旁发出的 8 条深色纵纹，体背部和尾部有十几条深色宽纹。

尾侧扁并有背棘突，与鳄鱼相似

头部圆钝，与蜥蜴相似

常用关键词及描述方式

雷公蛇、瑶山、鳄蜥、大睡蛇

注：瑶山鳄蜥为中国特有种，分布狭窄，数量很少，相关贸易也较少，偶有发现。

案例分享

网购瑶山鳄蜥被批捕　4“爬友”面临5年以上有期徒刑

2011年8月16日 来源：文汇报

4名23岁左右的男青年“爬友”，从网友处收购了3条瑶山鳄蜥当宠物。日前，这4名男青年被黄浦区检察院以非法收购珍贵、濒危野生动物罪批准逮捕。

4人表示：“知道受国家保护的动物不能私下买卖，但想想养在自己家里总不要紧。”检察官表示，他们明知瑶山鳄蜥是国家一级保护动物，未经许可擅自购买的行为已经触犯了《中华人民共和国刑法》第341条的规定，无论自用或是营利目的都不影响对该罪的认定。其中，负责联系卖家并汇款的黄某虽未实际拥有瑶山鳄蜥，但因他居间购买的行为，应被认定为共犯。随后，又在4名犯罪嫌疑人的配合下，警方将远在广东的出售者黄海文抓捕归案。

根据最高人民法院《关于审理破坏野生动物资源刑事案件具体应用法律若干问题的解释》的规定，非法收购3条瑶山鳄蜥已达到情节严重的定罪量刑标准，他们可能面临5年以上有期徒刑。

双领蜥 *Tupinambis* spp.

© 孟智斌

涉及双领蜥及其制品的贸易网站类型

拍卖网站 √
B2B 网站
收藏网站
分类信息网站√
公共论坛 √
专业论坛√
狩猎网站
其他

保护状况

- CITES 附录Ⅱ
- IUCN 红色名录：无危（LC）

网站管理建议

建议网站严格监察异类宠物店铺，见有相关活体即删除，及时将信息反馈给执法部门；屏蔽主要检索词，如泰加、黑白蜥蜴等；在站内开展宣传教育，制定禁售规定。

识别特征（图片来源于网络）

体型肥硕，尾后部细长呈鞭状。

常用关键词及描述方式（图片来源于网络）

泰加、阿根廷黑白泰加、黑白蜥蜴、黑白泰加、黄金泰加、大泰加、红泰加、泰加巨蜥

2099 阅读　6 回复

出售黑白泰加蜥蜴，懂的进~~ [复制链接]

鑫乐爬宠

楼主 发表于 2012-07-09　　只看楼主　倒序阅读

新到一只泰加蜥蜴，今年的苗子,体长20cm+状态非常好，喜欢的朋友联系qq:974797061　电话：13604822782

Uid: 507144
小学三年级
发帖 189
金钱 3433
威望 286
贡献值 1
交易币 0
好评度 0
Top币 0
加关注　发消息

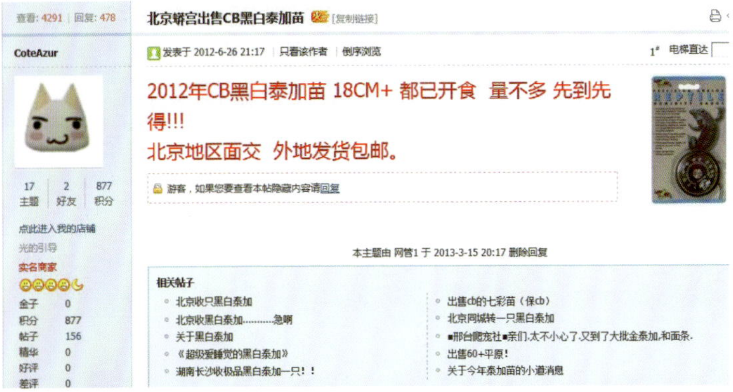

查看: 4291 | 回复: 478

北京蟒宫出售CB黑白泰加苗 [复制链接]

CoteAzur

发表于 2012-6-26 21:17 | 只看该作者 | 倒序浏览　　1# 电梯直达

2012年CB黑白泰加苗 18CM+ 都已开食　量不多 先到先得!!!
北京地区面交　外地发货包邮。

游客，如果您要查看本帖隐藏内容请回复

17 主题 | 2 好友 | 877 积分

点此进入我的店铺
光的引导
实名商家
金子 0
积分 877
帖子 156
精华 0
好评 0
差评 0

本主题由 网管1 于 2013-3-15 20:17 删除回复

相关帖子
- 北京收只黑白泰加
- 北京收黑白泰加..........急啊
- 关于黑白泰加
- 《超级爱睡觉的黑白泰加》
- 湖南长沙收极品黑白泰加一只！！
- 出售cb的七彩苗（保cb）
- 北京同城转一只黑白泰加
- ■邢台爬宠社■亲们.太不小心了.又到了大批金泰加.和面条.
- 出售60+平原！
- 关于今年泰加苗的小道消息

（注：网上售卖的蜥蜴类描述截图）

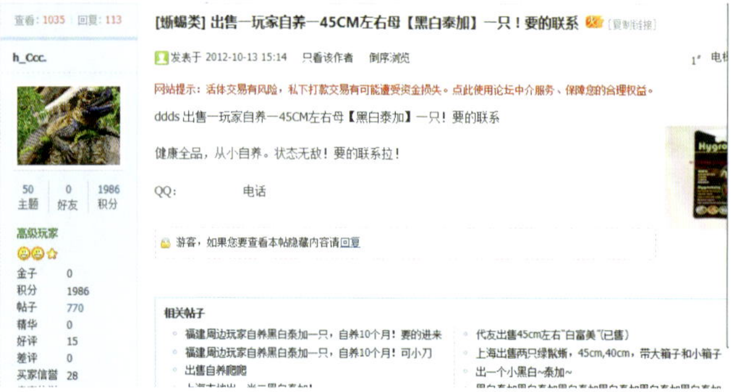

查看：1035 | 回复：113

[蜥蜴类] 出售一玩家自养一45CM左右母【黑白泰加】一只！要的联系 [复制链接]

h_Ccc.

发表于 2012-10-13 15:14 只看该作者 倒序浏览

网站提示：活体交易有风险，私下打款交易有可能遭受资金损失。点此使用论坛中介服务、保障您的合理权益。

ddds 出售一玩家自养一45CM左右母【黑白泰加】一只！要的联系

健康全品，从小自养。状态无敌！要的联系拉！

QQ: 电话

50 主题 | 0 好友 | 1986 积分

高级玩家

金子 0
积分 1986
帖子 770
精华 0
好评 15
差评 0
买家信誉 28

游客，如果您要查看本帖隐藏内容请回复

相关帖子

- 福建周边玩家自养黑白泰加一只，自养10个月！要的进来
- 福建周边玩家自养黑白泰加一只，自养10个月！可小刀
- 出售自养爬爬
- 代友出售45cm左右"白富美"(已售)
- 上海出售两只绿鬣蜥，45cm,40cm，带大箱子和小箱子
- 出一个小黑白~泰加~

天津 [切换城市] 房产 招聘 车辆 二手 服务 更多 手机赶集 赶集叮咚 赶集推广

ganji 赶集

出售黑白泰加 - 2000元

2000元

138-20059227

QQ 号：331840633

详情描述

联系我时，请说明是在赶集网看到的，谢谢！

信息照片

（注：网上售卖的蜥蜴类描述截图）

注：双领蜥在网络贸易较为常见。常见的种是阿根廷黑白南美蜥（黑白泰加）和红南美蜥（红泰加）。

避役 *Chamaeleonidae* spp.

涉及避役及其制品的贸易网站类型

拍卖网站 √
B2B 网站
收藏网站
分类信息网站√
公共论坛 √
专业论坛
狩猎网站
其他

保护状况

- CITES 附录Ⅱ
- IUCN 红色名录：极危（CR）、濒危（EN）、易危（VN）、近危（NT）、无危（LC）

网站管理建议

网站严格监察异类宠物店铺，见有相关活体立即删除该店信息，及时将信息反馈给执法部门；屏蔽主要检索词，如变色龙、高冠、七彩等；在站内开展宣传教育，制定禁售规定。

识别特征（图片来源于网络）

避役俗称变色龙，体色会跟随周围环境和自身状况的变化而变化。主要识别特征包括：凸出且可独立活动的双眼、可卷曲的尾巴、头上有冠以及对握的脚趾。

有些幼体变色龙很难区分种类，但凸出的眼睛和卷曲的尾巴是很显著的识别特征

常见贸易物种（图片来源于网络）

七彩变色龙 *Furcifer pardalis*
颜色较为艳丽，由于身体可以同时具有七种颜色而命名。最常见的是蓝色型和红色型，而黄色型则非常少。

高冠变色龙 *Chamaeleo calyptoratus*
体背通常为黄绿色，由于头上有高耸的肉冠而闻名。

常用关键词及描述方式（图片来源于网络）

变色龙、高冠、七彩、高冠变色龙、七彩变色龙、咸蛋超人

高冠变色龙幼体　　2012-09-13 11:55:38

当前位置：首页 -> 宠物/宠物用品 -> 花鸟鱼虫

免费发布信息到本栏　修改　删除

地区：　青岛 > 市北区

性质：　商家

类别：　其他小宠

价格：　600 元

白垩纪爬虫馆　QQ留言　店铺动态　收藏店铺　店铺信用：　更多　搜本店　搜全站

所属拍拍类目：腾讯拍拍网 > 宠物宠物食品及用品 > 爬虫鸣虫及用品 > 其他爬虫类 > 商品详情

白垩纪爬馆　白垩纪爬馆　白垩纪爬馆　白垩纪爬馆

店铺首页　商品详情　留言板　信用评价　店铺分类

搜索店内商品

商品：

价格：　到

搜 索

商品分类

查看全部商品 »

按销量　按价格　按人气　按时间

[蜥蜴类]

[蛇类]

[蜘蛛类]

[陆龟类]

[水龟类]

人工繁殖　变色龙　高冠变色龙　各种体型　大小都有　包运输风险　　举报此商品

¥450.00 - 1550.00

平邮 ¥10.00　快递 ¥15.00　EMS ¥20.00

快捷支付　信用卡　请人代付

首次开通快捷支付就送10元现金券！我要领»

三个月内无售出

购物更放心！拍拍网为您提供资金安全和 售后保障

先行赔付

4CM　9CM　11-CM

成体

1　件 剩余 1665 件

北京　手机上58　浏览记录

58同城　北京58同城 » 北京宠物 » 北京花鸟鱼虫

(转让)北京同城转让成体七彩变色龙一条

品种：　其他小宠

供需：　转让

价格：　3000 元

联系人：闻先生

联系电话：　131-41207246　（归属地：北京）　查看此电话发帖记录　查看信用记录

QQ/MSN：　240068705

公，尾吻15以上，可接手食，自小养大

联系我时，请说是在58同城上看到的，谢谢！

求鉴定　收藏　举报　免费发送到手机

（注：网上售卖的变色龙描述截图）

美洲鬣蜥 *Iguana iguana*

涉及美洲鬣蜥及其制品的贸易网站类型

拍卖网站 √
B2B 网站
收藏网站
分类信息网站 √
公共论坛 √
专业论坛 √
狩猎网站
其他

保护状况

- CITES 附录 II

网站管理建议

建议网站严格监察异类宠物店铺，见有相关活体即删除，及时将信息反馈给执法部门；屏蔽主要检索词，如绿鬣、IG、鬣蜥等；在站内开展宣传教育，制定禁售规定。

识别特征（图片来源于网络）

美洲鬣蜥又名绿鬣蜥，是世界上最广为人知的蜥蜴；幼体为亮绿色夹杂蓝色花纹，成熟后，体色变暗淡；平均体长1.2～1.7米，最长可达2米，体重1.2～4.0千克。

尾极长，可达身长的2倍

喉下有皮垂

常用关键词及描述方式（图片来源于网络）

绿鬣、IG、红鬣蜥、红鬣、红绿鬣、美洲鬣蜥、鬣蜥

咳嗽的骆驼swyu

高级粉丝 3

大概70公分长，体重不详（没称过），美国进口蓝头绿力蜥。
最大可以养到1米2到1米8不等（尾巴占大部分）
因各人原因想出售，3000元，很健康，无病无灾。
价格可以商量。。。有意者联系18387761108
附图一张

(转让)全品 绿鬣+80高箱

58同城提醒您：尽量选择同城交易，要求提前汇款或缴纳订金的都是骗子！

品种： 其他小宠
供需： 转让
价格： 280 元
联 系 人： 王先生 给我留言
联系电话： 13910965981 （归属地：北京） 查看此电话发帖记录 查看信用记录
QQ/MSN： 163326365

因回家过年，转去年5月买的蓝头绿鬣小苗，精心饲养到现在65cm（头到尾）。全品无伤，颜色很干净，品相不错，活泼好动，能吃能拉，可当面开食。另有定做的80x60x40cm高箱和绿鬣一起打包400元。质量非常好，带三个灯口。赠送uvb+uva灯+温度计
联系我时，请说是在58同城上看到的，谢谢！

求鉴定 收藏 举报 免费发送到手机

3岁南美洲绿鬣蜥转让 - 1900元

短信发送 收藏 举报 帖子管理 分享

05-15 15:28 发布 浏览 455 次

价 格： 1900元
交易地点： 昌吉 - 昌吉市
联系人：伍先生
电话： 18699411954（该用户发帖记录）
QQ号： 184915288

详情描述 信息编号：652301150057506353

从小养大的现在3岁半了。雄性，已经性成熟。现在正在发情期。体长1.35米。因为家中宝宝即将诞生，所以只能卖掉。可以到家中看实物。
联系我时，请说明是在昌吉赶集网看到的其他信息，谢谢！

宠物照片

（注：网上售卖的美洲鬣蜥描述截图）

蟒 Pythonidae spp.　蚺 Boidae spp.

© IFAW/D. Willetts

涉及蟒、蚺及其制品的贸易网站类型

拍卖网站 ✓
B2B 网站
收藏网站
分类信息网站✓
公共论坛 ✓
专业论坛 ✓
狩猎网站
其他

保护状况

- CITES 附录 II 及以上
- 国家一级重点保护野生动物：缅甸蟒 (*Python molurus*)
- IUCN 红色名录：濒危（EN）、易危（VN）、近危（NT）、无危（LC）

网站管理建议

网站严格监察异类宠物店铺，见有相关活体即删除，及时将信息反馈给执法部门；屏蔽主要检索词，如蟒蛇、黄金、彩虹等；在站内开展宣传教育，制定禁售规定。

识别特征（图片来源于网络）

蟒和其他蛇类的区分特征：体型大；头背有对称的大鳞；吻鳞及前两枚上唇鳞具唇窝；雄蛇泄殖肛孔两侧有较明显的爪状后肢残余。

大型蛇类，头背有规则排列的较大鳞片，多具较大的色斑或花纹

头背有对称的大鳞

黄金蟒，缅甸蟒的白化突变种，国家一级重点保护野生动物。私人饲养，必须有野生动物主管部门核发的驯养繁殖许可证件及办理种源引进手续

常见贸易物种（图片来源于网络）

缅甸蟒 *Python molurus*

球蟒 *Python regius*：最常见的蟒蛇类宠物

红尾蚺 *Boa constrictor*

虹蚺属 *Epicrates*：常见的是彩虹蚺，又称巴西虹蚺 *Epicrates cenchria*

常用关键词及描述方式（图片来源于网络）

蟒蛇、球球、球、巨蟒、黄金蟒、黄金、面条（缅蟒）、红尾、红尾巴、红尾蚺、原色尾巴、彩虹、彩虹蚺、彩虹蟒、网纹

（注：网上售卖的蟒类描述截图）

北京 58同城 北京58同城 › 北京宠物 › 北京花鸟鱼虫

(转让)隐性白化基因球员 母 400g

供需：转让

价格：面议

联系电话：135-8167-2176

QQ/MSN：1282836991

联系我时，请说是在58同城上看到的，谢谢！

查看：190 | 回复：4

[蛇类] 北京出售大母球蟒。1000G左右

duxinxinluwei

发表于 2013-5-31 23:26 只看该作者 倒序浏览

网站提示：活体交易有风险，私下打款交易有可能遭受资金损失。点此使用论坛中介服务，保障您的合理权益。

ddds 家里养了两条球球。。已经养了2年多了。最近工作忙。疏忽了对他们的饲养。不知为何不吃食了。。已经大概有几个月了。。现在有点瘦了。。如果有高手愿意收留他们。。我愿低价转让。。700一个。。QQ317007822。。。真心想要的加。。价格不刀了。。

69 主题 | 19 好友 | 9843 积分

白金VIP

金子 0
积分 9843
帖子 2590
精华 0
好评 3
差评 0
买家信誉 4
卖家信誉 2
在线时间 464 小时
最后登录 2013-6-13
注册时间 2010-1-30

爬天钻石会员 Diamond VIP

发消息

相关帖子

- 北京本地低价出球蟒头苗一条
- 球蟒简介
- 北京转成体球蟒，1米长，1000g,求秒，明码！
- 北京转让球蟒
- 北京出售大母蜘蛛
- 北京转让球蟒，两个两岁的母球
- 关于球蟒的资料
- 90+球蟒出售只限北京
- 北京 出或换 09年从小自养的球蟒
- 北京转1米2母哥伦比亚彩虹一条，可换球蟒

分享到：QQ空间 腾讯微博 腾讯朋友

淘帖 0 分享 0 收藏 0 支持 0 反对 0

喜欢玩爬~广交朋友~诚信第一

（注：网上售卖的蟒类描述截图）

注：蟒的网络交易信息很多，且有很强的隐蔽性，如帖子名称为“出售一碗面条”或者“想吃面条了”，其实是“缅甸蟒”这种国家一级重点保护动物的交易信息。

陆龟 Testudinidae spp.

涉及陆龟及其制品的贸易网站类型

拍卖网站 √
B2B 网站
收藏网站
分类信息网站√
公共论坛 √
专业论坛 √
狩猎网站
其他

保护状况

- CITES 附录 II 及以上
- 国家一级重点保护动物：四爪陆龟（*Testudo horsfieldi*）
  国家二级重点保护野生动物：凹甲陆龟（*Manouria impressa*）
- IUCN 红色名录：极危（CR）、濒危（EN）、易危（VN）、近危（NT）、无危（LC）

网站管理建议

网站严格监察异类宠物店铺，见有相关活体即删除，及时将信息反馈给执法部门；屏蔽主要检索词，如陆龟、辐射龟、苏卡达龟等；在站内开展宣传教育，制定禁售规定。

识别特征（图片来源于网络）

背甲坚固，大部分隆起，呈半球形

四肢粗壮，圆柱形，趾间无蹼

常见贸易物种（图片来源于网络）

辐纹陆龟 *Astrochelys radiate*
背甲盾片隆起，满布黄色辐射纹，有颈盾

四爪陆龟 *Agrionemys horsfieldii*
四肢均 4 爪，体型相对较小，背甲长最长达 22 厘米

印度星龟 *Geochelone elegans*
纹路 8 条或以上，腹甲有相同的放射状纹路，通常隆背

缅甸星龟 *Geochelone platynota*
纹路 6 条或以下，对称放射状排列，腹甲为黑斑

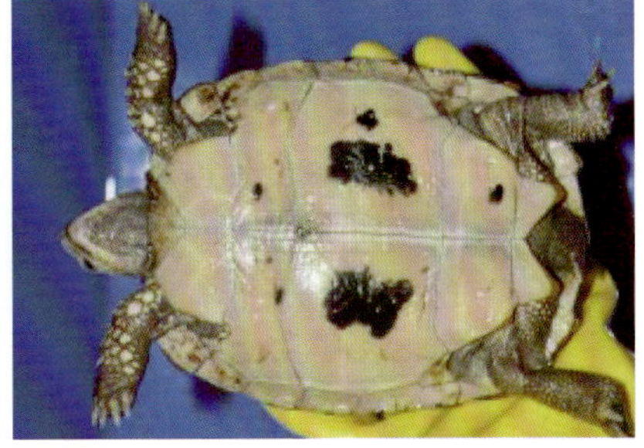

缅甸陆龟 *Indotestudo elongate*
背甲黄至青绿色，具大块黑斑

红腿陆龟 *Chelonoidis carbonaria*
背甲黑色，腹甲黄色，头颈黄至红色

胫刺陆龟（又名：苏卡达陆龟）*Geochelone sulcata*
背甲为黄或棕的单色，无黑斑

豹纹陆龟 *Stigmochelys pardalis*
背甲为深浅相套的杂色，具明显斑纹

用关键词及描述方式（图片来源于网络）

辐射龟、放射龟、辐射陆龟、放射陆龟、缅陆、苏卡达、印星、星龟、红腿、红腿龟、老板红腿、黄腿龟、豹子、象龟

家养3只缅甸陆龟转让,请广大龟友关注!!!

家养3只缅甸陆龟特价转让.
大的,瑞丽种,腹甲15厘米,母,特点:品相好,头黄.85元
中的,非瑞丽种,腹甲约13.5厘米,公,特点:状态超猛.60元
小的,瑞丽种,腹甲约10.2厘米,母,特点:品相及状态较好.70元
工作繁忙,无力继续养下去.如果有深圳龟友有兴趣,可以与我联系.3只一起要的话,价格可以商量.
因为重装系统,龟龟照片遗失,希望尽快补上.
联系电话:小李13632725665.

（注：网上售卖的陆龟类描述截图）

闭壳龟 *Cuora* spp.

©Qiao Yilun

涉及闭壳龟及其制品的贸易网站类型

拍卖网站
B2B 网站
收藏网站
分类信息网站
公共论坛 √
专业论坛 √
狩猎网站
其他

保护状况

- CITES 附录 II
- 国家二级重点保护野生动物：三线闭壳龟（*Cuora trifasciata*），云南闭壳龟（*Cuora yunnanensis*）
- IUCN 红色名录：极危（CR）、濒危（EN）、近危（NT）
- 闭壳龟数量极少。世界上最濒危的 10 种非海产龟鳖类物种中，有 5 种是闭壳龟

网站管理建议

网站严格监察异类宠物店铺，见有相关活体即删除，及时将信息反馈给执法部门；屏蔽主要检索词，如闭壳龟等；在站内开展宣传教育，制定禁售规定。

识别特征

闭壳龟因其背甲和腹甲借韧带相连，当头尾及四肢缩入壳内时，腹甲与背甲能紧密地合上，故而得名。闭壳龟多数物种生活在水生或半水生的环境中。

©Qiao Yilun

背甲和腹甲借韧带相连，腹甲前后 2 叶可动。

©Qiao Yilun

甲壳边缘光滑，背甲中部相对隆起如穹顶，一般有 3 道脊棱。

当头、四肢、尾巴缩进壳里时，前后半可完全闭合。

常见贸易物种（图片来源于网络）

黄缘闭壳龟 *Cuora flavomarginata*

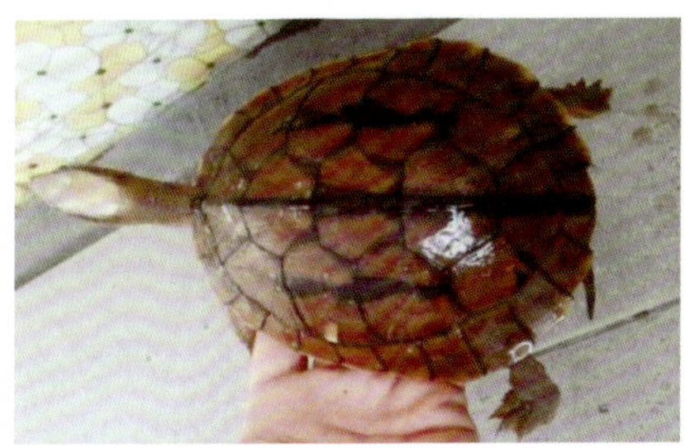

三线闭壳龟 *Cuora trifasciata*

锯缘闭壳龟 *Cuora mouhotii*

马来闭壳龟（又称：安布闭壳龟）*Cuora amboinensis*

用关键词及描述方式（图片来源于网络）

闭壳龟、闭壳、金钱龟、箱龟、安布、黄缘、黄额

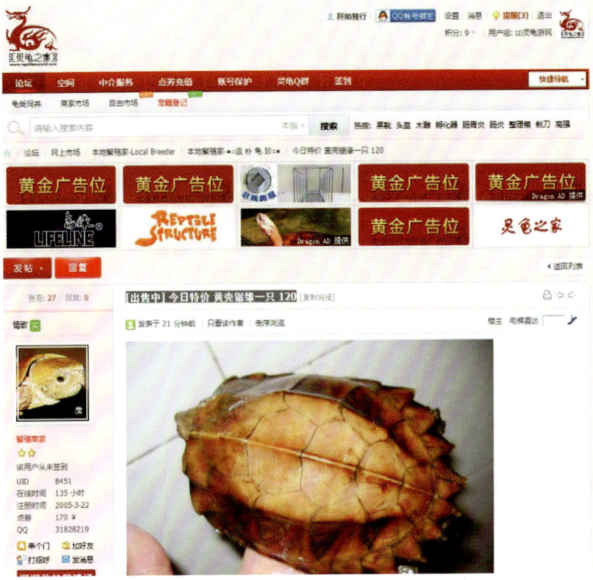
黄金广告位
黄金广告位
黄金广告位
黄金广告位
LIFELINE
REPTILE STRUCTURE
黄金广告位
灵龟之家
发帖
回复
[出售中] 今日特价 黄壳锯缘一只 120

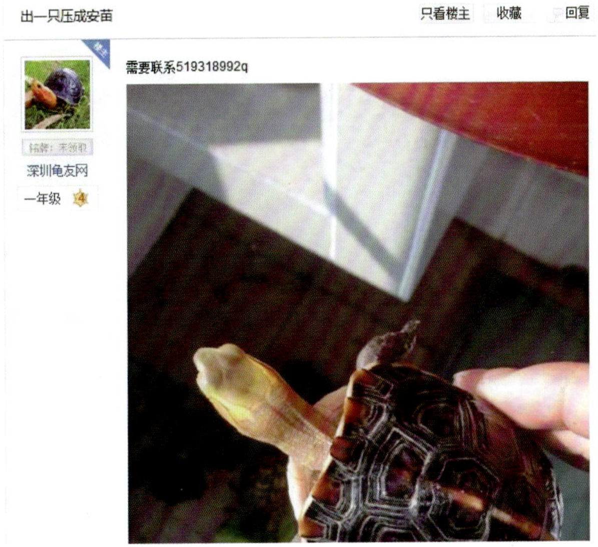
出一只压成安苗
只看楼主
收藏
回复
需要联系519318992q
深圳龟友网
一年级

（注：网上售卖的闭壳龟类描述截图）

三脊棱龟 *Melanochelys tricarinata* 及其他贸易常见龟类

©Qiao Yilun

涉及闭壳龟及其制品的贸易网站类型

拍卖网站
B2B 网站
收藏网站
分类信息网站
公共论坛 √
专业论坛 √
狩猎网站
其他

保护状况

- CITES 附录 II 及以上
- IUCN 红色名录：濒危（EN）；易危（VU）

网站管理建议

网站严格监察异类宠物店铺，见有相关活体即删除，及时将信息反馈给执法部门；屏蔽主要检索词，如三脊棱龟、平胸龟、庙龟等；在站内开展宣传教育，制定禁售规定。

常见贸易物种（©Qiao Yilun）

三脊棱龟 *Melanochelys tricarinata*

又称：三棱黑龟。俗称：三龙骨龟。幼龟到成龟的三棱呈亮黄色，腹甲黄色或橙色。

庙龟 *Heosemys annandalii*

又称：黄头庙龟。上喙端有“M”形缺刻。图为经常在庙宇中出现的大型龟。

平胸龟 *Platysternon megacephalum*

俗称：大头龟或鹰嘴龟。上喙勾曲呈鹰嘴状，背甲扁平。头大，尾长，均不能缩入壳内，被戏称为“永不缩头的乌龟”。平胸龟由于是平胸龟科唯一的物种，具有较高的保护价值。

常用关键词及描述方式（图片来源于网络）

三龙骨、三龙骨龟、平胸、鹰嘴、大头、平胸龟、鹰嘴龟、大头龟、庙龟

（注：网上售卖的龟类描述截图）

北京 [切换城市] | 手机上58　　浏览记录

58同城　北京58同城 › 北京宠物 › 北京花鸟鱼虫 › 门头沟花鸟鱼虫 › 门头沟周边花鸟鱼虫

(转让)北京鹰嘴一只 福建种 养定

58同城提醒您：尽量选择同城交易，要求提前汇款或缴纳订金的都是骗子！

品种：　其他小宠

小类：　龟

供需：　转让

价格：　700 元

联 系 人：　王帅　离线　给我留言

联系电话：　该用户设置了隐私保护　查看此电话发帖记录　查看信用记录

拨打010-87558008-63134 我们免费为您转接到发帖人手机

这鹰嘴可活泼了 养定 适应自来水 给劲 可小刀 Q81070131

联系我时，请说是在58同城上看到的，谢谢！

求鉴定　收藏　举报　免费发送到手机

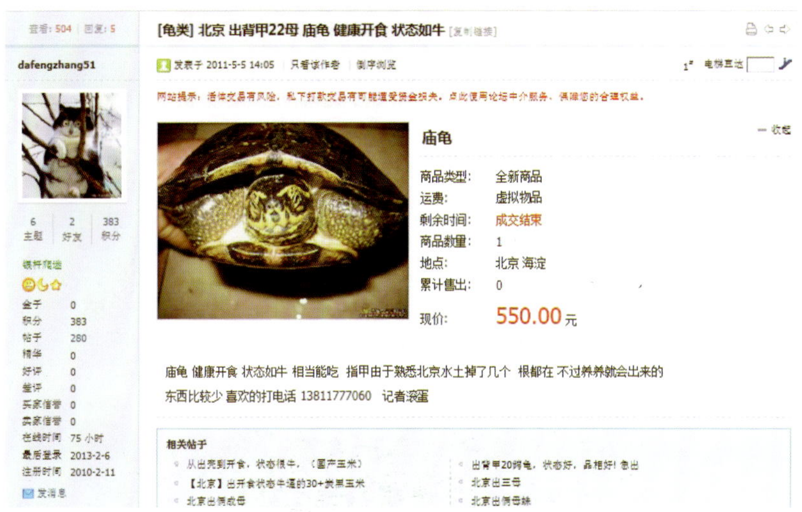

查看：504 | 回复：5

[龟类] 北京 出背甲22母 庙龟 健康开食 状态如牛 [复制链接]

dafengzhang51

发表于 2011-5-5 14:05 | 只看该作者 | 倒序浏览　　1# 电梯直达

网站提示：论坛交易有风险，私下打款交易有可能遭受资金损失。点此使用论坛中介服务，保障您的合理权益。

庙龟　　— 收起

商品类型：　全新商品

运费：　虚拟物品

剩余时间：　成交结束

商品数量：　1

地点：　北京 海淀

累计售出：　0

现价：　550.00 元

庙龟 健康开食 状态如牛 相当能吃 指甲由于熟悉北京水土掉了几个 根都在 不过养养就会出来的

东西比较少 喜欢的打电话 13811777060 记者滚蛋

6	2	383
主题	好友	积分

金子 0

积分 383

帖子 280

精华 0

好评 0

差评 0

买家信誉 0

卖家信誉 0

在线时间 75 小时

最后登录 2013-2-6

注册时间 2010-2-11

发消息

相关帖子

- 从出壳到开食，状态很牛，（国产玉米）
- 【北京】出开食状态牛逼的30+黄果玉米
- 北京出俩枚母
- 出背甲20胡龟，状态好，品相好！急出
- 北京出三母
- 北京出俩母蛛

（注：网上售卖的龟类描述截图）

两爪鳖 *Carettochelys insculpta*

©Qiao Yilun

涉及闭壳龟及其制品的贸易网站类型

拍卖网站
B2B 网站
收藏网站
分类信息网站
公共论坛 √
专业论坛 √
狩猎网站
其他

保护状况

- CITES 附录 II
- IUCN 红色名录：易危（VU）
- 2004 年，两爪鳖被列入全球十大濒危物种名单

网站管理建议

网站严格监察异类宠物店铺，见有相关活体即删除，及时将信息反馈给执法部门；屏蔽主要检索词，如两爪鳖、猪鼻龟等；在站内开展宣传教育，制定禁售规定。

识别特征（图片来源于网络）

两爪鳖，又名猪鼻龟，因鼻子看起来像猪而得名。两爪鳖的背甲是革质的，有纹理，呈灰色或橄榄色；腹甲呈奶油色，趾间有蹼，是完全水生的鳖类，头与颈能缩入甲内。（鳖的背甲都是革质的，无盾片。）

常用关键词及描述方式（图片来源于网络）

猪鼻龟、猪鼻、猪鼻鳖

北京的猪鼻转让,状态超级棒　　只看楼主　收藏　回复

楼主

铭牌：未领取

Vina小泽

新猪入水 2

真的很无奈转让猪猪,因为工作忙,没时间照顾他了..想给他找个好人家..大概10厘米左右,无伤,能吃能喝是最大的特点!性格特别可爱,品相好..希望找个好人家。电话18801008109.qq-872060120

（注：网上售卖的两爪鳖描述截图）

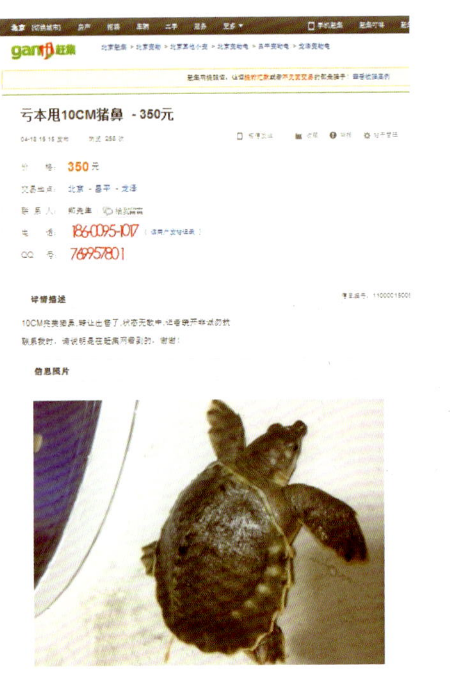

（注：网上售卖的两爪鳖描述截图）

主要网站与分类

为缩减篇幅，手册中将网络野生动物贸易涉及的相关网站简要分为不同类型。下表介绍了各类型中的主要网站。值得注意的是，所列网站只是部分例子，实际涉及非法贸易的网站数量及类型更多，需要在执法过程中不断发现。

网站类型	网站名称	网址	所在地	备注
拍卖网站	淘宝网	http://www.taobao.com/	浙江省	全球最大的中文拍卖网站，涉及各种不同种类的物种及制品
	拍拍网	http://www.paipai.com/	广东省	腾讯旗下的拍卖网站，卖家账号与 QQ 账号关联
B2B 网站	阿里巴巴中文	http://www.1688.com/	浙江省	卖家主要为公司，提供详细联系方式。也有少量个人网商
	阿里巴巴国际	http://www.alibaba.com/	浙江省	国际贸易网站，卖家分布于世界各地，涉及进出口交易
收藏网站	中华古玩网	http://www.gucn.com/	上海市	收藏类网站主要涉及象牙、犀角、盔犀鸟头骨、赛加羚羊角等制品，此外可能涉及野生动物皮张、骨爪牙、甲片等身体部分
	盛世收藏网上店铺	http://shop.sssc.cn	北京市	
	华夏收藏网	http://www.cang.com/	浙江省	
	搜艺搜	http://trade.findart.com.cn/	北京市	
	雅昌交艺网	http://www.artebuy.com/	广东省	
	说宝网	http://www.shuobao.com/	上海市	
	翰龙雅集收藏网论坛	http://bbs.hl365.net/	北京市	
	中国收藏热线	http://www.997788.com/	福建省	

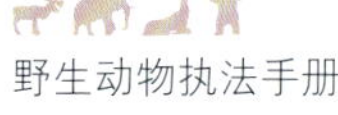

（续）

网站类型	网站名称	网址	所在地	备注
收藏网站	汉唐收藏网	http://www.htscw.com/	陕西省	收藏类网站主要涉及象牙、犀角、盔犀鸟头骨、赛加羚羊角等制品，此外可能涉及野生动物皮张、骨爪牙、甲片等身体部分
	博宝艺术品商城	http://shop.artxun.com/	北京市	
	文玩天下	http://bbs.wwtx.cn/	北京市	
	上海文玩	http://www.feiqu.com/forum.php	上海市	
	中华收藏网	http://www.sc002.com.cn/	浙江省	
分类信息网站	赶集网	www.ganji.com	北京市	以城市为聚合的交易平台，多为个人之间的交易，难以规范。主要涉及从象牙到活体宠物的交易
	58 同城	www.58.com	北京市	
	百姓网	www.baixing.com	上海市	
	城际分类	http://www.go007.com/	广东省	
	中山同城信息	http://go.oncity.cc/pet	广东省	
	北海 365	http://www.beihai365.com/thread.php?fid=614	广西省	
	千里眼	http://www.ohqly.com/index.html	北京	
公共论坛	百度贴吧	http://tieba.baidu.com/	北京市	不同主题的贴吧涉及不同物种制品交易
专业论坛	爬行天下	http://bbs.pxtx.com/	辽宁省	涉及异类宠物如陆龟、蟒蛇交易，曾发现走私案例
	灵龟之家	http://bbs.reptilesworld.com/	上海市	
	龟友之家	http://bbs.cngui.com/forum-196-1.html	无备案	涉及异类爬行类宠物交易，主要为陆龟
	龟友论坛	http://bbs.myluohan.com/forum.php	河北省	
	爬行联盟	http://www.paxinglm.com/forum.php	无备案	
	鹦鹉论坛	http://bbs.e5sj.com/thread.php?fid-6.html	广东省	濒危稀有鹦鹉类交易

（续）

网站类型	网站名称	网址	所在地	备注
专业论坛	中鸟网	http://www.hm16888.net/bbs/forum.php	广西省	涉及鸟类、爬宠的交易
	鸟友吧—鹦鹉交换出售专区	http://www.52cpb.cn/board/tlist.aspx?bid=12	广东省	
	哥友在线	http://www.gyabc.cn/forum.php	福建省	
狩猎网站	中国狩猎论坛	http://www.chinahunts.org/bbs/	重庆市（时而被屏蔽）	涉及非法交易、驯养猛禽，捕猎重点保护动物及“三有动物”
	中国猎犬论坛	http://www.cnliequan.com/forum.php	湖南省（时而被屏蔽）	
其他	微信	手机及平板电脑客户端		微信相册会被用作各种野生动物制品及活体的展示及销售渠道
	QQ 空间	www.qq.com	广东省	QQ 空间、相册和群，会被用作各种野生动物制品及活体的销售渠道。具有较强隐蔽性
	新浪微博	www.weibo.com	北京市	出现有零散出售象牙、猕猴、懒猴等信息，易被删除，需留证

物种受保护状况说明

手册中涉及的物种受保护状况主要包括：①其所在的CITES附录；② IUCN对其濒危状况的定级；③《国家重点保护野生动物名录》中的相关规定。以下是对这3种不同受保护状况的解释及说明。

一、CITES及附录

CITES《濒危野生动植物种国际贸易公约》缔定于1973年。目前在全球拥有179个缔约国。公约要求各国政府通过实施协调一致的许可证和证明书制度来监管其附录所列的野生动植物的国际贸易，进而达到保护濒危野生动植物种不至于由于国际贸易而遭到过度开发利用的目的。到目前为止，列入CITES附录的野生动物达到5500多种，野生植物约30 000种。

中国于1981年加入CITES。依照国内林业、渔业等相关主管部门通知，CITES附录Ⅰ、Ⅱ内非原生于中国的物种，将以等同于国家一、二级重点保护野生动物对待。

CITES共有3个附录：

- CITES附录Ⅰ：受到或可能受到贸易影响而有灭绝危险的物种，其国际性商业贸易被严格禁止。
- CITES附录Ⅱ：目前虽未濒临灭绝，但如对其贸易不严加管理，就可能有灭绝危险的物种，或标本状态与其相似的物种。其国际性的商业贸易是被严格控制的。
- CITES附录Ⅲ：成员国认为需要其他成员国合作控制贸易来保护的物种。

二、IUCN红色名录

《国际自然保护联盟濒危物种红色名录》（或称IUCN红色名录）于1963年开始由IUCN编制及维护。这一名录根据严格准则去评估物种及亚种的绝种风险，旨在向公众及决策者反映保育工作的迫切性，并协助国际社会避免物种灭绝。

在IUCN红色名录中，根据物种数量下降速度、个体总数量、地理分布、种群分散程度等准则，将物种分类列入9个级别，分别是：

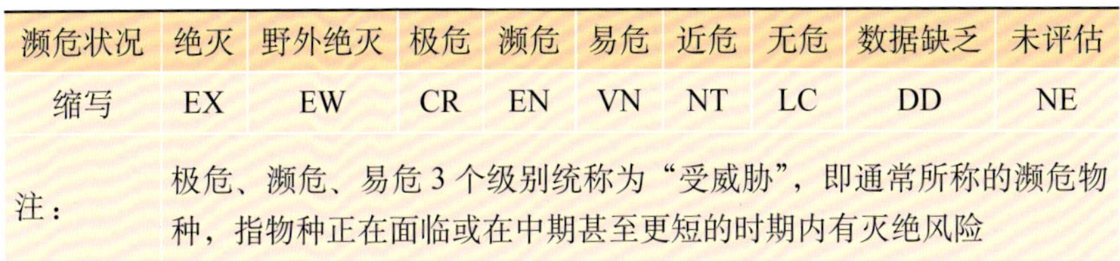

濒危状况	绝灭	野外绝灭	极危	濒危	易危	近危	无危	数据缺乏	未评估
缩写	EX	EW	CR	EN	VN	NT	LC	DD	NE
注：	极危、濒危、易危 3 个级别统称为“受威胁”，即通常所称的濒危物种，指物种正在面临或在中期甚至更短的时期内有灭绝风险								

三、国家重点保护野生动物名录

《中华人民共和国野生动物保护法》规定，国家对珍贵、濒危的野生动物实行重点保护。国家重点保护的野生动物分为一级重点保护野生动物和二级重点保护野生动物。其名录由国务院野生动物行政主管部门（现为中华人民共和国农业部和国家林业局）制定，国务院批准公布。

现有的《国家重点保护野生动物名录》为 1988 年制定，2004 年修订。

常见相关法律法规问题解答

一、网络野生动物贸易会涉及违法犯罪吗

	疑问	解答
1	网络野生动物贸易会涉及违法犯罪吗	网络野生动物贸易中，若其标的物可确定为国家重点保护野生动物或国际公约 CITES 附录Ⅰ、附录Ⅱ中的动物，买卖双方存在未经许可的猎捕、收购、出售、走私、运输行为中的一种或多种，则属于刑事犯罪，应由公安机关立案侦查，进入刑事诉讼程序
2	野生动物贸易犯罪可能会面临什么处罚	非法收购、运输、出售国家重点保护的珍贵、濒危野生动物及其制品的，处五年以下有期徒刑或者拘役，并处罚金；情节严重的，处五年以上十年以下有期徒刑，并处罚金；情节特别严重的，处十年以上有期徒刑，并处罚金或者没收财产 此外，《中华人民共和国刑法》对走私珍贵野生动物的行为单独定罪。最高可达无期徒刑

（续）

	疑问	解答
3	什么是 CITES	CITES 即《濒危野生动植物种国际贸易公约》，公约目的是保护濒危物种不至被过度贸易和利用。我国是 CITES 的缔约国，并通过全国人民代表大会在《中华人民共和国濒危野生动植物进出口管理条例》中对这一公约在国内的法律效力进行了确认。最高人民法院出台了《关于审理破坏野生动物资源刑事案件具体应用法律若干问题的解释》，其中特意强调了 CITES 作为判案标准
4	国内网络野生动物贸易监管为何要参考 CITES 附录	我国于 1981 年加入 CITES。无论网上还是实体买卖，依照国内林业、渔业等相关主管部门通知，CITES 附录Ⅰ、Ⅱ内非原生于中国的物种，都将以等同于国家一、二级重点保护野生动物对待

二、哪些物种是受到保护的

	疑问	解答
1	哪些野生动物是受保护的	在我国，受保护的野生动物包括国家重点保护野生动物、CITES 附录Ⅰ、Ⅱ物种以及“三有”动物（有益的或者有重要经济、科学研究价值的陆生野生动物）。 国家重点保护野生动物名录：http://www.forestry.gov.cn//portal/bhxh/s/709/content-85157.html CITES 附录：http://www.cites.org.cn/article/list.php?catid=20 三有动物：http://www.cites.org.cn/article/2012/0223/677.html 此外，依据 1993 年国务院通知，犀牛角和虎骨制品是完全禁止销售的。而 CITES 附录Ⅲ物种中的水生动物，依据水生野生动物管理部门的规定，在国内参照国家二级重点保护野生动物管理
2	网站应该禁止哪些野生动物及其产品的销售	任何贸易会涉及刑事犯罪的野生动物物种，即法律（国际法与国内法）中所列出的受保护的、未经相关许可的野生动物物种及其产品，网站均应禁止其及其产品的销售

三、网站对网络野生动物贸易的责任有哪些

	疑问	解答
1	网站对其平台上的非法野生动物贸易应承担责任吗	根据《互联网信息服务管理办法》，互联网信息服务提供者不得制作、复制、发布、传播含有法律、行政法规禁止的内容。互联网信息服务提供者发现后应当立即停止传输，保存有关记录，并向国家有关机关报告 制作、复制、发布、传播违法信息构成犯罪的，依法追究刑事责任。尚不构成犯罪的，予以行政处罚。对经营性互联网信息服务提供者，由发证机关责令停业整顿直至吊销经营许可证；对非经营性互联网信息服务提供者，由备案机关责令暂时关闭网站直至关闭网站 此外，对于涉及走私的非法网络野生动物贸易，如网站对非法经营者提供贷款、资金、帐号、发票、证明，或者为其提供运输、保管、邮寄或者其他方便的，会构成走私罪的共犯
2	网站有责任发布关于禁止销售受保护野生动物的公告吗	商务部《第三方电子商务交易平台服务规范》在对平台经营者对站内经营者的管理与引导中规定：平台经营者应当加强提示，督促站内经营者履行有关法律规定和市场管理制度，增强诚信服务、文明经商的服务意识，倡导良好的经营作风和商业道德。因此，网站有责任发布关于禁止销售受保护野生动物的公告，履行网站义务
3	网站有责任必须建立对非法野生动物制品关键词的过滤机制吗	商务部《关于网上交易的指导意见（暂行）》指出：网上交易服务提供者应建立和完善信息披露与审核制度；注意监督用户发布的商品信息、公开论坛和用户反馈栏中的信息，依法删除违反国家规定的信息
4	网站有责任必须建立接受用户举报的机制吗	商务部《关于网上交易的指导意见（暂行）》指出：网上交易服务提供者应提供规范化的网上交易服务，建议和完善各项规章制度。其中包括：建立不良信息及垃圾邮件举报处理机制
5	如果网站接到举报，没有做删除处理，要承担责任吗	要承担责任。故意犯罪分为直接故意犯罪和间接故意犯罪，间接故意也就是放任犯罪行为发生和延续，网站接到举报查明属实放任不理，是间接故意犯罪，可按共犯处理。 建议接到举报，及时处理

（续）

	疑问	解答
6	如果宣称是驯养繁殖或合法进口，怎么判断	如果宣称是驯养繁殖的应该出示《国家重点保护野生动物驯养繁殖许可证》，宣称是进口的应出示由国家濒危物种进出口管理办公室或其授权机构核发的《允许进出口证明书》 商务部《第三方电子商务交易平台服务规范》中规定，平台经营者应对站内经营者的交易信息进行合理谨慎的管理，其中涉及：在平台上从事经济活动的，应当公布所经营产品的名称、生产者等信息；涉及第三方许可的，还应公布许可证书、认证证书等信息 根据《最高人民法院关于审理破坏野生动物资源刑事案件具体应用法律若干问题的解释》第一条：刑法第三百四十一条第一款规定的“珍贵、濒危野生动物”，包括列入国家重点保护野生动物名录的国家一、二级保护野生动物、列入《濒危野生动植物种国际贸易公约》附录一、附录二的野生动物以及驯养繁殖的上述物种。所以，无论是“野生”还是人工驯养繁殖，均受法律保护，不可随意买卖
7	如果卖家宣称自己销售的濒危野生动物制品是古董，是不是就不违法	无论是销售古董还是新文玩，只要对于濒危物种制品的非法交易行为发生在《中华人民共和国刑法》确立之后，判罚时就应依照《中华人民共和国刑法》相关规定执行。 即：无论卖家是否出示了证明其制品是古董的文件（如发票、合同或其他认证证明），或证明其为有关法律生效前所获得，只要是没有在销售或运输前获取相关主管部门的行政许可，就依然会按照现行法律法规处置
8	关于打猎的法律规定是怎样的	根据《中华人民共和国野生动物保护法》，无论是否属于重点保护动物，野生动物均不得私自捕猎杀害。除非办理猎捕证并按照狩猎证规定的种类、数量、地点和期限进行捕猎； 非法猎捕、杀害国家重点保护的珍贵、濒危野生动物的，视情节轻重分别处于 5 年以下 /5 ～ 10 年 /10 年以上有期徒刑； 猎杀非重点保护物种，达到司法解释所规定的标准的（例如非法猎捕 20 只以上野生动物），应按照非法狩猎罪或非法捕捞水产品罪处理

法律法规及行为准则

野生动物资源属于国家所有。公民有保护野生动物资源的义务，对侵占或者破坏野生动物资源的行为有权检举和控告。

——《中华人民共和国野生动物保护法》

法律规定：

禁止猎捕、杀害国家重点保护野生动物。因科学研究、驯养繁殖、展览或者其他特殊情况，需要捕捉、捕捞保护野生动物的，必须依照其保护等级，向国家或省级野生动物行政主管部门申请特许猎捕证。

驯养繁殖国家重点保护野生动物的，应当持有许可证。驯养繁殖国家重点保护野生动物的单位和个人可以凭驯养繁殖许可证向政府指定的收购单位，按照规定出售国家重点保护野生动物或者其产品。

禁止出售、收购国家重点保护野生动物或者其产品。因科学研究、驯养繁殖、展览等特殊情况，需要捕捉、捕捞、出售、收购、利用国家一级保护野生动物或者其产品的，必须经国务院野生动物行政主管部门或者其授权的单位批准；需要捕捉、捕捞、出售、收购、利用国家二级保护野生动物或者其产品的，必须经省、自治区、直辖市政府野生动物行政主管部门或者其授权的单位批准。

——《中华人民共和国野生动物保护法》

法律责任：

第一百五十一条　走私国家禁止进出口的珍贵动物及其制品的，处五年以上十年以下有期徒刑，并处罚金；情节特别严重的，处十年以上有期徒刑或无期徒刑，并处没收财产；情节较轻的，处五年以下有期徒刑，并处罚金。

第三百四十一条　非法猎捕、杀害国家重点保护的珍贵、濒危野生动物的，或者非法收购、运输、出售国家重点保护的珍贵、濒危野生动物及其制品的，处五年以下有期徒刑或者拘役，并处罚金；情节严重的，处五年以上十年以下有期徒刑，并处罚金；情节特别严重的，处十年以上有期徒刑，并处罚金或者没收财产。

——《中华人民共和国刑法》（2011 年修正）

刑法第三百四十一条第一款规定的“珍贵、濒危野生动物”，包括列入国家重点保护野生动物名录的国家一、二级保护野生动物、列入《濒危野生动植物种国际贸易公约》附录一、附录二的野生动物以及驯养繁殖的上述物种。

——《最高人民法院关于审理破坏野生动物资源刑事案件具体应用法律若干问题的解释》

附：《国务院关于禁止犀牛角和虎骨贸易的通知》

严禁进出口犀牛角和虎骨（包括其任何可辨认部分和含其成份的药品、工艺品等，下同）。任何单位和个人不得运输、携带、邮寄犀牛角和虎骨进出国境。凡包装上标有犀牛角和虎骨字样的，均按含有犀牛角和虎骨对待。

禁止出售、收购、运输、携带、邮寄犀牛角和虎骨。对库存的犀牛角和虎骨，必须立即进行清理，重新登记、封存，妥善保管，并由其拥有者如实向省级林业行政主管部门或其指定单位申报。省级林业行政主管部门或其指定单位必须将犀牛角和虎骨库存情况编制成册，报国家濒危物种进出口管理办公室备案。

取消犀牛角和虎骨药用标准，今后不得再用犀牛角和虎骨制药。对已生产出的含犀牛角和虎骨成份的中药成方制剂，必须自本通知发布之日起半年内查封，禁止出售。

凡违反本通知，出售、收购、运输、携带、邮寄犀牛角和虎骨的，由国家工商行政管理机关和中华人民共和国海关依法查处；构成投机倒把罪、走私罪的，由司法机关依法追究其刑事责任。对没收的犀牛角和虎骨，一律交当地县级以上林业行政主管部门按规定处理。

网站管理规定示范——淘宝网

网站应当如何制定站内规则以防止本平台成为濒危野生动物及制品的“黑市”？作为参考，淘宝网对于濒危野生动物贸易的管理规定是比较全面的。相应的条款分布在《淘宝规则》、《淘宝禁售商品管理规范》及《附件一　禁发商品及信息名录及对应违规处理》3 个文件中。

1.《淘宝规则》http://rule.taobao.com/detail-62.htm 定义了用户“发布违禁信息”属于“严重违规行为”之一，将受到淘宝网的处罚。

2.《淘宝禁售商品管理规范》http://rule.taobao.com/detail-328.htm 进一步澄清了将商品列入禁售名单的基本准则，并公示了相应的处罚方式。

3. 作为《淘宝禁售商品管理规范》的附件，《附件一　禁发商品及信息名录及对应违规处理》http://rule.taobao.com/detail-331.htm 最为具体地规定了对野生动物及制品进行禁售的范围和内容、处罚方式。列表如下：

禁发商品及信息	对应违规处理
(八) 动植物、动植物器官及动物捕杀工具类	
释 2. 国家重点保护类动物、濒危动物的活体、内脏、任何肢体、皮毛、标本或其他制成品，已灭绝动物与现有国家二级以上保护动物的化石	严重违规行为，每次扣十二分。情节严重的，每次扣四十八分
释 3. 国家保护类植物活体（树苗除外）	严重违规行为，每次扣六分；情节严重的，每次扣十二分；情节特别严重的，每次扣四十八分
释 4. 国家保护的有益的或者有重要经济、科学研究价值的陆生野生动物的活体、内脏、任何肢体、皮毛、标本或其他制成品	严重违规行为，每次扣二分；情节严重的，每次扣十二分；情节特别严重的，每次扣四十八分
释 5. 捕鱼器相关设备及配件	严重违规行为，每次扣二分；情节严重的，每次扣十二分；情节特别严重的，每次扣四十八分

（续）

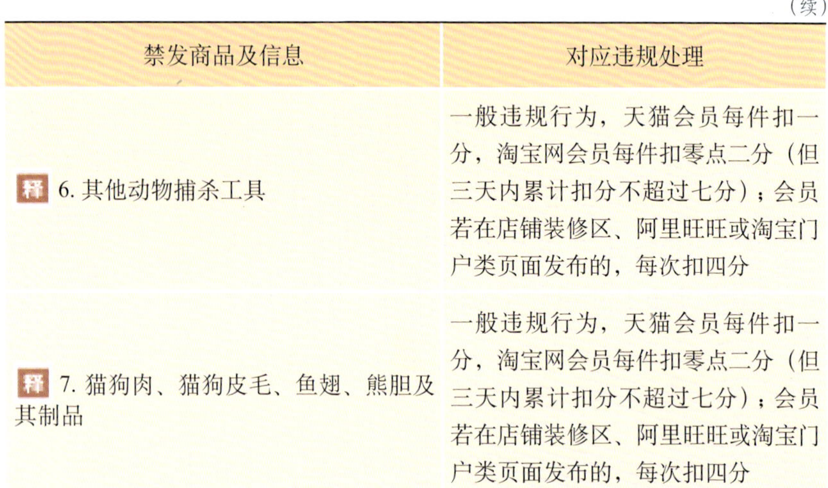

禁发商品及信息	对应违规处理
释 6. 其他动物捕杀工具	一般违规行为，天猫会员每件扣一分，淘宝网会员每件扣零点二分（但三天内累计扣分不超过七分）；会员若在店铺装修区、阿里旺旺或淘宝门户类页面发布的，每次扣四分
释 7. 猫狗肉、猫狗皮毛、鱼翅、熊胆及其制品	一般违规行为，天猫会员每件扣一分，淘宝网会员每件扣零点二分（但三天内累计扣分不超过七分）；会员若在店铺装修区、阿里旺旺或淘宝门户类页面发布的，每次扣四分

同时，点击每一规定左上角的“释”字，还可获得更详细的说明以及示例，便于用户理解。如：

- 对于“国家重点保护类动物、濒危物种的活体、内脏……或其他制成品”，解释为：“包括但不限于《国家重点保护野生动物名录》、《濒危野生动植物种国际贸易公约》附录中包含的动物及其相关制品，如象牙、玳瑁、犀牛角制品等”，例如，禁止发布鹿胎制品。
- 对于“国家保护的有益的或者有重要经济、科学研究价值的陆生野生动物……或其他制成品”解释为：“包括但不限于‘三有动物’名录中包含的动物及其相关制品”，例如松鼠。

此外，对于禁止发布的捕鱼器、捕鸟器、捕兽器、猫狗肉、猫狗皮毛、鱼翅、熊胆及其制品都做了解释和举例、说明。